Die Katze ...

... ein Meisterwerk der Natur

Eine Katze ist von der Natur für ein Leben und für die Jagd in einer dreidimensionalen Umgebung bestens ausgerüstet. Mit einem einzigen Satz kann sie das Fünffache ihrer Körperlänge überwinden. Dank eines engen Brustkorbs vermag sich die Katze geschmeidig, geräuschlos und präzise fortzubewegen, indem sie einen Fuß vor den anderen setzt. Mit ihrer gelenkigen Wirbelsäule kann sich die Katze zusammenkrümmen und dabei gleichzeitig die eine Hälfte ihres Rückens um volle 180 Grad zur anderen Hälfte drehen – ideal für die Fellpflege.

Die Vordergliedmaßen einer Katze sind frei beweglich von der Schulter an, da sie nicht fest mit dem Schlüsselbein verbunden sind. Dieses »Ausstattungsmerkmal« – häufig als schwebende Schulter bezeichnet – bedeutet, dass die Beine der Katze bei einem Sprung aus einer gewissen Höhe als Stoßdämpfer dienen. Außerdem kann die Katze dadurch schnell laufen.

... eine scharfe Beobachterin

Ihren wunderschönen großen Augen verdankt die Katze ihr hervorragendes Dämmerungssehen, das sie befähigt, sowohl andere Raubtiere als auch ihre Beute sofort zu entdecken. Die Augenoberfläche, die Hornhaut, ist extrem nach außen gewölbt. Dadurch ist sowohl der Blickwinkel als auch der Lichteinfall wesentlich größer – letzterer beträgt ungefähr das Fünffache dessen des menschlichen Auges. Die innere Zellstruktur des Auges ist an die Sicht eines Tieres angepasst, das hauptsächlich in der Morgen- und Abenddämmerung jagt, einer Zeit, zu der Farbsehen nicht wichtig ist. Aus diesem Grund sieht eine Katze nicht alle Farben: Die Netzhaut reagiert nur auf Blau und Grün, nicht jedoch auf Rot. Die Augen besitzen viele Zellen, die auch die kleinste Bewegung registrieren, und außerdem Linsen, die sich bei Bedarf scharf stellen können. Ihre ausgezeichnete Fernsicht befähigt die Katze zu höchster Präzision beim Beutefang.

Für größtmöglichen Lichteinfall kann sich die Pupille der Katze auf bis zu 90 Prozent des Augenbereichs erweitern. Dies erklärt ihre gute Sicht bei Nacht. Die Pupille erweitert sich auch, wenn die Katze Angst hat. Bei normalem Tageslicht reagiert die Pupille wie der Verschluss einer Kamera und kann sich bei starkem Sonnenlicht bis zu einem schmalen senkrechten Schlitz verengen. Diese Eigenschaft ist vergleichbar mit der Wirkung nachtönender Sonnenbrillen.

Kammerwasser

Voll erweiterte Pupille

Pupille verengt sich bei hellem Licht.

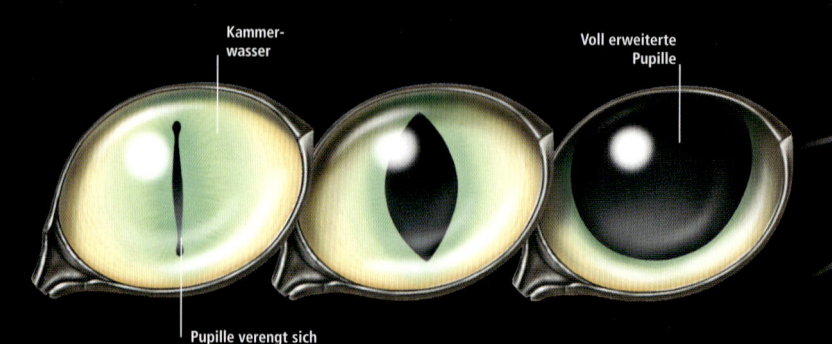

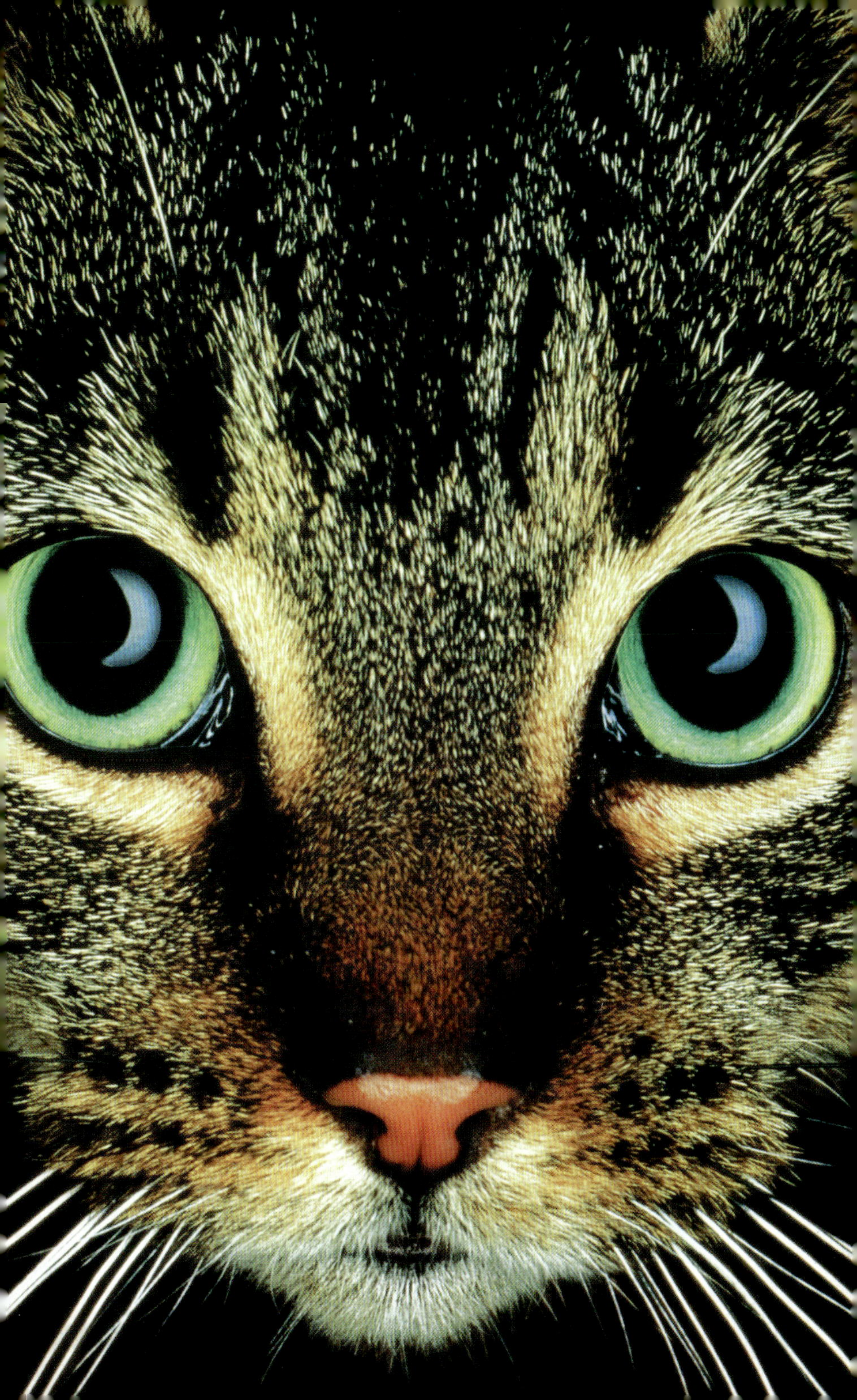

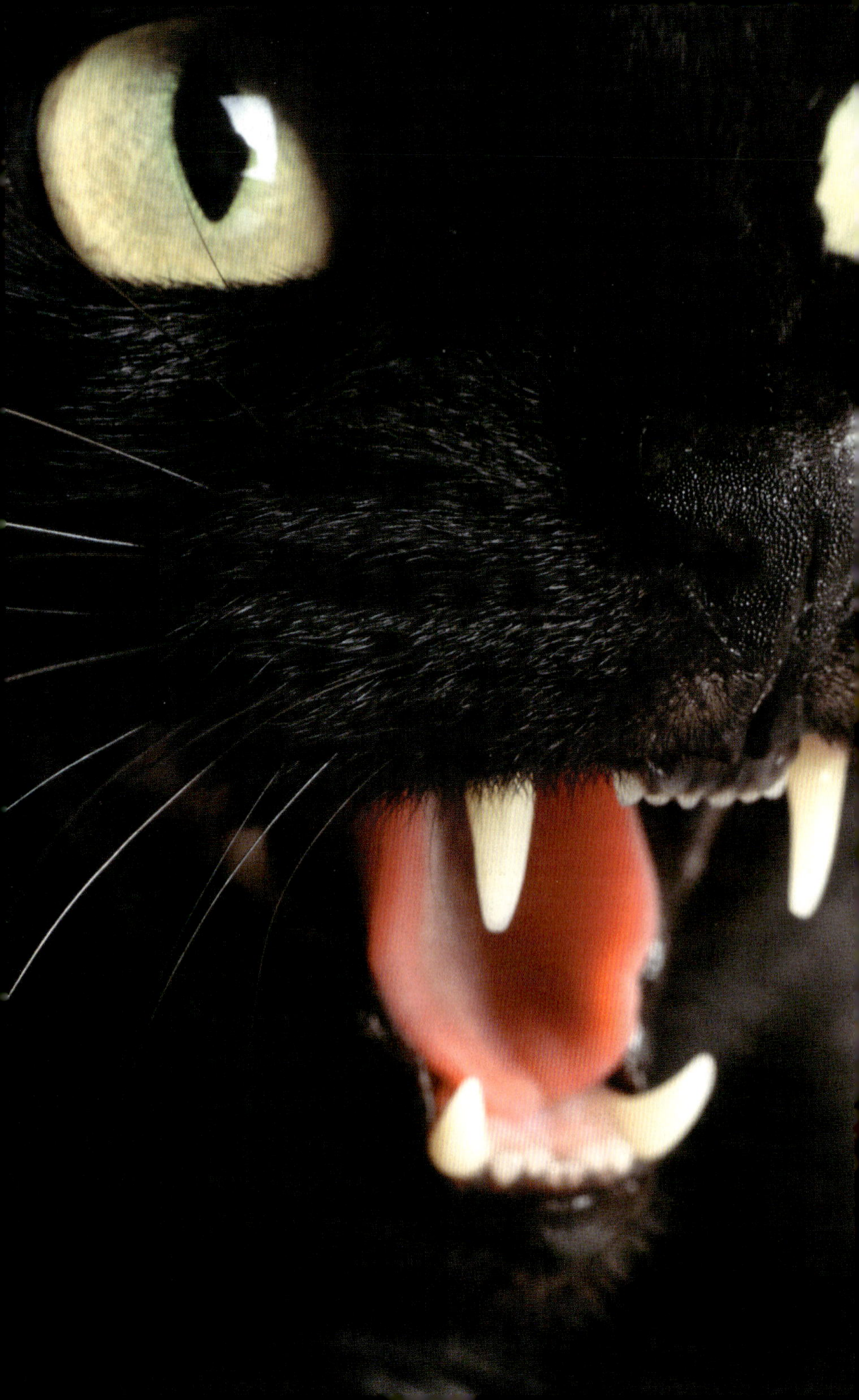

... eine Raubkatze in Kleinformat

Die Katze hat sowohl anatomische als auch Verhaltensmerkmale mit ihren größeren Artverwandten gemein. Alle Katzen, ob groß oder klein, sind bei ihrer Ernährung ausschließlich auf Wirbeltiere angewiesen – sie können nicht ohne die Aufnahme von Tiereiweiß und Tierfett überleben. Während einige Großkatzen Fähigkeiten entwickelt haben, große Säugetiere im Rudel zu jagen, unternimmt die Hauskatze ihre Raubzüge als Einzelgänger. Sie lauert ihrer Beute auf, um sie dann zu erlegen. Wie der Leopard kontrolliert und verteidigt die Hauskatze ihr Jagdrevier. Und so wie der schwarze Panther eine schwarzfellige Variante des Leoparden ist, so treten auch Schwarz und andere natürliche Fellfarben bei der Katze auf.

Alle wilden Artverwandten der Hauskatze stecken ihr eigenes Revier ab und verteidigen es. Treffen Katzen benachbarter Reviere zufällig aufeinander, vermeiden sie Verletzungen durch Imponiergehabe, indem sie einen Katzenbuckel machen, fauchen und das Fell sträuben. Außerdem starren sie einander so lange an, bis eine der beiden Katzen ihren Kopf abwendet und so den Blickkontakt abbricht. Dadurch zeigt die Katze an, dass sie sich zurückziehen wird.

... eine geborene Jägerin

Die Katze ist ein Musterbeispiel für Geduld. Ihre bevorzugte Jagdstrategie besteht darin, sich hinzusetzen und abzuwarten. Sobald die Beute auftaucht, schlägt die Katze zu, indem sie das Opfer mit ihren Vorderpfoten packt. Bei der Vogeljagd pirscht sie sich im Schutz der Vegetation an. Dabei schiebt sie sich langsam vorwärts und erstarrt sofort, wenn sie sich entdeckt fühlt, bis sie schließlich blitzartig einen Satz macht und sich auf die Beute stürzt. Eine hungrige Katze tötet ihre Beute schnell. Ihre Eckzähne sind so geformt, dass sie zwischen die Nackenwirbel eines kleinen Nagetiers gleiten und es auf der Stelle töten können.

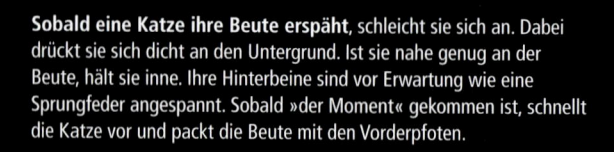

Sobald eine Katze ihre Beute erspäht, schleicht sie sich an. Dabei drückt sie sich dicht an den Untergrund. Ist sie nahe genug an der Beute, hält sie inne. Ihre Hinterbeine sind vor Erwartung wie eine Sprungfeder angespannt. Sobald »der Moment« gekommen ist, schnellt die Katze vor und packt die Beute mit den Vorderpfoten.

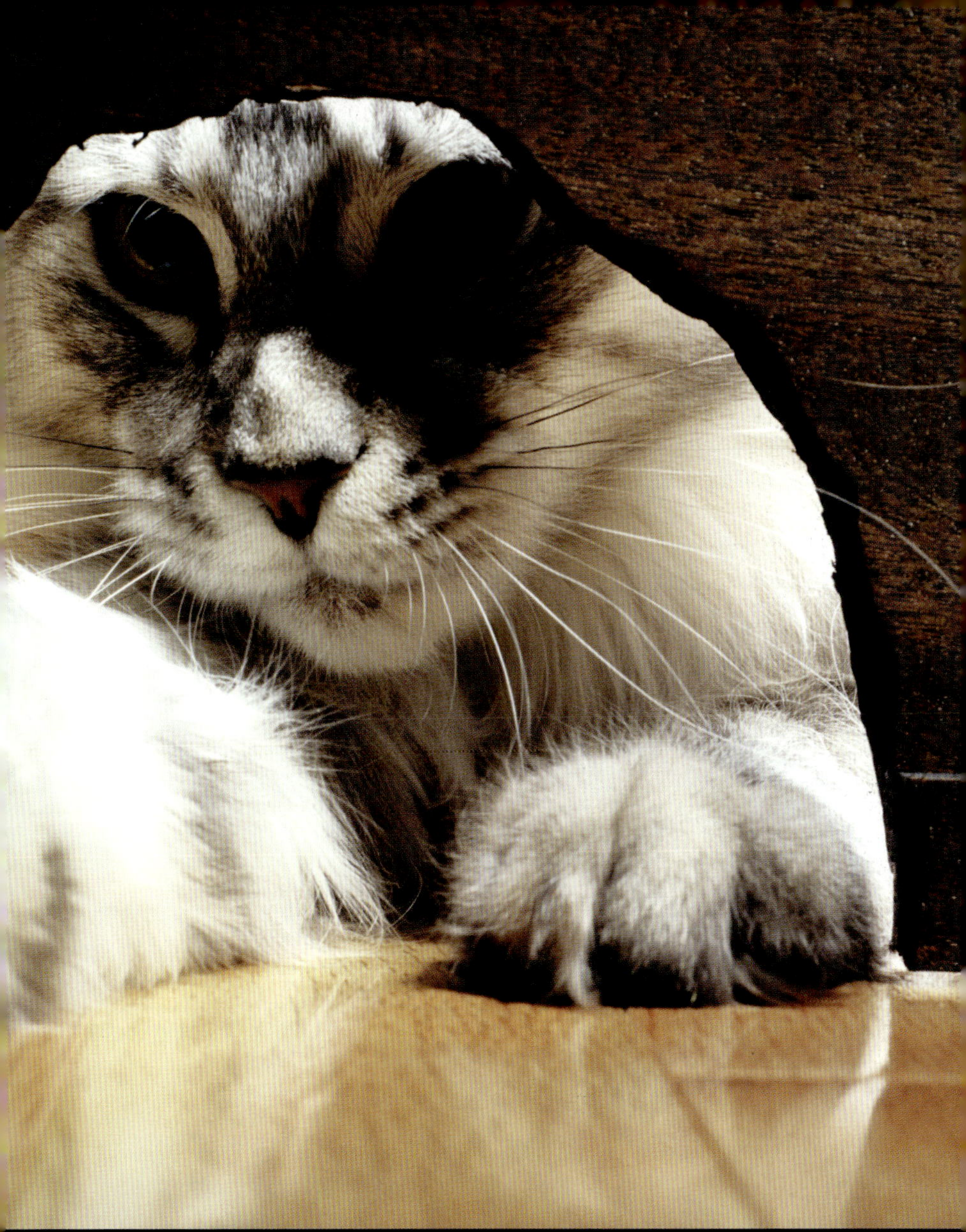

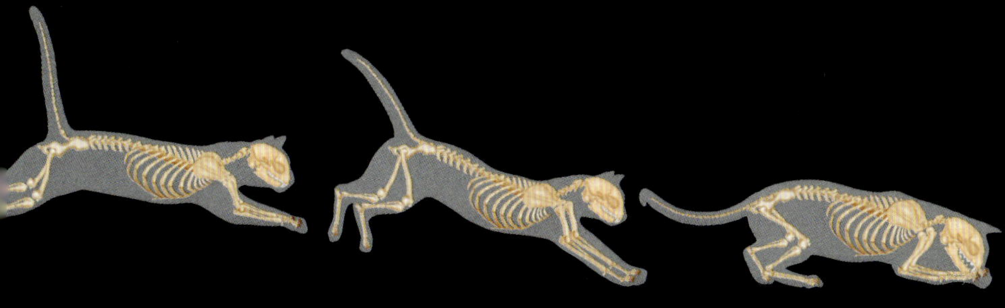

... ein wahrer Putzteufel

Eine Katze verbringt nahezu 30 Prozent ihres Lebens im Wachzustand mit Putzen. Entweder putzt sie sich selbst oder andere Katzen aus ihrem sozialen Umfeld. Putzen bedeutet mehr als nur die Reinigung des Fells nach einem Beutefang oder die Entfernung von Hautparasiten. Es stimuliert die für den Schutz vor Nässe notwendigen Talgdrüsensekrete. Putzen kühlt den Körper ab durch die Verdunstung des Speichels. Ein unentschlossener Mensch kratzt sich am Kopf – eine unentschlossene Katze putzt sich.

Die mit kleinen Widerhaken versehene Zunge einer Katze ist bestens zum Putzen des Fells geeignet, da abgestorbene Haare daran festkleben. Das Schlucken dieser Haare führt jedoch zu Haarknäueln im Magen, ein Problem, von dem Langhaarkatzen am stärksten betroffen sind.

Bei der Gesichtswäsche wird Speichel auf die Innenseite der Pfote aufgetragen, der dann in einer halbkreisförmigen Bewegung auf dem Gesicht verrieben wird. Danach wird wieder Speichel aufgetragen und die nächste Stelle im Gesicht gereinigt. Dieser Vorgang wird bei der anderen Gesichtshälfte mit der anderen Pfote wiederholt.

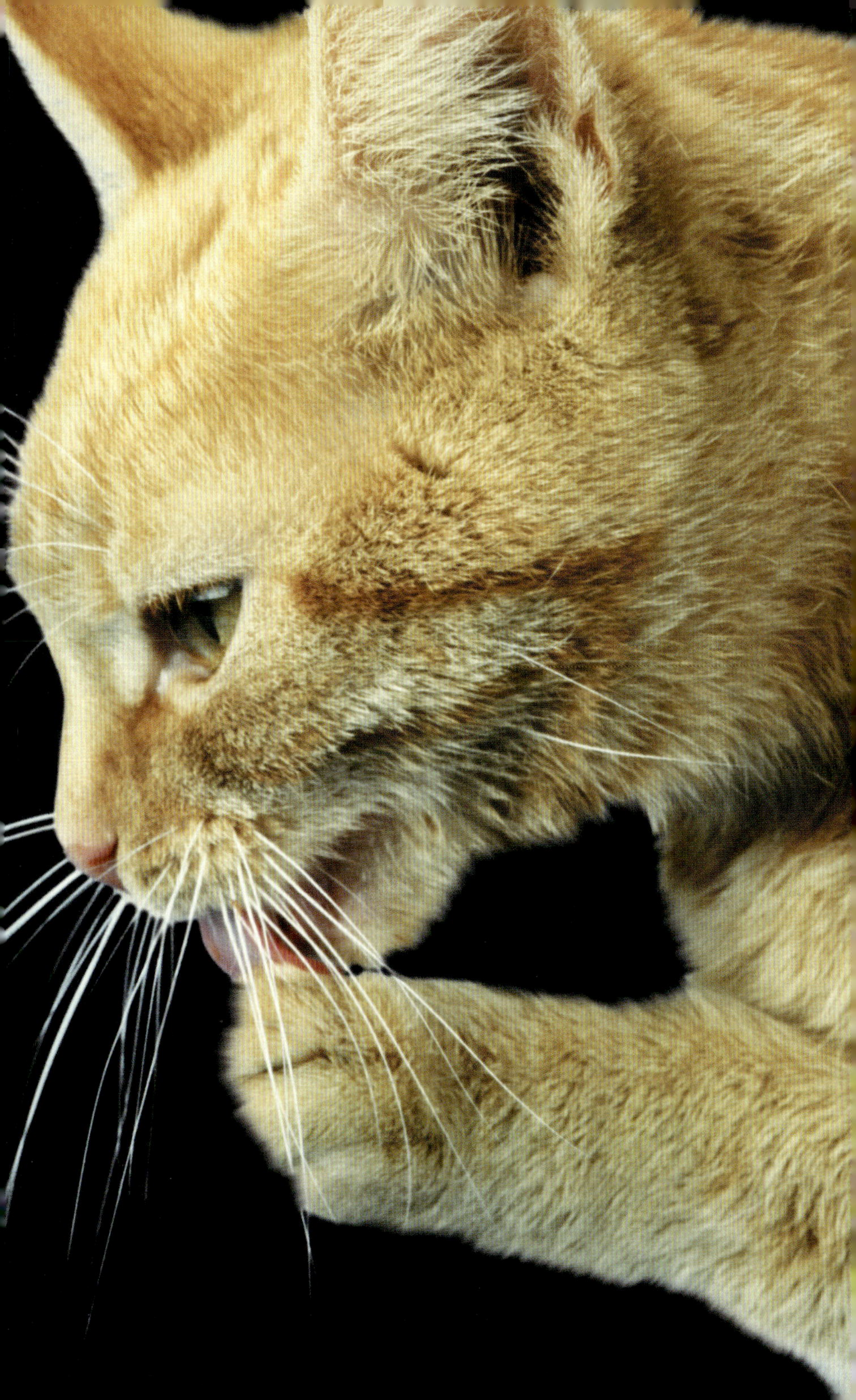

Kleine wie große Katzen schlafen tagsüber viele Stunden. Die Kätzchen haben jedoch, wie wir wissen, einen guten Grund dafür: Nur im Schlaf wird bei Kätzchen das Wachstumshormon freigesetzt.

... schläft gerne

Eine Katze verbringt fast zweimal soviel Zeit mit Schlafen wie die meisten anderen Säugetiere – nahezu zwei Drittel ihres Lebens. Die Menge an Schlaf hängt davon ab, wie hungrig die Katze ist. Wärme, Sicherheit und ein voller Magen machen eine Katze nahezu immer schläfrig. Zumeist ist es ein leichter Schlaf – in 75 Prozent der Fälle. Hört die Katze einen Laut, erhöht sich die elektrische Aktivität in ihrem Gehirn. Die restlichen 25 Prozent sind Tiefschlaf. Unter den teilweise oder ganz geschlossenen Augenlidern bewegen sich die Augen schnell hin und her, die Pfoten öffnen und schließen sich rhythmisch, und die Schnurrhaare zucken. Das Gehirn ist im Schlaf genauso aktiv wie im Wachzustand. Wovon die Katze träumt, weiß nur sie allein.

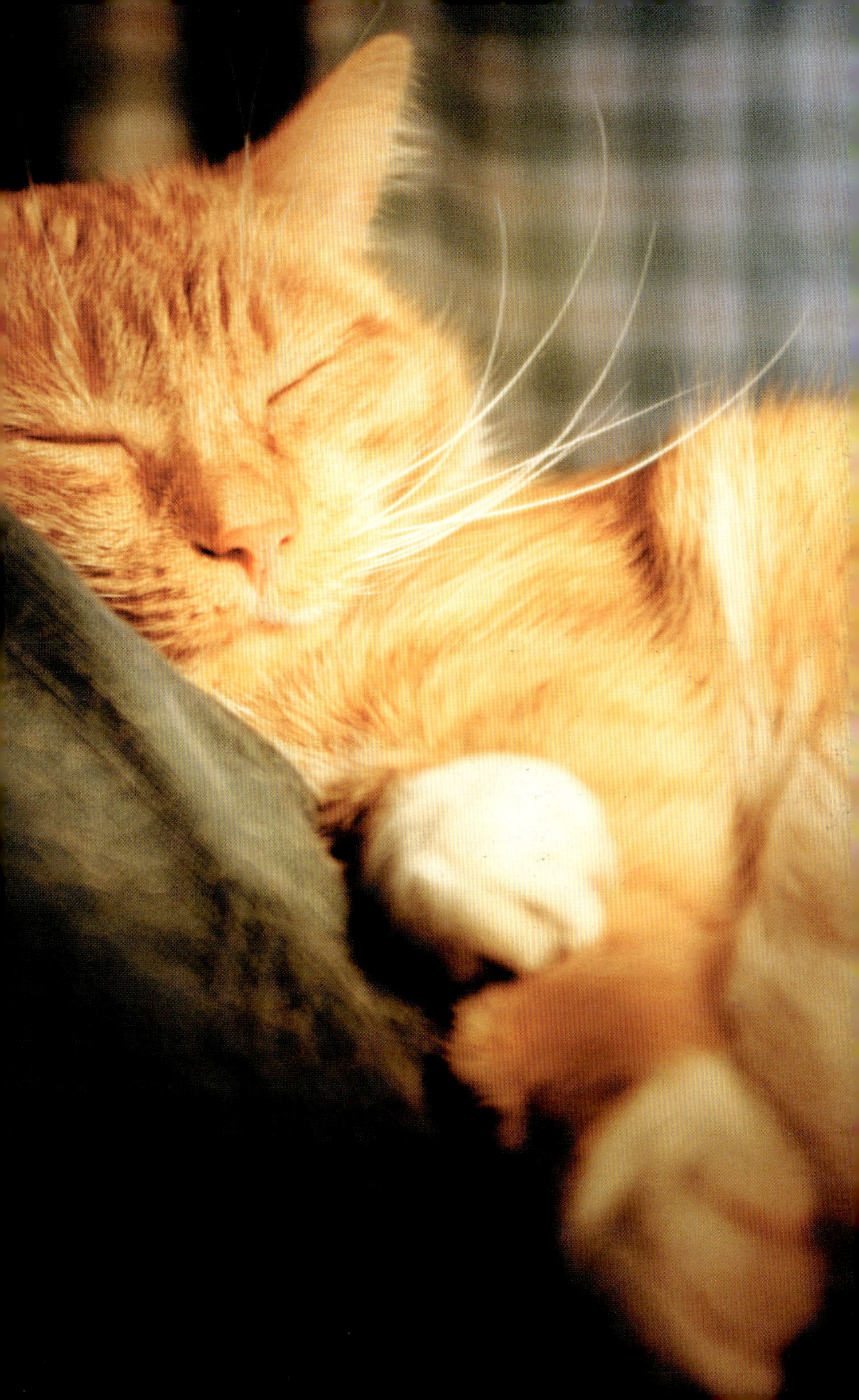

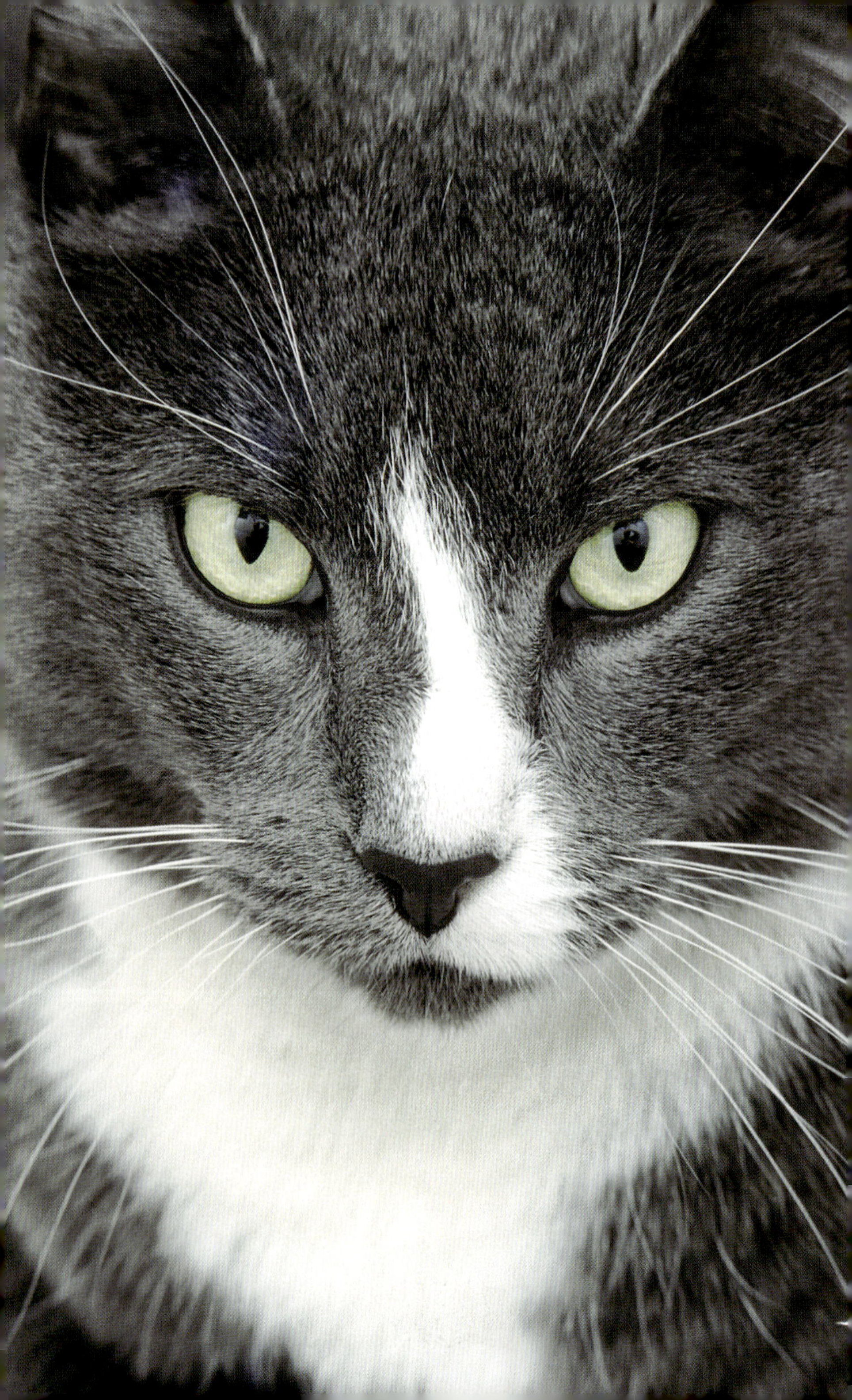

Meine Katze
Haltung, Pflege, Rassen

BRUCE FOGLE

LONDON, NEW YORK, TORONTO,
MELBOURNE, MÜNCHEN UND DELHI

Für Dorling Kindersley
Cheflektorat **Deirdre Headon**
Chefbildlektorat **Lee Griffiths**
Bildredaktion **Wendy Bartlet**
Lektorat **Heather Jones, Amber Tokeley, Simon Tuite**
Gestaltung **Jo Doran**
DTP-Design **Louise Waller**
Herstellungsleitung **Lauren Britton**
Herstellung **Mandy Inness**
Bildverwaltung **Hayley Smith**
Bildrecherche **Anna Grapes**
Umschlaggestaltung **Nathalie Godwin**

Für Sands Publishing Solutions
Lektorat **Sylvia und David Tombesi-Walton**
Bildredaktion **Simon Murrell**

Produziert für Dorling Kindersley von
Dands Publishing Solutions LLP
4 Jenner Way, Eccles, Aylesford, Kent ME20 7SQ

Bibliografische Information der Deutschen Bibliothek
Die Deutsche Bibliothek verzeichnet diese Publikation
in der Deutschen Nationalbibliografie;
detaillierte bibliografische Daten sind im Internet über
http://dnb.ddb.de abrufbar.

Titel der englischen Originalausgabe:
Cat Owner's Manual
© Dorling Kindersley Limited, London, 2003
Ein Unternehmen der Penguin-Gruppe
Text Copyright © 2003 Bruce Fogle

© der deutschsprachigen Ausgabe by
Dorling Kindersley Verlag GmbH, Starnberg, 2003
Alle deutschsprachigen Rechte vorbehalten

Übersetzung **Claudia Händel**
Redaktion **Dr. Anne Warrlich**

ISBN 3-8310-0491-9

Printed and bound in in Slovakia by Tlaciarne BB

Hinweis
Die Informationen und Ratschläge in diesem Buch
sind von den Autoren und vom Verlag sorgfältig erwogen
und geprüft, dennoch kann eine Garantie nicht übernommen werden; dieses Buch ersetzt nicht den Gang zum
Tierarzt. Eine Haftung der Autoren bzw. des Verlags
und seiner Beauftragten für Personen-, Sach- und
Vermögensschäden ist ausgeschlossen.

Besuchen Sie uns im Internet
www.dk.com

Inhalt

Einführung 19

KAPITEL EINS
Der Körperbau der Katze 20
Herkunft 22
Haut und Haarkleid 24
Das Skelett 26
Die Muskulatur 28
Das Gehirn und die Hormondrüsen 30
Das Nervensystem 32
Das Sehvermögen 34
Gehör und Gleichgewicht 36
Weitere Sinne 37
Atmung und Blutkreislauf 38
Verdauung 40
Die Fortpflanzung 42
Das Immunsystem 44
Katze und Mensch 46

KAPITEL ZWEI
Katzenrassen 48
Auswahlzucht 50
Fellfarben und Fellmuster 52
Gesicht und Körperbau 56
Augenfarbe und -form 58
Rassen 59
Kurzhaarkatzen 60
Exotisch Kurzhaar 61
Britisch Kurzhaar und Manx 62
Amerikanisch Kurzhaar und American Wirehair 64
Snowshoe und Europäisch Kurzhaar 66
Kartäuser und Russisch Blau 68
Havana Brown und Abessinier 70
Australian Mist und Korat 72
Bombay und Cornish Rex 74
Devon Rex und Selkirk Rex 76
LaPerm und California Spangled 78
Ägyptische Mau und Ocicat 80
Bengal und Chausie 82
American Bobtail und Pixiebob 84
Scottish Fold und American Curl 86
Munchkin und Burmilla 88
Einfarbige Asian und Asian Smoke 90
Asian Tabby und Amerikanische Burma 92

Europäische Burma und Tonkanese 94
Siam und Orientalisch Kurzhaar 96
Japanese Bobtail und Singapura 98
Sphinx und rasselose Kurzhaarkatzen 100
Langhaarkatzen 102
Perser 103
Colourpoint Langhaar und Heilige Birma 104
Ragdoll und Maine Coon 106
Norwegische Waldkatze und Sibirische Katze 108
Exotisch Langhaar und Munchkin 110
American Curl und Scottish Fold 112
Selkirk Rex und LaPerm 114
Türkisch Van und Dymric 116
Nebelung und Türkisch Angora 118
Chantilly/Tiffany und Tiffanie 120
Somali und Balinese 122
Angora und Orientalisch Langhaar 124
Kurilen-Bobtail und Japanese Bobtail 126
Rasselose Langhaarkatzen 128

KAPITEL DREI
Verhalten 130
Natürliche Auslese 132
Das Sozialverhalten 134
Die Einzelgängerin 136
Die Vererbung 138
Werbung und Paarung 140
Die Trächtigkeit 142
Die Geburt 144
Erste Wochen 146
Frühe Sozialisierung 148
Katzensprache 150
Reviermarkierung 152
Die Bedeutung des Spiels 154
Fellpflege 156
Schlafen 158
Katze und Mensch 160

KAPITEL VIER
Mit der Katze leben 162
Die richtige Katze 164
Ein katzengerechtes Zuhause 168
Die ersten 24 Stunden 170
Das Katzenklo 172

Ein Leben in der Wohnung 176
Spielzeug und Zubehör 178
Die Freigängerkatze 180
Ein Leben im Freien 182
Grunderziehung 184
Verhaltensstörungen 190
Körperpflege 196
Gute Ernährung 200
Neue Erfahrungen 206

KAPITEL FÜNF
Eine gesunde Katze 208
Die Wahl des Tierarztes 210
Die Katze untersuchen 212
Praktische Vorsorge 214
Parasitenkontrolle 218
Verantwortliche Haltung 220
Medikamentengabe 222
Wenn Unfälle geschehen 224
Erste-Hilfe-Maßnahmen 226
Verletzungen 230
Vergiftungen 232
Haut und Fell 234
Atemwegserkrankungen 238
Blut und Kreislauf 242
Gehirnerkrankungen 244
Hormonstörungen 246
Muskeln und Skelett 248
Mund und Zähne 252
Magenerkrankungen 254
Darmerkrankungen 256
Harnwegserkrankungen 260
Fortpflanzungsorgane 264
Augenerkrankungen 266
Ohrenerkrankungen 268
Day Immunsystem 270
Krebs 272
Emotionale Störungen 274
Alterserkrankungen 276
Das Ende eines Lebens 278

Glossar 280
Nützliche Kontaktadressen 283
Register 284
Dank 288

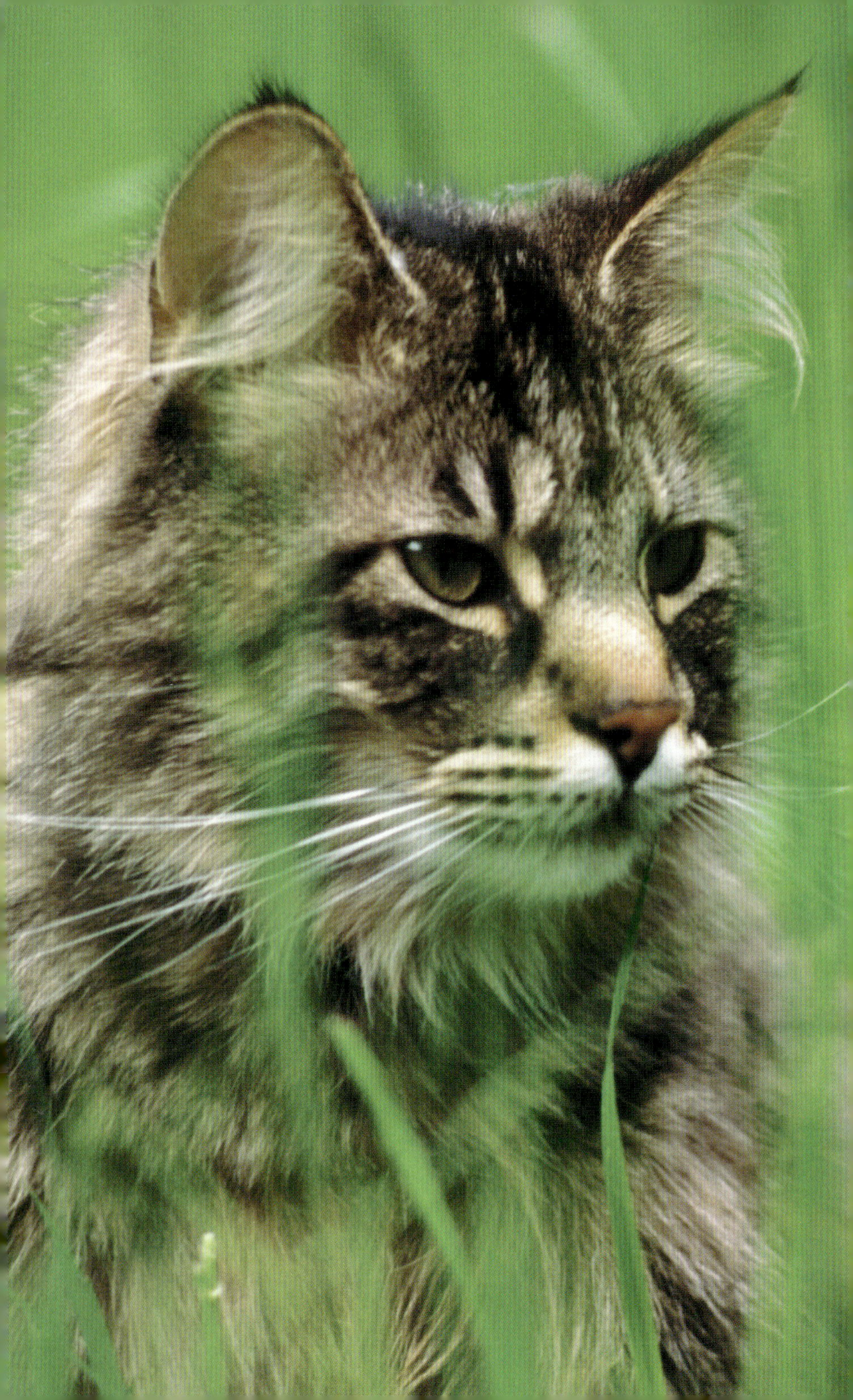

Einführung

Die Katze ist ein unglaubliches Geschöpf. Die Anzahl der in Nordamerika und Europa als Haustiere gehaltenen Katzen übertrifft die der Hunde – es sind mehr als 175 Millionen Katzen. Es gibt jedoch mehr frei lebende bzw. Wildkatzen als domestizierte Katzen. Die Hauskatze ist nach wie vor eine autonome, selbstständige Spezies und unser am wenigsten verstandenes Haustier. Der Grund für unser mangelndes Verständnis ist ganz einfach: Die Denkweise einer Katze ist völlig verschieden von der eines Menschen. Zugegeben: Der Mensch hat gezielt Katzen gezüchtet, die sich in menschlicher Gesellschaft wohl fühlen. Er hat das »Kätzchen« in ausgewachsenen Katzen gefördert. Der weltweite Erfolg der Hauskatze beruht jedoch auf ihrer genetischen Modellierbarkeit, die sie befähigt, sich an die Umgebung des erfolgreichsten Primaten der Welt, nämlich uns, anzupassen. Der Großteil der in diesem Buch enthaltenen Informationen befasst sich daher mit der Beziehung zwischen Mensch und Katze.

BRUCE FOGLE

KAPITEL EINS

Der Körperbau der Katze

Beobachten Sie einmal, wie eine Katze ihrer Beute auflauert – ihre Eleganz ist unübersehbar. Ihr Skelett, die Muskeln, Nerven und Gelenke sind wie geschaffen für plötzliche Aktivitäten. Ihr Verdauungssystem ist auf die Verwertung von tierischer Nahrung spezialisiert. Katzen verständigen sich untereinander über ihre Ausscheidungen. Ihr Gehirn ist auf lebenslanges Lernen programmiert, ihre sensorischen Fähigkeiten sind überragend. Ihr außergewöhnlicher Gleichgewichtssinn erlaubt der Katze das Klettern und damit das Leben in einer dreidimensionalen Welt. Ihr Hör- und Geruchssinn unterstützen sie bei der Jagd. Mit der Katze hat die Natur ein nahezu vollendetes Raubtier erschaffen.

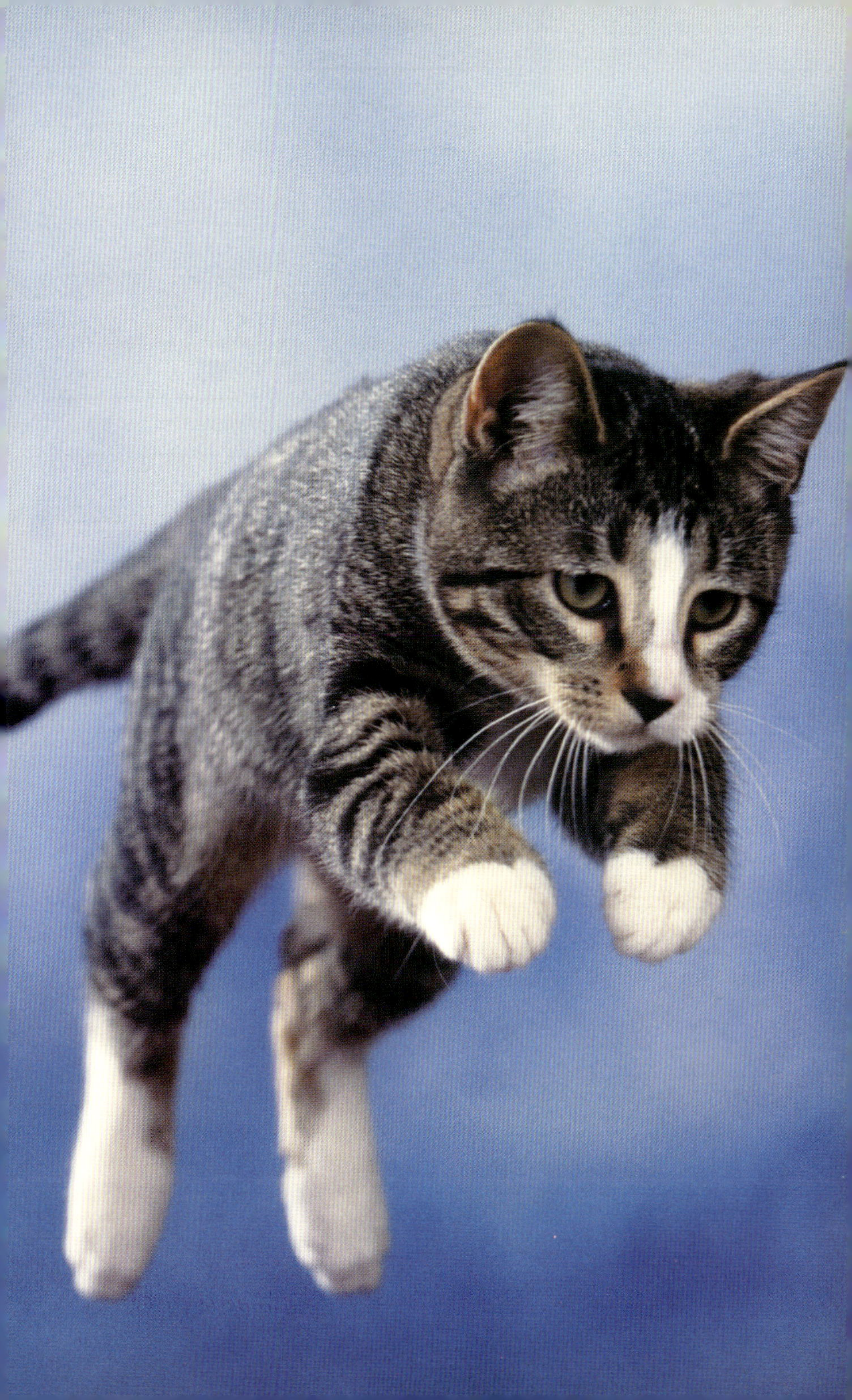

22 Der Körperbau der Katze

Herkunft

- Hauskatzen tauchten erstmals vor 6000 Jahren auf
- Wesensveränderungen ermöglichten ein erfolgreiches Zusammenleben zwischen Mensch und Katze
- Aufgrund ihrer Beliebtheit in Ägypten wurde die Katze zum Exportartikel

Wie andere Haustiere auch ist die Katze selbst domestiziert: Sie entschied sich, in der Nähe von Menschen zu leben, weil das in ihrem Interesse lag. Um sich in den menschlichen Siedlungen verbreiten zu können, durchliefen die Vorfahren der Katze sowohl körperliche als auch verhaltensmäßige Veränderungen, die die erfolgreichste aller Katzenspezies hervorbrachten: die Hauskatze.

Der Geburtsort der Hauskatze
Obwohl die Geschichte der Katze am besten im alten Ägypten belegt ist, war Ägypten nicht unbedingt ihre erste Heimat. Ein Katzenzahn aus der Zeit um 9000 v. Chr. wurde in Jericho, Israel, entdeckt. Es gab keine Wildkatzen auf Zypern. Daher lassen Katzenüberreste aus der Zeit um 5000 v. Chr., die auf der Mittelmeerinsel gefunden wurden, vermuten, dass die Katzen dorthin gebracht wurden, möglicherweise sogar als Haustiere.

Die frühesten Zeugnisse aus Ägypten, die eine innige Beziehung zwischen Katzen und Menschen belegen, stammen aus der Zeit um 4000 v. Chr. In einer Begräbnisstätte in Mostagedda in Mittelägypten wurde ein Mann zusammen mit einer Gazelle und einer kleinen Katze bestattet. Die Ägyptologen glauben, dass die Gazelle sein Totenmahl darstellte und die Katze sein Haustier war.

Die ersten festen menschlichen Siedlungen in Ägypten entlang des fruchtbaren Schwemmlandes des Nils entstanden um 4000 v. Chr. Mit ihren Getreidespeichern und Silos boten die Siedlungen allen Katzen, die sich hiervon einen Nutzen versprachen, Nagetiere und essbare Abfälle, ebenso wie Unterschlupf und Schutz vor größeren Raubtieren.

Zwei kleine Katzen, die Falbkatze (*Felis silvestris lybica*) und die Rohrkatze (*Felis chaus*), lebten in dieser Region. Die weniger scheue Falbkatze war vermutlich auf der Suche nach Beutetieren in diese neue Umgebung gekommen.

Eine unbedeutende Genmutation, die möglicherweise mit der hormonellen Steuerung der Emotionen zu tun hatte, brachte eine Katze mit einem einzigartigen Überlebensvorteil hervor: der

Diese Wandmalerei wurde bei Beni Hasan in Ägypten entdeckt. Sie ist das erste Kunstwerk, das eine Katze in einer häuslichen Umgebung zeigt.

In ihrer natürlichen Umgebung ist die Falbkatze einem erbarmungslosen Wettbewerb um Geschlechtspartner, Beutetiere und Reviere ausgesetzt.

Fähigkeit, in menschlichen Ansiedlungen zu leben und sich fortzupflanzen.

Anpassung und Überleben

Hinzu kamen auch körperliche Veränderungen. Da die Tarnung nicht mehr im Vordergrund stand, setzten sich Mutationen in Fellzeichnung und Fellfarbe bei den in menschlichen Ansiedlungen lebenden Katzen durch, die in freier Wildbahn nicht überdauert hätten. Der Magen-Darm-Trakt passte sich an die abwechslungsreichere Kost an. Der Darm einer Hauskatze ist länger als der einer Wildkatze. Das Gehirn verkleinerte sich um fast 30 Prozent, da die Katze nicht mehr so stark von ihren Überlebensinstinkten abhängig war.

Der Weg zum Erfolg

Katzen waren geschätzte Schädlingsbekämpfer, aber sie eigneten sich auch zu anderen Zwecken. Ratten und Mäuse waren zwar eine echte Plage, aber giftige Schlangen waren eine tödliche Gefahr. Wegen ihrer doppelten Beschützerrolle wurde die Katze zunehmend beliebter.

Die Integration der domestizierten Katze in die ägyptische Gesellschaft war offensichtlich um 2000 v. Chr. vollzogen. Die alten Ägypter entwickelten einen tiefen Respekt und großes Verständnis für Katzen und ihr Verhalten. Mit der Zeit spielte die Katze als Symbol eine wichtige Rolle in Religion und Aberglauben.

Theorien zur Hybridbildung

Unter den zahlreichen mumifizierten Überresten von Katzen, die bei Beni Hasan in Ägypten entdeckt wurden, befinden sich mehrere große Skelette der die Sümpfe bewohnenden Rohrkatze *Felis chaus*. Dieser Fund führte zu Spekulationen darüber, ob die Hauskatze in Wirklichkeit eine evolutionäre Hybridform der Falbkatze und der Rohrkatze ist. Professor Eric Hurleys genetische Forschungen zur Katze deuten darauf hin, dass die Hauskatze der Falbkatze genetisch viel zu ähnlich ist, um eine Hybridform mit irgendeiner anderen Art sein zu können.

ROHRKATZE *(FELIS CHAUS)*

Haut und Haarkleid

- Haut und Haarkleid besitzen wichtige lebenserhaltende Funktionen
- Umwelteinflüsse machen sich im Fell einer Katze bemerkbar
- Die Haut ist der erste Abwehrposten einer Katze

Die Haut einer Katze ist ihr erster Abwehrposten. Er verhindert das Eindringen von schädlichen Mikroorganismen in den Körper. Millionenfache Nervenenden reagieren auf Wärme, Kälte und Schmerz. Eine Fülle von Blutgefäßen unterstützt die Regulierung der Körpertemperatur einer Katze.

Fellstruktur

Die Oberfläche eines Katzenhaares setzt sich aus überlappenden Häutchenzellen (Kutikula) zusammen, die das Licht reflektieren und dem Fell seinen Glanz verleihen. Ein stumpfes Fell kann auf eine Schädigung der Kutikula hindeuten.

Katzen besitzen kombinierte Haarfollikel: Aus jedem Follikel wachsen bis zu sechs Primärhaare (Leithaare), die jeweils von feineren Sekundärhaaren (Daunen- und Grannenhaaren) umgeben sind. Diese Fellstruktur bietet eine vorzügliche Isolierung. Jeder Follikel hat seinen eigenen Muskel, der die Leithaare aufrichten kann. Katzen »sträuben ihr Fell«, wenn sie beunruhigt oder wütend sind, aber auch, um einen Wärmeverlust zu verringern.

Bei Katzen gibt es zwei besondere Arten von Sinneshaaren: Die Schnurrhaare (Vibrissae) sind dicke, steife Haare, die an Kopf, Kehle und Vorderbeinen wachsen. Andere große Einzelhaare verteilen sich über den ganzen

Rassen in nördlichen Klimazonen tragen ein dichtes Fell mit einer Schicht Unterwolle. Eine Fettschicht unter der Haut sorgt für zusätzlichen Wärmeschutz.

Körper und fungieren als kurze Schnurrhaare.

Fell für unterschiedliches Klima

Rassen in nördlichen Klimazonen tragen ein dichtes Fell mit isolierender Unterwolle. Bei Kälte richten sich die Haare auf und fangen Luft ein, die die Katze warmhält. Im Gegensatz dazu stoßen Rassen in warmen Klimazonen ihre Unterwolle ab. Die Blutgefäße in der Haut erweitern sich und beschleunigen so die Abgabe von Körperwärme. Katzen schwitzen nicht, sie belecken jedoch ihr Fell, so dass der verdunstende Speichel Körperwärme abführen kann.

Katzen sind mit einem großartigen Wärme- und Kälteschutz ausgestattet. Dennoch sind sie anfällig für Hitzschlag und Erfrierungen. Genau wie Hunde sterben sie schnell, wenn sie in einem heißen Auto eingesperrt sind. Wenn das Fell einer Katze nass wird, verliert es seine Isolierfunktion. Daher ist für Katzen das Risiko einer Unterkühlung bei Frost und feuchtem Wetter am größten.

Ohne den Schutz eines Fells ist die Sphynx sehr anfällig für übermäßig warmes und kaltes Wetter.

Hautstruktur

Die Haut einer Katze besteht aus zwei Lagen, der Oberhaut (Epidermis) und der Grundschicht (Basalschicht). Unter diesen beiden Schichten befindet sich die Lederhaut (Dermis). Jedem Haarfollikel ist eine Talgdrüse zugeordnet, die Talg ausscheidet, der dem Fell seinen Glanz verleiht. Besondere Talgdrüsen um den After und zwischen den Zehen produzieren Sexualduftstoffe. Andere Talgdrüsen am Kinn und an den Lippen dienen zur Markierung von Objekten.

Daunenhaar (weiches, welliges Sekundärhaar)
Grannenhaar (feines Sekundärhaar)
Glatte Oberfläche
Nerv leitet Impulse von Haut und Haar.
Haarfollikel
Talgdrüse scheidet Hautöl aus.

Einzelnes langes Sinneshaar
Primärhaar trägt die Fellfarbe.
Oberhaut, bestehend aus rund 40 Schichten toter Zellen
Basalschicht, bestehend aus vier Schichten lebender Zellen
Starke, elastische Lederhaut
Kapillargefäß
Besondere Talgdrüse reagiert auf Nervenimpulse.

26 Der Körperbau der Katze

Das Skelett

- Das Skelett der Katze ist auf Schnelligkeit ausgelegt
- Drei verschiedene Gelenkarten ermöglichen größte Flexibilität
- Zuchtrichtlinien sind die Ursache für Skelettprobleme

Das Skelett der Katze hat sich für eine Lebensweise herausgebildet, die Schnelligkeit und Wendigkeit erfordert. Die schlanken, aber robusten Beine tragen einen engen Brustkorb und ein äußerst geschmeidiges Rückgrat. Die Schulterblätter sind nicht mit dem Rumpfskelett verbunden und ermöglichen größte Flexibilität bei jeder Geschwindigkeit. Das Skelett wird durch starke, aber gleichzeitig elastische Bänder zusammengehalten.

Die starre Struktur des Skeletts schützt die inneren Organe, bietet Aufhängungspunkte für die Muskeln und fungiert als Hebel; die Gelenke sorgen für einen flüssigen Bewegungsablauf.

Knochenstruktur und -wachstum

In der Jugendzeit wachsen die Knochen stetig. Zur Erleichterung der Geburt besteht die Schädelkalotte zunächst aus zwei separaten Knochen, die nach der Geburt an den Nahtlinien miteinander verschmelzen. Die langen Knochen der Glieder und des Brustkorbs bestehen anfänglich aus knorpeligen Röhrenknochen, die in der Jugend verkalken.

Aus den Knorpeln werden Knochen. Das Längenwachstum der Knochen erfolgt durch die Bildung von Knochengewebe an den Knochenendstücken oder Epiphysen, die durch eine Vielzahl an winzigen Arterien mit Nahrung versorgt werden. Außerdem wird das Knochenwachstum durch Wachstums- und Geschlechtshormone beeinflusst. Seltsamerweise scheinen letztere das Wachstum zu hemmen: Sehr früh kastrierte Katzen bekommen etwas längere Beinknochen.

Bei einem Knochenbruch bilden die Knochenzellen neue Knochensubstanz zur Überbrückung der Bruchstelle.

Das Skelett der Katze ist das genaue Ebenbild des Skeletts einer Großkatze, nur kleiner. Die Wirbel sorgen für maximale Beweglichkeit und die Vorderbeine für größte Flexibilität.

Das Skelett 27

Gelenke

Katzen weisen drei verschiedene Arten von Gelenken auf: Fasergelenke, Knorpelgelenke und so genannte echte Gelenke (Synovialgelenke). Jedes Gelenk ist unterschiedlich beweglich und besitzt eine andere Funktion.

- **Fasergelenke:** Diese Art Gelenk ist unbeweglich. Der Unterkiefer beispielsweise besteht genau genommen aus zwei Knochen mit einem Fasergelenk an der Mittellinie. Schlägt die Katze bei einem schweren Sturz auf ihrem Unterkiefer auf, kann dieses Fasergelenk brechen. Obwohl es den Anschein hat, dass sich die Katze ihren Unterkiefer gebrochen hat, ist in Wirklichkeit das Fasergelenk gerissen.
- **Knorpelgelenke:** Manche Gelenke, wie die Bandscheiben zwischen den Rückenwirbeln, bestehen aus zähem Knorpelgewebe. Bei der Katze sind diese Gelenke lockerer und elastischer als die entsprechenden Gelenke anderer Tierarten. Dadurch ist die Katze am Rumpf wesentlich beweglicher. In der Jugendzeit sind die Knochenendstücke an den langen Knochen vorübergehend Knorpelgelenke. Als solche sind sie nicht so stabil und daher anfälliger für Verletzungen als im Erwachsenenalter.
- **Echte Gelenke:** Diese Gelenke sind überall dort, wo am meisten Bewegung herrscht, wie zum Beispiel in den Beinen. Es sind Scharnier- oder Kugelgelenke mit glattem Gelenkknorpel an den Kontaktflächen, umhüllt von einer mit Gelenkschmiere (Synovialflüssigkeit) gefüllten Gelenkkapsel. Diese Gelenke leiden manchmal an einer Überproduktion von Gelenkschmiere oder Entzündungen infolge von Arthritis oder Synovitis, verursacht durch Verletzungen, Krankheiten oder Allergien.

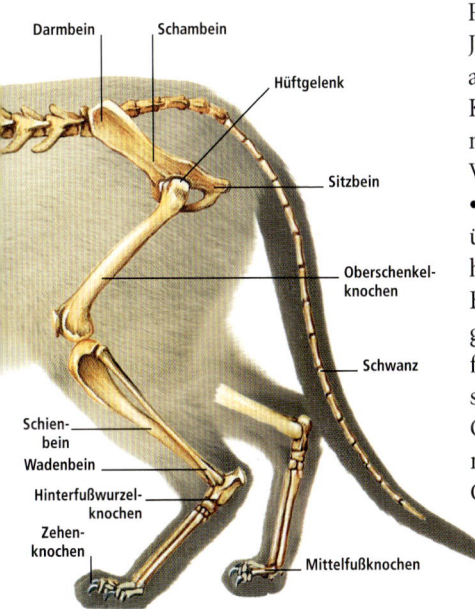

Rückziehbare Krallen

Die Krallen gehen aus dem letzten Zehenknochen hervor. Sie bestehen aus verhärteter Haut: Die äußere Schicht aus hartem Protein (Keratin) schützt die Lederhaut, das »Leben«. In Ruhestellung umhüllen die Sehnen die Krallen automatisch. Eine Katze zeigt ihre Krallen, indem sie die Zehenbeugemuskeln in ihren Beinen zusammenzieht, wodurch sich die Beugesehnen unter der Pfote straffen.

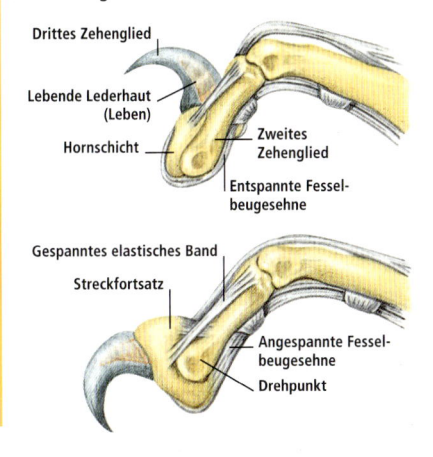

Die Muskulatur

- Reaktionsschnelle, elastische Muskeln sorgen für anmutige Bewegungen
- Katzen sind gute Sprinter, aber schlechte Ausdauersportler
- Der Stellreflex befähigt Katzen, Stürze aus großer Höhe abzufangen

Die graziöse Anmut der Katze beruht sowohl auf ihrem Skelett als auch auf ihren äußerst elastischen Muskeln. Diese gliedern sich in drei verschiedene Grundtypen. Da ist zunächst der Herzmuskel, der auf das Herz beschränkt ist. Die unwillkürlichen Muskeln, die die anderen inneren Organe steuern, sind die so genannten glatten oder nicht quergestreiften Muskeln, da sie unter dem Mikroskop so erscheinen. Die übrigen Körpermuskeln sind die quergestreiften Muskeln und werden bei allen bewussten oder instinktiven Bewegungen willkürlich gesteuert.

Muskelzellen

Jeder einzelne Muskel besteht aus vielen Muskelfasern, die durch Bindegewebe zusammengehalten werden. Muskelgewebe besteht aus drei verschiedenen Arten von Muskelzellen.

- **Schnell arbeitende und ermüdende Zellen:** Die Muskulatur einer Katze besteht zum Großteil aus diesen Zellen, die zwar schnell arbeiten, aber ebenso schnell wieder ermüden. Diese Zellen verleihen der Katze ihre Geschwindigkeit und die Fähigkeit, in einem einzigen Satz ein Mehrfaches ihrer Körperlänge zu überwinden. Sie verbrauchen jedoch ihre ganze Energie im Nu.
- **Schnell arbeitende ermüdungsresistente Zellen:** Katzen sind schlechte Ausdauersportler. Das liegt an der geringen Anzahl an Zellen, die zwar schnell arbei-

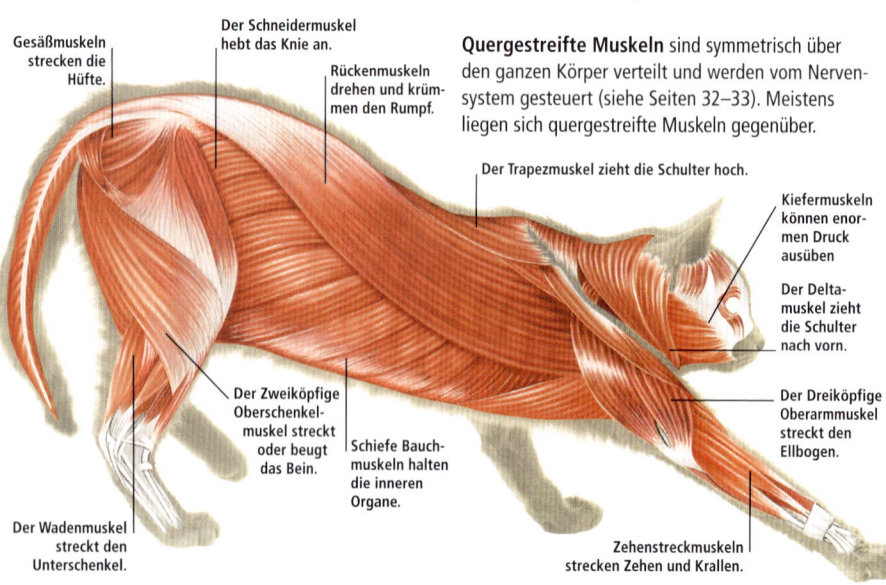

Quergestreifte Muskeln sind symmetrisch über den ganzen Körper verteilt und werden vom Nervensystem gesteuert (siehe Seiten 32–33). Meistens liegen sich quergestreifte Muskeln gegenüber.

Gesäßmuskeln strecken die Hüfte.

Der Schneidermuskel hebt das Knie an.

Rückenmuskeln drehen und krümmen den Rumpf.

Der Trapezmuskel zieht die Schulter hoch.

Kiefermuskeln können enormen Druck ausüben

Der Deltamuskel zieht die Schulter nach vorn.

Der Zweiköpfige Oberschenkelmuskel streckt oder beugt das Bein.

Schiefe Bauchmuskeln halten die inneren Organe.

Der Dreiköpfige Oberarmmuskel streckt den Ellbogen.

Der Wadenmuskel streckt den Unterschenkel.

Zehenstreckmuskeln strecken Zehen und Krallen.

Die Muskulatur

Die schwebende Schulter

Die Katzenschulter ist ein Meisterwerk der Muskulatur, da die Vordergliedmaßen nur über Muskeln mit dem übrigen Körper verbunden sind. Im Gegensatz zum menschlichen Schlüsselbein, das Schultern und Brustbein verbindet, schwebt das rudimentäre Schlüsselbein, nur von Muskeln fixiert.

ten, aber nicht so schnell ermüden.
- **Langsam arbeitende Zellen:** Diese Zellen arbeiten und ermüden langsam und rufen langsame, anhaltende Kontraktionen hervor. Sie treten bei der Jagd in Aktion: dank ihnen kann sich die Katze fast unmerklich langsam anschleichen oder lange Zeit sprungbereit abwarten.

Der Katzengang

Wenn eine Katze geht, wird fast die gesamte Vorwärtsbewegung von ihren Hinterbeinen bewirkt. Ihre Vorderbeine fungieren als Bremsen, wenn sie auf dem Boden aufkommen, und heben den leichten Vorwärtsschub, den sie erzeugen, nahezu auf, sobald sie den Boden wieder verlassen.

Das gleiche gilt, wenn eine Katze trabt. Bei dieser Gangart bewegen sich die Beine im so genannten Kreuzgang: Abwechselnd wird der rechte Vorderfuß mit dem linken Hinterfuß und der linke Vorderfuß mit dem rechten Hinterfuß aufgesetzt.

Der Beutesprung und andere Sprünge

Dank der geschmeidigen Muskulatur und des flexiblen Rückgrats kann sich die Katze zusammenrollen oder ihren Körper in der Luft um 180 Grad drehen. Diese enorme Beweglichkeit verleiht der Katze ein breites Repertoire an graziösen Sprungbewegungen, die sie in unterschiedlichen Situationen einsetzen kann.

Der Stellreflex

Der Reflex, dank dessen die Katze sich in die richtige Lage dreht, beruht auf einem beweglichen Rückgrat, einer elastischen Muskulatur, einem scharfen Sehvermögen und einem guten Gehör. Erstaunlicherweise verursachen Stürze aus größerer Höhe manchmal nur geringe Verletzungen, da die Katze, nachdem sie sich aufgerichtet hat, die Haltung eines Fallschirmspringers im freien Fall einnimmt. Die Muskelentspannung, die mit der durch die abgespreizten Gliedmaßen bewirkten Herabsetzung der Geschwindigkeit einhergeht, vermindert Aufprall und somit Verletzungsgefahr.

Gehirn und Hormondrüsen

- Das Gehirn einer Katze verbraucht ein Fünftel des zirkulierenden Blutes
- Hormone steuern die Körperfunktionen und das Verhalten der Katze
- Katzen können dazulernen

Alle Sinnesorgane und Hormondrüsen (endokrine Drüsen) übermitteln Informationen an das Gehirn. Dieses wertet die Informationen aus und weist den Körper an, zu reagieren. Dieser Vorgang ist sehr energieintensiv. Obwohl das Gehirn weniger als ein Prozent des Körpergewichts ausmacht, erhält es 20 Prozent des vom Herzen gepumpten Blutes.

Steuerung der Körperfunktionen

Die im Gehirn produzierten Hormone steuern die meisten Körperfunktionen.

- **Antidiuretisches Hormon:** Dieses Hormon (ADH) wird vom Hypothalamus produziert und steuert die Konzentration des Urins und des Oxytozin, das bei der Kätzin die Wehen und den Milchfluss auslöst. Der Hypothalamus produziert auch CRH, das Kortikotropin freisetzende Hormon, das die Ausschüttung von ACTH (*siehe unten*) steuert.
- **Adrenokortikotropin (ACTH):** Dieses Hormon regt die Nebenniere an, Kortisol als Reaktion auf Stress oder Gefahr freizusetzen.
- **Wachstumshormone:** Die Hirnanhangdrüse setzt Hormone frei zur Produktion von Wachstumshormonen.
- **Thyreotropin (TSH):** TSH regt die Schilddrüse an, die den Stoffwechsel steuert.

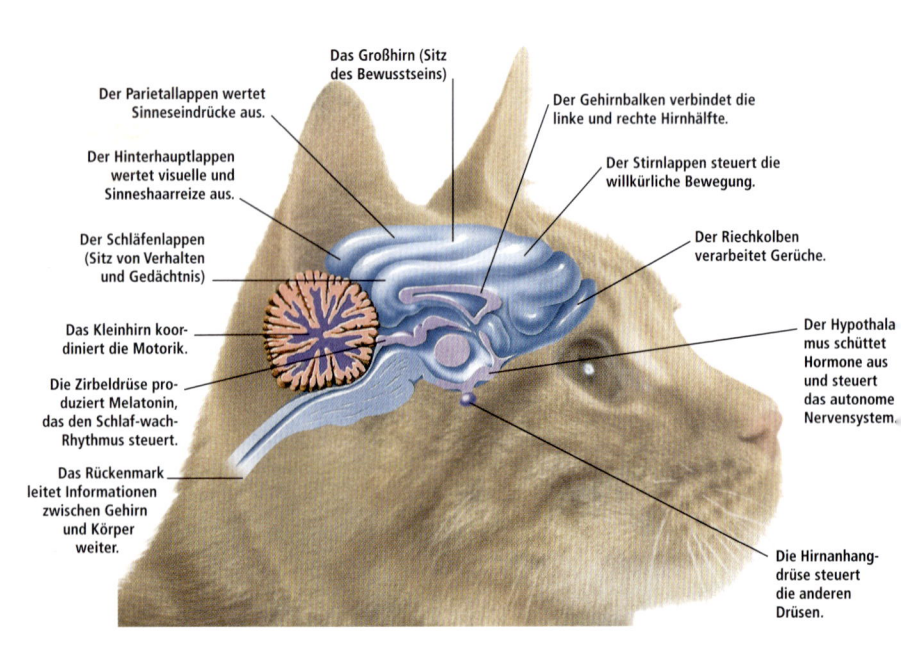

Der Parietallappen wertet Sinneseindrücke aus.

Der Hinterhauptlappen wertet visuelle und Sinneshaarreize aus.

Der Schläfenlappen (Sitz von Verhalten und Gedächtnis).

Das Kleinhirn koordiniert die Motorik.

Die Zirbeldrüse produziert Melatonin, das den Schlaf-wach-Rhythmus steuert.

Das Rückenmark leitet Informationen zwischen Gehirn und Körper weiter.

Das Großhirn (Sitz des Bewusstseins).

Der Gehirnbalken verbindet die linke und rechte Hirnhälfte.

Der Stirnlappen steuert die willkürliche Bewegung.

Der Riechkolben verarbeitet Gerüche.

Der Hypothalamus schüttet Hormone aus und steuert das autonome Nervensystem.

Die Hirnanhangdrüse steuert die anderen Drüsen.

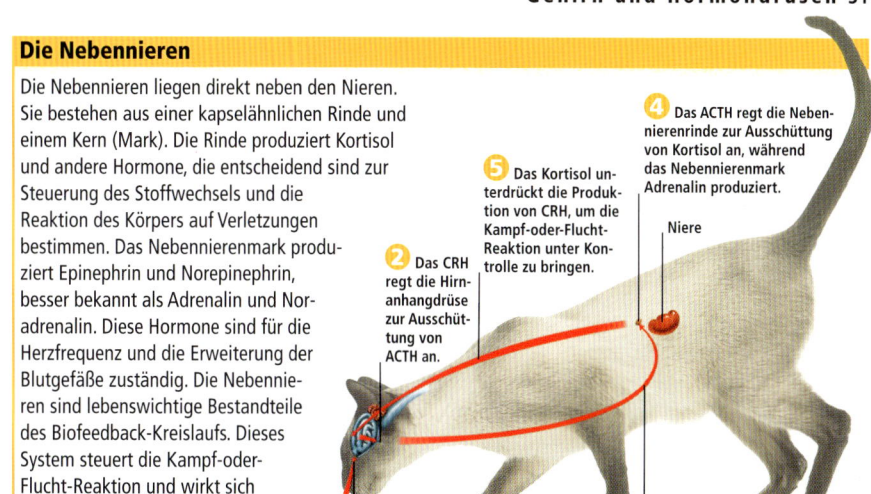

Gehirn und Hormondrüsen 31

Die Nebennieren

Die Nebennieren liegen direkt neben den Nieren. Sie bestehen aus einer kapselähnlichen Rinde und einem Kern (Mark). Die Rinde produziert Kortisol und andere Hormone, die entscheidend sind zur Steuerung des Stoffwechsels und die Reaktion des Körpers auf Verletzungen bestimmen. Das Nebennierenmark produziert Epinephrin und Norepinephrin, besser bekannt als Adrenalin und Noradrenalin. Diese Hormone sind für die Herzfrequenz und die Erweiterung der Blutgefäße zuständig. Die Nebennieren sind lebenswichtige Bestandteile des Biofeedback-Kreislaufs. Dieses System steuert die Kampf-oder-Flucht-Reaktion und wirkt sich unmittelbar auf das Verhalten der Katze aus.

❹ Das ACTH regt die Nebennierenrinde zur Ausschüttung von Kortisol an, während das Nebennierenmark Adrenalin produziert.

❺ Das Kortisol unterdrückt die Produktion von CRH, um die Kampf-oder-Flucht-Reaktion unter Kontrolle zu bringen.

❷ Das CRH regt die Hirnanhangdrüse zur Ausschüttung von ACTH an.

Niere

❶ Der unbekannte Geruch regt den Hypothalamus zur Ausschüttung von CRH an.

❸ Das ACTH gelangt über das Blut zu den Nebennieren.

• **Melanotropin (MSH):** Dieses Hormon regt die Melatoninsynthese an, die an der Auslösung der Schlafzyklen beteiligt ist und die innere Uhr des Körpers steuert.

Die Produktion der Geschlechtshormone, der Eizellen und des Spermas wird vom Follikel stimulierenden Hormon (FSH) bei der Kätzin und vom luteinisierenden Hormon (LH) beim Kater gesteuert.

Der biologische Computer

Das Gehirn besteht aus Milliarden spezialisierter Zellen (Neuronen), von denen jede bis zu 10 000 Verbindungen zu anderen Zellen aufweist. Bei einer sieben Wochen alten Katze flitzen die Botschaften mit fast 390 km/h durch das Gehirn. Mit dem Alter nimmt diese Geschwindigkeit ab.

Anatomisch ähnelt das Gehirn der Katze dem von anderen Säugetieren. Das Kleinhirn steuert die Muskeln, das Großhirn ist für das Lernen, die Gefühle und das Verhalten zuständig, der Hirnstamm ist die Verbindung zum Nervensystem. Man vermutet, dass das so genannte limbische System, ein Netzwerk aus Zellen, der Sitz für den Instinkt und das Lernen ist.

Katzenintelligenz

Katzen werden mit dem Instinkt geboren, ihr Revier zu markieren und zu verteidigen sowie für ihren Lebensunterhalt zu jagen – aber sie müssen lernen, wie das geht.

Indem wir Katzen bei uns im Haus großziehen, greifen wir aktiv in die Entwicklung ihres Gehirns und ihres Verhaltens ein. Es mag den Anschein haben, als ob Katzen unfähig sind zu lernen, da sie nur ungenügend auf Sozialisierungsmaßnahmen reagieren. Gewöhnlich gehorchen Katzen nicht, um gelobt zu werden, denn für einen solitären Jäger bedeutet Wertschätzung keinen Überlebensvorteil. Katzen reagieren eher auf Belohnung mit Futter. Das beste Beispiel für typisches Katzendenken ist eine Katze, die sich nur *vor* dem Tierarztbesuch sträubt, in ihren Transportkorb zu gehen: danach nicht mehr. Eine Katze ist durchaus fähig, von zwei Übeln das kleinere zu wählen.

Das Nervensystem

- Rückenmark und Gehirn bilden das zentrale Nervensystem
- Teile des Nervensystems werden von der Katze bewusst kontrolliert
- Neurologische Störungen treten bei Katzen nur selten auf

Das Nervensystem arbeitet eng mit dem Hormonsystem zusammen, um alle natürlichen Lebensvorgänge der Katze steuern zu können. Das Nervensystem reagiert schnell, genau und unmittelbar auf innere wie äußere Vorgänge. Manche Bereiche des Nervensystems werden von der Katze bewusst kontrolliert, andere wiederum funktionieren unbewusst.

Informationen werden vom Nervensystem in zwei Richtungen weitergeleitet: Sinnesnerven teilen dem Gehirn mit, wie sich die Katze fühlt, Bewegungsnerven übermitteln die Befehle des Gehirns an den Körper.

Zentrales und peripheres Nervensystem

Das Nervensystem unterteilt sich in das zentrale und das periphere Nervensystem. Ersteres besteht aus dem Gehirn und dem Rückenmark – der Kommandozentrale und der Schnellstraße zur zweibahnigen Übermittlung von Impulsen.

Das periphere Nervensystem empfängt Informationen über Temperatur, Sinneseindrücke und Schmerz und leitet Befehle an die Muskeln weiter. Es besteht aus den Gehirnnerven – die für die Übertragung von Informationen der Sinnesorgane verantwortlich sind – und den Rückenmarksnerven, die die Gliedmaßen des Körpers mit dem zentralen Nervensystem verbinden.

Die Unterteilung des Nervensystems dient lediglich einem besseren Verständnis – es gibt in Wirklichkeit keine körperliche Trennung. Die Nervenzellen sind sowohl auf das zentrale als auch auf das periphere Nervensystem verteilt.

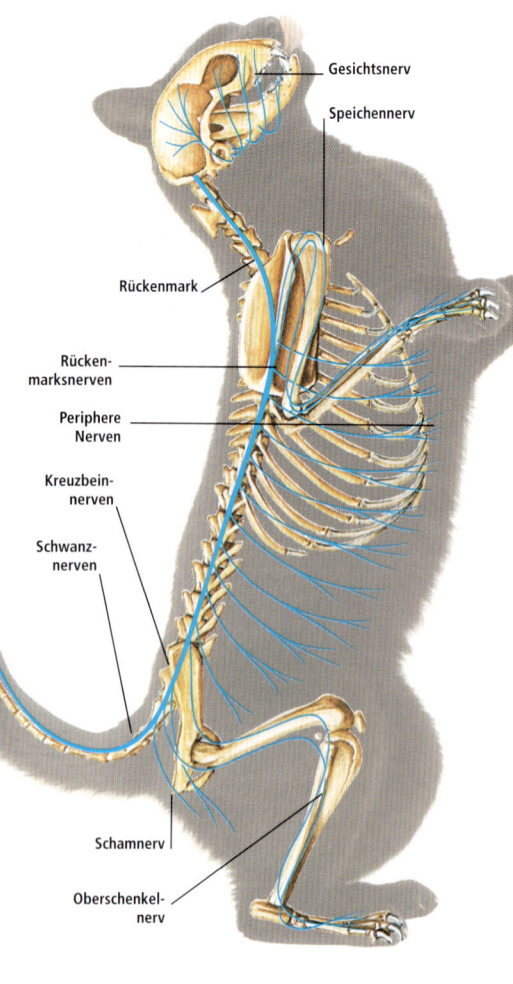

Abbildungsbeschriftungen: Gesichtsnerv, Speichennerv, Rückenmark, Rückenmarksnerven, Periphere Nerven, Kreuzbeinnerven, Schwanznerven, Schamnerv, Oberschenkelnerv

Das Nervensystem 33

> **Die Myelinhülle**
>
> Myelin ist eine fettige, schützende Membran, die die größten Neuriten umhüllt und die Übertragungsgeschwindigkeit zwischen den Nerven erhöht. Genau genommen besteht eine Nervenfaser aus einem Neuriten, seiner Myelinhülle und der Zelle, die das Myelin produziert. Myelin wird von den so genannten Oligodendrogliazellen des zentralen Nervensystems und von den Neurolemmzellen des peripheren Nervensystems produziert.

Chemische Botenstoffe

Der Körper eines Neurons ist mit zweigähnlichen Gebilden (Dendriten) bedeckt, die Botschaften von anderen Zellen empfangen. Jede Zelle besitzt außerdem ein langes, schwanzähnliches Gebilde (Neurit), das Botschaften an andere Nervenzellen oder Organe versendet. Alle diese Botschaften werden von Neurotransmittern – in den Neuriten produzierte chemische Botenstoffe – weitergeleitet.

In jedem Augenblick sendet und empfängt das Nervensystem der Katze Unmengen an Botschaften. Jede Zelle versendet gewöhnlich Botschaften an Tausende von anderen Zellen.

Bewusste Kontrolle

Viele Funktionen des Nervensystems werden von der Katze bewusst kontrolliert. Erblickt die Katze ein Beutetier, bereitet sie ihre Muskeln zum Sprung vor. Sinnesnerven leiten die Botschaften an das Gehirn weiter, Bewegungsnerven leiten die Botschaften zurück an die Muskeln und veranlassen diese, auf einen exakten Sprung hinzuarbeiten.

Unbewusste Kontrolle

Manche Vorgänge laufen unbewusst ab. Dazu gehören die Regulierung des Herzschlags, die Atmung sowie die Verdauungsvorgänge. Sie werden vom autonomen Nervensystem gesteuert, das aus zwei Teilen besteht, dem Sympathikus und dem Parasympathikus. Bei einer ruhenden Katze ist letzterer aktiv: Die Pupillen sind entspannt, Herzschlag und Atmung langsam und regelmäßig.

Gerät eine Katze in Stress, übernimmt der Sympathikus die Kontrolle. Er veranlasst den Hypothalamus und die Hirnanhangdrüse (*siehe Seite 30*), die Nebennieren zur Kampf-oder-Flucht-Reaktion zu mobilisieren. Das Blut fließt von den inneren Organen in die Muskeln, die Körperhaare richten sich auf, der Herzschlag beschleunigt sich und die Pupillen erweitern sich, um besser sehen zu können.

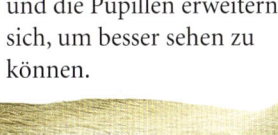

In Stress-Situationen löst das unwillkürliche Nervensystem eine unmittelbare Kette von Vorgängen aus, die zu einer Kampf-oder-Flucht-Reaktion führen.

Der Körperbau der Katze

Das Sehvermögen

- Katzen sind teilweise farbenblind
- Die Augen der Katze können sich scharf einstellen
- Eine Besonderheit der Katze ist das Dämmerungssehen

Die meisten Experten halten Katzen für »farbenblind«. Tests ergaben, dass die farbempfindlichen Zapfenzellen auf der Netzhaut einer Katze auf blau und grün reagieren, nicht jedoch auf rot. Bei Versuchen sind Katzen in der Lage, zwischen grün, blau und gelb zu unterscheiden. Die rote Farbe erkennen sie jedoch nicht. Im täglichen Leben einer Katze spielen Farben keine Rolle.

Bewegungswahrnehmung
Katzenaugen reagieren weitaus empfindlicher auf Bewegung als Menschenaugen, denn ihre Netzhaut weist mehr bewegungswahrnehmende Stäbchenzellen auf. Die große Anzahl an Stäbchenzellen befähigt die Katze, auch in der Dämmerung gut zu sehen.

Das Katzenauge verfügt über einen große Linse, die möglichst viel Licht auf die lichtempfindliche Netzhaut und das Tapetum lucidum fallen lässt.

Katzenaugen

Eine schützende klare Hornhaut bedeckt die mit Flüssigkeit gefüllte vordere Augenkammer. Dahinter liegt die dreiteilige mittlere Augenhaut: die farbige Iris, der stabilisierende Ziliarkörper und die Fokussierlinse. Hinter der Linse befindet sich die mit Flüssigkeit gefüllte hintere Augenkammer.

Die Netzhaut, die den Augenhintergrund auskleidet, »liest« das Licht und leitet die Informationen über den Sehnerv weiter. Hinter der Netzhaut liegt das Tapetum lucidum.

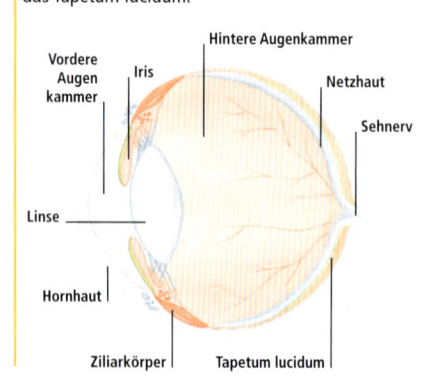

Das Sehvermögen

Das auffälligste Merkmal des Katzenauges ist das Tapetum lucidum, eine Schicht aus reflektierenden Zellen hinter der Netzhaut. Diese spiegelähnlichen Zellen werfen das Licht durch die Netzhaut zurück, sodass die Stäbchen und Zapfen Informationen noch besser auswerten können.

Gesichtsfeld

Dank ihrer vorstehenden Augen haben Katzen ein weiteres Gesichtsfeld als wir Menschen. Außerdem verfügen sie über ein ausgezeichnetes peripheres Sehen. Beides ist wichtig für ein Tier, das Beute- und Raubtier in einem ist.

Bei hellem Licht verkleinert sich die Pupille.

Das perfekte Auge

Wie es sich für ein Raubtier gehört, das jede Gelegenheit ergreift, ist das Katzenauge so konstruiert, dass es ein Höchstmaß an Licht einfängt. Die Augenoberfläche, die Hornhaut, ist gekrümmt, und die Linse ist im Vergleich zu den übrigen Augenabmessungen sehr groß.

Die Augen einer Katze leuchten grün oder golden, wenn das Licht vom Tapetum lucidum reflektiert wird. Dank dieser Zellen kann die Katze nachts besser sehen, da sie das Licht zurückwerfen.

Bei trübem Licht oder wenn die Katze aufgeregt oder ängstlich ist, erweitern sich ihre Pupillen, um möglichst viel von dem vorhandenen Licht einzufangen, während sie sich bei hellem Licht zum Schutz der Netzhaut vollständig schließen können, sodass das Licht nur durch zwei enge längliche Schlitze eintreten kann.

Können Katzen bei Dunkelheit sehen?

Entgegen der landläufigen Meinung können Katzen in tiefster Finsternis auch nicht besser sehen als wir Menschen. Allerdings können Katzen noch bei einem Sechstel der Lichtmenge sehen, die wir benötigen.

Die Muskeln in der Iris funktionieren wie eine eingebaute Sonnenbrille – je nach Lichteinfall verändern sie Größe und Form der Pupille.

Gehör & Gleichgewicht

- Katzen hören auch die leisesten Geräusche
- Sie reagieren auf wesentlich mehr Frequenzen als wir Menschen
- Ein gutes Gehör ist auch für den Gleichgewichtssinn wichtig

Die Evolution hat die Katze mit einem ausgezeichneten Gehör ausgestattet, das für die Jagd auf kleine Nagetiere bestens angepasst ist. Eine Katze vermag auch die leisesten hohen Quiektöne einer Maus oder ein durch kleinste Bewegungen ausgelöstes Rascheln zu hören.

Geräusche bestehen aus Druckwellen, die sich in der Luft ausbreiten. Sie werden durch das Ohr kanalisiert, dort in elektrische Impulse umgewandelt und dann an das Gehirn weitergeleitet.

Unglaubliche Bandbreite

Mehr als ein Dutzend Muskeln arbeiten zusammen, um die Ohrenbewegung genau zu steuern. Eine Katze kann ihre Ohren drehen, bei Bedarf unabhängig voneinander, um Beute oder Gefahr wahrzunehmen. Außerdem vermag die Katze bis zu 65 Kilohertz hohe Frequenzen zu hören, ganze anderthalb Oktaven mehr als der vom Menschen wahrnehmbare Höchstwert von 20 Kilohertz.

Balanceakt

Katzen sind von Natur aus begnadete Klettertiere und besitzen einen empfindlichen Gleichgewichtssinn. Das Gleichgewichtsorgan, der Vestibularapparat, sitzt im Innenohr. Richtungs- oder Geschwindigkeitswechsel werden von diesem Organ sofort registriert, sodass die Katze sich neu orientieren kann.

Schalltrichter

Der Schall bringt das Trommelfell zum Schwingen. Im Mittelohr übertragen die drei Gehörknöchelchen die Schwingungen auf das schneckenförmige Innenohr und den Gehörnerv. Das Gleichgewichtsorgan (Vestibularapparat) setzt sich aus mit Flüssigkeit gefüllten Kammern und Kanälen zusammen, die mit empfindlichen Härchen ausgekleidet sind, die die Bewegungen des Kammerwassers aufnehmen und ihre Signale an das Gehirn weitergeben.

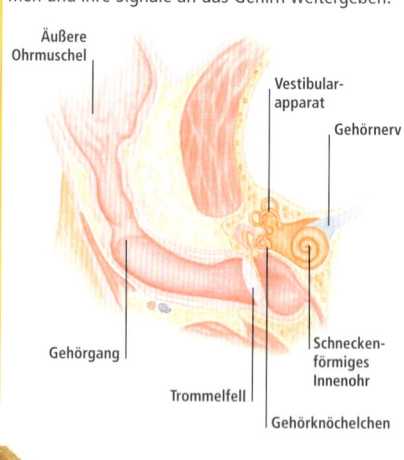

Äußere Ohrmuschel — Vestibularapparat — Gehörnerv — Gehörgang — Schneckenförmiges Innenohr — Trommelfell — Gehörknöchelchen

EIN GEWAGTER BALANCEAKT

Weitere Sinne

- Geruchs-, Geschmacks- und Tastsinn
- Eine Katze hat bis zu zehn Millionen Geschmacksknospen im Mund
- Katzen sind von uns abhängig

Katzen verfügen über doppelt so viele geruchsempfindliche Zellen oder Geruchsrezeptoren in ihrer Nase wie wir Menschen. Geschmacksknospen bedecken die Zunge, während Tastrezeptoren über den ganzen Körper der Katze verteilt sind.

Geruchssinn

Geruchsmoleküle bleiben an den klebrigen Membranen haften, mit denen die geschwungenen Knochen (Nasenmuschel) innerhalb der Nasenkammern bedeckt sind, während die Geschmacksknospen auf der Zunge die chemischen Stoffe im Futter wahrnehmen.

Im Mundhöhlendach sitzt das Nasenbodenorgan, auch Jacobsonsches Organ genannt. Wenn die Katze dieses Organ einsetzt, öffnet sie den Mund zu einem Gesichtsausdruck, der eine Mischung aus einem Gähnen und einer Grimasse ist. Man bezeichnet dies als Flehmen. Mit Hilfe der Zunge werden Gerüche in das Jacobsonsche Organ »eingewickelt« und an den Hypothalamusbereich im Gehirn weitergeleitet.

Geschmackssinn

Auf der Zunge der Katze und einem Teil ihres Rachens befinden sich Gewebehügelchen, auch Papillen genannt. Eine ausgewachsene Katze hat ungefähr 250 Papillen, von denen jede zwischen 40 und 40 000 Geschmacksknospen aufweist.

Chemische Rezeptoren

Jede Geschmacksknospe auf einer Katzenzunge besitzt ein Geschmackshaar, das die chemischen Stoffe im Futter aufspürt. Innerhalb der Nasenkammern haften Geruchsmoleküle an den klebrigen Membranen, die die Nasenmuschelknochen bedecken. Andere chemische Geruchsmoleküle werden vom Jacobsonschen Organ aufgefangen.

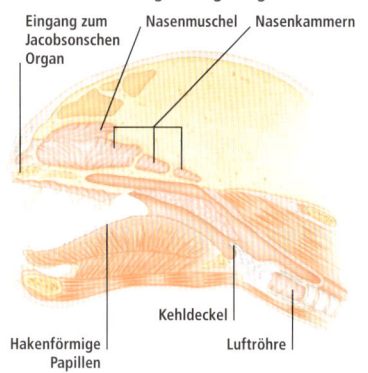

Eingang zum Jacobsonschen Organ — Nasenmuschel — Nasenkammern — Kehldeckel — Hakenförmige Papillen — Luftröhre

Katzen können sauer, bitter und salzig schmecken, nicht jedoch süß.

Tastsinn

Bei kleinen Kätzchen wachsen die äußerst beweglichen, berührungsempfindlichen Tasthaare (Vibrissae) noch vor der Geburt. Die Tasthaare an Kinn und Oberlippe sind am längsten und am zahlreichsten. Die Katze kann sie zur Begrüßung nach vorne und beim Kämpfen oder Fressen nach hinten ausrichten. Die Tasthaare oberhalb der Augen und an den Wangen warnen die Katze vor Gefahren für ihre Augen. Eine fünfte Gruppe von Tasthaaren findet sich an der Rückseite der Vorderbeine.

38 Der Körperbau der Katze

Atmung und Blutkreislauf

- Unterschiedliche Körperregionen benötigen unterschiedlich viel Blut
- Arterien befördern Sauerstoff, Venen verbrauchtes Kohlendioxid
- Die meisten Katzen haben die Blutgruppe A

Lunge, Herz und Kreislauf der Katze sind auf ein Tier zugeschnitten, das gewöhnlich kontrolliert vorgeht, aber gelegentlich auch zu jähen Energieschüben fähig ist.

Das Atmungssystem

Die eingeatmete Luft strömt durch den Riechapparat der Nase, der von den Stirnhöhlen umgeben ist. Hier wird die Luft aufgewärmt, angefeuchtet und gefiltert. Anschließend strömt die Luft durch die Luftröhre (Trachea) durch zwei Bronchien in die Lungen. Jede Bronchie verzweigt sich in viele kleine Bronchiolen, die in kleinen Taschen, so genannten Alveolen, enden.

Der Blutkreislauf

Der Körper einer 5 kg schweren Katze enthält etwa 330 ml Blut.

Die muskulösen, elastischen Arterienwände dehnen sich aus und ziehen sich zusammen, wenn das Herz Blut durchpumpt: Das ist der Pulsschlag. Die dünneren Wände der Venen können leichter beschädigt werden. Sie haben keinen Pulsschlag und enthalten Klappen, die dafür sorgen, dass das Blut in ihnen nur in eine Richtung fließt, nämlich zum Herzen.

Unterschiedliche Körperregionen benötigen unterschiedlich viel Blut. Das Gehirn macht einen geringen Teil des gesamten Körpergewichts aus, beansprucht aber 15 bis 20 Prozent des gesamten Blutes.

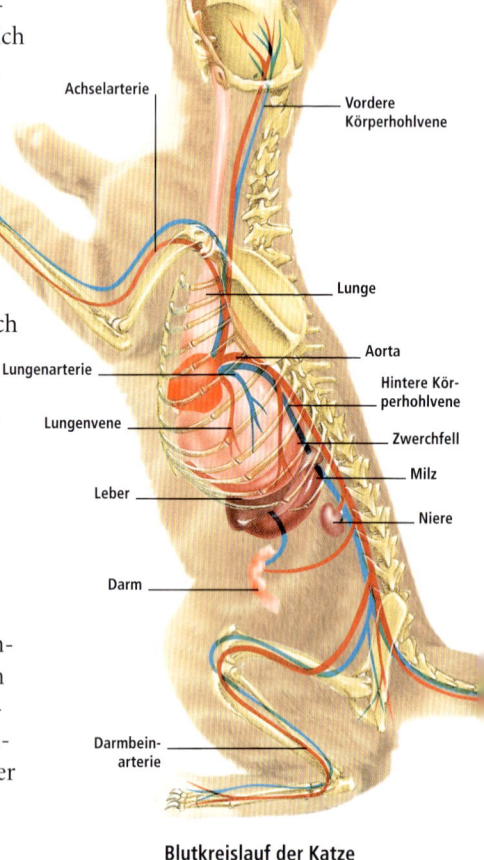

Blutkreislauf der Katze

Ruhende Muskeln erhalten die doppelte Blutmenge, doch bei einer Verfolgungsjagd oder Flucht können bis zu 90 Prozent des Blutes aus anderen Organen und sogar vom Gehirn an die Muskeln umgeleitet werden. Die für jede Körperregion

Atmung und Blutkreislauf 39

bestimmt Blutmenge wird von Nerven und Hormonen gesteuert.

Die Aufgabe von Arterien und Venen

In den Arterien fließt hellrotes Blut, reich an Sauerstoff aus den Lungen und Nährstoffen aus dem Verdauungssystem, vom Herzen zum Körper. In den Venen fließt dunkles Blut, das Kohlendioxid und Abfallstoffe enthält, zurück zu den Lungen, der Leber und den Nieren.

Eine Ausnahme bilden die Lungenarterien und Lungenvenen. Erstere transportieren sauerstoffarmes Blut zu den Alveolen, die den Sauerstoff aus der eingeatmeten Luft aufnehmen. Die Lungenvenen transportieren das so aufgefrischte Blut wieder zum Herzen, das es über die Arterien an alle Körperregionen pumpt. Der Sauerstoff verteilt sich in die Zellen, wo er gegen Kohlendioxid ausgetauscht wird. Die Venen transportieren dann das sauerstoffarme Blut zum Herzen zurück, damit es wieder zu den Lungen gepumpt werden kann.

Die Zusammensetzung des Blutes

Der größte Teil der Gesamtblutmenge besteht aus blassgelbem Blutplasma. Weitere 30 bis 45 Prozent bestehen aus roten Blutkörperchen, der Rest aus weißen Blutkörperchen und Blutplättchen.

- **Blutplasma:** Das Plasma ist für den Transport zuständig. Es befördert die Nährstoffe vom Verdauungssystem sowie Abfallstoffe. Der Plasmaanteil wird durch die entlang des Dickdarms aufgenommene Flüssigkeit aufrechterhalten.
- **Blutkörperchen:** Bei kleinen Kätzchen werden die Blutkörperchen von Leber und Milz produziert, bei ausgewachsenen Katzen vom Rückenmark. Rote Blutkörperchen befördern Sauerstoff in den Arterien zu den Körperzellen. Weiße Blutkörperchen (*siehe Seite 44*) verteidigen den Körper gegen Mikroben und Parasiten, entsorgen Abfallprodukte aus Verletzungen, entgiften Substanzen, die aufgrund allergischer Reaktionen freigesetzt werden und bilden Antikörper gegen Infektionen.
- **Blutplättchen:** Sie sind für die Blutgerinnung an Wunden zuständig.
- **Blutgruppen:** Bei Katzen kommen drei Blutgruppen vor: A, B und AB. Die meisten Katzen haben die Blutgruppe A.

Blutkrankheiten

Manche Kreislaufbeschwerden haben äußere Ursachen. Wenn eine Katze nicht frisst, ist im Dickdarm zu wenig Flüssigkeit vorhanden, um den Plasmaanteil aufrechtzuerhalten. Daher wird die Flüssigkeit aus anderen Körperregionen abgezogen, was zur Austrocknung führt.

Bei einer Anämie sinkt der Anteil der roten Blutkörperchen. Starker Flohbefall, Verletzungen, Magengeschwüre oder Tumoren können vorübergehend eine Anämie verursachen. Krankheiten können das Rückenmark bei der Bildung von neuen Zellen hemmen. Häufige Auslöser einer solchen nicht regenerativen Anämie sind das Katzenleukämievirus (FeLV), Nierenversagen, Mangelernährung oder Vergiftungen.

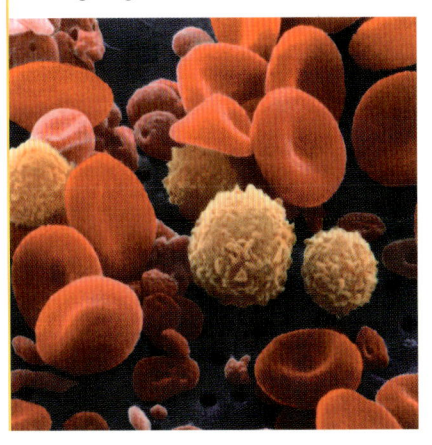

Der Körperbau der Katze

Verdauung

- Fleisch ist ein wichtiger Bestandteil der Katzennahrung
- Zähne und Zunge sind perfekte Werkzeuge zum Fleischverzehr
- Das Verdauungssystem ist auf die häufige Aufnahme kleiner Portionen eingestellt

Das Verdauungssystem spaltet das Futter in einzelne Moleküle auf, die vom Blut aufgenommen werden können. Es fungiert außerdem als Sperre für schädliche Bakterien oder andere Krankheitserreger, die eine Katze unbeabsichtigt mit ihrer Nahrung aufnimmt. Die Nahrung wird gewöhnlich innerhalb von 24 Stunden aufgenommen, verdaut, verwertet und ausgeschieden.

Nahrungsaufnahme und Verdauung

Die Zähne der Katze zerreißen das Fleisch, und die mit Widerhaken versehene Zunge schabt es von den Knochen ab. Der Speichel »schmiert« die Nahrung, so kann sie besser geschluckt werden.

Die Nahrung wandert die Speiseröhre hinunter in den Magen. Der obere Teil des Magens produziert Säure zur Aufspaltung der Fasern und Enzyme zur Aufspaltung der Proteine. Außerdem sondert der Magen Schleim ab, um sich selbst und den Darm gegen Schädigungen durch diese Verdauungssäfte zu schützen. Muskelkontraktionen vermischen die Nahrung, die anschließend in den Zwölffingerdarm gelangt.

Der Zwölffingerdarm empfängt fettlösende Galle von der Gallenblase in

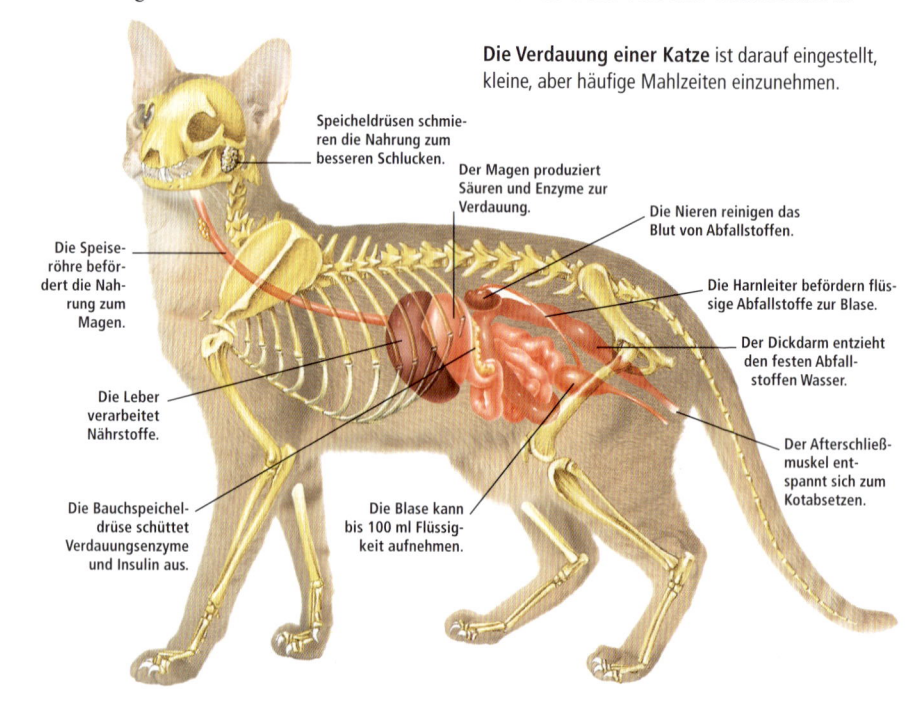

Die Verdauung einer Katze ist darauf eingestellt, kleine, aber häufige Mahlzeiten einzunehmen.

Speicheldrüsen schmieren die Nahrung zum besseren Schlucken.

Der Magen produziert Säuren und Enzyme zur Verdauung.

Die Nieren reinigen das Blut von Abfallstoffen.

Die Speiseröhre befördert die Nahrung zum Magen.

Die Harnleiter befördern flüssige Abfallstoffe zur Blase.

Der Dickdarm entzieht den festen Abfallstoffen Wasser.

Die Leber verarbeitet Nährstoffe.

Der Afterschließmuskel entspannt sich zum Kotabsetzen.

Die Bauchspeicheldrüse schüttet Verdauungsenzyme und Insulin aus.

Die Blase kann bis 100 ml Flüssigkeit aufnehmen.

Verdauung 41

Das Gebiß der Katze

Kleine Kätzchen kommen bereits mit 26 nadelscharfen Milchzähnen zur Welt. Innerhalb der ersten sechs Lebensmonate werden diese durch 30 bleibende Zähne ersetzt. Die oberen und unteren Schneidezähne ergreifen das Beutetier oder das Futter, die Fangzähne packen zu und töten, die Backenzähne zerschneiden und zerkauen das Fleisch. Die Katze besitzt nur wenige Backenzähne, und die oberen sind beinahe verkümmert, da sie für die hauptsächlich aus Fleisch bestehende Nahrung nicht unbedingt notwendig sind.

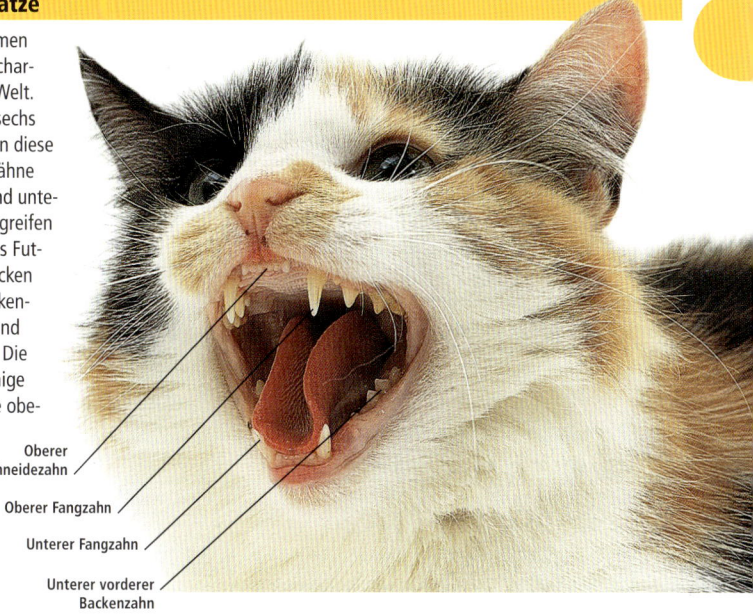

- Oberer Schneidezahn
- Oberer Fangzahn
- Unterer Fangzahn
- Unterer vorderer Backenzahn

der Leber und Enzyme von der Bauchspeicheldrüse. Im gesamten Dünndarm geht die Verdauung weiter, und die Nährstoffe werden durch die Darmwände aufgenommen.

Das Blut befördert diese Stoffe zur Leber. Dort werden sie zu essenziellen Fettsäuren und Aminosäuren umgewandelt. Im Gegensatz zur Leber eines Menschen oder Hundes benötigt die Leber der Katze tierisches Eiweiß, um das gesamte Aminosäuresortiment herzustellen. Daher muss eine Katze sterben, wenn sie kein Fleisch bekommt.

Ausscheidung

Nach Aufnahme der Nährstoffe gelangen die Abfallstoffe in den Dickdarm, wo sie von gutartigen Bakterien abgebaut werden. Wasser wird durch die Dickdarmwand aufgenommen, und Schleim wird abgesondert, um die trockenen Abfallstoffe zu »schmieren«. Sobald sich die Abfallstoffe im Mastdarm ansammeln, signalisieren Nerven, dass sie ausgeschieden werden müssen.

Im Blut gelangen die Abfallstoffe von der Leber in die Nieren, wo sie von Röhrchen (Nephronen) herausgefiltert und als Urin ausgeschieden werden.

Die Nieren regulieren auch den Blutdruck, halten das chemische Gleichgewicht des Blutes aufrecht, aktivieren Vitamin D und erzeugen Erythropoetin, ein Hormon, das die Produktion von roten Blutkörperchen anregt.

Verdauungshormone

Der Verdauungsprozess wird von Hormonen unterstützt, die von den Schilddrüsen, den Nebenschilddrüsen und der Bauchspeicheldrüse ausgeschüttet werden.

Die Schilddrüsen steuern den Stoffwechsel, die Nebenschilddrüsen regulieren den Kalziumspiegel. Dank des von der Bauchspeicheldrüse freigesetzten Insulins können die Zellen dem Blut den lebensnotwendigen Blutzucker entnehmen.

Die Fortpflanzung

- Katzen werden mit fünf bis neun Monaten geschlechtsreif
- Unkastrierte Kater sind immer paarungswillig
- Die Paarung bei Katzen kann sehr angriffslustig sein

Für einen solitären Jäger wie die Katze ist ihre Fortpflanzungsstrategie optimal. Kätzinnen werden mit zunehmender Tageslichtmenge rollig, so dass die Geburten in das Frühjahr und den Sommer fallen, wenn das Nahrungsangebot am größten ist. Die Kater sind immer paarungsbereit.

Das männliche Fortpflanzungssystem

Katzen werden gewöhnlich mit fünf bis neun Monaten geschlechtsreif. Danach ist das Fortpflanzungssystem des Katers ständig in Bereitschaft.

Das luteinisierende Hormon (LH) der Hirnanhangdrüse regt die Hoden zur Bildung von Spermien und des männlichen Sexualhormons Testosteron an. Die Erzeugung von Spermien gelingt am besten bei einer Temperatur, die geringfügig unter der Körpertemperatur liegt. Daher befinden sich die Hoden außerhalb des Körpers im Hodensack. Der Samen wird in den Nebenhoden an der

Die Kastration

Beim Kater ist die Kastration ein einfacher Eingriff. Unter Vollnarkose werden die Hoden durch einen kleinen Einschnitt in den Hodensack entfernt. Ein Kater wird gewöhnlich mit sechs Monaten kastriert.

Die Kastration einer weiblichen Katze erfordert einen größeren Eingriff im Bauchbereich. Eierstöcke und/oder Gebärmutter bis zum Gebärmutterhals werden entfernt. Dieser Eingriff kann vor der Geschlechtsreife ausgeführt werden.

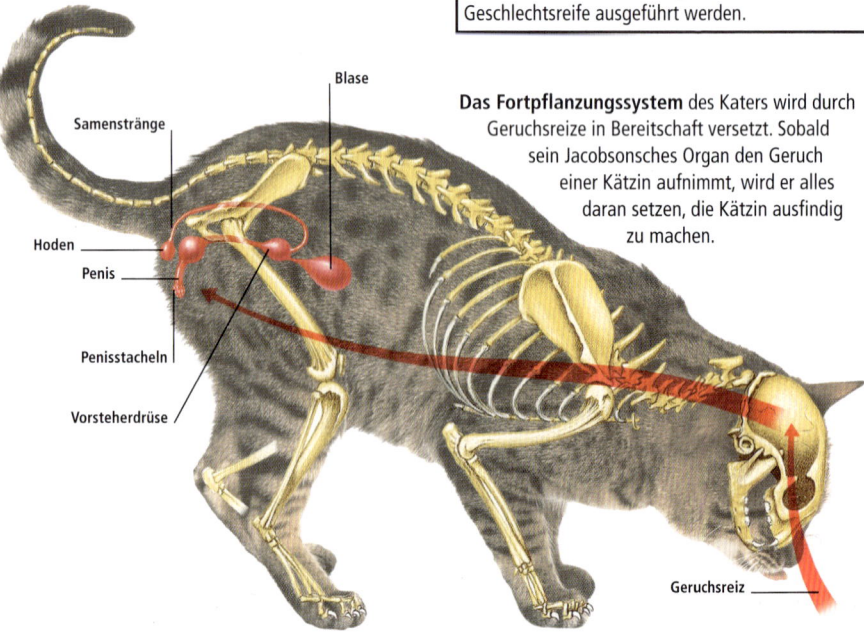

Das Fortpflanzungssystem des Katers wird durch Geruchsreize in Bereitschaft versetzt. Sobald sein Jacobsonsches Organ den Geruch einer Kätzin aufnimmt, wird er alles daran setzen, die Kätzin ausfindig zu machen.

Samenstränge — Blase — Hoden — Penis — Penisstacheln — Vorsteherdrüse — Geruchsreiz

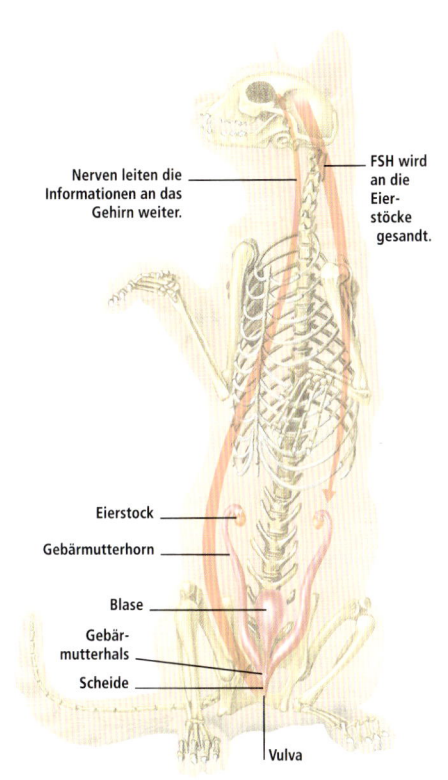

Die Fortpflanzung

Nerven leiten die Informationen an das Gehirn weiter.

FSH wird an die Eierstöcke gesandt.

Eierstock
Gebärmutterhorn
Blase
Gebärmutterhals
Scheide
Vulva

Die beiden Eierstöcke der Kätzin sind am Dach der Bauchhöhle, direkt hinter den Nieren, aufgehängt.

Basis gespeichert und wandert, wenn er gebraucht wird, durch die beiden Samenstränge zur Vorsteh- und Harnröhrenzwiebeldrüse. Dort wird ein zuckerhaltiges Beförderungsmittel, die Samenflüssigkeit, hinzugefügt.

Weibliche Sexualhormone

Wie die meisten Haustiere ist die Katze polyöstrisch, das heißt, sie hat mehrere Geschlechtszyklen pro Jahr, saisonal bedingt: Der Fortpflanzungszyklus der Kätzin ist am aktivsten, wenn die Tageslichtmenge zunimmt.

Zum Winterende regt die zunehmende Tageslichtmenge ihre Hirnanhangdrüse zur Bildung des follikelstimulierenden Hormons (FSH) an. Das FSH veranlasst die Eierstöcke, Eizellen zu bilden und das weibliche Geschlechtshormon Östrogen herzustellen. Das Östrogen wird von der Kätzin im Urin ausgeschieden, sozusagen als Einladung an alle verfügbaren Kater. Bei der Geschlechtsreife, die zur selben Zeit wie beim Kater eintritt, liegen die notwendigen Eizellen in den Eierstöcken bereit.

Die Paarung

Eine Kätzin lässt die Paarung mit einem Kater nur dann zu, wenn sie wirklich bereit ist. Der Penis eines Katers ist mit hakenförmigen Stacheln besetzt. Beim Zurückziehen schürfen die Stacheln die Vulva auf und lösen dadurch den Eisprung aus. Bei Katzen werden die Eizellen erst nach erfolgter Paarung freigesetzt. Dazu sind meist zwei oder mehr Paarungen notwendig. Sobald die Eizellen den Eierstock verlassen haben, tritt eine Ruhephase ein, die zwischen zwei Tagen und zwei Wochen andauert, gefolgt von einem weiteren Brunstzyklus, falls eine Empfängnis nicht stattgefunden hat.

Schwangerschaft und Geburt

Die Befruchtung findet in den Gebärmutterhörnern statt. Die Embryonen liegen aufgereiht in jedem der beiden Gebärmutterhörner. Die Schwangerschaft dauert ungefähr 63 Tage.

Die Geburt verläuft meist ohne Komplikationen, obwohl manche Kätzchen tot geboren werden. Kurz nach der Geburt schießt die Milch ein, angeregt durch das Saugen der Kätzchen.

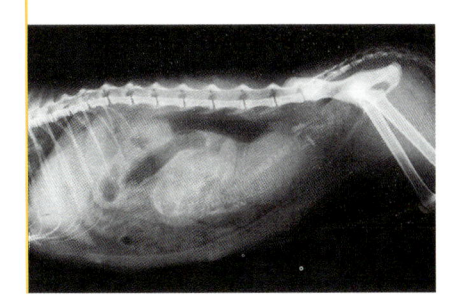

Das Immunsystem

- Das Immunsystem schützt den Körper vor Krankheiten
- Manchmal missversteht das Immunsystem die Anweisungen
- Allergien und Autoimmunerkrankungen bei Katzen nehmen weiter zu

Das Immunsystem verteidigt den Körper gegen Gefahren von innen wie Krebszellen und gegen äußere Krankheitserreger wie Viren und Bakterien.

Unter normalen Bedingungen wird das Immunsystem bei Bedarf aktiviert bzw. deaktiviert. Wird es nicht richtig aktiv, leidet die Katze an Immunsuppression. Wird das Immunsystem zum falschen Zeitpunkt aktiv oder schaltet nicht mehr ab, kann dies bei der Katze Allergien, Asthma oder eine Autoimmunerkrankung auslösen; bei letzterer greift das Immunsystem einen lebenswichtigen Körperteil an.

So arbeitet das Immunsystem

Fast jeder Teil des Körpers, von der Haut bis hin zum Knochenmark, enthält Zellen, die für ein gesundes Immunsystem wesentlich sind. Die weißen Blutkörperchen, von denen es fünf Haupttypen gibt, spielen hierbei eine wichtige Rolle.

- **Neutrophile:** Die »Angriffssoldaten« an vorderster Front des Immunsystems bewachen den Körper und schützen ihn vor Bakterien und Pilzen.
- **B-Zellen:** Diese Zellen bilden Antikörper – Proteine, die schädliche Mikroben identifizieren und neutralisieren.
- **T-Zellen:** So genannte »Helfer-T-Zellen« lösen bei den B-Zellen die Bildung von Antikörpern aus. Nach getaner Arbeit werden die Helferzellen von Suppressorzellen gestoppt.
- **Gedächtnis-T-Zellen:** Diese Zellen patrouillieren im ganzen Körper. Sie erkennen Übeltäter, denen sie schon ein-

Schmerz und Belastung

Schmerz ist Teil des Verteidigungssystems der Katze, der sie veranlasst, Gefahren zu meiden. Bei einem Kampf produziert die Katze schützende Neuropeptide oder Endorphine, die das Unangenehme am Schmerz und seine Intensität abschwächen. Chronischer Stress kann eine Über- oder Unterproduktion an Neuropeptiden auslösen. Das heißt, Schmerz und Stress können die Anfälligkeit für Krankheiten oder eine schnelle Genesung beeinflussen. Verwenden Sie bitte nur für Katzen bestimmte Schmerzmittel: Medikamente, die bei Hunden oder Menschen wirken, können für Katzen tödlich sein.

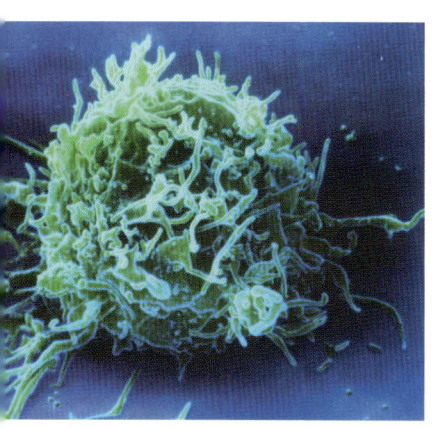

Die T-Zellen verursachen oder hemmen die Bildung von Antikörpern, Proteinen, die schädliche Mikroben neutralisieren.

sehentlich eine bestimmte Stelle des eigenen Körpers angreifen – zum Beispiel die roten Blutkörperchen. Diese selbstzerstörerische Reaktion bezeichnet man als Autoimmunerkrankung.

Unterfunktion des Immunsystems

Eine Schwächung des Immunsystems der Katze kann am zunehmenden Alter der Katze oder an Viruserkrankungen wie der felinen Immunschwäche (FIV) oder Katzenleukämie (FeLV) liegen. Hiervon betroffene Katzen sind besonders anfällig für Krebs, Infektionen und Autoimmunerkrankungen.

mal begegnet sind, und mobilisieren die Angriffstruppen einschließlich der natürlichen »Killerzellen«, die Viren oder Tumorzellen angreifen und vernichten.
• **Makrophagen:** Diese Zellen (wörtlich übersetzt »Fresszellen«) sind das letzte Glied der Abwehrkette. Sie entsorgen die Reste der Schädlinge.

Überfunktion des Immunsystems

Helfer-T-Zellen aktivieren und deaktivieren Teile des Immunsystems. Dabei werden manchmal die Anweisungen missverstanden. Sie reagieren beispielsweise dann, wenn der Körper der Katze gar nicht von gefährlichen Mikroben bedroht ist, sondern nur mit harmlosen Stoffen wie Flohspeichel, Hausstaub oder Pflanzenpollen in Berührung kommt. Diese Substanzen können eine allergische Reaktion auslösen, die sich in Form von Hautjucken, tränenden Augen, Niesen bis hin zu Erbrechen oder Durchfall äußert.

Findet keine wirksame Hemmung durch die Suppressor-Zellen statt, bleibt das Immunsystem sozusagen auf der »Überholspur« und kann dadurch ver-

Asthma und Allergien

Allergische Reaktionen von Katzen auf bestimmtes Futter und chemische Stoffe sind ein relativ neues Phänomen. Beim Einatmen, Schlucken oder anderer Kontaktaufnahme mit einem beliebigen Auslöser erzeugt das Immunsystem der Katze den Antikörper Immunglobulin E (IgE, *siehe rechts*). Bei allergischen Katzen dockt das IgE an den Rezeptorbindungsstellen an, die auf spezialisierten Immunzellen, den so genannten Mastzellen (*siehe unten*), angesiedelt sind.

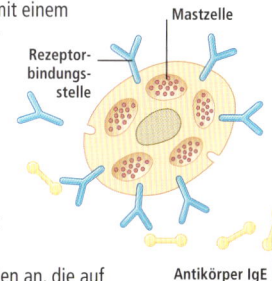

Sie ähneln scharf gemachten Minen, die Reizstoffe enthalten. Das IgE führt zu einer regelrechten Explosion der Mastzellen, bei der reizende und entzündlich wirksame Stoffe wie Histamine verstreut werden. Antihistaminika neutralisieren das freigesetzte Histamin.

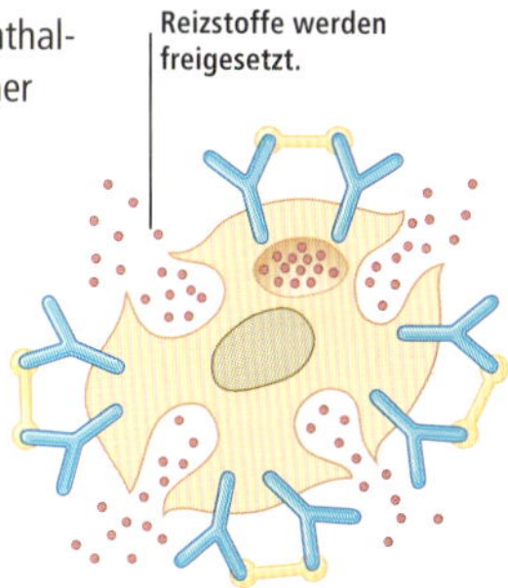

Katze und Mensch

- Eine für beide Seiten vorteilhafte Beziehung
- Katzen und Menschen passen sich einander an
- Katzen sind von uns abhängig

Unsere Beziehung zu Katzen ist relativ jung und alles in allem für beide Seiten vorteilhaft. Während Katzen im mittelalterlichen Europa verfolgt wurden und nach wie vor überall eine Zielscheibe für Misshandlungen sind, war der Anschluss an menschliche Gemeinschaften ein erfolgreicher Schachzug der Evolution, der ihre Verbreitung auf der ganzen Welt garantierte. Das Zusammenleben mit dem Menschen hat jedoch sowohl physische und psychische Veränderungen als auch Risiken für die Zukunft mit sich gebracht.

Von der Wild- zur Hauskatze

Der Körperbau der Hauskatze hat sich gegenüber dem ihres Vorfahren, der Wildkatze, leicht verändert. Wie bei allen domestizierten Arten ist das Gehirn der Katze ein Viertel kleiner als das ihres Vorfahren. Gehirnregionen, die für das Überleben einer selbstständigen Katze in der Wildnis entscheidend waren, sind schlichtweg überflüssig, wenn das heimische Revier relativ klein und Futter ständig verfügbar ist. Hauskatzen haben auch einen kürzeren Darm und kleinere Hormondrüsen. Außerdem sind sie wesentlich lautstarker.

Verhaltensbeeinflussung

Die Annäherung der Katze an den Menschen war deshalb so erfolgreich, weil die Evolution Exemplare hervorbrachte, die eine niedrigere Angstschwelle besaßen als ihre wilden Artverwandten. Alle Katzen leben gerne mit dem Menschen zusammen, sofern sie frühzeitig sozialisiert werden, aber selbst unter sozialisierten Katzen gibt es solche, die dem Menschen mehr zugetan sind als andere. Obwohl sich neue Rassen aufgrund ihrer angeblich größeren

Einige Evolutionspsychologen behaupten, dass Katzen aufgrund ihrer unmittelbaren Nähe zu den Menschen weichere Stimmen entwickeln.

Katze und Mensch 47

Die fehlende Notwendigkeit, auf Nahrungssuche zu gehen, hat teilweise zu einer Verkleinerung des Gehirns bei Hauskatzen geführt.

Geselligkeit weiter verbreiten, konnte weder bewiesen noch widerlegt werden, ob eine gezielte Zucht Einfluß auf den Fortbestand dieses Verhaltenszuges hat.

Veränderte Stimme

Einige Experten behaupten, dass es einen gewissen Evolutionsdruck in Richtung weicherer Katzenstimme und dem so genannten »lautlosen Miauen« gibt.

Einfluss auf die Gene

Wir Menschen haben 98,5 Prozent unserer Gene mit den Schimpansen gemein, aber selbst 100 Millionen Jahre der Trennung reichten nicht aus, um genetische Veränderungen herbeizuführen. Dasselbe gilt auch für die Katze. Es wird niemals genetische Veränderungen als Ergebnis einer Domestizierung oder einer gezielten Zucht geben. Wir Menschen können lediglich Regulatorgene beeinflussen, die wiederum andere Gene aktivieren oder deaktivieren.

Die hypoallergene Katze

Wir Menschen können auf eine Vielzahl von Haar- oder Hautschuppen allergisch reagieren; besonders lästig ist jedoch für viele Menschen eine Katzenhaarallergie. Ein Fel D-1 genanntes Protein, das im Speichel und den abfallenden Hautschuppen der Katze entdeckt wurde, ist daran schuld.

Im Zeitalter der Genmanipulation wäre es eigentlich ganz einfach, das Gen zu isolieren, das die Produktion von Fel D-1 steuert, und dieses Protein so zu verändern, dass es kaum mehr eine allergische Reaktion beim Menschen auslöst. Hierbei kommen jedoch moralische und ethische Gesichtspunkte ins Spiel.

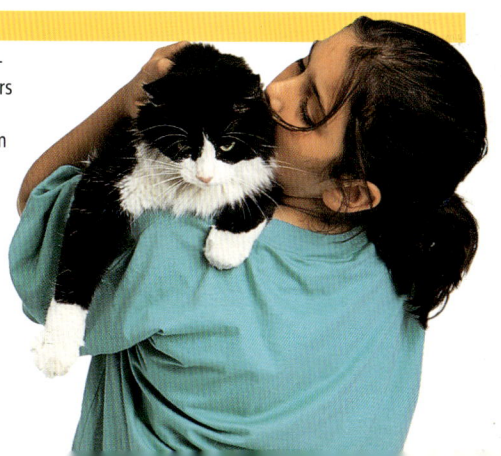

KAPITEL ZWEI

Katzen-rassen

In den letzten 50 Jahren ist die Anzahl neuer Katzenrassen explosionsartig gestiegen. Manche dieser neuen Rassen wurden durch die gezielte Verpaarung von Katzen gezüchtet, die sich entwickelt haben, um in einer ganz bestimmten Umgebung zu überleben. In anderen Fällen wurde eine zufällige Mutation durch sorgfältige Zucht an Hand gesicherter genetischer Grundlagen gefestigt. Der neueste Eingriff des Menschen betrifft die beabsichtigte Verpaarung einer Wildkatzenart mit der Hauskatze, um eine einzigartige Fellfarbe und -zeichnung zu erhalten. Viele Zuchtverbände lehnen solche Züchtungen ab, manche jedoch erkennen die daraus hervorgehenden Zuchtergebnisse an.

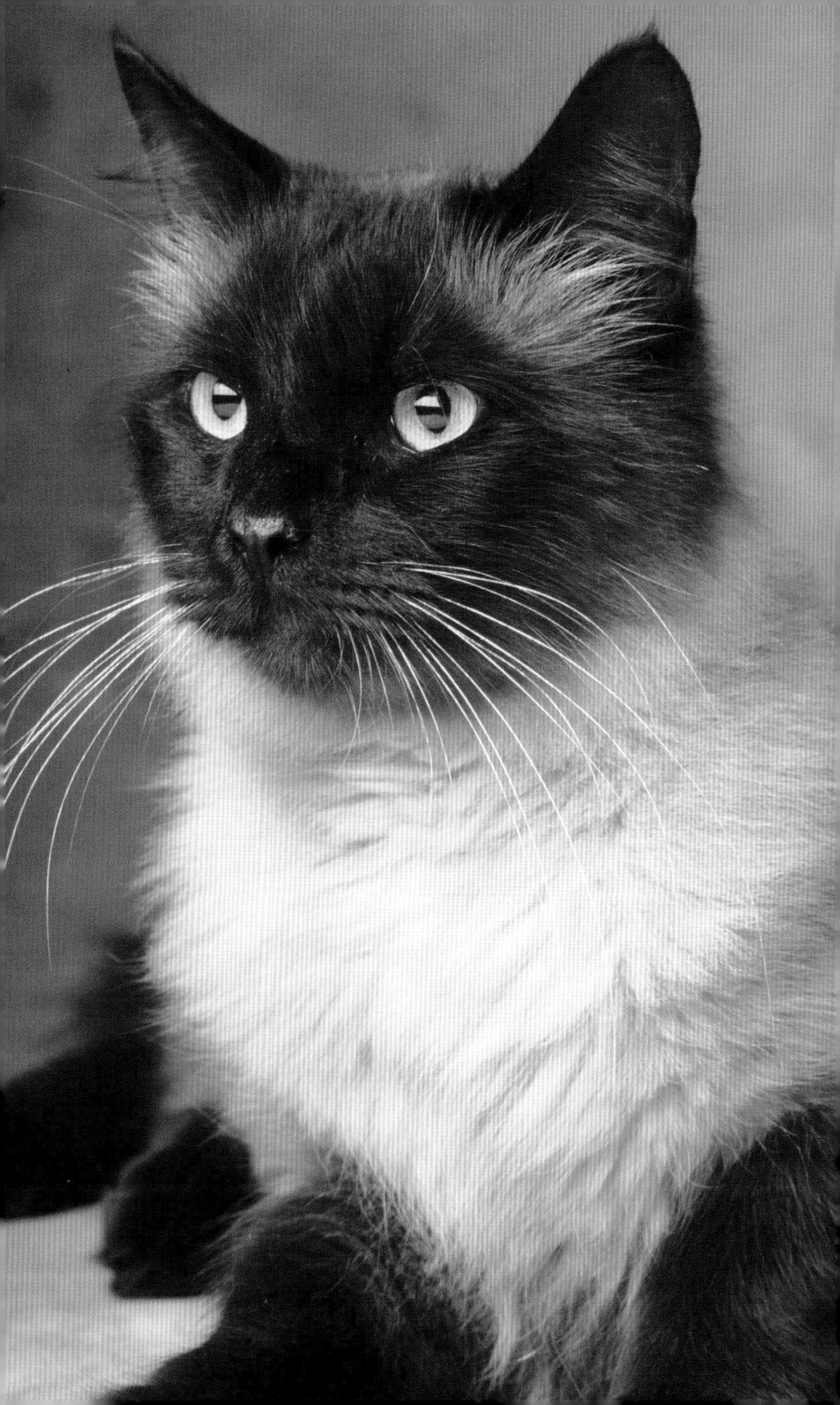

Auswahlzucht

- Genetische und wissenschaftliche Grundlagen
- Verschiedene Zuchtverbände
- Rassekatzen sind in der Minderheit

Seit Jahrtausenden halten Menschen Katzen, aber erst seit dem vergangenen Jahrhundert wurde die selektive Zucht aktiv betrieben. Sie entstand aus den Erfolgen der ersten offiziellen Katzenausstellungen, die im späten 19. Jh. stattfanden, und aus der daraus resultierenden Vorliebe für »reinrassige« Katzen. Schon bald bildeten sich Verbände.

Moderne Zuchtverbände

Die Rolle der Zuchtverbände ist widersprüchlich. Es ist schwer zu sagen, was nun genau eine Rasse ist – nicht alle Rassen werden von allen Verbänden anerkannt. Ein und dieselbe Rasse kann von zwei verschiedenen Zuchtverbänden unterschiedlich bezeichnet werden. Der größte Verband für reinrassige Katzen ist die »Cat Fanciers' Association (CFA)«, die 1906 gegründet wurde. Die Verbandsrichtlinien sind sehr streng, es sind z.B. nur vier Farben bei den Siamkatzen zulässig. Die liberalste Einstellung besitzt der Verband »The International Cat Association (TICA)«, 1979 gegründet, USA. Dieser Verband akzeptiert neue Rassen schneller als die anderen, wenn auch nur vorläufig, und ermutigt dadurch Experimente. Der britische Verband »Governing Council of the Cat Fancy (GCCF)« wurde 1910 gegründet. Seine Politik ist seriös, aber nicht so streng wie die der CFA, sein Einfluss ist international. Die meisten europäischen Länder haben mehrere Zuchtverbände, wovon jedoch mindestens einer pro Land der 1949 gegründeten »Fédération International Féline (FIFé)« angehört. Die Politik der FIFé ähnelt der des eng-

Die Fellzeichnung der Birmakatze kann sich auf natürliche Weise in einer isolierten Umgebung entwickelt haben, aber sie stimmt perfekt mit der Zeichnung anderer Rassen überein.

Diese Orientalisch-Kurzhaar-Kätzchen würden von manchen Verbänden als Siamkatzen anerkannt, von anderen als »eine andere Orientalisch-Varietät«.

lischen GCCF: Beide Verbände missbilligen Züchtungen mit bekannten Erbdefekten wie häufig auftretende Taubheit bei weißen Katzen mit blauen Augen.

Anwendung der Genetik

In neuerer Zeit wurden Rassen gezielt und auf wissenschaftlicher Grundlage entwickelt, von Züchtern, die ihre Kenntnisse der Genetik darauf verwandten, eine Vielzahl an Fellfarben und Fellmustern hervorzubringen. Im 20. Jh. entstanden mehr Neuzüchtungen als in der gesamten Zeit davor. Inzwischen gibt es Beispiele von Züchtungen, die sich vom natürlichen Typ entfernen, wie die Sphinx und die Munchkin.

Fragwürdige Zuchtziele

In Deutschland verbietet das Tierschutzgesetz (Qualzuchtparagraph § 11b), Rassen zu züchten, bei denen damit gerechnet werden muss, dass die Tiere erheblich bedingte Schäden aufweisen und Schmerzen erleiden müssen.

So haben beispielsweise kurzschwänzige oder schwanzlose Rassen wie die Manx und Cymric Schwierigkeiten beim Laufen und weisen weitere genetische Defekte auf. Sie unterliegen einem Züchtungsverbot.

Es besteht die Tendenz, auf Wesenseigenschaften zu züchten: Die für ihre Gelassenheit berühmte Ragdoll ist hierfür das beste Beispiel, aber sie steht nicht allein.

Aufgrund des begrenzten Genpools einer Insel haben sich Stummelschwänze durchgesetzt.

Größere Auswirkungen

Die Auswahlzucht hat nur geringe Auswirkungen auf die Art als solche. Rassekatzen machen weniger als zehn Prozent der Katzenpopulation auf der ganzen Welt aus, selbst dort, wo Katzen sehr beliebt sind.

Auch Körperteile, die die Katze braucht, um mit ihren Artgenossen zu kommunizieren, dürfen nicht fehlen oder beeinträchtigt sein. Die deformierten Ohren der Scottish Fold beispielsweise beeinträchtigen ihr Hörvermögen. Und Rex und Sphinx dürfen nur gezüchtet werden, wenn die Tasthaare nicht fehlen, da ansonsten ihr Orientierungsvermögen eingeschränkt ist.

Vertreter verschiedener Rassen mit weißem Fell und blauen Augen sind häufig schwerhörig oder taub und fallen ebenso unter dieses Tierschutzgesetz.

52 Katzenrassen

Fellfarben und Fellmuster

- Die Fellfarbe diente ursprünglich zur Tarnung
- Weiße Katzen sind genetisch gefärbte Katzen
- Viele Namen, eine Farbe

Ursprünglich bestand das Fell der Katze aus farbig gebändertem, so genanntem Agouti-Haar. Die erste Mutation zu einer einzigen Non-Agouti-Farbe (wahrscheinlich Schwarz) erfolgte, als die Katze ihre Tarnung nicht mehr brauchte.

Wie es zur Haarfarbe kommt

Alle farbigen Haare enthalten zwei Bestandteile des Melanins: Eumelanin, das Schwarz und Braun hervorruft, und Phaeomelanin, das Rot und Gelb erzeugt. Alle Farben beruhen auf der unterschiedlichen Menge an Pigment in jedem Haarschaft.

Katzen mit einfarbigem Non-Agouti-Haar nennt man einfarbig. Einfarbiges Fell ist rezessiv: Die Katze muss das Non-Agouti-Gen doppelt tragen, um ihre echte Original-Tabbyzeichnung zu verbergen.

Farbstandards

Obwohl nur ein paar Gene für die Einfarbigkeit zuständig sind, machen die Zuchtverbände die Sache kompliziert, indem sie derselben Farbe unterschiedliche Namen geben. Lilac wird in manchen nordamerikanischen Verbänden als Lavender bezeichnet. Die schokofarbene Orientalisch Kurzhaar wird in Großbritannien als Havanna und in Nordamerika als Chestnut bezeichnet. Rote Katzen werden vielfach als einfarbig rote Katzen bezeichnet. Bei der Türkisch Van wird die rot-weiße Zeichnung kastanienrot-weiß genannt.

Farbdichte

Manche Katzen besitzen ein kräftig einfarbiges Fell in Schwarz, Chocolate, Cinnamon (Zimt) oder geschlechtsgebundenem Rot. Verursacht wird sie durch das dichte Gen (D), das dominant ist und dafür sorgt, dass jedes einzelne Haar mit Pigment voll bepackt ist und eine satte Farbe ergibt.

Andere Katzen haben helleres, »verdünnteres« Fell in Blau, Lilac, Beige oder geschlechtsgebundenem Creme. Diese Katzen besitzen das »Verdünnungsgen« (d) doppelt, das rezessiv ist und bewirkt, dass jedes einzelne Haar

Das Verdünnungsgen kommt am häufigsten bei östlichen oder orientalischen Rassen vor wie bei dieser Lilac-Point Balinese.

Fellfarben und Fellmuster 53

Bei dieser Langhaarkatze dominiert das Gen für die rote bzw. orange Farbe. Bei Katzen sitzt dieses Gen auf dem geschlechtsbestimmenden X-Chromosom.

weniger pigmentiert ist. Der Effekt ist eine hellere Tönung einer dichten Farbe.

Geschlechtsgebundenes Rot

Bei Katzen befindet sich das Gen für die Farbe Rot oder Orange auf dem geschlechtsbestimmenden X-Chromosom. In seiner dominanten Form (O) ergibt es die Farbe Rot. In seiner rezessiven Form (o) lässt es jede beliebige Farbe, die die Katze trägt, zu.

Ein Kater trägt dieses Gen nur einfach. Trägt er also ein (O), hat er ein rotes Fell, trägt er ein (o), hat er irgendeine andere Fellfarbe.

Eine Kätzin kann dieses Gen zweifach tragen. Sie hat ein rotes Fell, wenn sie (O) zweifach trägt, und eine andere Fellfarbe, wenn sie (o) doppelt trägt. Im Gegensatz zu Katern kann eine Kätzin auch ungleicherbig sein (Oo). In diesem Fall ergibt sich ein Mosaikmuster aus roter und schwarzer Farbe, das als Schildpatt

bekannt ist. Diese Kombination steht in einer Wechselwirkung mit allen anderen farbbestimmenden Genen und bringt Schildpattzeichnungen in dichten und verdünnten Farben hervor.

Westliche und östliche Farben

Die traditionellen westlichen Fellfarben sind Schwarz und seine Verdünnung Blau, Rot und seine Verdünnung Creme, die zweifarbigen Varianten beider Farben sowie einfarbig Weiß. Westliche Rassen wie die Europäisch Kurzhaar, Maine Coon und Norwegische Waldkatze gab es früher nur in diesen Farben. Die traditionellen östlichen Fellfarben sind Chocolate (schokofarben) und seine

Schwarz ist die häufigste eumelanistische Farbe. Dahinter verbirgt sich oft die Erbanlage für andere Fellfarben.

Weiße Katzen haben schnell einen Sonnenbrand an Nase und Ohrspitzen und müssen davor geschützt werden.

Verdünnung Lilac (Lila) sowie Cinnamon (Zimt) und seine Verdünnung Beige. Manche Farben wurden von einer Gruppe auf die andere übertragen.

Weiße Katzen

Weiß dominiert alle anderen Farbgene, als ganzflächiges Weiß (W) wie auch als Scheckungsgen (S), das zweifarbige Katzen hervorbringt. Weißes Haar enthält überhaupt kein farbgebendes Pigment.

Auch wenn eine weiße Katze das W-Gen trägt, das alle anderen Farben unterdrückt, ist sie genetisch gesehen gefärbt und gibt ihre Farbanlagen an ihre Nachkommen weiter. Am Kopf eines neugeborenen Kätzchens kann die Grundfarbe einer weißen Katze für kurze Zeit sichtbar werden.

Zweifarbige Katzen

Weiße Katzen mit Farbflecken sind als zweifarbige Katzen bekannt. Hiervon gibt es zwei Arten. Die übliche Zweifarbigkeit besteht zu 30 bis 50 Prozent aus Weiß, wobei das Weiß verstärkt an Unterseite und Beinen auftritt. Die Van-Fellzeichnung, die von der Türkisch Van hergeleitet wurde, heutzutage jedoch auch bei anderen Katzen auftritt, besteht vorwiegend aus Weiß mit einfarbigen oder Schildpattflecken nur an Kopf und Schwanz. Eine Theorie besagt, dass diese Katzen das weiße Scheckungsgen (S) zweifach tragen.

Dominantes Fellmuster

Alle Katzen tragen irgendeine Form des Tabby-Gens, selbst einfarbige Katzen. Das dominante Agouti-Gen wird mit A bezeichnet, und jede Katze, die es von mindestens einem Elternteil erbt, wird ein gemustertes Fell erhalten. Eine Katze, die die genetisch rezessive Alternative zu Agouti (Non-Agouti bzw. a) von beiden Elternteilen erbt, bekommt ein Fell, das zwar einfarbig erscheint, bei genauerem Hinsehen jedoch gemustert ist.

Es gibt vier grundlegende Tabbymuster. Obwohl sie rein äußerlich ganz unterschiedlich aussehen, sind sie Variationen ein und desselben Tabbygens.

Die breiten spiralenförmigen Streifen auf den Flanken dieser Katze sind typisch für das Tabbymuster.

Fellfarben und Fellmuster 55

- **Getigert:** Schmale, parallel angeordnete Streifen verlaufen von der Wirbelsäule über die Flanken zum Bauch.
- **Gefleckt:** Breite Streifen laufen an den Flanken spiralenförmig in einem Fleck zusammen.
- **Gebändert oder Abessinier:** Deutliche Abzeichen befinden sich nur an Kopf, Beinen und Schwanz, der Körper ist nur sanft meliert.
- **Getupft:** Der Körper ist getupft, Beine und Schwanz sind häufig gestreift.

Diese Langhaarkatze ist ein Beispiel für eine rassetypische zweifarbige Katze – ihr Fell ist zu 30 bis 50 Prozent weiß.

Feine Schattierung

Haarfarbe entsteht durch Pigment. Aufgrund des Inhibitorgens (I) kann das Pigment nur den ersten Teil des Haares füllen und führt so zu den feinen Musterungen. Bei einfarbigen Katzen wird dadurch eine Smokefärbung mit weißer Unterwolle hervorgerufen. Bei einem Agoutifell ergeben die Tönungen schattierte und silberne Farben sowie Silbertabbys mit deutlichen Farben und gebändertes Fell mit Spitzenfärbung, das mit Farbe nur überhaucht ist.

Farbabzeichen

Das I-Gen ist nicht das einzige farbenbeschränkende Gen. Die Farbenbegrenzung auf die Extremitäten nennt man Abzeichenbildung. Bei Katzen mit Abzeichen ist das Fell am Körper heller und an den äußersten Punkten, nämlich an Ohren, Pfoten, Schwanz und Nase, dunkler gefärbt. Bei Katern ist das Fell am Hodensack ebenfalls dunkler.

Die Siamkatze weist die deutlichsten Abzeichen auf – ein nahezu weißes Fell mit dunkler Färbung an den äußersten Punkten.

Einfarbige Schildpattkatzen haben meist fein abgestufte Farben, während Schildpatt-Weiß-Katzen häufig große Farbflecken in Schwarz und Rot aufweisen.

Gesicht und Körperbau

- Bestimmung von Rassekriterien
- Die Form leitet sich von der Rassenherkunft ab
- Katzen haben eine vorgegebene Größe

Die meisten Katzen werden durch ihren Körperbau oder ihre Gesichtsform bestimmt. Die Wesensmerkmale einer Rasse stimmen weitestgehend mit ihrem Körperbau überein: Kompakte Rassen sind in der Regel nicht so lebhaft wie schlanke, hochbeinige Rassen. Diese Unterschiede lassen sich von Westen nach Osten verfolgen, sodass man von einem Rassetyp oftmals auf seine Herkunft schließen kann.

Kaltwetterkatzen

Die meisten gedrungenen Katzen sind durch natürliche Auslese in kalten Klimaregionen entstanden und können Körperwärme gut halten.
Rassen wie die Britisch und Amerikanisch Kurzhaar haben einen großen runden Kopf, eine relativ kurze breite Schnauze, einen kräftigen Körper mit breiter Brust, stämmige Beine und runde Pfoten und einen kurzen bis mittellangen, dicken Schwanz.

Die ursprünglichen langhaarigen Katzen, die Perser, waren ebenfalls gedrungen und gut bemuskelt, um den harschen Wintern in den Bergen der Türkei und des Iran zu trotzen. Andere robuste Langhaarkatzen aus kalten Regionen entstanden aus Hofkatzen, die teilweise im Freien lebten. Mit ihren mäßig langen Gesichtern können sie leichter Beute fangen.

Mit ihrem kräftigen Körper, großen Kopf und dicken Schwanz kann die Britisch Kurzhaar sehr gut Körperwärme halten.

Abessinier und Türkisch Angora werden als halbschlank eingestuft, da sie Körpermerkmale sowohl von europäischen als auch von asiatischen Katzen haben.

Halbschlankrassen (semi-foreign)

Eine zweite Gruppe von Katzen weist Merkmale auf, die zwischen denen der athletischen Katzen aus Nordeuropa und den der etwas geschmeidigeren Katzen aus Afrika und Asien liegen. Diese schlanken, muskulösen Katzen wie die Türkisch Angora und Abessinier bezeichnet man als halbschlank. Sie haben schräg gestellte Augen, einen leicht keilförmigen Kopf, ovale Pfoten und einen langen, spitz zulaufenden Schwanz.

Orientalische Rassen

Die meisten orientalischen Rassen entstanden in den warmen Klimaregionen. Große Ohren, ein keilförmiger Kopf, feingliedrige Beine, ein schlanker Körper sowie ein langer, dünner Schwanz verschaffen diesen Katzen eine größtmögliche Körperoberfläche, um überschüssige Wärme abzugeben. Dieser Typ weist gewöhnlich ovale, schräg gestellte Augen auf; typisch ist die Siamkatze.

Veränderungen des Körperbaus

Es ist möglich, Katzen entweder größer oder kleiner zu züchten. Da die Größe der Hauskatze jedoch offenbar genetisch vorgegeben ist, dominiert in der nächsten Generation wieder die normale Größe. Nur Fremdkreuzungen mit einer anderen Art – ein umstrittener Schritt – könnten daran etwas ändern.

Einige Rassen werden anhand eines einzigen anatomischen Merkmals, das häufig eine Missbildung darstellt, eingestuft: Die Schwanzlosigkeit der Manx hängt mit dem Letalfaktor zusammen. Andere Katzen sind mehrzehig. Die auffälligste Veränderung des Körperbaus einer Katze weist die Munchkin auf: Die meisten Skelettknochen sind normal entwickelt, die langen Beinknochen sind jedoch extrem verkürzt.

Die Siamkatze ist das klassische Beispiel für eine orientalische Katze: schräg gestellte Augen, schlanker Körper, dünner Schwanz, feingliedrige Beine.

Westliche Rassen wie die Cornish und Devon Rex wurden nach dem Vorbild von Orientalen gezüchtet.

58 Katzenrassen

Augenfarbe und -form

- Alle Katzen kommen mit blauen Augen zur Welt
- Weiße Katzen mit blauen Augen sind häufig taub
- Die »natürliche« Augenform wurde verändert

Im Verhältnis zu ihrer Kopfgröße haben Katzen ungewöhnlich große Augen. Die meisten Tiere – und Menschen – weisen dieses »Kindchenschema« auf, solange sie klein sind. Es bewirkt, dass wir uns gerne um junge Tiere kümmern – davon profitiert auch die Katze.

Augenfarbe

Kleine Kätzchen kommen mit blauen Augen zur Welt. Bei Heranwachsenden werden sie kupferbraun, orange, gelb oder grün. Nur wenige Katzen behalten blaue Augen.

Obwohl manche Zuchtkriterien Fell- und Augenfarbe miteinander in Verbindung bringen, werden die meisten Augenfarben nicht von der Fellfarbe bestimmt – mit einer Ausnahme: blaue Augen. Sie entstehen durch Formen des Albinismus, die zu fehlender Pigmentierung des Fells und der Iris führen, und treten bei Katzen mit einem hohen Weißanteil am Fell auf.

Augenform

Die Augen der Wildkatze sind oval und leicht schräg gestellt. Eng an dieser »natürlichen« Katze orientierte Rassen weisen alle diese Augenform auf. Ganz allgemein haben alte westliche Rassen wie die Kartäuser runde, auffällige Augen. Auch manche östliche Katzen haben runde Augen. Mandelförmige, schräg gestellte Augen treten jedoch häufiger bei orientalischen Rassen auf.

BRAUN

ORANGE

GOLDEN

Die Augen einer erwachsenen Katze sind kupferbraun, orange, gelb oder grün. Manchmal bleiben sie blau wie beim Jungtier wegen der Fell-Farben-Gene.

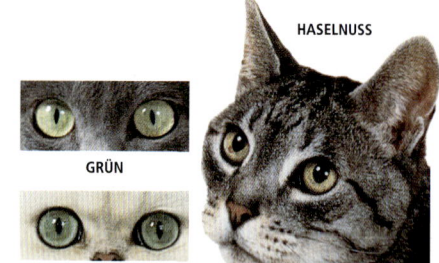

HASELNUSS

GRÜN

GRÜN

Wildkatzen haben haselnuss- oder kupferbraune Augen, die manchmal einen Gelb- oder Grünton annehmen. Grüne Augen kommen auch bei Hauskatzen häufig vor.

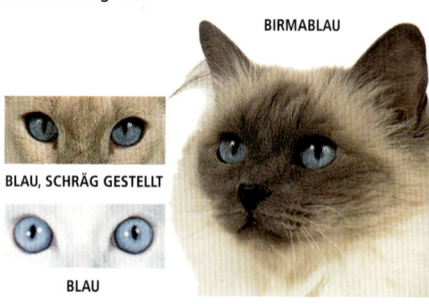

BIRMABLAU

BLAU, SCHRÄG GESTELLT

BLAU

Weiße Katzen mit blauen Augen sind oftmals taub. Das Gen, das den Pigmentmangel verursacht, hängt mit einem Gen zusammen, das die Austrocknung der Flüssigkeit in der Gehörschnecke auslöst.

Rassen

- Es gibt unzählige anerkannte Rassen
- Jede Katze hat ihre eigene Persönlichkeit
- Manche Rassen werden nicht von allen Verbänden anerkannt

Rassekatzen entstanden ursprünglich zufällig aus Hauskatzenpopulationen und beeinflussen diese manchmal wiederum durch Zufallspaarungen.

Rassebeschreibungen

Jede Rasse dieses Kapitels wird in Aussehen und Wesen beschrieben. Das Aussehen innerhalb einer Rasse bleibt weitgehend gleich, Wesensmerkmale können jedoch variieren.

Vieles hängt von Erfahrung ab. Selbst Katzen der freundlichsten Rasse können durch schlechte Sozialisation in der frühen Kindheit nervös werden.

Die Entstehung skizziert die Vorfahren der Rasse und ihre Anerkennung durch die Verbände. Manche Rassen sind leicht zu verfolgen, andere eher schwierig: Ältere Rassen sind von Mythen umrankt, und die genaue Herkunft selbst mancher neuer Rassen ist unklar.

Internationale Unterschiede

Nicht alle Verbände erkennen dieselben Rassen oder dieselben Farben und Fellmuster bei jeder Rasse an. Ein und dieselbe Rasse kann in verschiedenen Ländern sogar unterschiedlich aussehen, je nach vorherrschender Mode. Hier werden die von den wichtigsten Verbänden – GCCF für britische Katzen, FIFé für Kontinentaleuropa, CFA für Nordamerika und Japan – anerkannten Farben aufgeführt, ebenso die zusätzlichen Farben, die auftreten und entweder gar nicht oder von anderen Verbänden wie z.B. TICA anerkannt werden.

BEIGE SIAMKATZE MIT ABZEICHEN

Verwendete Symbole

Die Angaben zu Wesensmerkmalen in dem Kasten »Kurz-Info« geben einen Überblick über die angegebenen Rassen.

- Still
- Lautfreudig
- Zurückhaltend
- Gesellig
- Ruhig
- Aktiv

FELLPFLEGE

- Wenig
- Mäßig
- Täglich

Kurzhaarkatzen

Vor Jahrtausenden haben sich Hauskatzen von Ägypten aus in unterschiedliche Regionen verbreitet. Der frühe Typus der Afrikanischen Wildkatze – schlank, mittelgroß, mit feinem Haarkleid – war von Natur aus nicht für alle neuen Umweltbedingungen geeignet.

In nördlichen Klimazonen begünstigte der Überlebenskampf stämmige Exemplare mit dichter, isolierender Unterwolle aus Daunenhaaren als Wärmeschutz. Diese Katzen nahmen einen gedrungenen Körperbau an und entwickelten sich später zur Rasse der Britisch Kurzhaar, die als Stammrasse für viele Katzenrassen der Welt einschließlich der Amerikanisch Kurzhaar exportiert wurde. Zur selben Zeit verbreitete sich die Katze auch ostwärts über Asien. In warmen Klimazonen begünstigte die natürliche Auslese ein dünneres Haarkleid und einen kleineren Körper. Diese Katzen waren von höherem und schlankerem Wuchs, und ihrem glatteren, dünneren Fell fehlte zumeist das Daunenhaar. Solche Katzen werden als Schlankformkatzen oder als Orientalen bezeichnet.

Mutationen des Felltyps traten immer auf, doch ohne den Eingriff des Menschen starben sie aus. Manche Kurzhaarkatzen haben welliges oder lockiges Rexfell, das erstmals bei der Cornish Rex gezüchtet wurde. Ein neuer Zuchttrend geht eher dahin, ein neuartiges Aussehen zu entwickeln als das zu verfeinern, was die Natur bereits erreicht hat. Viele neue Rassen ahmen Wildkatzen nach. Die Bengal war die erste Rasse, die durch die Verpaarung einer Hauskatze mit einer Wildkatze entstand. Ihr folgte die Chausie, eine Kreuzung mit der *Felis chaus* bzw. Rohrkatze.

Die silbergetupfte Tabby-Varietät der Britisch Kurzhaar trat erstmals um 1880 auf.

Exotisch Kurzhaar

- Kurzhaarige Perser!
- Lebhaft und wissbegierig
- Angenehme Stimme

Die Exotisch Kurzhaar besitzt den Körperbau, das sanftmütige Wesen und die weiche, quäkende Stimme einer Perser (*siehe S.103*), aber ein höchst originelles Haarkleid: weder ganz kurz noch halblang. Fremdkreuzungen für ein kurzes Fell machten die Exotisch etwas lebhafter als ihre Mutterrassen. Die anatomischen Probleme des von der Perser vererbten flachen Gesichts sind dadurch nicht verschwunden.

Entstehung In den frühen 60er-Jahren des 20. Jahrhunderts versuchten amerikanische Züchter der Amerikanisch Kurzhaar (*siehe S. 64*) die Fellstruktur der Perser einzuzüchten. Dies ergab Katzen mit dem Fell einer Kurzhaar auf dem gedrungenen, stämmigen Körper einer Perser. Die Exotisch Kurzhaar wurde 1967 von der CFA anerkannt.

Kurz-Info

Ursprungsort
USA

Entstehungszeit
60er-Jahre

Gewicht
3 – 6,5 kg

Wesen Sanftmütig, neugierig

Farbschläge Alle Farben und Zeichnungen, einschließlich Abzeichen, Sepia und Mink

Beine sind kurz, dick und kräftig.

Dichtes, plüschiges doppellagiges Fell

Pfoten sind groß, rund und fest.

Körperliche Merkmale

Kopf	Rund, massiv, volle Wangen
Augen	Groß, rund, ausdrucksvoll
Ohren	Klein, gerundete Spitzen, weit und niedrig angesetzt
Körper	Mittelgroß bis groß, gedrungen, niedrige Beine
Fell	Dicht, plüschig, vom Körper abstehend
Schwanz	Relativ kurz

Britisch Kurzhaar

- Ausgeglichenes Temperament
- Ein geborener Jäger
- Ungewöhnliche Blutgruppe

Die eindrucksvoll gebaute Britisch-Kurzhaar-Katze ist selbstbeherrscht und anspruchslos. Durch die zahlreichen harten Grannenhaare fühlt sich das Fell leicht borstig an. Die schützende Unterwolle schirmt die Katze gegen strenge Kälte gut ab. Sie besitzt ein freundliches Wesen, wird jedoch zur erfolgreichen Jägerin, sobald ein Beutetier in Sicht kommt.

Entstehung Die Britisch Kurzhaar entstand um 1880 aus Bauern-, Straßen- und Hauskatzen in Großbritannien. Obwohl die Rasse in den 50er-Jahren nahezu ausgestorben war, lebte sie dank engagierter Züchter wieder auf. In den 70er-Jahren gelangte die Britisch Kurzhaar in die USA. Im Gegensatz zu vielen anderen Kurzhaarkatzen besitzen 40 Prozent aller Britisch Kurzhaar Blutgruppe B, eine bei Katzen seltene Eigenschaft.

Kurz-Info

Ursprungsort
Großbritannien

Entstehungszeit
Um 1880

Gewicht
4–8 kg

Wesen Freundlich und gelassen

Farbschläge Ein breites Spektrum an Farben und Farbkombinationen wird anerkannt.

Breite Schultern

Kurze, kräftige Beine

Breite Nase

Körperliche Merkmale

Kopf	Rundes Gesicht, volle Wangen
Augen	Groß, rund, kupfer- oder goldfarben bei den meisten Fellfarben
Ohren	Mittelgroß, leicht abgerundet an den Spitzen
Körper	Gedrungen, kräftig, niedrige Beine; breite Brust
Fell	Dicht, leicht borstig
Schwanz	Kurz und dick, stumpfe Spitze

Manx

- Von Natur aus schwanzlos
- Sorgfältige Zucht erforderlich
- Manche haben Schwänze!

Der fehlende Schwanz ist das augenfälligste Merkmal dieser Rasse. Bei den Manx unterscheidet man zwischen «Rumpies« (ohne Schwanz),«Stumpies« (mit kurzem Schwanz) und »Tailies« (mit fast natürlichem Schwanz). Das Manx-Gen trägt den Letalfaktor in sich. Züchtungen zwischen Rumpies resultieren beispielsweise im Manx-Syndrom. Dabei sterben die Kätzchen entweder bei oder kurz nach ihrer Geburt, oder es treten im Alter von vier Monaten Probleme auf, die zum Tod führen.

Geschichte Die Manx-Katze tauchte erstmals vor dem 18. Jh. auf der Insel Man in der Irischen See auf. Schwanzlosigkeit tritt gelegentlich als spontane Mutation in Katzenpopulationen auf, setzt sich jedoch nur in isolierten Gruppen durch wie solchen, die auf Inseln leben. Die Rasse wurde in den 20er-Jahren von der CFA anerkannt. Die Zucht ist in Deutschland verboten.

Kurz-Info

Ursprungsort
Isle of Man, GB

Entstehungszeit
Vor 1700

Gewicht
3,5–5,5 kg

Wesen Umgänglich und ausgeglichen

Farbschläge Ein breites Spektrum an Farben und Farbkombinationen wird anerkannt.

Ohren sind nach außen gestellt.

Beine ziemlich kurz und kraftvoll

Hinterbeine sind länger als Vorderbeine

Körperliche Merkmale

Kopf	Groß und rund, mittelgroße Nase
Augen	Augenfarbe entspricht Fellfarbe
Ohren	Relativ lang, hoch angesetzt, abgerundete Spitzen
Körper	Kräftig, gedrungen, kurzer Rücken
Fell	Dick, doppellagig, Beschaffenheit ist wichtiger als Musterung
Schwanz	Beim Streicheln kein Knochenansatz/Knorpel wahrnehmbar

64 Katzenrassen

Amerikanisch Kurzhaar

- Kraftvolle Statur
- Ruhig und gelassen
- An die Umgebung angepasst

Diese selbstständige und unsentimentale Katze ist nur in Nordamerika verbreitet, anderswo kaum. Die Amerikanisch Kurzhaar kann relativ groß ausfallen, und das vollwangige Gesicht sowie der muskulöse, robuste Körper strahlen Kraft aus. Züchter sind bestrebt, Katzen mit den besten Eigenschaften von Wohnungskatzen zu züchten.

Entstehung Mit den ersten Siedlern trafen auch Hauskatzen in Nordamerika ein. Sie entwickelten ein dickes Fell zum Schutz gegen die Kälte und wurden größer als europäische Katzen, um mit ihren natürlichen Feinden fertig zu werden. Anfang des 20. Jh. entschloss man sich, diese Eigenschaften in einer eigenen Rasse zu festigen. Der erste Wurf im Jahre 1904 entstand aus der Verpaarung Amerikanischer und Britischer Kurzhaarkatzen (*siehe S.62*).

Kurz-Info

Ursprungsort
USA

Entstehungszeit
Anfang 20. Jh.

Gewicht
3,5–7 kg

Wesen
Gelassen

Farbschläge Ein breites Spektrum an Farben und Farbkombinationen wird anerkannt.

Mittelgroßer muskulöser Hals

Schwanz verjüngt sich in gerundeter Spitze.

Stark bemuskelte Beine

Körperliche Merkmale

Kopf	Groß, etwas länger als breit
Augen	Groß, gerundet, leicht schräg gestellt
Ohren	Mittelgroß, in gutem Abstand, gerundete Spitzen
Körper	Stämmig, kraftvoll und muskulös
Fell	Kurz, dicht, harte Struktur
Schwanz	Mittellang, breiter Ansatz

American Wirehair

- Astrachanartiges Fell
- Lässt sich gerne vom Menschen anfassen
- Entstanden in den Sechzigerjahren des 20. Jh.

Das auffälligste Merkmal dieser gelassenen, freundlichen Rasse ist ihr Haarkleid, das sich wie Astrachan (eine Lammfellart) anfühlt. Das einzelne Haar ist dünner als normal und gekräuselt, geknickt oder gebogen, sodass der Eindruck von Drahtigkeit entsteht. Hochgeschätzt wird dichtes und raues Fell. Bei einer jungen Katze kann es anders als bei einer erwachsenen Katze aussehen. Gekräuselte Schnurrhaare werden ebenfalls sehr geschätzt. Die Wirehair neigt nicht zu zerstörerischem Verhalten und mag Menschen.

Entstehung Die Rasse stammt von einem 1966 im US-Bundesstaat New York geborenen Kätzchen ab. Mit Ausnahme des Fells fiel sie unter denselben Rassestandard wie die Kurzhaar. 1967 erhielt die Wirehair ihren eigenen Rassestandard.

Kurz-Info

Ursprungsort
USA

Entstehungszeit
1966

Gewicht
3,5–7 kg

Wesen Gelassen, gelegentlich etwas herrisch

Farbschläge Ein breites Spektrum an Farben und Farbkombinationen wird anerkannt.

Augen sind groß und rund.

Fell ist dicht und rau.

Beine sind stämmig mit runden Pfoten.

Körperliche Merkmale

Kopf	Gerundet, hohe Wangenknochen
Augen	Groß und rund, weit auseinander, leicht schräg gestellt
Ohren	Mittelgroß, gerundete Spitzen
Körper	Gerader Rücken, gerundeter Rumpf
Fell	Elastisch, fest, mittellang
Schwanz	Verjüngt sich zu gerundeter Spitze

Snowshoe (Schneeschuh)

- Auffällige weiße Pfoten
- Gesprächig und liebenswürdig
- Zunehmend beliebt

Nach ihren auffälligen weißen Pfoten benannt, vereint diese Rasse die Abzeichen einer Siamkatze mit weißen Partien. Es gibt zwei Fellmuster: behandschuht mit begrenztem Weißanteil, und zweifarbig mit höherem Weißanteil an Gesicht und Körper. Snowshoes sind anschmiegsam und lautfreudig, haben aber eine weiche Stimme.

Entstehung In den 60er-Jahren kreuzte eine Züchterin aus Philadelphia ihre Siamesen (*siehe S. 96*) mit Amerikanisch Kurzhaar. Die so entstandene Kreuzung traf bei Siamzüchtern zunächst auf einigen Widerstand. Seitdem die Snowshoe durch die TICA in den 80er-Jahren anerkannt wurde, erfreut sie sich größerer Beliebtheit, ist aber nach wie vor selten.

Kurz-Info

Ursprungsort
USA

Entstehungszeit
60er-Jahre

Gewicht
2,5–5,5 kg

Wesen Aktiv und freundlich

Farbschläge Seal, Chocolate, Blau und Lilac mit Weiß (beide Fellmuster)

Halbschlanker Körperbau

Ohren setzen Gesichtskonturen fort.

Mittelgroße Pfoten sind oval und weiß.

Körperliche Merkmale

Kopf	Breit, leicht keilförmig, mit leichtem Stop im Profil
Augen	Mittelgroß, oval und blau
Ohren	Mittelgroß bis groß
Körper	Mittelgroß und mäßig bemuskelt
Fell	Kurz, glatt, dicht anliegend, ohne nennenswerte Unterwolle
Schwanz	Mitteldick, sich leicht verjüngend

Europäisch Kurzhaar

- Die am wenigsten bekannte Kurzhaarkatze
- Ein Fell für jedes Wetter
- »Fertige« Rasse

Die Europäisch Kurzhaar ist nicht so bekannt wie ihr britisches oder amerikanisches Gegenstück. Sie ist nicht so stämmig wie der britische Typ und hat ein etwas längliches Gesicht mit nicht ganz so starkem Unterkiefer. Im Wesen ähnelt sie dem britischen Schlag, ist aber stärker, abgehärteter und hat ein Allwetterfell. Sie ist ruhig und anschmiegsam.

Entstehung Bis 1982 wurde die Europäisch Kurzhaar wie die Britisch Kurzhaar eingestuft. Die FIFé gab dann der Rasse ihren eigenen Standard. Als »fertige« Rasse hatte sie einen erfolgreichen Start. Die Europäisch Kurzhaar wird selektiv gezüchtet, wobei die meisten großen Zuchtverbände eine Einkreuzung der Britisch Kurzhaar nicht gestatten.

Kurz-Info

Ursprungsort
Kontinentaleuropa

Entstehungszeit
1982

Gewicht
3,5–7 kg

Wesen Intelligent und zurückhaltend

Farbschläge Ein breites Spektrum an Farben und Farbkombinationen wird anerkannt.

- Mittellanger Schwanz
- Dichtes Allwetterfell
- Muskulöser Hals
- Gut bemuskelte Beine

Körperliche Merkmale

Kopf	Dreieckig bis gerundet, markante Schnauze
Augen	Groß, rund, tief gesetzt, Augenfarbe entspricht Fellfarbe
Ohren	Mittelgroß, aufrecht, gerundete Spitzen
Körper	Mittelgroß bis groß, gut bemuskelt, aber nicht gedrungen
Fell	Kurz, dicht, vom Körper abstehend
Schwanz	Breit am Ansatz, sich verjüngend zu gerundeter Spitze

Kartäuser

- Historische französische Katze
- Guter Jäger, keine Kämpfernatur
- Spätentwickler

Die Kartäuser ist eine verträgliche, nicht besonders lautfreudige Katze mit einem hohen Miauen und einem gelegentlichen Zirpen, die das Geschehen um sich herum scharf beobachtet. Sie ist groß, ein Spätentwickler, ein guter Jäger, jedoch keine Kämpfernatur: Im Konfliktfall zieht sie sich lieber zurück, als Aggressionsverhalten zu zeigen.

Entstehung Die Vorfahren der Kartäuser gelangten vermutlich von Syrien aus per Schiff nach Frankreich. Um 1700 war sie als »die Katze Frankreichs« bekannt. Nach dem Zweiten Weltkrieg war sie nahezu ausgestorben, wurde aber durch Fremdkreuzung von überlebenden Kartäusern mit blauen Langhaarkatzen (*siehe S. 103*) und der blauen Britisch Kurzhaar (Britisch Blau, *siehe S. 62*) wiederbelebt.

Kurz-Info

Ursprungsort Frankreich

Entstehungszeit Vor dem 18. Jh.

Gewicht 3–7,5 kg

Wesen Ruhig und aufmerksam

Farbschläge Einfarbig blau

Hals ist kurz und schwer.

Pfoten sind verhältnismäßig klein.

Fell ist leuchtend blau-grau, von aschgrau bis schiefer.

Beine sind kurz und stämmig, aber nicht dick.

Körperliche Merkmale

Kopf	Breit, aber nicht rund, hohe Stirn
Augen	Groß, rund, gold- oder kupferfarben
Ohren	Mittelgroß, hoch am Kopf angesetzt
Körper	Robust, gut bemuskelt
Fell	Kurz bis mittellang, dichte Unterwolle
Schwanz	Am Ansatz dick, sich zu gerundeter Spitze verjüngend

Russisch Blau

- Doppellagiges Fell
- Elegante grüne Augen
- Nicht destruktiv veranlagt

Das herausragendste Merkmal dieser etwas zurückhaltenden Katze ist ihr dichtes, glänzendes Fell sowie ihre smaragdgrünen Augen. Die sanftmütige Rasse ist am wenigsten destruktiv von allen Rassen und gibt eine ideale Wohnungskatze ab.

Entstehung Nach der Legende stammt die Russisch Blau von Schiffskatzen des russischen Hafens Archangelsk aus dem 19. Jh. ab. Die moderne Russisch Blau trägt Blutlinien der blauen Britisch Kurzhaar (Britisch Blau, *siehe S. 62*) und sogar der Blue-Point-Siam (*siehe S. 96*). Es wurden auch weiße und schwarze Farbschläge gezüchtet. Diese werden nur in Großbritannien anerkannt, nicht aber von der FIFé oder nordamerikanischen Verbänden.

Kurz-Info

Ursprungsort
Wahrscheinlich der russische Hafen Archangelsk

Entstehungszeit
Anfang 19. Jh.

Gewicht
3–5,5 kg

Wesen Zurückhaltend und scheu

Farbschläge Einfarbig schwarz, blau oder weiß

Die Augen sollten »so leuchtend grün wie möglich sein«.

Lange, anmutige Silhouette

Körper ist nie gedrungen oder schwer.

Beine sind lang, aber nicht zierlich.

Körperliche Merkmale

Kopf	Von den Ohren zu den Augen länger als von den Augen zur Nase
Augen	Groß, mandelförmig und weit gesetzt
Ohren	Groß, zugespitzt, hoch am Kopf stehend
Körper	Gut bemuskelt, nie gedrungen oder schwer
Fell	Doppellagig, mit sehr dichter Unterwolle
Schwanz	Mäßig lang und dick, in gerundete Spitze auslaufend

Havana Brown

- Hervorragender Kletterkünstler
- Fremdkreuzung erlaubt
- Verwirrende Farbgeschichte

Die Herkunft dieser Rasse ist dieselbe wie bei der Orientalisch Kurzhaar (*siehe S. 97*), sie hat sich jedoch der Russisch Blau angeglichen (*siehe S. 69*). Im letzten Jahrzehnt des 20. Jahrhunderts war die Rasse vom Aussterben bedroht. Daher stimmte die CFA 1998 zu, Fremdkreuzung wieder zuzulassen. So anmutig sie auch aussssieht, die Havana Brown ist doch sehr handfest – sie ist beispielsweise ein ausgezeichneter Kletterkünstler.

Entstehung In den 50er-Jahren züchteten britische Züchter einen einfarbigen Chocolate-Farbschlag vom Siamtyp, der als Chestnut Brown Foreign in Großbritannien und als Havana Brown in Amerika eingetragen wurde. Nach Anerkennung durch die CFA 1973 wurden die Havana Browns als Chestnut Orientalisch Kurzhaar eingetragen.

Kurz-Info

Ursprungsort Großbritannien und USA

Entstehungszeit 50er-Jahre

Gewicht 2,5–4,5 kg

Wesen Verträglich und gesellig

Farbschläge Einfarbig Chocolate, Lilac

Schwanz hat eine sich verjüngende Spitze.

Ovale, kompakte Pfoten

Langer Kopf verengt sich zu schmaler Schnauze.

Körperliche Merkmale

Kopf	Lang, schlank, schmale, fast kantige Schnauze, kräftiges Kinn
Augen	Oval, grüne Augenfarbe
Ohren	Groß und weit gesetzt, aber aufrecht
Körper	Mittellang, waagerecht getragen
Fell	Weder locker noch dicht anliegend, kurz, glatt, glänzend
Schwanz	Mittellang und mitteldick, zur Spitze hin auslaufend

Abessinier

- Kommt aus Nordafrika
- Auf Platz fünf der Beliebtheitsskala in Nordamerika
- Ein Athlet, der beachtet werden will

Die gebänderte Fellzeichnung dieser Rasse geht auf ein Gen zurück, das bei jedem Haar mehrere dunkle Bänder hervorruft, die sich gleichmäßig auf einer helleren Grundfarbe verteilen. Obwohl die Abessinier geradezu schweigsam sind, ist ihr Wesen ganz anders: Sie sind geborene Athleten, Kletterkünstler und Detektive. Gelegentlich können sie unter erblich bedingter Netzhautatrophie leiden.

Entstehung Das Fell dieser Rasse gibt im sonnenverbrannten Lebensraum der Katze in Nordafrika eine ausgezeichnete Tarnung ab. Die Stammkatzen dieser Rasse wurden in den späten 60er-Jahren des 19. Jh. von Abessinien, dem heutigen Äthiopien, nach Großbritannien gebracht und 1882 anerkannt.

Kurz-Info

Ursprungsort
Äthiopien (ehemals Abessinien)

Entstehungszeit
60er-Jahre des 19. Jh.

Gewicht
4–7,5 kg

Wesen Will beachtet werden

Farbschläge Wildfarben, Rot (Sorrel), Blau oder Beige bei gebänderter Tabbyzeichnung (offiziell werden keine anderen Farben anerkannt)

Nur leichtes Halsband wird anerkannt.

Bänderung erfordert mindestens vier Bänder in dunklerer Farbe.

Mandelförmige Augen sind grün, haselnussbraun oder bernsteinfarben.

Körperliche Merkmale

Kopf	Keilförmiges Gesicht
Augen	Gerundet, mandelförmig; dunkle Ränder als »Brille«
Ohren	Groß und schalenförmig, Ohrbüschel erwünscht
Körper	Mittelgroß und muskulös
Fell	Dicht anliegend, fein, nicht weich
Schwanz	Leicht verjüngend, genauso lang wie der Körper

72 Katzenrassen

Australian Mist

- Hält sich gerne in der Wohnung auf
- Auf dem fünften Kontinent sehr beliebt
- Menschenbezogen

Diese seltene Rasse ist sehr verspielt und gerne zu Hause. Ihre äußere Erscheinung ist in jeder Beziehung gemäßigt: mäßig großer Körper, mäßig schlank, kurzes, aber nicht dicht anliegendes Fell. Die zarten Abzeichen wirken wie leichter Nebel, wozu die Bänderung der Grundfarbe wesentlich beiträgt.

Entstehung Dr. Truda Straede in Neusüdwales, Australien, begann mit der Zucht einer menschenbezogenen Wohnungskatze, indem sie den Körperbau und die Freundlichkeit der Burma (*siehe S. 93 und 94*) sowie die Bänderung und Veranlagung der Abessinier (*siehe S. 71*) kombinierte. Tabby-Hauskatzen fügten die Tupfen hinzu und wirkten einer frühen Geschlechtsreife entgegen. Die ersten Kätzchen – halb Burma, ein Viertel Abessinier und ein Viertel Tabby-Hauskatze – kamen im Januar 1980 zur Welt.

Kurz-Info
Ursprungsort
Australien

Entstehungszeit
1980

Gewicht
3,5–6 kg

Wesen Lebhaft und harmonisch

Farbschläge Blau, Braun, Chocolate, Golden, Lilac oder Pfirsich in zugleich getupfter und gebänderter Tabby

Weißes Kinn und weiße Lippen

Beine sind mittellang und gestreift.

Pfoten sind klein und rund.

Körperliche Merkmale

Kopf	Gerundete Keilform, weiche Konturen
Augen	Tiefgolden, mandelförmig, leicht schräg gestellt
Ohren	Mittelgroß, aufrecht oder leicht ausgestellt am Ansatz, mit gerundeten Spitzen
Körper	Mittelgroß, mäßig bemuskelt
Fell	Kurz, weich vom Körper abstehend
Schwanz	Mittellang, sich zu gerundeter Spitze verjüngend

Kurzhaarkatzen 73

Korat

- Der Herr im Hause
- Eine seltene Schönheit aus Thailand
- Feines Fell

Obwohl der Russisch Blau (*siehe S. 69*) in Größe und Farbe sehr ähnlich, ist das Fell der Korat einlagig, und ihre Augen sind eher peridotgrün als smaragdgrün. Trotz ihres unschuldigen Ausdrucks ist die Korat sehr eigenwillig und möchte ihren Kopf durchsetzen. In seltenen Fällen treten neuromuskuläre Störungen auf.
Entstehung Die »Katzenbuchgedichte« des Königreichs Ayutthaya beschreiben die silberblauen Si-Sawat aus Korat, einer entlegenen Hochebene in Thailand. Die Korat kommt sehr selten vor.

Kurz-Info

Ursprungsort
Thailand

Entstehung
Anfang 18. Jh.

Gewicht
2,5–4,5 kg

Wesen Fordernd und eigensinnig

Farbschläge Einfarbig blau

Augen fast übergroß in herzförmigem Gesicht

Pfoten sind oval und kompakt.

Körperliche Merkmale

Kopf	Flache Stirn, gerundete Schnauze
Augen	Leuchtend, auffällig und rund
Ohren	Groß, breit am Ansatz, mit gerundeten Spitzen
Körper	Stark und halbgedrungen
Fell	Glänzend, fein, dicht anliegend, ohne Unterwolle
Schwanz	Kräftig am Ansatz, in leicht gerundete Spitze auslaufend

Bombay

- Wärmeliebende Katze
- Pflegeleichtes Fell
- Ein Miniaturpanther

Diese prachtvolle Rasse fühlt sich in Gesellschaft von Menschen am wohlsten und ist sehr wärmeliebend. Die leuchtenden kupferfarbenen Augen können mit zunehmendem Alter verblassen oder grünlich werden. Ihr pechschwarzes Fell ist absolut pflegeleicht: Einfach ab und zu mit der Hand abreiben. Obwohl die Würfe groß ausfallen, bleibt die Bombay selten, vor allem außerhalb Nordamerikas.

Entstehung In den 50er-/60er-Jahren des 20. Jh. versuchte eine Züchterin aus Kentucky, aus schwarzen Amerikanisch Kurzhaar (*siehe S. 64*) und zobelfarbenen Burmas (*siehe S. 93 und 94*) einen »schwarzen Minipanther« zu züchten. Die Bombay wurde 1976 anerkannt.

Kurz-Info

Ursprungsort
USA

Entstehungszeit
60er-Jahre

Gewicht
2,5–5 kg

Wesen Freundlich, gelassen und gesellig

Farbschläge
Einfarbig schwarz, zobelfarben (Sable)

Pfoten sind gerundet.

Fell ist pechschwarz wie Lackleder.

Beine sind mittellang und stämmig.

Körperliche Merkmale

Kopf	Rund, kurze bis mittelgroße Schnauze
Augen	Groß, gerundet und weit gesetzt
Ohren	Breit im Ansatz, gerundete Spitzen
Körper	Mittelgroß, halbgedrungen, überraschend schwer
Fell	Dicht anliegend, seidige Struktur
Schwanz	Mittellang und mitteldick

Kurzhaarkatzen 75

Cornish Rex

- Samtweiches Fell
- Langbeiniger Akrobat
- Ursprung in Cornwall, England

Kurvenreich, mit gewelltem Fell, großen Ohren und langen Beinen – das ist die Cornish Rex. Das Fell besitzt keine Grannen und fühlt sich herrlich weich an.

Entstehung 1950 hatte eine Hofkatze in Cornwall, England, einen Wurf mit einem lockig behaarten Katerchen namens Kallibunker. Die Rückverpaarung Kallibunkers mit seiner Mutter bestätigte, dass die Rexmutation rezessiv war. Die Nachkommen wurden mit der Britisch Kurzhaar (*siehe S. 62*) und der Burma (*siehe S. 93 und 94*) gekreuzt. In Deutschland besteht ein Zuchtverbot für Tiere, denen die Tasthaare fehlen (gilt für alle Rex-Katzen, *siehe S. 76, 77*).

Kurz-Info

Ursprungsort
Großbritannien

Entstehungszeit
50er-Jahre

Gewicht
2,5–4,5 kg

Wesen Unternehmungslustiger Akrobat

Farbschläge Alle Farben und Muster einschließlich Abzeichen, Sepia und Mink

Fell ist kurz und samtweich und gleichmäßig gewellt.

Ohren sind hoch am Kopf angesetzt.

Hals ist schlank und elegant.

Pfoten sind klein und oval.

Körperliche Merkmale

Kopf	Mittellang, gerundete Schnauze, ausgeprägtes Kinn
Augen	Mittelgroß und oval
Ohren	Groß mit breiter Basis, gerundete Spitzen
Körper	Mittelgroß, fest, muskulös
Fell	Kurz, plüschig, seidig
Schwanz	Lang, dünn, spitz zulaufend

76 Katzenrassen

Devon Rex

- Ungewöhnliches Erscheinungsbild
- Lebenslustiges Wesen
- Unterdurchschnittlich klein

Ungewöhnliche Augen und übergroße Ohren verleihen der Devon Rex ein besonderes Aussehen. Ihr Wesen steht ihrem Aussehen in nichts nach: Eine Devon ist selten elegant und findet das Leben immer amüsant. Ihr Fell hat zu der unbegründeten Behauptung geführt, es löse keine Allergien aus.

Entstehung 1960 ging aus der Verpaarung eines lockig behaarten Katers in Devon, Südwestengland, und einer frei lebenden Kätzin ein normaler Wurf mit einem gelockten Kätzchen namens Kirlee hervor. Kirlees Eltern waren mit ziemlicher Sicherheit verwandt, und nur durch Inzucht konnte die Devon Rex entstehen. Bedauerlicherweise brachte die frühe Inzucht ein genetisch bedingtes spastisches Snydrom hervor, das im Rahmen des Katzengenomprojektes erforscht wird.

Kurz-Info

Ursprungsort
Großbritannien

Entstehungszeit
1960

Gewicht
2,5–4 kg

Wesen **Reizender Clown**

Farbschläge **Alle Farben und Muster, einschließlich Abzeichen**

Ohren sind weit gesetzt.

Breite Brust

Pfoten sind klein und oval.

Fell ist kurz, weich, wellig oder Wirbel bildend.

Körperliche Merkmale

Kopf	Keilförmig, volle Wangen, ausgeprägtes Kinn
Augen	Oval, leicht schräg gestellt
Ohren	Tief angesetzt, groß, breiter Ansatz, zu gerundeten Spitzen auslaufend
Körper	Schlank, fest, muskulös
Fell	Sehr kurz, weich, wellig oder Wirbel bildend
Schwanz	Lang und spitz zulaufend, gut behaart

Kurzhaarkatzen 77

Selkirk Rex

- Lockenbildung erfolgt phasenweise
- Bürsten glättet das Haar
- Diese Rasse gibt es mit zwei Haarlängen

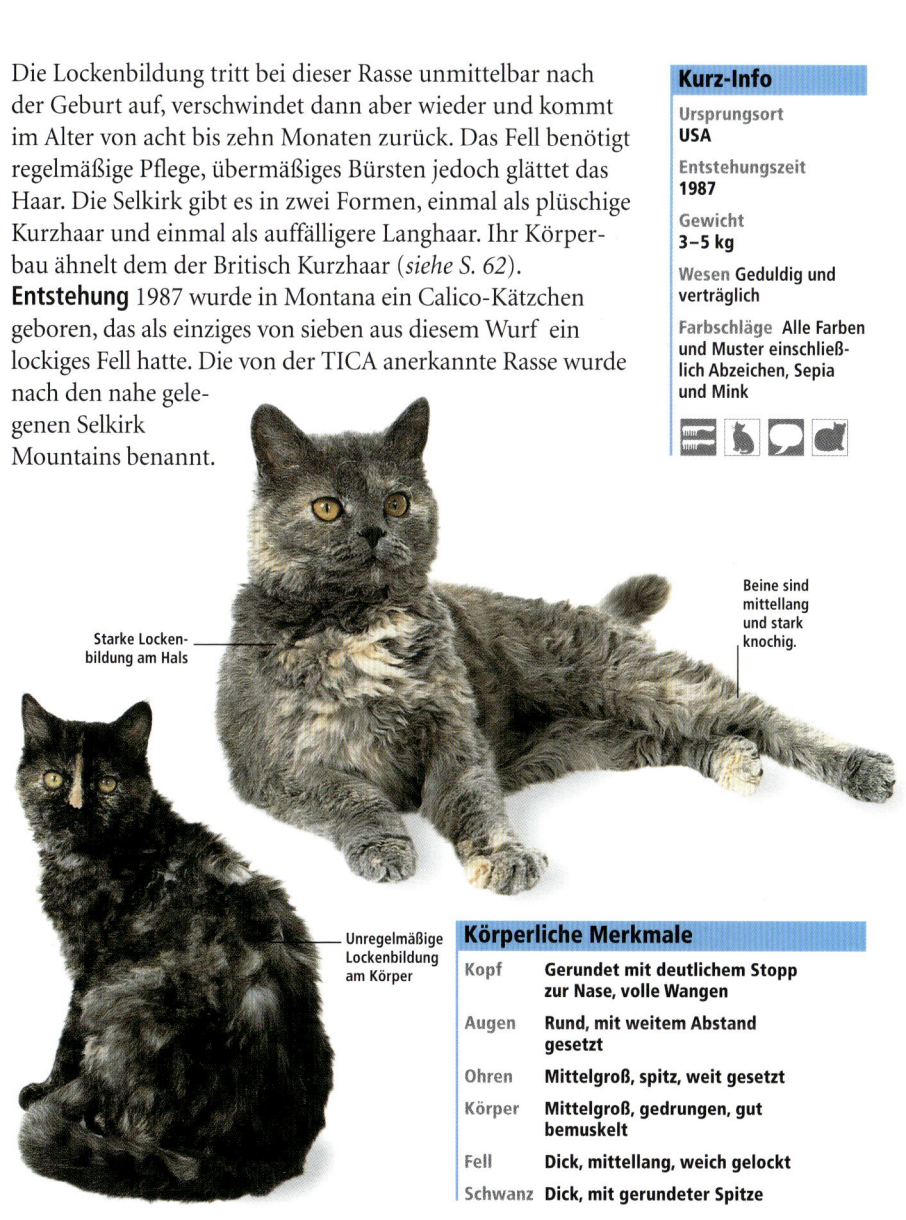

Die Lockenbildung tritt bei dieser Rasse unmittelbar nach der Geburt auf, verschwindet dann aber wieder und kommt im Alter von acht bis zehn Monaten zurück. Das Fell benötigt regelmäßige Pflege, übermäßiges Bürsten jedoch glättet das Haar. Die Selkirk gibt es in zwei Formen, einmal als plüschige Kurzhaar und einmal als auffälligere Langhaar. Ihr Körperbau ähnelt dem der Britisch Kurzhaar (siehe S. 62).
Entstehung 1987 wurde in Montana ein Calico-Kätzchen geboren, das als einziges von sieben aus diesem Wurf ein lockiges Fell hatte. Die von der TICA anerkannte Rasse wurde nach den nahe gelegenen Selkirk Mountains benannt.

Kurz-Info

Ursprungsort
USA

Entstehungszeit
1987

Gewicht
3–5 kg

Wesen Geduldig und verträglich

Farbschläge Alle Farben und Muster einschließlich Abzeichen, Sepia und Mink

Starke Lockenbildung am Hals

Beine sind mittellang und stark knochig.

Unregelmäßige Lockenbildung am Körper

Körperliche Merkmale

Kopf	Gerundet mit deutlichem Stopp zur Nase, volle Wangen
Augen	Rund, mit weitem Abstand gesetzt
Ohren	Mittelgroß, spitz, weit gesetzt
Körper	Mittelgroß, gedrungen, gut bemuskelt
Fell	Dick, mittellang, weich gelockt
Schwanz	Dick, mit gerundeter Spitze

78 Katzenrassen

LaPerm

- Rasse mit lockigem »dauergewelltem« Fell
- Ausgezeichneter Jäger
- Liebenswürdig und neugierig

LaPerm-Katzen kommen mit Haarkleid zur Welt, werden jedoch meist während ihrer Kindheit völlig kahl. Das neue nachwachsende Fell ist dick, seidig und lockig. Die Rasse gibt es als Kurzhaar- und als Langhaarkatze: Die kurzhaarigen Tiere besitzen ein eher welliges als gelocktes Fell. Die LaPerm ist eine ausgezeichnete Jägerin.

Entstehung 1982 brachte eine Hofkatze in Oregon einen Wurf zur Welt, darunter ein kahles Kätzchen. Im Alter von acht Wochen wuchs bei dem Kätzchen ein Fell nach, das im Gegensatz zu dem seiner Wurfgeschwister lockig und weich war. Das Gen ist dominant, daher sind Fremdkreuzungen zur Vergrößerung des Genpools möglich, ohne dass es dadurch weniger Nachkommen mit lockigem Fell gibt.

Kurz-Info

Ursprungsort
USA

Entstehungszeit
1982

Gewicht
3,5–5,5 kg

Wesen Anschmiegsam und neugierig

Farbschläge Alle Farben und Muster, einschließlich Sepia, Abzeichen und Mink

Hals ist lang und wird aufrecht getragen.

Pfoten sind mittelgroß und rund.

Beine sind mittellang und gut bemuskelt.

Körperliche Merkmale

Kopf	Breit, leicht keilförmig, ausgeprägte Schnauze
Augen	Groß, mandelförmig, leicht schräg
Ohren	Mittelgroß, breit im Ansatz, gerundete Spitze
Körper	Mittlerer Knochenbau, muskulös, relativ schwer
Schwanz	Lang und spitz zulaufend, mit welligem Haar

Kurzhaarkatzen 79

California Spangled

- Sieht aus wie die kleine Ausgabe einer Wildkatze
- Eine gesellige Kalifornierin
- Nicht überall anerkannt

Die aktive California Spangled (was so viel wie »getupft« bedeutet) ist schlank gebaut, jedoch überraschend schwer für ihre Größe. Ihr dichtes doppellagiges Fell ist auf dem Rücken und an den Flanken getupft, zwischen den Ohren und vom Hals bis zu den Schultern gestreift.

Entstehung Der Kalifornier Paul Casey wollte eine wildtierähnliche und getupfte Katze züchten. Unter Verwendung von rasselosen Katzen aus Asien und Kairo sowie einer Reihe von Rassekatzen war er 1971 erfolgreich. Rosetten- und Ringmuster sind dem Fell des Ozelots, der Langschwanzkatze und des Jaguars nachempfunden. Bislang ist sie noch nicht überall anerkannt.

Kurz-Info

Ursprungsort
USA

Entstehungszeit
1971

Gewicht
4–8 kg

Wesen Sanftmütig und gesellig

Farbschläge Schwarz, Kohle, Braun, Bronze, Rot, Blau, Golden oder Silbern

Fell ist an Rücken und Flanken getupft.

Beine sind mittellang und muskulös mit Tabbystreifen.

Dunkle Augenränder

Tupfen können rund, oval oder dreieckig ausfallen.

Körperliche Merkmale

Kopf	Wildkatzenähnlich, breite hohen Wangen, volle Schnurrhaarkissen
Augen	Oval und leicht schräg
Ohren	Aufrecht, mit gerundeten Spitzen, weit hinten am Kopf
Körper	Lang gestreckt und muskulös
Fell	Kurz, glatt, nicht dicht anliegend
Schwanz	Breit am Ansatz, spitz auslaufend

Ägyptische Mau

- Schnellste Hauskatze?
- Von Natur aus besorgter Gesichtsausdruck
- Ursprünglich aus Kairo

Die Mau gleicht den in historischen Wandmalereien in Ägypten dargestellten Katzen. Körper und Gesicht haben eine gemäßigte Form, das Fell besitzt ein Tupfenmuster und ist in der ursprünglichen braunen Farbe schattiert. Obwohl frühe Abbildungen die Katze mit wild dreinblickenden Augen zeigen, hat die Mau weite, runde Augen mit einem besorgten Ausdruck. Sie ist vermutlich die schnellste unter den Hauskatzen und kann bis zu 50 km/h schnell laufen.

Entstehung Die Exilrussin Nathalie Troubetskoy war von der Tupfenzeichnung der Straßenkatzen in Kairo so angetan, dass sie eine Kätzin nach Italien einführte und dort mit einem Kater verpaarte. 1956 ging sie nach Amerika und ließ die Kätzchen eintragen. Die 1977 von der CFA anerkannte Rasse ist ein Europa nahezu unbekannt.

Kurz-Info

Ursprungsort
Ägypten und Italien

Entstehungszeit
50er-Jahre

Gewicht
2,25–5 kg

Wesen Freundlich und intelligent

Farbschläge Schwarz Smoke, Bronzegetupfte Tabby, silbergetupfte Tabby (offiziell werden keine anderen Farben anerkannt)

Fell ist nicht zu kurz.

Nase von der Spitze bis zur Stirn sanft geschwungen

Beine sind mittellang und gut bemuskelt.

Pfoten sind klein, mit langen Zehen.

Körperliche Merkmale

Kopf	Mittelgroß, runde Keilform
Augen	Groß, gerundet, stachelbeergrün
Ohren	Mittelgroß bis groß, aufrecht bzw. leicht ausgestellt am Ansatz
Körper	Gut bemuskelt, weder gedrungen noch schlank
Fell	Fein, seidig, dicht anliegend
Schwanz	Mittellang, sich verjüngend

Kurzhaarkatzen 81

Ocicat

- Kreuzung aus Siamese und Abessinier
- Leicht abzurichtende Katze
- Sieht aus wie ein Mini-Ozelot

Die Ocicat, eine gelungene Mischung aus Siam und Abessinier, ist verspielt und neugierig, eine wahrhafte Schoßkatze. Sie reagiert gut auf frühzeitiges Abrichten. Das hervorstechendste Merkmal dieser Rasse ist ihr Tupfenmuster: Die ideale Verteilung entspricht der einer klassischen Tabbyzeichnung, die spiralenförmig zur Flankenmitte hin zuläuft.

Entstehung Virginia Daly aus Michigan kreuzte eine Siam (*siehe S. 96*) mit einer Abessinier (*siehe S. 71*), um eine Siam mit Abessinier-Abzeichen zu entwickeln. 1964, als eines der Kätzchen mit einer Siam verpaart wurde, gab es in dem Wurf auch ein getupftes Kätzchen, »Ocicat« (wegen seiner Ähnlichkeit mit dem Ozelot). 1986 wurde diese noch unbekannte Rasse von der TICA anerkannt.

Kurz-Info

Ursprungsort
USA

Entstehungszeit
1964

Gewicht
2,5–6,5 kg

Wesen Gesellig und interessiert

Farbschläge Eine Vielzahl von getupften und silbergetupften Tabbyfarben wird anerkannt (offiziell werden keine anderen Farben anerkannt).

Beine sind mittellang und gut bemuskelt.

Hals ist anmutig gebogen.

Anmutiger, athletischer Körperbau

Schwanz hat dunkle Spitze.

Körperliche Merkmale

Kopf	Leicht keilförmig, breite Schnauze, kräftiges Kinn
Augen	Groß, mandelförmig, leicht schräg nach oben gestellt
Ohren	Mäßig groß, schräg nach außen gesetzt
Körper	Groß, stämmig und kraftvoll, aber anmutig
Fell	Kurz, fein, glatt, dicht anliegend
Schwanz	Relativ lang und schlank

Bengal

- Stammt von Wildkatzen ab
- Auf zuverlässiges Wesen gezüchtet
- Gut bemuskelt und groß

Die seltene Bengal hat ein auffallend dickes Fell. In der frühen Zucht wurden zur Verdünnung – langes Fell und Tupfung – einige unerwünschte Gene eingeführt, aber auch die Siamzeichnung, die die ungewöhnliche »Schneeschattierung« zur Folge hatte. Ursprünglich war diese Rasse sehr nervös, die beständige Zucht führte jedoch zu größerer Kontaktfreudigkeit.

Entstehung Die erste Verpaarung der asiatischen Bengalkatze mit einer Hauskatze war zufällig und geschah 1963 in Kalifornien. Zehn Jahre später setzte die Universität von Kalifornien diese Kreuzungszucht fort, um die Immunität der asiatischen Bengalkatze gegen das Feline Leukämie-Virus (FeLV) zu erforschen. Aus diesen Anfängen 1983 ging die Bengal hervor.

Kurz-Info

Ursprungsort
USA

Entstehungszeit
1983

Gewicht
5,5–10 kg

Wesen Von vornehmer Zurückhaltung

Farbschläge Braungetupft, schneegetupft oder marmorierte Tabby, einfarbig schwarz

Kopf ist etwas länger als breit.

Augen golden, grün oder haselnussbraun

Fell ist kurz bis mittellang.

Körperliche Merkmale

Kopf	Relativ klein, gerundete Keilform mit breiter Schnauze, kräftiges, rundes Kinn
Augen	Groß, oval, leicht schräg gesetzt
Ohren	Kurz, breit im Ansatz, mit abgerundeten Spitzen ohne Ohrbüschel
Körper	Groß, muskulös und geschmeidig
Fell	Dicht, dick, weich anzufühlen
Schwanz	Dick und gleichmäßig, mit gerundeter Spitze

Chausie

- Kreuzung zwischen einer Haus- und einer Wildkatze
- Wesen noch nicht voll entwickelt
- Noch nicht anerkannt

Die Chausie ist eine Kreuzung zwischen einer Hauskätzin und einer männlichen Rohrkatze (*Felis chaus*). Züchter meinen, dass Chausies bei richtiger Sozialisierung zu treuen Freunden werden. Die Katze besitzt einen athletischen Körper, lange Beine und ein gebändertes kurzhaariges Fell.

Entstehung Seit den 60er-Jahren haben Katzenzüchter zufällig und gezielt Hauskatzen mit eng verwandten Wildkatzen gekreuzt. In Züchterkreisen wird eine heftige Diskussion über die ethische Seite dieser Verpaarung geführt. 1995 wurde die in den USA gezüchtete Chausie offiziell bei der TICA eingetragen.

Kurz-Info

Ursprungsort
USA

Entstehungszeit
Späte 60er-Jahre

Gewicht
4,5–10 kg

Wesen Liebenswürdig und anhänglich

Farbschläge Braun gebändert, einfarbig schwarz, silber mit Spitzenfärbung

Ohren mit Ohrbüscheln sind breit im Ansatz.

Großer athletischer Körper

Dichtes kurzhaariges Fell

Körperliche Merkmale

Kopf	Leicht keilförmig, hohe Wangenknochen, kräftiges Kinn
Augen	Groß und walnussförmig
Ohren	Breit im Ansatz, groß, mit Ohrbüscheln
Körper	Großer rechteckiger Körper mit voller Brust
Fell	Dicht und kurzhaarig
Schwanz	Dreiviertellang, reicht gerade bis unter das Sprunggelenk

American Bobtail

- Herkunft unbekannt
- Stummelschwänzige Ausstellungskatze
- Ist verhältnismäßig selten

Die Herkunft der American Bobtail ist unklar: Die Abstammung vom Rotluchs ist nicht bestätigt, jedoch könnten Gene der Manx (siehe S. 63) und der Japanese Bobtail (siehe S. 98) mit dabei sein, da aus den Würfen schwanzlose Rumpies und knickschwänzige Tiere hervorgehen.

Entstehung Diese Rasse lässt sich auf ein zufällig entstandenes stummelschwänziges Tabbykätzchen aus Arizona zurückführen. In der frühen Zuchtphase wollte man stummelschwänzige Katzen mit einem ähnlichen Muster wie dem der Snowshoe hervorbringen (siehe S. 66), jedoch litt die Gesundheit der Katzen unter Inzucht. Für deutsche Zuchtverbände gilt die Empfehlung, die Zucht zu unterlassen, wenn die Tiere im Schwanzbereich eine gesteigerte Schmerzempfindlichkeit aufweisen.

Kurz-Info

Ursprungsort
USA

Entstehungszeit
60er-Jahre

Gewicht
3–7 kg

Wesen Freundlich und wissbegierig

Farbschläge Alle Farben und Muster einschließlich Sepia, Abzeichen und Mink

Augen blicken jagdfreudig drein.

Beine sind schwer, mit großen runden Pfoten.

Fell steht vom Körper ab und sieht zottelig aus.

Körperliche Merkmale

Kopf	Breit, leicht keilförmig, mit geschwungenen Konturen
Augen	Oval und winkelförmig, mit schweren Brauen
Ohren	Mittelgroß, breit im Ansatz und hoch am Kopf angesetzt
Körper	Halbgedrungen, kräftig bemuskelt
Fell	Elastisch und doppellagig
Schwanz	Endet über Sprunggelenk

Pixiebob

- Soll wie ein Rotluchs aussehen
- Hundeähnliches Wesen
- Ist der Herr im Haus

Pixiebobs wurden entwickelt, um das wilde Aussehen des Rotluchses nachzuempfinden. Es wird ihnen nachgesagt, dass sie das Wesen eines treuen Hundes haben. Sie ziehen nicht gerne um und sind am glücklichsten, wenn sie die alleinigen Herren im Haus sind.

Entstehung Pixie, die Gründungskatze des Pixiebob, war das Ergebnis einer Verpaarung von zwei verwilderten Katzen – die angeblich aus Verpaarungen von wilden Rotluchsen mit Stallkatzen hervorgingen – im Bundesstaat Washington. In Wirklichkeit besaßen die verwilderten Katzen nur das Aussehen des Luchses. Die Rasse, die 1995 von der TICA anerkannt wurde, ist außerhalb Nordamerikas meist unbekannt.

Kurz-Info

Ursprungsort
Nordamerika

Entstehungszeit
90er-Jahre

Gewicht
4–8 kg

Wesen Ruhig, aber anschmiegsam

Farbschläge Braungetupft oder Rosettenmuster

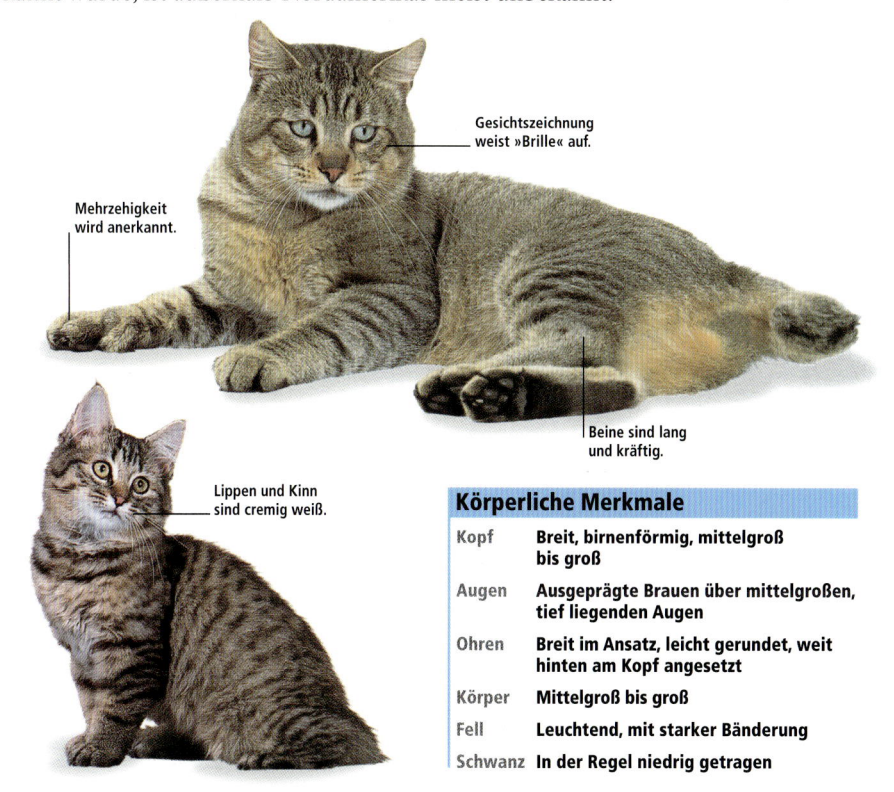

Gesichtszeichnung weist »Brille« auf.

Mehrzehigkeit wird anerkannt.

Beine sind lang und kräftig.

Lippen und Kinn sind cremig weiß.

Körperliche Merkmale

Kopf	Breit, birnenförmig, mittelgroß bis groß
Augen	Ausgeprägte Brauen über mittelgroßen, tief liegenden Augen
Ohren	Breit im Ansatz, leicht gerundet, weit hinten am Kopf angesetzt
Körper	Mittelgroß bis groß
Fell	Leuchtend, mit starker Bänderung
Schwanz	In der Regel niedrig getragen

86 Katzenrassen

Scottish Fold, kurzhaarig

- Deutlich flache Ohren
- Zurückhaltend und gelassen
- Im Ursprungsland nicht anerkannt

Diese Rasse fällt auf durch ihre Faltohren, ihren kurzen Hals und ihren runden Kopf. Während die erste Scottish Fold ein »einfaches« Faltohr hatte (nach vorne gebogen), weisen die heutigen Ausstellungskatzen eine enge »dreifache« Faltung auf. Für die Zucht gesunder Faltohrkatzen sind jedoch Katzen mit geraden Ohren wichtig. Die Rasse hat ein gelassenes Wesen.
Entstehung Susie, die Gründungsmutter der Faltohrkatze, war eine schottische Hofkatze. In den 60er-Jahren erhielt ein ortsansässiger Schäfer eines ihrer Kätzchen und verpaarte dieses mit einer Britisch Kurzhaar (*siehe S. 62*). Die Faltohrkatzen wurden 1994 anerkannt. In Deutschland darf die Scottish Fold wegen genetischer Probleme nicht gezüchtet werden.

Kurz-Info

Ursprungsort
Schottland

Entstehungszeit
1961

Gewicht
2,5–6 kg

Wesen **Ruhig und selbstsicher**

Farbschläge **Alle Farben und Muster, einschließlich Abzeichen, Sepia und Mink**

Die Ohren sollten flach am Kopf anliegen.

Stämmiger Körper

Die Beine dürfen nicht kurz sein.

Körperliche Merkmale

Kopf	Gerundet, breite kurze Nase
Augen	Groß und gerundet
Ohren	Flach an den Kopf gefaltet, mit gerundeten Spitzen
Körper	Mittelgroß, kräftig gebaut, elastische Wirbelsäule
Fell	Kurz und dicht
Schwanz	Mittellang bis lang, Verjüngung erwünscht

Kurzhaarkatzen 87

American Curl

- Die Kräuselohren sind mit Vorsicht zu behandeln
- Ruhiges und freundliches Wesen
- Gibt es mit zwei Haarlängen

Diese elegante und verträgliche Rasse gibt es kurz- und langhaarig. Die Ohrkräuselung tritt in drei Formen auf: Katzen, deren Ohren einfach nach hinten gedreht sind (erster Grad) werden zu Hauskatzen, solche mit stärkerer Kräuselung werden zur Zucht verwendet (zweiter Grad), und solche mit vollständiger Kräuselung (dritter Grad) werden ausgestellt. Die Kräuselohren müssen vorsichtig behandelt werden. Werden sie aufgerichtet, können die Knorpel geschädigt werden.

Entstehung American Curls sind das Ergebnis einer Genmutation, die in den USA in den frühen 80er-Jahren bei einem schwarzen, langhaarigen streunenden Kätzchen namens Shulamith auftrat. Die Hälfte ihrer Nachkommen wies dieselben Kräuselohren auf.

Kurz-Info

Ursprungsort
USA

Entstehungszeit
1981

Gewicht
3–5 kg

Wesen Ruhig und umgänglich

Farbschläge Ein breites Spektrum an Farben und Farbkombinationen wird anerkannt.

Das Haarkleid hat nur wenig Unterwolle.

Körper ist mäßig bemuskelt.

Die Ohren sind ab dem vierten Monat dauerhaft gekräuselt.

Schwanz verjüngt sich zur Spitze.

Körperliche Merkmale

Kopf	Leichte Keilform, sanft geschwungen
Augen	Oberer Augenrand oval, unterer Rand gerundet
Ohren	Mindestens 90° gebogen
Körper	Halbschlank, mäßig bemuskelt
Fell	Weich, dicht anliegend, minimale Unterwolle
Schwanz	Gleich lang wie der Körper, breit im Ansatz, sich zur Spitze verjüngend

Munchkin, kurzhaarig

- Kurze »zwergwüchsige« Beine
- Nach Gesundheitsprüfung anerkannt
- Verspieltes Wesen

Die kurzbeinige Munchkin hat eine beispiellose Kontroverse ausgelöst. Auch wenn ihr verspieltes Wesen unverkennbar katzenhaft ist, stellt der Zwergwuchs der Rasse eine radikale Abkehr von der normalen Katzenanatomie dar. Die Rasse hatte strengste Gesundheitsprüfungen zu bestehen, um anerkannt zu werden.

Entstehung Die Munchkin wurde seit den 80er-Jahren in Nordamerika gezüchtet. Nach den Gesundheitsprüfungen wurde sie von der TICA 1995 als »neue Rasse« anerkannt. 1996 ging aus einer Kreuzung von LaPerm (*siehe S. 78*) mit einer Munchkin eine kurzbeinige Katze mit lockigem Fell hervor, die Skookum genannt wird.

Kurz-Info

Ursprungsort
USA

Entstehungszeit
80er-Jahre

Gewicht
2,25–4 kg

Wesen Ansprechend und neugierig

Farbschläge Alle Farben und Muster, einschließlich Abzeichen, Sepia und Mink

Beine sind kurz, aber nicht missgebildet.

Runde Pfoten zeigen nach außen.

Der Kopf ist weder rund noch eckig.

Körperliche Merkmale

Kopf	Fast dreieckig, mittelgroße Nase
Augen	Walnussförmig, groß, leicht schräg gestellt
Ohren	Mäßig groß, breit im Ansatz, aufrecht
Körper	Mittelgroß, stark bemuskelt, weder schlank noch gedrungen
Fell	Mäßig dicht, mäßige Unterwolle
Schwanz	Hoch angesetzt, mitteldick, gerundete Spitze

/ Kurzhaarkatzen 89

Burmilla (Schattierte Asian)

- Kreuzung aus Burma und Chinchilla-Perser
- Ruhig, braucht viel Aufmerksamkeit
- Rückkreuzungen erlaubt

Diese eindrucksvolle Rasse hat den Körperbau von ihrer Burma-Herkunft (*siehe S. 94*) und das Fell von der Chinchilla-Perser (*siehe S. 103*). Die Burmilla ist nicht so ausgelassen wie die Burma, aber geselliger als die Perser und braucht viel Aufmerksamkeit. Dennoch ist sie nicht sonderlich lautfreudig und relativ ausgeglichen.

Entstehung 1981 gingen in London aus einer Verpaarung zwischen einer Burma und einer Chinchilla-Perser silberschattierte Kätzchen hervor. Der ursprüngliche Wurf zeigte den Burma-Typ. Anfangs sollte jede zweite Generation auf Burma rückgekreuzt werden. Rückkreuzung verbessert nach wie vor die genetischen Grundlagen. Die Burmilla wurde 1989 von der GCCF anerkannt.

Kurz-Info

Ursprungsort
Großbritannien

Entstehungszeit
1981

Gewicht
4–7 kg

Wesen Gelassen und einnehmend

Farbschläge Ein breites Spektrum an Sepia-Farben, einfarbigen Schattierungen und Silberschattierung wird anerkannt.

Schattierung variiert von mittelstark bis zu bloßer Spitzenfärbung.

Beine sind mittellang mit ovalen Pfoten.

Die Tabbymusterung beschränkt sich auf Gesicht, Beine und Schwanz.

Körperliche Merkmale

Kopf	Kurze Keilform, oben sanft gerundet
Augen	Weder mandelförmig noch rund, Farbe von golden bis grün
Ohren	Mittelgroß bis groß, weit gesetzt, leicht nach außen gestellt
Körper	Mittelgroß, fest bemuskelt
Fell	Kurz, fein, dicht anliegend
Schwanz	Mittellang bis lang, sich zu runder Spitze verjüngend

Einfarbige Asian

- Deutliche Abgrenzung zur Schattierten Asian
- Vormals Bombay genannt
- Kommt in vielen Farben vor

Züchter neigen dazu, die Einfarbige Asian von ihrem schattierten Gegenstück (*siehe S. 89*) abzugrenzen. Es sind einige darunter, die in ihren Zuchtprogrammen keine Katzen mit Chinchilla-Perser-Blutlinien verwenden.

Entstehung Schwarze Katzen vom Typ der Burma, die Bombays genannt wurden (nicht zu verwechseln mit der amerikanischen Bombay-Rasse) wurden bereits in den 80er-Jahren gezüchtet. Obwohl man bei der Bombay rasselose Katzen verwendet hatte, wurde sie dennoch in die fortlaufende Entwicklung der Asiaten integriert. Weitere Farben wurden entwickelt, sodass heute eine breite Palette vorhanden ist.

Kurz-Info

Ursprungsort
Großbritannien

Entstehungszeit
1981

Gewicht
4–7 kg

Wesen Gelassen und einnehmend

Farbschläge Ein breites Spektrum an Farben wird anerkannt.

Gesicht dunkler gefärbt

Kurzes, dicht anliegendes Fell

Mittellange Beine mit ovalen Pfoten

Körperliche Merkmale

Kopf	Kurze Keilform, oben sanft gerundet
Augen	Weder mandelförmig noch rund, Farbe von golden bis grün
Ohren	Mittelgroß bis groß, weit gesetzt, leicht nach außen gestellt
Körper	Mittelgroß, fest bemuskelt
Fell	Kurz, fein, dicht anliegend
Schwanz	Mittellang bis lang, runde Spitze

Asian Smoke

- Halb schattiert, halb einfarbig
- Schimmernde Unterwolle
- Gelassenes Naturell

Die Asian Smoke besitzt die weiße Unterwolle der Burmilla (*siehe S. 89*) und das einfarbige Fell der Einfarbigen Asian (*siehe S. 90*). Smokes gibt es in allen Farben der Einfarbigen Asian, auch die Farbbeschränkung der Burma ist erlaubt. Beim Fell, das etwas länger als bei der Burma ist (*siehe S. 94*), sieht man die Unterwolle der Smoke über den Körperrundungen schwach glänzen, wenn die Katze sich nicht bewegt, und leicht durchschimmern, wenn sie sich bewegt. Dieser Felltyp trat in der zweiten Generation von Kreuzungen aus der Burmilla auf.

Entstehung Die Asian Smoke ging in den frühen 80er-Jahren aus einem britischen Zuchtprogramm hervor.

Kurz-Info

Ursprungsort
Großbritannien

Entstehungszeit
1981

Gewicht
4–7 kg

Wesen Gelassen und einnehmend

Farbschläge Ein breites Spektrum an Sepia-Farben und einfarbigen Smoke-Farben wird anerkannt.

Jede Augenfarbe von golden bis grün

Geisterzeichnung lässt das Fell wie Batikmuster auf Seide erscheinen.

Jedes Haar ist bis zur Hälfte weiß

Körperliche Merkmale

Kopf	Kurze Keilform, oben sanft gerundet
Augen	Weder mandelförmig noch rund, Farbe von golden bis grün
Ohren	Mittelgroß bis groß, weit gesetzt, leicht nach außen gestellt
Körper	Mittelgroß, fest bemuskelt
Fell	Kurz, fein, dicht anliegend
Schwanz	Mittellang bis lang, runde Spitze

Asian Tabby

- Gibt es mit vier verschiedenen Fellmustern
- Bänderung von der Abessinier eingeführt
- Ist gerne in Gesellschaft

Die Asian Tabby ist eine der wenigen anerkannten Katzen, die mit allen vier Tabbymustern gezüchtet wird, wobei die Bänderung das beliebteste ist. Die ungleiche Herkunft der verschiedenen Fellmuster trugen zu der ungewöhnlichen Entscheidung bei, die Asians als Gruppe und nicht als einzelne Rasse anzuerkennen.

Entstehung Die Chinchilla-Perser (*siehe S. 103*), eine der Stammkatzen, besitzt ein Agouti-Fell, obwohl seine Fellmusterung durch das Inhibitorgen unsichtbar gemacht wird. Dann stellte sich heraus, dass manche Züchter auch Abessinier (*siehe S. 71*) zur Einführung des Bänderungsgens hinzunehmen und diese Arbeit auch in die Asian-Rassengruppe Eingang fand.

Kurz-Info

Ursprungsort
Großbritannien

Entstehung
1981

Gewicht
4–7 kg

Wesen **Gelassen und einnehmend**

Farbschläge **Ein breites Spektrum an einfarbigen, Sepia- und Silber-Farben sowie Bänderungen wird anerkannt.**

Deutliches Muster am Kopf

Halsband muss gebrochen sein.

Dunkle Schwanzspitze

Körperliche Merkmale

Kopf	Kurze Keilform, oben sanft gerundet
Augen	Weder mandelförmig noch rund, Farbe von golden bis grün
Ohren	Mittelgroß bis groß, weit auseinander gesetzt, leicht nach außen gestellt
Körper	Mittelgroß und fest bemuskelt
Fell	Kurz, fein und dicht anliegend
Schwanz	Mittellang bis lang, runde Spitze

Amerikanische Burma

- Ist gerne in menschlicher Gesellschaft
- Ein runder Kopf wird von Züchtern bevorzugt
- Ihr Ursprung liegt in Rangoon

Die Amerikanische Burma liebt menschliche Gesellschaft, ist aber weniger lautfreudig oder aufdringlich als andere Orientalen. Diese Rasse hat im Vergleich zu ihrem europäischen Gegenstück einen runderen Kopf. Das extrem rundliche, »moderne« Aussehen entstand in den 70er-Jahren, leider aber auch die Kopfmissbildung der Burma, eine erbliche Deformierung des Schädels, die oftmals zum Tode führt.
Entstehung Die Burma stammt von Wong Mau ab, einer Kreuzung aus Burma und Siam, die 1930 in die USA gebracht wurde. Als natürliche Tonkanesin *(siehe S. 95)* wurde Wong Mau mit einer Siam verpaart und die Nachkommen rückgekreuzt auf Wong Mau. Daraus entstanden drei Typen: mit Siam-Abzeichen, dunkelbraun mit minimalen Abzeichen (die erste echte Burma) und ein dunkler Körper mit dunkleren Abzeichen wie bei der Wong Mau.

Kurz-Info

Ursprungsort
Burma (heute Myanmar)

Entstehungszeit
30er-Jahre

Gewicht
3,5–6,5 kg

Wesen Freundlich und gelassen

Farbschläge Zobelfarben (Sable), Champagner, Blau oder Platin in Sepia

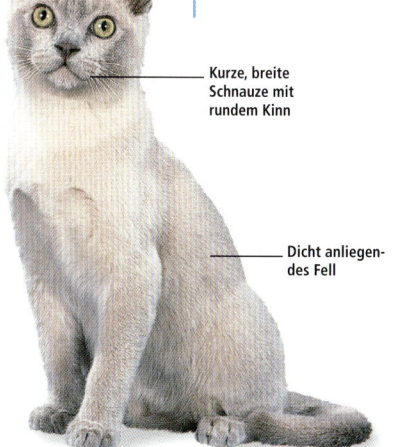

Kurze, breite Schnauze mit rundem Kinn

Dicht anliegendes Fell

Gut entwickelter Hals

Körperliche Merkmale

Kopf	Angenehm rund, mit vollen Wangen
Augen	Rund und goldfarben
Ohren	Mittelgroß, weit gesetzt, nach vorne geneigt
Körper	Mittelgroß, muskulös, stämmig
Fell	Kurz und fein, satinähnliche Struktur, schimmernder Glanz
Schwanz	Mittellang

Europäische Burma

- Gelassenes Wesen
- Gleicht im Aussehen mehr der »Original« Burma
- Gesellig und freundlich

Während sich die amerikanische Seite der Burma-Familie in eine Katze mit runderen Formen entwickelte, haben sich europäische Züchter für eine gut bemuskelte, aber kantigere Form und ein etwas orientalischeres Aussehen entschieden. Unabhängig davon ist die Burma die ideale Katze für einen lebhaften Haushalt.

Entstehung Die Burma-Rasse nahm ihren Anfang mit Wong Mau, einer aus Burma (heute Myanmar) in die USA eingeführten Katze. Die Europäische Burma stammt von der Amerikanischen Burma ab, die nach dem Zweiten Weltkrieg nach Europa eingeführt wurde. Das breite Farbenspektrum wurde durch die Verwendung des roten Gens erreicht. In den 70er-Jahren wurden die Farben um die Schildpattvariante aller anerkannten Farben erweitert.

Kurz-Info

Ursprungsort
Burma (heute Myanmar)

Entstehungszeit
30er-Jahre

Gewicht
3,5–6,5 kg

Wesen Freundlich und gelassen

Farbschläge Ein breites Spektrum an einfarbigen und Schildpatt-Farben wird anerkannt.

Abgesetzte Schnauze mit tiefem Kinn

Ovale Pfoten

Unterseite darf etwas heller sein als das übrige Fell.

Hinterbeine länger als Vorderbeine

Körperliche Merkmale

Kopf	Kurz, stumpfe Keilform
Augen	Groß, weit und leicht schräg gestellt
Ohren	Mittelgroß, an den Spitzen gerundet
Körper	Kräftig und muskulös, überraschend schwer
Fell	Kurz und fein, dicht am Körper anliegend
Schwanz	Mit gerundeter Spitze

Tonkanese

- Kreuzung aus einer Burma und einer Siam
- Neugierig und anschmiegsam
- Zuerst in Kanada anerkannt

Als Kreuzung aus einer Burma (*siehe S. 93 und S. gegenüber*) und einer Siam (*siehe S. 96*) gehen aus ihr Abzeichen-Varianten ihrer Mutterrassen hervor. Vom Typ her ist sie eine erfolgreiche Kombination ihrer Mutterrassen, und ihr Wesen besitzt die lebhafte Anschmiegsamkeit der Orientalen ohne die lautstarken Eigenschaften. Die Tonkanese weisen eine eindeutige Augenfarbe auf, die als aquamarin bekannt ist.

Entstehung Die erste nachweisliche Tonkanese war Wong Mau, die Mutter der Burma-Rasse. Ihre natürlichen Kreuzungseigenschaften wurden aus ihren Nachkommen weggezüchtet. Erst in den 50er-Jahren begann man mit einem kontrollierten Zuchtprogramm. Die Pionierarbeit wurde dabei in Kanada geleistet, das die Rasse als erstes Land in den 60er-Jahren anerkannte.

Kurz-Info

Ursprungsort
USA und Kanada

Entstehungszeit
60er-Jahre

Gewicht
2,5–5,5 kg

Wesen Gesellig und intelligent

Farbschläge Ein breites Spektrum an einfarbigen und Schildpatt-Mink-Farben sowie Tabbymustern wird anerkannt.

Ohren sind etwas höher als breit.

Beine sind schlank und gut bemuskelt, mit ovalen Pfoten.

Schwanz ist gleich lang wie der Körper.

Körperliche Merkmale

Kopf	Leichte Keilform mit leichtem Stopp
Augen	Oberer Rand oval, unterer Rand gerundet
Ohren	Etwas höher als breit, breit im Ansatz, ovale Spitzen
Körper	Mittellang bis lang, muskulös, überraschend schwer
Fell	Kurz, seidig, dicht anliegend
Schwanz	Weder schwer noch dünn

Siam

- Die gesprächigste Katze
- Früh einsetzende Geschlechtsreife
- Elegante Schönheit

Durch selektive Zucht hat sich die Siamkatze in den vergangenen Jahrzehnten wesentlich verändert. Manche Kritierien der früheren Standards zählen heutzutage sogar als Fehler (wie Schielaugen). Siamesen haben einen grazilen Körper, lange schlanke Beine und einen langen Kopf. Ihr Naturell ist gesellig und gesprächig: Von allen Rassen ist die Siam die lautstärkste, mit einer fast durchdringenden Stimme.

Entstehung Die Siam ging vor über 500 Jahren aus einer Mutation in Asien hervor. Von buddhistischen Mönchen und dem Königshaus Siam (heute Thailand) verehrt, gelangten sie im späten 19. Jh. in den Westen. Sie ist nach wie vor die beliebteste CFA-Kurzhaarrasse.

Kurz-Info

Ursprungsort
Thailand (ehemals Siam)

Entstehungszeit
Vor 1700

Gewicht
2,5–5,5 kg

Wesen Energisch und unternehmungslustig

Farbschläge mit Siamabzeichen: Seal, Chocolate, Blau, Lilac. Manche Abzeichenfarben der Colourpoint Kurzhaar werden ebenfalls anerkannt.

- Die Ohren sollten weit genug gesetzt sein.
- Schräge Augen
- Mittelgroßer Körper
- Pfoten sind klein und oval.

Körperliche Merkmale

Kopf	Lang, lange gerade Nase
Augen	Orientalische Form, schräg gestellt
Ohren	Auffallend groß, verlängern Konturen des Gesichts nach außen
Körper	Mittelgroß, lang gestreckt, grazil
Fell	Sehr kurz und fein, ohne Unterwolle
Schwanz	Lang, spitz zulaufend, ohne Knick

Kurzhaarkatzen 97

Orientalisch Kurzhaar

- Ein geborener Athlet
- Äußerst gesellig
- Will beachtet werden

Diese athletischen Katzen sind unerhört gesellig. In puncto Körperbau und Wesen ist diese Katze wie eine Siam, nur mit einfarbigem Fell. Sie kann an erblichen Herzerkrankungen leiden, hat aber eine hohe Lebenserwartung.

Entstehung Es gab einige einfarbige Katzen unter den ersten nach Westen eingeführten Siamesen, aber in den 20er-Jahren sprach sich der britische Siamese Club gegen »alle Siamesen außer den blauäugigen« aus, worauf die Anzahl der Katzen zurückging. In den 50er-Jahren führte die Zuchtarbeit an einer einfarbigen Chocolate in Großbritannien zu der Chestnut Brown Foreign, die 1957 anerkannt und zur Ausgangsrasse der Havana Brown wurde. Die Zucht ist in Deutschland nur unter bestimmten Voraussetzungen möglich.

Kurz-Info

Ursprungsort
Großbritannien

Entstehungszeit
50er-Jahre

Gewicht
4–6,5 kg

Wesen Anhänglich und fordernd

Farbschläge Ein breites Spektrum an Farben und Farbkombinationen wird anerkannt.

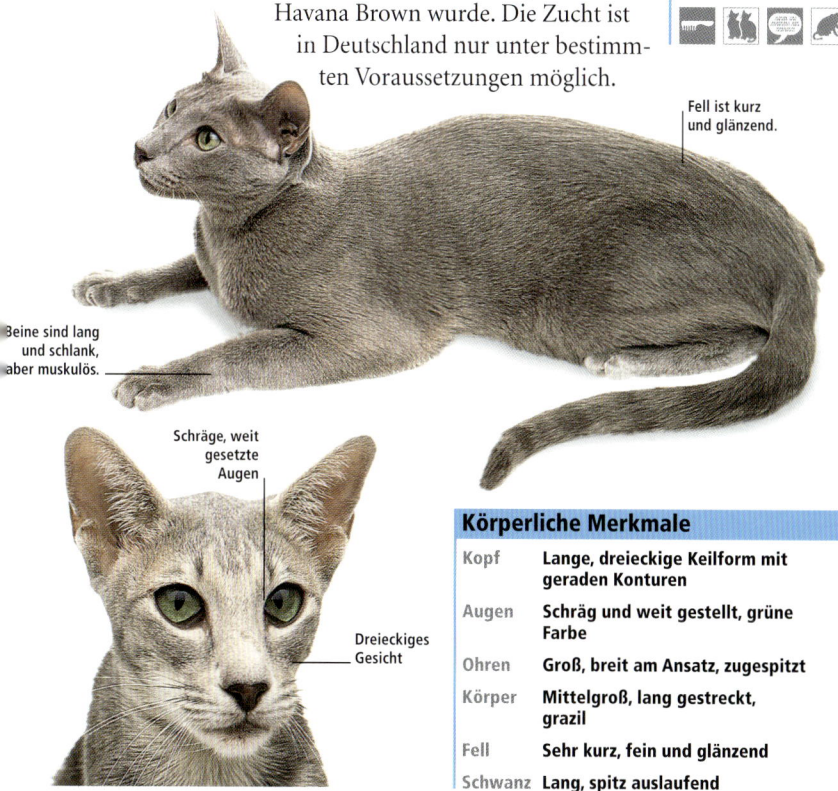

Fell ist kurz und glänzend.

Beine sind lang und schlank, aber muskulös.

Schräge, weit gesetzte Augen

Dreieckiges Gesicht

Körperliche Merkmale

Kopf	Lange, dreieckige Keilform mit geraden Konturen
Augen	Schräg und weit gestellt, grüne Farbe
Ohren	Groß, breit am Ansatz, zugespitzt
Körper	Mittelgroß, lang gestreckt, grazil
Fell	Sehr kurz, fein und glänzend
Schwanz	Lang, spitz auslaufend

Japanese Bobtail

- Kein Dämon im Katzenfell
- Ein Glücksbringer
- In Amerika gut etabliert

Der Aberglaube dürfte dabei geholfen haben, das auffälligste Merkmal dieser liebenswerten Rasse, ihren kurzen 8–10 cm langen Schwanz, zu erhalten. In Japan galt eine Katze mit einem gegabelten Schwanz, also mit zwei Spitzen, als verkleideter Dämon. In Japan ist die Stummelschwanzkatze als die berühmte *Maneki-neko* oder »winkende Katze« unsterblich und als Glücksbringer beliebt.

Entstehung Unter den ersten Katzeneinwanderern vom asiatischen Festland nach Japan befanden sich auch Katzen mit Stummelschwänzen. Aufgrund des begrenzten Genpools in Japan vermehrte sich diese Katze. Das erste Zuchtprogramm außerhalb Japans wurde 1968 in Amerika aufgenommen. In Deutschland darf nur mit Katzen gezüchtet werden, die im Schwanzbereich keine erhöhte Schmerzempfindlichkeit zeigen.

Kurz-Info

Ursprungsort
Japan

Entstehungszeit
Vor dem 19. Jh.

Gewicht
2,5–4 kg

Wesen Verspielt und äußerst aufgeweckt

Farbschläge Ein breites Spektrum an Farben und Farbkombinationen wird anerkannt.

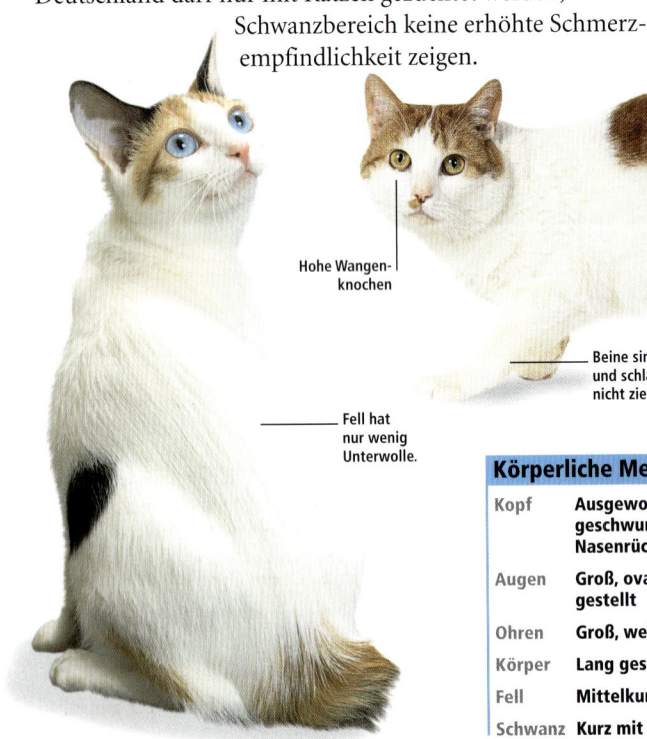

Hohe Wangenknochen

Beine sind lang und schlank, aber nicht zierlich.

Fell hat nur wenig Unterwolle.

Körperliche Merkmale

Kopf	Ausgewogene Keilform, geschwungene Konturen, langer Nasenrücken
Augen	Groß, oval, auffallend schräg gestellt
Ohren	Groß, weit gesetzt und aufrecht
Körper	Lang gestreckt, gerade, schlank
Fell	Mittelkurz, mit geringer Unterwolle
Schwanz	Kurz mit Haarquaste

Kurzhaarkatzen 99

Singapura

- Ruhig und vornehm
- Durch natürliche Auslese angepasst
- Verhältnismäßig selten

Wesen und Körperbau der Singapura könnten auf die natürliche Auslese zurückzuführen sein. In Singapur sind die meisten Katzen verwildert. Am erfolgreichsten vermehren sich die unauffälligsten Katzen. Dies mag der Grund für die kleine Statur, ruhige Stimme und zurückhaltende Veranlagung sein.
Enstehung Der Name der Rasse bedeutet Singapur auf Malaysisch. Von dort brachten 1975 Hal und Tommy Meadows Katzen nach Amerika mit. Alle eingetragenen Singapuras stammen aus ihrem Zuchtprogramm. Da Tommy Meadows auch Burma und Abessinier züchtete, sagt man, dass diese beiden Rassen bei der Entstehung der Singapura mit im Spiel waren. Die Singapura wurde 1982 anerkannt.

Kurz-Info

Ursprungsort
Singapur und USA

Entstehungszeit
1975

Gewicht
2–4 kg

Wesen Zurückhaltend und liebenswert introvertiert

Farbschläge Sepia-Agouti bei gebänderter Tabby

Ohren stehen leicht nach vorn.

Fell ist mindestens zweifach gebändert.

Unterseite ist blass.

Beine sind kräftig, aber nicht stämmig.

Körperliche Merkmale

Kopf	Gerundet, gerade Nase, breite, abgesetzte Schnauze
Augen	Haselnussfarben, grün oder gelb, schwarz umrandet, mandelförmig
Ohren	Breit und schalenförmig
Körper	Mittellang und mittelgroß
Fell	Kurz und dicht anliegend
Schwanz	Etwas kürzer als der Körper, schlank, stumpfe Spitze

Sphinx

- Regelmäßige Pflege erforderlich
- Reagiert empfindlich auf extreme Temperaturen
- Reine Wohnungskatze

Die erfolgreichste haarlose Katze ist die Sphinx, deren Körper ganz von einem kurzen, seidigen Pfirsichflaum bedeckt ist. Jedes leere Haarfollikel besitzt eine Talg produzierende Drüse. Da die Sphinx kein Fell hat, um den Talg zu absorbieren, muss sie täglich mit einem Ledertuch abgerieben werden. Weil dieser Rasse der Schutz eines Fells fehlt, ist sie sehr wärme- und kälteempfindlich.

Entstehung Die erste Sphinx wurde 1966 geboren, aber diese Blutlinie starb aus. 1978 brachte eine Langhaarkatze in Toronto in mehreren Würfen ein und mehrere haarlose Kätzchen zur Welt. Eines davon wurde nach Europa exportiert und mit einer Devon Rex (*siehe S. 76*) verpaart. Daraus gingen haarlose Nachkommen hervor. In Deutschland darf mit Tieren, denen die Tasthaare fehlen, nicht gezüchtet werden.

Kurz-Info

Ursprungsort
Nordamerika und Europa

Entstehungszeit
1966

Gewicht
3,5–7 kg

Wesen Schelmisch und verspielt

Farbschläge Alle Farben und Muster einschließlich Abzeichen, Sepia und Mink

Kräftiger Hals

Leichter Flaum an den Ohren erlaubt.

Haut ist mit feinem Flaum bedeckt.

Gesicht zeigt Einfluß der Devon Rex.

Beine sind fest und muskulös.

Körperliche Merkmale

Kopf	Etwas länger als breit, hohe Wangenknochen, kräftiges Kinn
Augen	Groß, leicht schräg und weit gesetzt
Ohren	Sehr groß, breit am Ansatz
Körper	Gerundet, robust, muskulös, breite Brust
Fell	Scheinbar haarlos, feiner Flaum vorhanden
Schwanz	Sich verjüngend, peitschenartig

Rasselose Kurzhaarkatzen

- Alles ist erlaubt
- Die beliebtesten Katzen der Welt
- Sehr anpassungsfähig

Die rasselose Katze wird von keinem Zuchtverband gefördert und verführt die Menschen nicht mit romantischen Erzählungen oder königlichen Verbindungen. Dennoch ist unsere »Mieze« die beliebteste und am häufigsten vorkommende Katze der Welt. Ihr Typ variiert je nach Ort, von stämmigen Katzen in kalten Ländern bis hin zu leichteren, schlankeren Typen in wärmeren Regionen. In den westlichen rasselosen Katzen treten typische orientalische Farben und Abzeichenmuster sehr selten auf, obwohl diese Gene gelegentlich durch die entschlossene Findigkeit aller Katzen in Paarungsangelegenheiten von Rassekatzen auf die allgemeine Population durchgesickert sind.

Blau und Weiß

Schildpatt und Weiß

Rotgefleckte Tabby mit Weiß

Braungefleckte Tabby mit Weiß

Langhaarkatzen

Genetisch ist allen Langhaarkatzen das rezessive Gen gemein, das ihr Fell länger wachsen lässt als das ihrer wilden Vorfahren. Der Unterschied zwischen voll ausgebildetem Langhaar und seidigem Halblanghaar ist polygenetisch. Manche Quellen behaupten, dass das Gen für langes Haar von der wilden Pallaskatze aus Tibet in die Hauskatzen eingeführt wurde, aber dafür gibt es keinen Beweis. Ziemlich sicher ist eine einfache genetische Mutation der Grund.

Obwohl ihre genaue Herkunft unbekannt ist, traf man Langhaarkatzen schon vor Jahrhunderten in Zentralasien an. Manche dieser Katzen gelangten nach Europa: Der französische Experte Dr. Fernand Mery berichtete, dass um 1550 Exemplare nach Italien gebracht wurden und bald darauf nach Frankreich. Nach der Crystal Palace Cat Show – der ersten offiziellen Katzenausstellung – 1871 in London wurden Standards für Perser und Angoras veröffentlicht.

Langhaarrassen gibt es in fast genauso vielen Formen und Größen wie ihre kurzhaarigen Verwandten.

Bei den frühen Ausstellungen in Amerika war die Maine Coon die beliebteste Langhaarkatze. Vermutlich kam das Fell dieser Rasse von Zentralasien über Großbritannien, oder die Katzen früher Siedler haben das Langhaargen von einer anderen Mutation mitgebracht. Zweifellos hat das raue Klima Neuenglands das Überleben großer Katzen mit langem, wärmendem Fell begünstigt.

Andere Langhaarrassen sind das Ergebnis der Kombination des Langhaargens mit Kurzhaarrassen. Neue Rassen wie die Tiffanie und die Nebelung wurden beidseits des Atlantiks entwickelt. Die vielleicht außergewöhnlichste und auffallendste aller Langhaarrassen ist die Rex-Langhaarkatze mit gelocktem oder gewelltem Fell wie bei der LaPerm und der Selkirk Rex.

Perser

- Ruhige, passive Rasse
- Erfordert tägliche Pflege
- Einst ein Statussymbol

Umfragen von Tierärzten zufolge ist die Perser die ruhigste und passivste Rassekatze und auch am ehesten bereit, andere Katzen um sich herum zu akzeptieren. In Anbetracht ihres verkürzten Gesichts überrascht die Leichtigkeit, mit der die Perser ihr Revier bewacht und Beute fängt. Tägliche Fellpflege ist ein Muss – häufig wird der Tierarzt zur Entfernung verfilzter Stellen im Fell aufgesucht. Erschwerend für die Zucht sind Nierenerkrankungen und Hodenhochstand.

Entstehung Die ersten nachweislichen Vorfahren wurden von Persien (heute Iran) 1620 nach Italien exportiert und um dieselbe Zeit von der Türkei nach Frankreich. 200 Jahre lang dienten ihre Nachfahren als Statussymbol. Im späten 19. Jh. wurde die Perser in Großbritannien nach den ersten geschriebenen Zuchtstandards von Harrison Weir entwickelt, und im frühen 20. Jh. wurde sie von allen Verbänden anerkannt.

Kurz-Info

Ursprungsort
Großbritannien

Entstehungszeit
19. Jh.

Gewicht
3,5–7 kg

Wesen Interessierter Beobachter

Farbschläge Ein breites Spektrum an Farben und Farbkombinationen wird anerkannt.

Kurze breite Nase mit ausgeprägtem Stopp

Kurzer, dicker und stämmiger Hals

Große runde Pfoten, Büschel erwünscht

Kurze, dicke Beine

Körperliche Merkmale

Kopf	Rund, massiv und breit
Augen	Groß, rund und weit gestellt
Ohren	Klein, gerundet, niedrig am Kopf platziert
Körper	Groß und gedrungen, gut bemuskelt
Fell	Lang und dick, nicht wollig
Schwanz	Dicht, kurz, gut proportioniert

Colourpoint Langhaar

- Die Original-»Designer«-Katze
- Seit zwanzig Jahren im Entstehen
- Kontaktfreudig, aber gelassen

Als vermutlich erste gezielte Kreuzungszucht zweier Rassen weist die Colourpoint Langhaar den ersten anerkannten »Export« der Siam-Abzeichen (*siehe S. 96*) auf. Die Augenfarbe ist nicht so intensiv wie bei der Siam, und die Abzeichen wirken weicher auf dem langen Fell. Die Colourpoint Langhaar ist kontaktfreudig, aber gelassen. Die sexuelle Frühreife der Siam kann auch bei dieser Katze auftreten.

Entstehung In den 30er-Jahren wurde in den USA eine schwarze Langhaar mit einer Siam verpaart. Die erste Generation bestand gänzlich aus schwarzen Langhaarkatzen. Bei der Rückkreuzung jedoch entstand eine Langhaarkatze mit Abzeichen, die später die Himalayan genannt wurde. Die Briten setzten ihre Bemühungen in den 30er- und 40er-Jahren fort, und 1955 wurde die Colourpoint Langhaar anerkannt.

Kurz-Info

Ursprungsort
Großbritannien und USA

Entstehungszeit
50er-Jahre

Gewicht
3,5–7 kg

Wesen Ruhig und freundlich

Farbschläge Ein breites Spektrum an einfarbigen und Schildpattfarben sowie Abzeichen wird anerkannt.

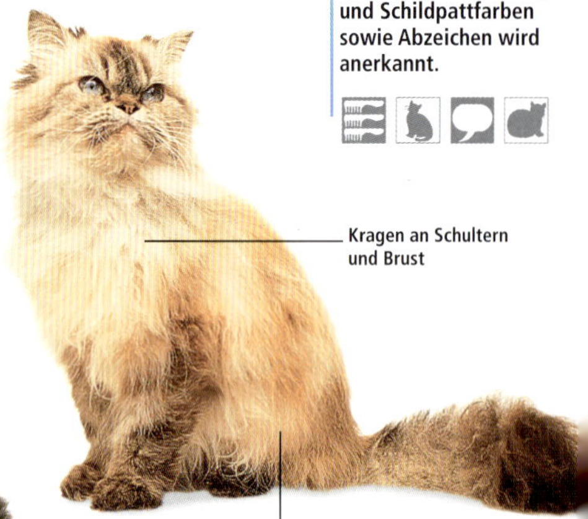

Kragen an Schultern und Brust

Körper wird niedrig getragen.

Kurze, dicke, kräftige Beine

Große, runde, buschige Pfoten

Körperliche Merkmale

Kopf	Rund, massiv, volle Wangen
Augen	Groß, voll, rund, leuchtend blau
Ohren	Klein und gerundet
Körper	Groß bis mittelgroß, gedrungen, niedrig getragen
Fell	Lang, dick, seidig, nicht wollig
Schwanz	Kurz, proportioniert, buschig

Heilige Birma

- Auffallende Schönheit
- Tägliche Fellpflege erforderlich
- Erbanlagen sind unbekannt

Die Birma ist eine auffällig gezeichnete Rasse, deren seidenes Fell tägliche Pflege erfordert. Kastrierte Kater verlangen Aufmerksamkeit, kastrierte Kätzinnen können herrisch sein. Ende des Zweiten Weltkrieges wurden die beiden letzten verbleibenden Birma in Frankreich fremdgekreuzt, um die Rasse zu bewahren. Wie bei allen Rassen mit kleinem Genpool kann Inzucht Erbkrankheiten verstärken. Bei dieser Rasse sind jedoch nur seltene Haut- und Nervenerkrankungen erblich.

Entstehung Traditionsgemäß stammt die Birma von den Tempelkatzen in Burma ab, um genau zu sein, von Sita, einer trächtigen Kätzin, die 1919 nach Frankreich gelangte. Die weniger romantische Version lautet, dass die Birma in Frankreich zur selben Zeit wie die Colourpoint Langhaar (*siehe Seite 105*) entwickelt wurde.

Kurz-Info

Ursprungsort
Burma (heute Myanmar) bzw. Frankreich

Entstehungszeit
Unbekannt

Gewicht
4,5–8 kg

Wesen Freundlich und zurückhaltend

Farbschläge Ein breites Spektrum an einfarbigen Farben, Schildpatt-Abzeichen und Tabby-Abzeichen wird anerkannt.

Halskrause ist im Sommer und bei Jungkatzen weniger sichtbar.

Körperfarbe ist blasser als Abzeichenfarbe.

Weißanteil endet vor dem Knöchel.

Körperliche Merkmale

Kopf	Breit, gerundet, volle Wangen, kräftiges Kinn
Augen	Tiefblau und nahezu rund
Ohren	Mittelgroß, weit stehend
Körper	Langgestreckt, kräftig, mittellange, dicke Beinen
Fell	Seidig
Schwanz	Dicht und gleichmäßig gefärbt

Katzenrassen

Ragdoll

- Sanfter Riese
- Wenig begeisterter Jäger
- CFA-Neuling

Die Ragdoll ist eine große, schwere Katze, deren Fell nicht so schnell verfilzt wie das der Perser (*siehe S. 103*), und bestens bekannt für ihr gelassenes Wesen. Ragdolls werden weiß geboren, entwickeln Farbe und Muster allmählich über zwei Jahre hinweg und tragen Abzeichen. Die Rasse zeigt keine Begeisterung für die Jagd. Sie erfreut sich daher in Australien großer Beliebtheit, wo Katzen die heimische Tierwelt bedroht haben.
Entstehung In den 60er-Jahren züchtete die kalifornische Züchterin Ann Baker die ersten Ragdolls aus einer weißen, vermutlich rasselosen Perserkätzin und einem Birma-ähnlichen Kater. Baker gründete einen Ragdoll-Zuchtverband, aber die Katzen wurden von anderen Verbänden nicht anerkannt. Im Jahr 2000 erlangte die Ragdoll die volle Anerkennung der CFA.

Kurz-Info

Ursprungsort
USA

Entstehungszeit
60er-Jahre

Gewicht
4,5–9 kg

Wesen Gesellig und gelassen

Farbschläge Seal, Chocolate, Blau, Lilac mit Abzeichen-, Handschuh- und Zweifarbenmuster

Kurzer, massiger Hals

Großer Körper mit breiter Brust und Schulter

Fell an Beinen kürzer als am Körper

Langer, buschig behaarter Schwanz

Körperliche Merkmale

Kopf	Mittelgroß bis groß, volle Wangen, gerundete Schnauze
Augen	Groß und oval, leicht schräg
Ohren	Mittelgroß, breit am Ansatz, gerundete Spitzen
Körper	Lang gestreckt, muskulös, breite Brust
Fell	Mittellang, weich, dicht, seidig
Schwanz	Lang und buschig, leicht spitz zulaufend

Maine Coon

- Freundliche Begrüßung
- Äußerst gesellig
- Schweres Fell

Die kräftige und ruhige Maine Coon besticht besonders im Winter durch ihr üppiges, schweres Fell. Was sie von anderen Rassen unterscheidet, ist ihr fröhliches zirpendes Trillern, mit dem sie ihre Menschen- oder Katzenfamilie begrüßt. Sie genießt menschliche Gesellschaft, ist jedoch keine Schoßkatze.

Entstehung Vermutlich zählen britische Katzen, die mit den frühen Siedlern und langhaarigen russischen oder skandinavischen Katzen in den Häfen von Maine ankamen, zu ihren Vorfahren. Der schwarz-weiße »Captain Jenks of the Horse Marines« war die »erste« Maine, die 1861 auf Ausstellungen zu sehen war. Obwohl sie im frühen 20. Jh. das Rennen um die Gunst des Publikums an die Perser (*siehe S. 103*) verlor, überlebte sie, weil Bauern ihre ausgezeichneten Jagdeigenschaften erkannten. 2000 lag sie unter den Langhaarrassen auf Platz zwei der Beliebtheitsskala der CFA.

Kurz-Info

Ursprungsort
USA

Entstehungszeit
60er-Jahre des 19. Jh.

Gewicht
4–10 kg

Wesen
Sanfter Riese

Farbschläge Ein breites Spektrum an Farben und Farbkombinationen wird anerkannt.

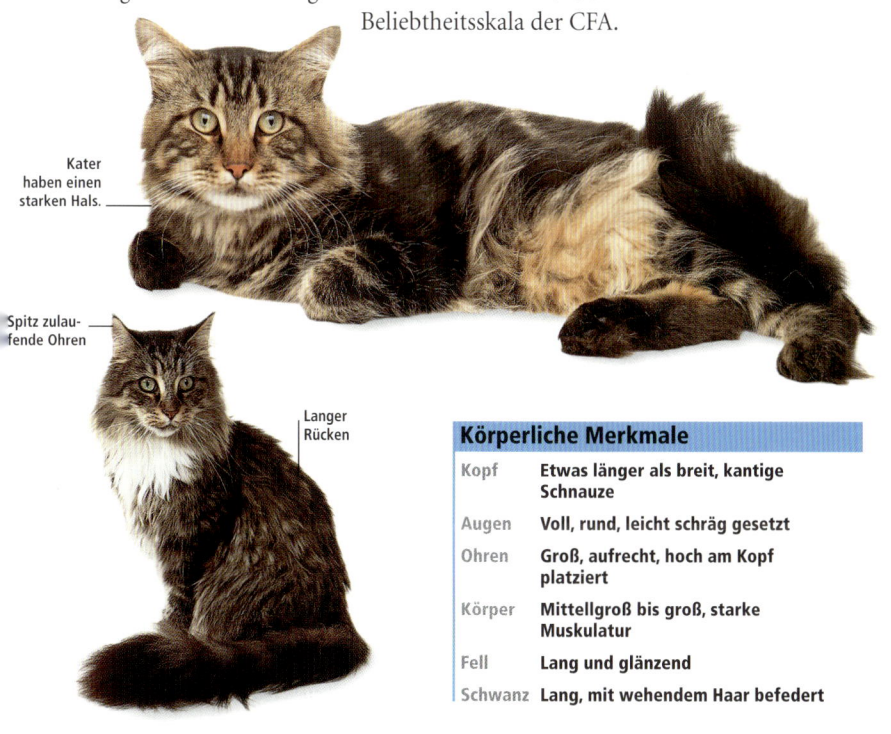

Kater haben einen starken Hals.

Spitz zulaufende Ohren

Langer Rücken

Körperliche Merkmale

Kopf	Etwas länger als breit, kantige Schnauze
Augen	Voll, rund, leicht schräg gesetzt
Ohren	Groß, aufrecht, hoch am Kopf platziert
Körper	Mittelgroß bis groß, starke Muskulatur
Fell	Lang und glänzend
Schwanz	Lang, mit wehendem Haar befedert

Norwegische Waldkatze

- Zutraulicher Gefährte
- Großartiger Jäger
- Der Fischer unter den Katzen

Reserviert gegenüber Fremden, aber zutraulich ihren Menschen gegenüber, hat die Norwegische Waldkatze einiges mit der Maine Coon (siehe S. 107) und der Sibirischen Katze (siehe S. 109) gemein. Diese sanftmütige Katze vermag ihr Revier vehement zu verteidigen. Sie ist ein hervorragender Kletterkünstler und Jäger.

Entstehung Um 1000 v. Chr. hatten die Wikinger Handelsbeziehungen mit dem byzantinischen Osten. Der Beweis dafür, dass Katzen von Byzanz (heute Istanbul) nach Norwegen gelangten, sind norwegische Katzen, die dieselben Farben wie in der Türkei haben, aber sonst in Europa kaum anzutreffen sind. Die Norwegerin wurde erst in den 30er-Jahren als Rasse betrachtet, die gezielte Zucht begann in den 70er-Jahren.

Kurz-Info

Ursprungsort
Norwegen

Entstehungszeit
30er-Jahre

Gewicht
3–9 kg

Wesen Reserviert und beherrscht

Farbschläge Ein breites Spektrum an Farben und Farbkombinationen wird anerkannt.

Volle Halskrause erwünscht.

Kantiges, wachsames Gesicht

Beine sind lang, aber nicht zierlich.

Große, runde Pfoten mit Büscheln zwischen den Zehen

Körperliche Merkmale

Kopf	Dreieckig, langes gerades Profil, kräftiges Kinn
Augen	Groß und offen, nicht rund, leicht schräg
Ohren	Offen, breit im Ansatz, hoch am Kopf stehend
Körper	Groß, kräftige Knochen und Muskeln
Fell	Glatt, glänzend, Wasser abweisendes Deckhaar, wolliges Unterfell
Schwanz	Lang, buschig, gleich lang wie Körper

Sibirische Katze

- Die Katze, die aus der Kälte kam
- Aktiv und flink
- Instinktsicherer Russe

Alles an dieser Katze ist auf den harten Überlebenskampf im sibirischen Winter ausgelegt: festes, reichliches und öliges Deckhaar, sehr dichte Unterwolle, um auch die schärfsten Winde abzuhalten, und ein großer Körperbau. Es sind aktive, äußerst flinke Katzen, die trotz ihrer Geselligkeit keine passive Schoßkatze sein wollen.

Entstehung In der Wildnis Russlands kommen Langhaarkatzen vor. Wie viele natürlich entstandene Rassen fand die Sibirische Katze erst vor kurzem Beachtung. Ernsthafte Zucht begann in den 80er-Jahren. Die Rasse wird in ihrem Heimatland von vielen Verbänden anerkannt. 1990 kam die Sibirski in die USA. Von den großen Verbänden wird sie von der FIFé und der TICA anerkannt.

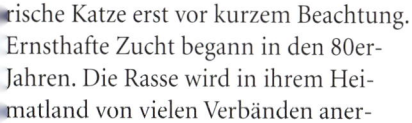

Kurz-Info

Ursprungsort
Ostrussland

Entstehungszeit
80er-Jahre

Gewicht
4,5–9 kg

Wesen Verständig und instinktsicher

Farbschläge Ein breites Spektrum an Farben und Farbkombinationen wird anerkannt.

Breite Brust

Pfoten sind groß, rund und buschig.

Kurzer, stämmiger Hals

Körperliche Merkmale

Kopf	Breit, zwischen den Ohren flach
Augen	Groß, oval, leicht schräg gestellt
Ohren	Mittelgroß, gerundete Spitzen, nach außen gestellt
Körper	Lang gestreckt, gut bemuskelt, kraftvoll
Fell	Lang, Deckhaar leicht ölig
Schwanz	Mittellang, dick, gerundete Spitze

Exotisch Langhaar

- Im Aussehen identisch mit der Perser
- Verspielt und gesellig
- Langhaarige Version der kurzhaarigen Perser

Obwohl sich die Exotisch Langhaar und die Perser (*siehe S. 103*) genetisch unterscheiden, kann man sie äußerlich nicht auseinander halten. Züchtern zufolge ist die Exotisch Langhaar kontaktfreudiger und unternehmungslustiger als die Perser. Es ist eine verspielte, wissbegierige Rasse, die zumeist gut mit anderen Katzen und Hunden auskommt.

Entstehung Nach Anerkennung der Exotisch Kurzhaar (*siehe S. 61*) 1967 erlaubte die Zuchtpolitik der CFA, sie regelmäßig mit Persern zu verpaaren, um Körperbau und Kopftyp der Perser zu bewahren. Der langhaarige Nachwuchs dieser Vereinigung konnte jedoch weder als Perser noch als Exotisch eingetragen werden. Um diesem Dilemma abzuhelfen, wurde in den USA diese neue Rasse gezüchtet.

Kurz-Info
Ursprungsort
USA

Entstehungszeit
60er-Jahre

Gewicht
3–6,5 kg

Wesen
Sanft und neugierig

Farbschläge
Alle Farben und Muster der Perser und Exotisch Kurzhaar

Kurzer Schwanz

Große, runde Pfoten

Körperliche Merkmale

Kopf	Massiv, breites Gesicht, volle Wangen
Augen	Groß, rund, weit gestellt
Ohren	Klein, nach vorn geneigt, Spitzen gerundet
Körper	Groß, gedrungen, starke Muskulatur
Fell	Lang und glänzend
Schwanz	Kurz, darf nicht hoch getragen werden

Munchkin, langhaarig

- Kurze Gestalt
- Kommt in drei Größen vor
- Nur begrenzt anerkannt

Die Munchkin wird durch ein einziges Merkmal bestimmt: Ihre langen Beinknochen sind einfach nicht lang. Die elastische Wirbelsäule kann der Rasse die bei Zwerghunden auftretenden Rücken- und Hüftprobleme zwar ersparen; dennoch tritt bei Zwergformen häufig Arthritis auf. Die Munchkin gibt es in drei Größen: Standard, Superkurz oder mit extrem kurzen Beinen sowie einen umstrittenen äußerst kleinen Typ, die »Mini«, die von der UFO vorläufig unter dem Namen Mei Toi anerkannt wurde.

Entstehung Die Munchkin ging 1983 in Louisiana aus einer Mutation hervor, die Züchter mit rasselosen Katzen fremdkreuzten. Die TICA ist der einzige Dachverband, der die Munchkin 1995 anerkannte.

Kurz-Info

Ursprungsort
USA

Date of origin
1983

Gewicht
2,25–4 kg

Wesen Ansprechend und neugierig

Farbschläge Alle Farben und Muster einschließlich Abzeichen, Mink und Sepia

Augenfarbe entspricht nicht Fellfarbe.

Pfoten sind leicht nach außen gedreht.

Kurze, gerade Beine

Körperliche Merkmale

Kopf	Mittelgroß, weder rund noch keilförmig
Augen	Groß, walnussförmig, offener Ausdruck
Ohren	Dreieckig, mäßig groß
Körper	Mittelgroß, mit geradem bzw. von Schulter zu Rumpf leicht ansteigendem Rückgrat
Fell	Glänzend, mittellang
Schwanz	Mitteldick, gerundete Spitze

American Curl

- Die Ohrmutation wird dominant vererbt
- Sanfte Gesichtszüge
- Selektive Zucht in Kalifornien

Diese ruhige, sanftmütige Rasse ist nichts anderes als die Wohnungskatze der USA mit einer einzigen, auffälligen Mutation: Ihre Ohren sind nach hinten und zur Kopfmitte hin gedreht. Das Merkmal ist dominant. Daher gehen aus einer Verpaarung zwischen einer Curl und irgendeiner anderen Katze mindestens 50 Prozent Curls hervor.

Entstehung 1981 tauchte ein streunendes Kätzchen mit langem seidigem Fell und ungewöhnlichen Ohren bei Grace und Joe Ruga in Kalifornien auf, die sie Shulamith tauften. Alle Curls stammen von dieser Katze ab. Shulamith hatte vier Kätzchen, davon zwei mit gekräuselten Ohren. Die Curl ist in Nordamerika überall anerkannt und die einzige Rasse, die jemals in zwei Haarlängen von der CFA anerkannt wurde. Die ersten Curls in Europa gelangten 1995 nach GB.

Kurz-Info

Ursprungsort
USA

Entstehungszeit
1981

Gewicht
3–5 kg

Wesen Ruhig und umgänglich

Farbschläge Ein breites Spektrum an Farben und Farbkombinationen wird anerkannt.

Nach hinten gedrehte Ohren

Niedliches, überrascht aussehendes Gesicht

Halbschlanker Körper

Langer flauschiger Schwanz

Körperliche Merkmale

Kopf	Gerundet, leicht keilförmig
Augen	Walnussförmig, leicht schräg gestellt
Ohren	Nach hinten und zur Kopfmitte hin gerichtet
Körper	Mäßig bemuskelt und halbschlank
Fell	Seidig, fließend, minimale Unterwolle
Schwanz	Federbusch, so lang wie der Körper

Langhaarkatzen 113

Scottish Fold, langhaarig

- Üppiges Winterfell
- Neigt zu Gelenkerkrankungen
- Langhaarige Seltenheit

Die langhaarige Scottish Fold sieht am besten im Winter aus, wenn sie eine imposante Halskrause, elegante Kniebundhosen und einen riesigen flauschigen Schwanz trägt. Die Kätzchen kommen mit geraden Ohren zur Welt, die sich im Alter von drei Wochen umfalten. Die Gelenkerkrankungen, die aus Gleich-zu-Gleich-Verpaarungen entstehen, treten zwischen vier und sechs Monaten auf: Ein kurzer, verdickter Schwanz ist hierfür symptomatisch, was bei einem Langhaarkätzchen leicht übersehen werden kann. Daher sollte der Schwanz sorgfältig und vorsichtig kontrolliert werden.

Entstehung Alle Scottish Fold gehen zurück auf Susie, eine weiße Hofkatze, die 1961 in Schottland geboren wurde. In Deutschland darf die Rasse wegen genetischer Probleme nicht gezüchtet werden.

Kurz-Info

Ursprungsort
Schottland

Entstehungszeit
1961

Gewicht
2,4–6 kg

Wesen Ruhig und zutraulich

Farbschläge Alle Farben und Muster einschließlich Abzeichen, Sepia und Mink

Augen sollten goldfarben und möglichst leuchtend sein.

Große Halskrause

Mittellange, stämmige Beine

Körperliche Merkmale

Kopf	Gut gerundet, ausgeprägte Wangen und Schnurrhaarkissen
Augen	Groß, gerundet, lieber Ausdruck
Ohren	Klein, mit gerundeten Spitzen, eng am Kopf gefaltet
Körper	Mittelgroß, rundlich und fest
Fell	Mittellang bis lang, weich, vom Körper abstehend

Selkirk Rex

- Eine der beiden einzigen Langhaarrassen mit lockigem Fell
- Dickes Ringellockenfell
- Liebenswert und verträglich

Die langhaarige Selkirk Rex sieht wirklich einzigartig aus und ist wohl die auffallendste aller Rex-Rassen. Bei heterozygoten Katzen mit einem Locken- und einem Glatthaargen kommt das lange, dicke Fell am besten zur Geltung: diese Kombination ergibt einen lockeren Ringellockeneffekt. Das Fell weist alle drei Haartypen auf.

Entstehung Die allererste Selkirk Rex war ein kurzhaariges, 1987 geborenes Kätzchen aus Montana. Es kam zu Jeri Newman, die es mit einer schwarzen Perser (*siehe S. 103*) verpaarte. Aus dem Wurf gingen lang- und kurzhaarige Kätzchen mit einer Mischung aus glattem und lockigem Fell hervor. Beide Formen sind nicht formell getrennt, und die für die Rasse erlaubte Fremdkreuzung beinhaltet die Perser. In Deutschland gilt für alle Rex ein Zuchtverbot für Tiere, denen die Tasthaare fehlen.

Kurz-Info

Ursprungsort
USA

Entstehungszeit
1987

Gewicht
3–5 kg

Wesen Geduldig und verträglich

Farbschläge Alle Farben und Muster einschließlich Abzeichen, Sepia und Mink

Fell ist weich und lockig.

Ungepflegt aussehendes Fell ist typisch für junge Selkirk-Katzen.

Körperliche Merkmale

Kopf	Gerundet, kurze rechtwinklige Schnauze
Augen	Rund und weit gesetzt
Ohren	Mittelgroß, spitz und weit gesetzt
Körper	Muskulös, rechteckig, nach hinten leicht ansteigend
Fell	Weich, in lockeren Einzellocken fallend
Schwanz	Dick, gerundete Spitze

LaPerm

- Aus Hofkatzen in den USA hervorgegangen
- Trägt dominantes Lockenfellgen
- Ausgezeichneter Jäger

Wie die Selkirk ist die LaPerm die einzige langhaarige Rex-Katze, die von den großen Verbänden anerkannt ist. Obwohl sie von amerikanischen Hauskatzen abstammt, sieht sie mit ihrem keilförmigen Kopf und schlanken Körper wie eine Schlankformkatze aus. Sie ist sehr aktiv, neugierig und ein hervorragender Jäger.

Entstehung 1982 hatte eine Hofkatze in Oregon einen Wurf mit einem einzigen nackten Kätzchen, dem langsam ein lockiges weiches Fell wuchs. Der Besitzer und Begründer der Rasse nannte es Curly, und im Laufe der nächsten fünf Jahre ging daraus eine ganze Reihe lockenfelliger Kätzchen hervor. Das Gen ist dominant, daher kann zur Vergrößerung des Genpools fremdgekreuzt werden, ohne auf Kätzchen mit Rexfell zu verzichten.

Kurz-Info

Ursprungsort
USA

Entstehungszeit
1982

Gewicht
3,5–5,5 kg

Wesen Anhänglich und neugierig

Farbschläge Alle Farben und Muster einschließlich Abzeichen, Sepia und Mink

Lockiges Fell am Ohransatz

Schwanz ist lang, in Federbusch auslaufend.

Gut bemuskelt

Dicke Unterwolle

Körperliche Merkmale

Kopf	Mittelgroß, leicht keilförmig, runde Konturen
Augen	Groß und ausdrucksvoll, leicht schräg gesetzt
Ohren	Weit gesetzt, Konturen des Gesichts fortsetzend
Körper	Mittelgroß, mittelkräftig, gut bemuskelt
Fell	Mittellang mit Ringellocken
Schwanz	Lang, in Federbusch auslaufend

Türkisch Van

- Der Schwimmer unter den Katzen
- Markante Fellzeichnung
- Eigenständige Persönlichkeit

Obwohl die Türkisch Van wie die ideale Schoßkatze wirkt, hat sie ihren eigenen Kopf. Die Rasse zeichnet sich zum einen durch ihre markante Fellzeichnung aus und zum anderen durch ihren Ruf, bei heißem Wetter gerne ein kurzes Bad zu nehmen.

Entstehung Diese Rasse hatte vor dem 18. Jh. ihren Ursprung in der Region der Vanseen. Nachdem zwei Van 1955 nach Großbritannien eingeführt wurden, verbreitete sich die Rasse in ganz Europa, aber ihre Anerkennung durch die Verbände ließ auf sich warten. In den 70er-Jahren gelangten die ersten Van-Kätzchen in die USA, wo die Rasse inzwischen von der CFA und der TICA anerkannt ist. Die GCCF erlaubt nur die rote Original-Van und die vor kurzem anerkannte Creme-Van.

Kurz-Info

Ursprungsort
Region der Vanseen in der Türkei

Entstehungszeit
Vor dem 18. Jh.

Gewicht
3–8,5 kg

Wesen Selbstbeherrscht

Farbschläge Weiß mit Kastanienrot und Creme (offiziell werden keine anderen Farben anerkannt)

Farbzeichnung im Gesicht sollte nicht über Augenhöhe hinausgehen.

Fell »teilt sich« leicht.

Weiße Blesse teilt Farbe auf der Stirn in zwei getrennte Partien.

Körperliche Merkmale

Kopf	Kurze Keilform, langes, gerades Profil
Augen	Groß und oval
Ohren	Groß und hoch am Kopf stehend, eng stehend
Körper	Lang gestreckt, stämmig, Kater besonders muskulös
Fell	Lang, seidig, ohne Unterwolle
Schwanz	Voll behaart, so lang wie der Körper

Cymric

- Langhaarige Manx
- Nur dem Namen nach aus Wales
- Freundlich und gelassen

Diese Rasse ist das genaue Gegenstück zur kurzhaarigen Manx (*siehe S. 63*) mit Ausnahme des Fells, das halblang und doppellagig ist. Die Cymric bringt die Varianten »Stumpies« und »Longies« hervor, beide mit etwas Schwanz, sowie die ausstellbaren »Rumpies«.

Entstehung Obwohl Cymric das walisische Wort für »walisisch« ist, handelt es sich um eine ausschließlich nordamerikanische Rasse, eine langhaarige Manx. In den 80er-Jahren erkannten sowohl die CFA und die TICA die Cymric als Rasse an, jedoch hat die CFA sie inzwischen neu eingestuft als Langhaarige Manx. In Deutschland ist die Zucht der Cymric verboten.

Kurz-Info

Ursprungsort
Nordamerika

Entstehungszeit
60er-Jahre

Gewicht
3,5–5,5 kg

Wesen Freundlich und ausgeglichen

Farbschläge Ein breites Spektrum an Farben und Farbkombinationen wird anerkannt.

Hals ist kurz und dick.

Hinterbeine sind viel länger als Vorderbeine.

Stämmige Beine

Keine Andeutung eines Schwanzes

Körperliche Merkmale

Kopf	Gerundet, leichte Einbuchtung zwischen Stirn und Nase
Augen	Groß, rund, leicht schräg gestellt
Ohren	Mittelgroß, breit am Ansatz, gerundete Spitzen
Körper	Mittelgroß, stämmig, gut bemuskelt
Fell	Dick, plüschig, an Gesicht und Unterbeinen kürzer
Schwanz	Rund, ohne Andeutung eines Schwanzes

Nebelung

- Deutsche »Nebelgestalt«
- Langhaarige Version der Russisch Blau
- Scheu und ruhig

Das blaue Haar mit silberner Spitzenfärbung verleiht der Nebelung eine schimmernde Eleganz. Das Licht reflektiert von ihren Deckhaaren, sodass ein weißlicher Nebelschleiereffekt entsteht. Diese seltene Rasse, die ihren Namen dem deutschen Wort Nebel verdankt, beruht auf einer langhaarigen Version der Russisch Blau (*siehe S. 69*).

Entstehung Blaue Kurz- und Langhaarkatzen aus Russland wurden bereits vor über 100 Jahren ausgestellt. Die Kurzhaarkatzen wurden als Russisch Blau bekannt, aber die Langhaarkatzen verloren ihre Identität. 1986 wurde in den USA Siegfried, der Stammvater dieser neu belebten Rasse, mit seiner langhaarigen Schwester verpaart. Die Nebelung wurde 1987 von der TICA und 1993 von der TCA anerkannt.

Kurz-Info

Ursprungsort
USA

Entstehungszeit
80er-Jahre

Gewicht
2,5–5 kg

Wesen Zurückhaltend

Farbschläge Einfarbig Blau

Deckhaare haben silberne Spitzenfärbung.

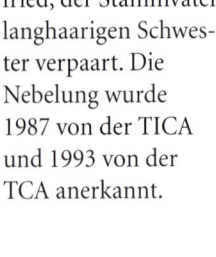

Langer und schlanker Hals unter der Halskrause

Kleine, runde Pfoten

Bei jüngeren Katzen sind die Augen gelb.

Körperliche Merkmale

Kopf	Leicht keilförmig, flache Stirn, gerades Profil
Augen	Ganz leicht oval, grün und weit gesetzt
Ohren	Breit im Ansatz, leicht gerundete Spitzen
Körper	Geschmeidig, schlank, nicht röhrenförmig
Fell	Fein, doppellagig und mittellang
Schwanz	Lang, flauschig, breiter Ansatz, feine Spitze

Türkisch Angora

- In ihrer Heimat steht sie unter Schutz
- Temperamentvoll und athletisch
- In Großbritannien nicht anerkannt

Mit ihren zarten Knochen und dem seidigen Fell ist die Türkisch Angora eine temperamentvolle, intelligente und flinke Katze. Ihr mittellanges Fell geht vermutlich auf eine Mutation zurück, die vor Jahrhunderten in einer isolierten Hauskatzenpopulation in Zentralasien auftrat. Wie bei anderen Rassen können weiße blauäugige Katzen teilweise oder völlig taub sein, was auf einen Defekt des Farbgens zurückzuführen ist.

Entstehung Im 15. Jh. entstanden, gelangte die Türkisch Angora im 17. Jh. nach Frankreich und Großbritannien. Anfang des 20. Jh. hatte jedoch ihre Kreuzung mit anderen Langhaarkatzen nahezu zum Aussterben der Rasse außerhalb der Türkei geführt. Angeblich wurde die Rasse durch ein Zuchtprogramm im Zoo von Ankara gerettet. Die Rasse steht in der Türkei heute unter Schutz. Die Zucht ist in Deutschland nur unter bestimmten Bedingungen erlaubt.

Kurz-Info

Ursprungsort
Türkei

Entstehungszeit
15. Jh.

Gewicht
2,5–5 kg

Wesen Energiegeladen, steht gern im Mittelpunkt

Farbschläge Ein breites Spektrum an Farben und Farbkombinationen wird anerkannt.

Schmaler, anmutiger Hals

Hinterbeine sind länger als Vorderbeine.

Körper ist klein bis mittelgroß.

Schwanz ist buschig.

Körperliche Merkmale

Kopf	Leicht keilförmig, klein bis mittelgroß, schmale Schnauze
Augen	Groß, oval, leicht schräg gesetzt
Ohren	Groß, hoch angesetzt, leicht spitz
Körper	Langgestreckt, schlank, muskulös
Fell	Fein, seidig, minimale Unterwolle
Schwanz	Sehr flauschig, breiter Ansatz, feine Spitze

120 Katzenrassen

Chantilly/Tiffany

- Äußerst seltene Rasse
- Gurrt wie eine Taube
- Angora-Ursprünge

Diese seltene Rasse besitzt ein gemäßigtes Wesen, sie ist weder so ruhig wie eine Perser (*siehe S. 103*) noch so aktiv wie orientalische Langhaarkatzen. Die Chantilly teilt ihre Zufriedenheit mit einem liebenswerten Zirpen mit, das wie das Gurren einer Taube klingt.

Entstehung 1967 kaufte eine Züchterin aus Florida ein Paar schokoladenbrauner Langhaarkatzen mit goldfarbenen Augen von unbekannter Abstammung. Sie prägte auch den Namen Tiffany. In den 80er-Jahren starb die Rasse nahezu aus. Sie wurde 1988 in Kanada erneuert und ihre Herkunft auf das Zuchtprogramm zurückverfolgt, aus dem die Angora (*siehe S. 124*) hervorging. Da der Name Tiffany inzwischen von britischen Züchtern für die langhaarige Burmilla verwendet wurde, änderten die kanadischen Züchter den Namen in Chantilly/Tiffany ab.

Kurz-Info

Ursprungsort
Kanada und USA

Entstehungszeit
70er-Jahre

Gewicht
2,5–5,5 kg

Wesen Sanft und vorsichtig

Farbschläge Chocolate, Zimt, Blau, Lilac, Beige
Alle Farben einfarbig, getigert, getupft und gebändert

Fell ist erst mit zwei bis drei Jahren ausgereift.

Beine sind mittellang, gut bemuskelt, aber nicht stämmig.

Augenfarbe bei Kätzchen ist nicht so intensiv.

Körperliche Merkmale

Kopf	Dreieckig, sanft geschwungenes Profil, auf Augenhöhe leicht eingebuchtet
Augen	Gold- oder kupferfarben, oval, leicht schräg
Ohren	Mittelgroß, breit am Ansatz, gerundete Spitzen
Körper	Mittellang, schlank, elegant
Fell	Mittellang, einlagig
Schwanz	Befedert, gleich lang wie der Körper

Langhaarkatzen 121

Tiffanie

- Kreuzung aus Perser und Burma
- Ergebnis einer Zufallsverpaarung
- Kontaktfreudige Katze

Die Tiffanie, die im Wesentlichen eine langhaarige Asiatin ist, hat ihr Fell von der Chinchilla-Perser (siehe S. 103) und ihren Körperbau von der Burma (siehe S. 94). Ihr Wesen vereint äußerst vorteilhaft die Züge beider Mutterrassen – sie ist lebendiger als die Perser und zurückhaltender als die Burma. Als gelassene, pflegeleichte Langhaarkatze verdient die Tiffanie größere Beliebtheit.

Entstehung Die Tiffanie ist die einzige Langhaarform innerhalb der Asian-Gruppe. Ihre Herkunft kann auf eine Zufallsverpaarung zwischen einer Chinchilla-Perser und einer Burma 1981 in London zurückverfolgt werden. Die Nachkommen der ersten Generation waren kurzhaarige schattierte Burmillas (siehe S. 89), aber nachfolgende Verpaarungen brachten das rezessive Gen für Langhaar und Sepia-Abzeichen wieder an die Oberfläche.

Kurz-Info

Ursprungsort
Großbritannien

Entstehungszeit
80er-Jahre

Gewicht
3,5–6,5 kg

Wesen Lebhaft und anhänglich

Farbschläge Ein breites Spektrum an Farben in einfarbig und einfarbig Sepia, schattiert und Tabbyfarben

– Gute Körpermuskulatur

Feines, seidiges Fell

Runde Pfoten

Mittellanger bis langer Schwanz, elegant befedert

Körperliche Merkmale

Kopf	Kurze Keilform, ausgeprägter Stopp im Profil
Augen	Weder mandelförmig noch rund, leicht schräg gesetzt
Ohren	Mittelgroß bis groß
Körper	Mittelgroß, gerader Rücken, gut bemuskelt
Fell	Halblang, fein, seidig
Schwanz	Mittellang bis lang, elegant befedert

Somali

- Langhaarige Abessinier
- Fühlt sich draußen am wohlsten
- Ausgezeichneter Jäger

Wie ihr abessinischer Vorfahr (*siehe S. 71*) besitzt die Somali ein gebändertes Fell: Jedes Haar ihres Körpers weist drei bis zwölf Farbbänder auf, die einen leuchtenden Schimmer erzeugen, wenn das Fell der Katze voll ausgebildet ist. Die auffällige Gesichtszeichnung erinnert an einen Lidstrich. Die Somali ist ein geborener Jäger, der sich draußen am wohlsten fühlt und Gefangenschaft nur dann akzeptiert, wenn er von klein auf daran gewöhnt wurde.

Entstehung Die erste offizielle Somali war Ken McGills May-Ling Tutsuta. Evelyn Mague, eine Abessinier-Züchterin aus den USA, entwickelte ebenfalls Langhaarkatzen, die sie Somali nannte. In den späten 70er-Jahren wurde die Rasse in Nordamerika voll anerkannt. In den 80er-Jahren tauchte die Somali in Europa auf.

Kurz-Info

Ursprungsort
Kanada und USA

Entstehungszeit
1963

Gewicht
3,5–5,5 kg

Wesen Ruhig, aber extrovertiert

Farbschläge Ein breites Spektrum an Farben mit Bänderung und Silberbänderung wird anerkannt.

Volle Halskrause erwünscht.

Bänderung erfordert mindestens drei dunkle Bänder auf jedem Haar.

Ohren haben Büschel.

Deutliche Tabbyzeichnung auf Wangen und Stirn

Körperliche Merkmale

Kopf	Gemäßigte Keilform, sanfte Konturen und leichter Stopp im Profil
Augen	Groß und mandelförmig, bernstein-, haselnussfarben oder grün
Ohren	Breit am Ansatz, groß, schalenförmig, mit Büscheln
Körper	Mittelgroß, geschmeidig, muskulös
Fell	Weich und fein, mittellang
Schwanz	Lang, buschig behaart

Langhaarkatzen 123

Balinese

- Bemerkenswerter Entfesselungskünstler
- Langhaariger Siamese
- Besitzt die Anmut einer Tänzerin

Am glücklichsten ist die Balinese, wenn sie im Mittelpunkt steht oder Schränke und Einkaufstaschen erforschen kann. Außerdem ist sie ein wahrer Entfesselungskünstler. Da sie gesprächig ist, meint man, dass sie wie ihre Verwandte, die Siam (siehe S. 96), Selbstgespräche führt. Die Balinese hat kein sehr langes Haar und könnte von fern für eine Siam gehalten werden, wäre da nicht ihr anmutig befederter Schwanz.

Entstehung 1928 wurde eine langhaarige Siam bei der CFA in Großbritannien eingetragen. Erst in den 50er-Jahren begann ein Zuchtprogramm in den USA. Langhaarige Siamesen wurden 1961 anerkannt und von einer Züchterin, die die Katzen an Balinesische Tempeltänzerinnen erinnerte, Balinesen genannt. Die Rasse gelangte Mitte der 70er-Jahre nach Europa.

Kurz-Info

Ursprungsort
USA

Entstehungszeit
50er-Jahre

Gewicht
2,5–5 kg

Wesen Energiegeladen, steht gern im Mittelpunkt

Farbschläge Ein breites Spektrum an Abzeichenfarben wird anerkannt.

Augen sind weit gesetzt.

Kein wolliges Unterfell

Abzeichen kontrastieren deutlich mit blassem Körper.

Gerade Nase

Kräftiges Kinn

Körperliche Merkmale

Kopf	Lang und keilförmig, elegant geschwungen
Augen	Weit gesetzt, orientalisch in Form und Ansatz
Ohren	Groß, breit am Ansatz, straff aufgerichtet
Körper	Mittelgroß, geschmeidig, anmutig
Fell	Mittellang, fein, seidig, flach anliegend
Schwanz	Lang und befedert

Angora

- Andere Länder, andere Namen
- Orientalisches Temperament
- In Großbritannien entwickelt

Die Rasse ähnelt in puncto Temperament und Typ den orientalischen Rassen – lebhaft und neugierig, lange und schlanke Gliedmaßen. Auf dem europäischen Festland wird sie Javanese genannt, um Verwechslungen mit der Türkisch Angora *(siehe S. 119)* zu vermeiden, aber manche nordamerikanischen Verbände verwenden Javanese für bestimmte Farben der Balinese *(siehe S. 123)*. In Nordamerika wurde sie Orientalisch Langhaar genannt, was zu der falschen Annahme führt, dass sie von der Orientalisch Kurzhaar abstammt *(siehe S. 97)*.

Entstehung Die Angora wurde in Großbritannien in den 70er-Jahren entwickelt, nachdem Mitte der 60er-Jahre eine Sorrel-Abessinier *(siehe S. 71)* mit einer Seal-Point-Siam *(siehe S. 96)* in dem Versuch verpaart wurde, eine Siam mit gebänderten Abzeichen zu erhalten. Die Nachkommen erbten sowohl die Zimtfarbe als auch das Langhaar-Gen, das schließlich zur Angora führte.

Kurz-Info

Ursprungsort
Großbritannien

Entstehungszeit
70er-Jahre

Gewicht
2,25–5 kg

Wesen Energiegeladen, steht gern im Mittelpunkt

Farbschläge Ein breites Spektrum an Farben wird anerkannt.

Hals ist lang und schlank.

Schwanz ist ein eleganter Federbusch.

Pfoten sind klein und oval.

Feine Schnauze

Körperliche Merkmale

Kopf	Gemäßigte dreieckige Keilform
Augen	Grün bei allen Angora-Farbschlägen außer Weiß
Ohren	Groß, die Konturen der Keilform fortsetzend
Körper	Mittelgroß, geschmeidig, muskulös
Fell	Mittellang, fein, seidig, ohne wolliges Unterfell
Schwanz	Lang, feine Spitze

Orientalisch Langhaar

- Nicht wirklich langhaarig
- Kreuzung aus Orientalisch Kurzhaar und Balinese
- Verwirrende Namensgebung

In dieser wunderschönen durchgefärbten, halblanghaarigen Ausgabe der Orientalisch Kurzhaar (*siehe S. 97*) findet sich ihre Familie wieder: Sie trägt die Farben der Orientalisch und das weiche Fell und den befederten Schwanz der Balinese (*siehe S. 123*). Im Sommer kann sie wie die Kurzhaar aussehen, mit Ausnahme des befederten Schwanzes.
Entstehung 1985 wurden in den USA eine Orientalisch Kurzhaar und eine Balinese verpaart. Ihre Nachkommen waren Orientalen mit seidigem halblangem Fell. Die Rasse wurde entwickelt und wird nun von der TICA und FIFé anerkannt. Die Namensgebung dieser Katze und der Britisch Angora (*siehe S. 124*), die in Nordamerika Orientalisch Langhaar genannt wurde, hat für Verwirrung gesorgt. Optisch und historisch sind die beiden jedoch verschieden.

Kurz-Info
Ursprungsort
Nordamerika
Entstehungszeit
1985
Gewicht
4,5–6 kg
Wesen Freundlich und neugierig
Farbschläge Alle Farben und Muster, außer Abzeichen, Sepia und Mink

- Ohren sind breit am Ansatz.
- Hals ist lang und schlank.
- Fell erscheint kürzer, als es ist.
- Lange, schlanke Beine

Körperliche Merkmale

Kopf	Sich verjüngende Keilform, ohne Einbuchtung an den Schnurrhaarkissen
Augen	Mittelgroß, mandelförmig, schräg gestellt
Ohren	Groß, spitz, die Gesichtskonturen fortsetzend
Körper	Lang, schlank, röhrenförmig
Fell	Keine Unterwolle, liegt flach an
Schwanz	Lang und sich verjüngend, weich befedert

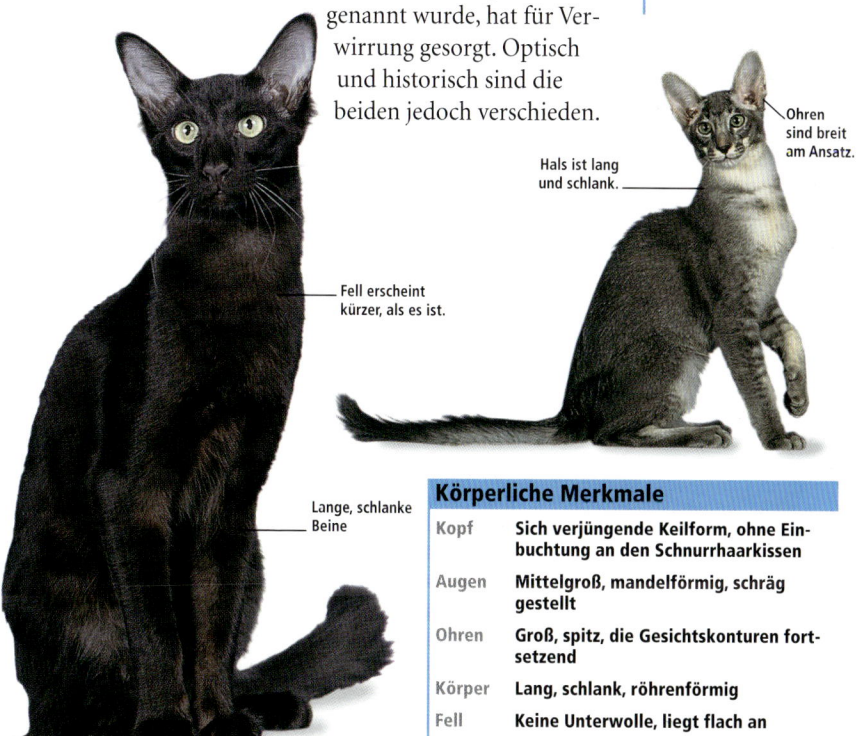

126 Katzenrassen

Kurilen-Bobtail

- Russisch oder Japanisch?
- Freundliches, unabhängiges Wesen
- Kurzschwänzige Katze

Die Kurilen-Bobtail unterscheidet sich sehr von der Japanese Bobtail (*siehe S. 127*), obwohl sie denselben kurzen Schwanz hat. Ihr durch raue Winter geprägtes Fell ist länger und dicker und ihr Körperbau stämmiger. Trotz ihrer Freundlichkeit bewahrt sie sich ihre Unabhängigkeit.

Entstehung Die Kurilen-Bobtail repräsentiert dieselbe Mutation wie die Japanese Bobtail. Vermutlich hat es sie schon seit Jahrhunderten auf den Kurilen gegeben. Während diese genetische Ähnlichkeit für die russischen Verbände, die die Kurilen eintragen, keine Schwierigkeiten bereitet, darf sie, wie die American Bobtail, in Deutschland nur gezüchtet werden, wenn die Tiere im Schwanzbereich keine gesteigerte Schmerzempfindlichkeit zeigen.

Kurz-Info

Ursprungsort
Kurileninseln

Entstehungszeit
Vor dem 18. Jh.

Gewicht
3–4,5 kg

Wesen Eifrig und freundlich

Farbschläge Ein breites Spektrum an Farben und Farbkombinationen wird anerkannt.

Fell ist halblang.

Beine sind stämmig, aber nicht schwer.

Runde Pfoten

Körperliche Merkmale

Kopf	Breit, mit sanftem Stopp auf Augenhöhe
Augen	Oval, leicht schräg gestellt, viele Farben möglich
Ohren	Mittelgroß, aufrecht am Ansatz
Körper	Mittelgroß, kräftig, muskulös
Fell	Halblang, deutliche Unterwolle
Schwanz	Kurz, gelockt, hoch getragen

Japanese Bobtail

- Außerhalb von Japan selten anzutreffen
- Quastenähnlicher Schwanz
- »Ich will unterhalten werden, sonst . . .!«

Diese gesellige und neugierige Rasse gibt es überall in Japan. Der kurze Schwanz, der eine volle, buschige Quaste bildet, bringt keine Wirbelsäulen- oder Knochendeformation mit sich. Die äußerst gesellige Bobtail langweilt sich schnell und kann dann allerlei Unfug anstellen.

Entstehung Die japanische Kunst der letzten 300 Jahre zeigt Exemplare der kurz- und langhaarigen Bobtails. Als natürliche Variante der kurzhaarigen Japanischen Bobtails (*siehe S. 98*) hätten diese langhaarigen Katzen einen Vorteil im kalten Klima von Japans nördlichsten Gebieten. Kurzhaarige Bobtails gelangten 1968 in die USA und trugen das Gen für Langhaar mit sich, was in den frühen 70er-Jahren bemerkt wurde. Zuchtbedingungen wie bei Kurilen-Bobtail (*siehe links*).

Kurz-Info

Ursprungsort
Japan

Entstehungszeit
18. Jh.

Gewicht
2,5–4 kg

Wesen Lebhaft und aufgeweckt

Farbschläge Ein breites Spektrum an Farben und Farbkombinationen wird anerkannt.

Schwanz kann glatt oder gelockt sein.

Beine sind lang und schlank, aber nicht zierlich.

Gesicht hat sanfte Konturen und hohe Wangenknochen.

Bei dieser Rasse werden verschiedenfarbige Augen sehr geschätzt.

Körperliche Merkmale

Kopf	Breit, mit deutlicher Einbuchtung an den Schnurrhaarkissen und leichtem Stopp auf Augenhöhe im Profil
Augen	Groß, oval, im Profil deutlich schräg gestellt
Ohren	Groß, weit gesetzt, aufrecht
Körper	Lang, gerade, schlank, gut bemuskelt
Fell	Halblang, weich, seidig
Schwanz	Kurze Quaste, glatt oder gelockt

128 Katzenrassen

Rasselose Langhaarkatzen

- Beliebteste Langhaarkatze
- Langhaarigkeit tritt nicht so häufig auf
- Alles ist möglich

Die bei weitem am häufigsten gehaltene Hauskatze ist die rasselose Hauskatze. Selbst in Ländern mit einem hohen Anteil an Rassekatzen sind diese unselektierten Tiere zahlenmäßig vier zu eins überlegen. Während manche Menschen auf das Aussehen und Wesen einer bestimmten Rasse fixiert sind, sind Menschen mit weniger präzisen Vorstellungen meist mit rasselosen Katzen sehr zufrieden.

Das Wesen, die Persönlichkeit einer Katze hängt von ihren frühen Erfahrungen ab, daher ist eine rasselose Katze so freundlich, wie man sie erzieht, obwohl sie nicht die Geschwätzigkeit der Orientalen oder die extreme Gelassenheit mancher Langhaarrassen erreichen wird. Nur wenige dieser Hauskatzen haben ein langes Fell, da es rezessiv vererbt wird. Dennoch tauchen Katzen in der Art der Angora oder Maine Coon auf.

Silberschattiert

Farbe, »Lidstrich« und umrandete Nase der silberschattierten Perser erscheinen auch bei rasselosen Katzen. Viele dieser Hauskatzen haben ein Fell, das die frühen Perser keineswegs blamiert hätte.

Die Mehrzahl der Schildpattweiß-Katzen ist weiblich. Keine zwei Katzen haben dieselbe Zeichnung.

Schildpattweiß

Langhaarkatzen 129

Creme-Weiß

Zweifarbige Katzen sind recht häufig. Am beliebtesten sind die Farben Creme-Weiß und Schwarz-Weiß.

Schwarz-Weiß

Rasselose Tabbykatzen gibt es schon seit Jahrhunderten. Ihre Zeichnung kann bei einer Langhaarkatze etwas undeutlich wirken.

Braune Tabby

KAPITEL DREI

Verhalten

Katzen, die sich bereits vor der siebten Woche an Menschen gewöhnt haben, entwickeln eine herzliche Beziehung zu ihnen. Katzen melden sich zu Wort, sie sind fordernd, und sie reagieren auf uns. Selektive Zucht hat das »Kätzchen« in der Katze erhalten. Das ererbte Verhaltensrepertoire ist in ihren Genen verankert. Die Art und Weise, wie eine Katze denkt, frisst, jagt, ihr Revier markiert, sich putzt, sich paart, Junge bekommt und für diese sorgt, ist unveränderbar. Hat eine Katze von klein auf Kontakt zu Menschen, so hält sie uns lebenslang für ihren Versorger. Letztendlich nimmt sie von uns Futter, Geborgenheit und Sicherheit an, so wie sie dies von ihrer Mutter angenommen hat.

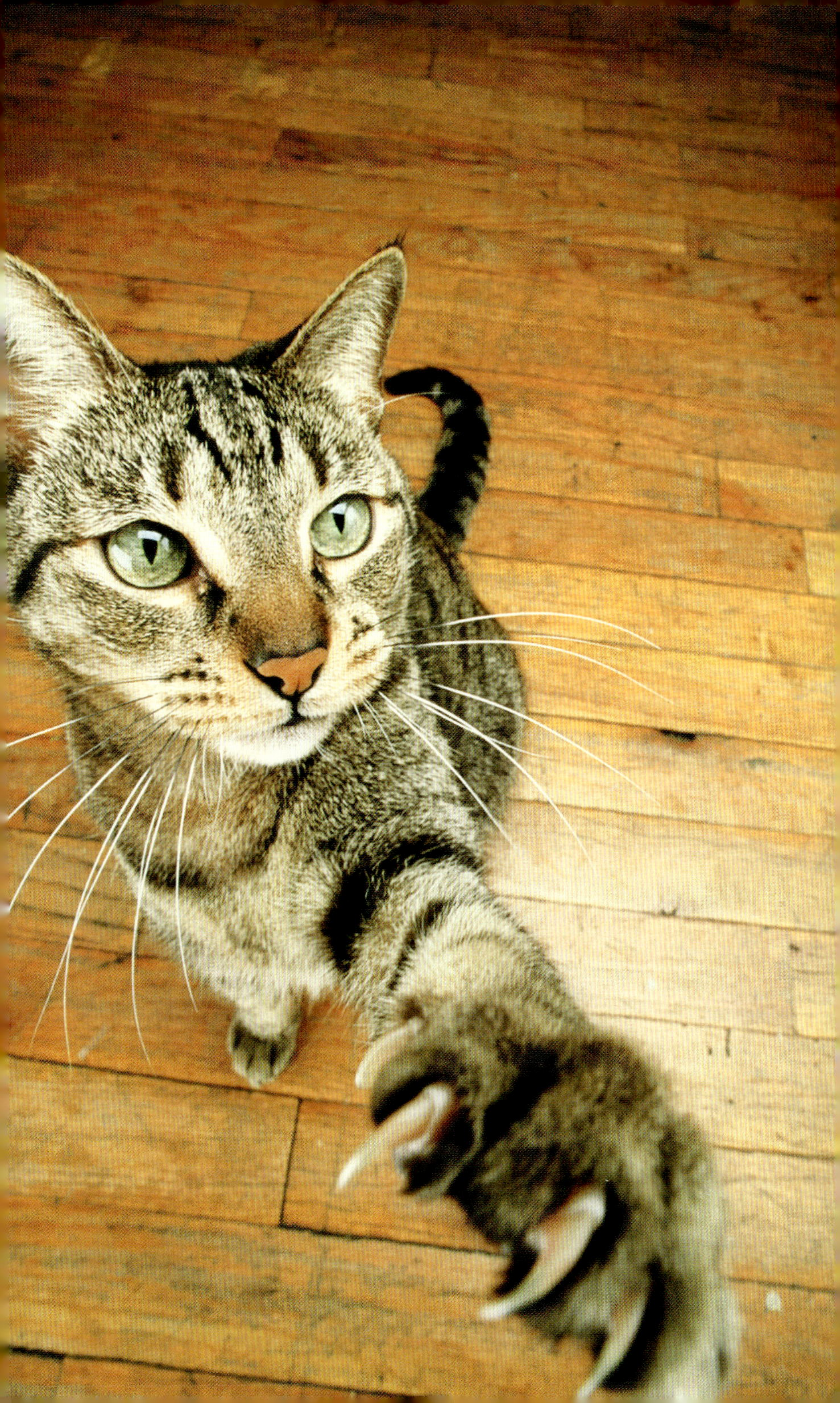

Natürliche Auslese

- Die Einmischung des Menschen blieb weitgehend folgenlos
- Hauskatzen erben die Anlagen der Wildkatze
- Ein Zusammenhang zwischen Fellfarbe und Persönlichkeit ist wahrscheinlich

Im Gegensatz zu den meisten anderen Haustieren entsprechen Aussehen und Verhalten der Katzen von heute weitgehend dem ihrer Vorfahren, den Wildkatzen. Es gibt jedoch einen entscheidenden Unterschied: Mit der richtigen sozialen Erfahrung in früher Jugend fühlen sich Hauskatzen in der Gesellschaft anderer Arten wohl, besonders bei Menschen.

Zucht auf Wesenseigenschaften

Hauskatzen sind fügsamer, sanftmütiger und fruchtbarer als ihre wilden Verwandten. Der Umgang mit ihnen fällt leicht, und ihre Kampf-oder-Flucht-Reaktion ist nicht so ausgeprägt. Bei sorgfältiger Verpaarung von Wild- und Hauskatze kann Zähmbarkeit gezüchtet werden.

Unterschiede im Sexualverhalten

Männliche Katzen streifen durch weitläufige Reviere, setzen mehr Urinmarken und kämpfen häufiger als weibliche Katzen. Eine Kastration hat keinerlei Auswirkung auf ihre Reizbarkeit oder Zerstörungswut, schwächt jedoch ihre Unternehmungslust etwas ab. Kastrierte Kater verlangen häufiger nach Aufmerksamkeit, sind aufgeschlossener im Umgang mit Menschen, anhänglicher und sauberer und verhalten sich anderen Katzen gegenüber eher freundlich.

Kätzinnen sind gewöhnlich verspielter und anhänglicher als Kater. Eine Kastration hat nur geringe Auswirkungen auf ihre Persönlichkeit, obwohl kastrierte Katzen mehr Aufmerksamkeit verlangen und nicht so aktiv sind, andere Katzen besser tolerieren und mehr mit uns spielen.

Farbunterschiede und Verhalten

Bei russischen Füchsen werden drei Farbmutationen – Non-agouti, Blau und Chocolate – mit einer niedrigeren Angst- und Aggressionsschwelle in Verbindung gebracht.

Diese Fellfarben kommen auch bei der Katze vor. Wie die gestromte Tabbyzeichnung und die geschlechtsgebundene Farbe Orange (Schildpatt und

Die Katze hat sich in Aussehen und Verhalten wohl von allen domestizierten Arten die größte Ursprünglichkeit bewahrt.

Natürliche Auslese

Es spricht einiges dafür, dass die Duldsamkeit der Katze gegenüber uns Menschen sowie ihre Zahmheit die Auslöser dafür waren, dass sich die Fellfarben so übermäßig ausprägten.

Calico) könnten sie mit einer veränderten Hormontätigkeit und weniger angstbedingtem Verhalten einhergehen.

Rassespezifische Verhaltensunterschiede

Nachstehend die Ergebnisse einer Umfrage, die ich unter 100 praktizierenden Tierärzten durchgeführt habe.
- **Beachtungsbedürfnis:** Siam-, Burma-Abessinierkatzen und Orientalen fordern die meiste Aufmerksamkeit.
- **Aktivität:** Die vorgenannten Rassen sind am aktivsten, Langhaarkatzen (Perser) sind am wenigsten aktiv.
- **Umgang mit Menschen:** Kurzhaarige Hauskatzen schneiden am besten ab.
- **Zuneigung:** Alle Katzen zeigen Zuneigung, Langhaarkatzen (Perser) jedoch am wenigsten.
- **Ungezogenheit:** Perserkatzen sind am wenigsten ungezogen, Orientalen und Siamesen am häufigsten.
- **Freundlichkeit gegenüber anderen Katzen:** Kurzhaarige Hauskatzen sind am freundlichsten, Siam- und Burmakatzen am unfreundlichsten.
- **Lautgebung:** Siamkatzen »sprechen« am meisten, Langhaarkatzen am wenigsten.

Die dominante Tabbyzeichnung

Ob nun wegen ihres ansprechenden Äußeren oder ihrer Zähmbarkeit – die Verbreitung der gestromten Tabbyzeichnung nimmt entlang der alten Handelswege von Nordafrika her zu und erreicht ihre größte Dichte in England. Diese Fellzeichnung ist so erfolgreich, dass sie mit der Zeit auf sämtliche bestehenden Populationen verwilderter Katzen übergreifen könnte.

Das Sozialverhalten

- Das Sozialverhalten der Katze ist anpassungsfähig
- Blutbande spielen eine Rolle
- Mensch und Katze können gut zusammenleben

Die Katze ist in ihrem Sozialverhalten ungeheuer vielfältig, von völliger Unabhängigkeit bis hin zu munterer Geselligkeit mit anderen Artgenossen. Ihre Interaktionen sind abhängig von frühen Lernerfahrungen, der Populationsdichte der Katzen vor Ort und des dort vorhandenen Nahrungsangebots.

Schwankende Populationsdichte

In den Agrarregionen Nordamerikas, Europas, Australiens und Ozeaniens trägt ein Gebiet von einem Quadratkilometer bis zu fünf Katzen. In den Stadtrandgebieten, wo das Nahrungsangebot sowohl aus Beutetieren wie auch aus Abfällen besteht, trägt ein Gebiet derselben Größe bis zu 50 Katzen.

Futter beeinflusst das Verhalten

Soziale Interaktionen nehmen zu, wenn reichlich Nahrung vorhanden ist, weil es weniger Anlaß zu Kämpfen gibt. Weit verstreut lebende Jagdkatzen beschränken ihre sozialen Gesten auf Abwehrgebärden, während gut genährte Katzen, die Kolonien bilden, sich bei ihren sozialen Interaktionen gesellig geben.

Familienbande sind wichtig

Die beste Garantie für die Verträglichkeit von Katzen ist ihre Blutsverwandtschaft. An zweiter Stelle steht die frühzeitige Kastration. Während verwilderte Kater weitaus weniger Sozialkontakte herstellen als Kätzinnen, sind kastrierte Kater genauso kontaktfreudig wie kastrierte Kätzinnen.

Wo das Nahrungsangebot unbegrenzt ist, kann ein Gebiet von einem Quadratkilometer Größe 2000 Katzen tragen.

Das Matriarchat

Geselligkeit unter Katzen ist streng matriarchalisch. Kolonien aus verwilderten Katzen bestehen gewöhnlich aus drei oder mehr Generationen blutsverwandter weiblicher Katzen. Das gegenseitige Belecken ist die häufigste Form der sozialen Interaktion zwischen Kätzinnen. Sie belecken sich doppelt so häufig wie sie sich aneinander reiben.

Wenn die männlichen Kätzchen heranreifen und ihr Spielverhalten zwischen vier und sechs Monaten rauer wird, werden sie von ihrer Mutter, deren Schwestern sowie deren Mutter und Großmutter aus der Kolonie vertrieben. Diese Kater schließen sich anderen, älteren, ausgeschlossenen Katern an und bilden eine lose Katzenbruderschaft. Bei einem reichhaltigen Nahrungsangebot tragen die Kater gewöhnlich keine Kämpfe untereinander aus, halten sich aber immer in der Nähe der Kolonie auf und greifen jede nicht verwandte männliche Katze, die sich ihnen nähert, an.

Gruppendynamik

Die soziale Dynamik innerhalb einer Gruppe von Katzen reagiert auf wechselnde Situationen wie Abwesenheiten, neue Katzen oder neue Menschen. In einer typischen Gruppe von Hauskatzen, die mit Menschen zusammenleben, werden Sozialkontakte von den weiblichen Katzen und Kätzchen hergestellt, selten von nicht kastrierten ausgewachsenen Männchen. Ist eine unter demselben Dach lebende Gruppe einmal stabil, werden Streitigkeiten durch Blickkontakt oder mit einem gelegentlichen Tatzenhieb ausgetragen.

Soziale Rangordnung

Eine starre Rangordnung gibt es nicht. Treffen zwei Katzen unerwartet aufeinander, nimmt bei dieser Gelegenheit gewöhnlich die Katze die höhere soziale Position ein, die sich auf einem höheren Standort befindet. Beim nächsten Aufeinandertreffen kann dies genau umgekehrt sein.

Die Rangordnung wird auch von Gesundheit und Geruch beeinflusst. Es ist nicht ungewöhnlich, dass eine Katze nach einer Behandlung oder einem Krankenhausaufenthalt bei ihrer Rückkehr von der gesunden Mitbewohnerin angegriffen wird.

Katzenkonfrontationen

Bei Grenzstreitigkeiten setzen Katzen die Körpersprache ein, um ihre Probleme kampflos zu lösen. Dabei machen sie einen Buckel, blecken die Zähne, sträuben das Fell, fauchen und spucken. Jeder, der dieses Imponiergehabe schon einmal erlebt hat, weiß, wie beeindruckend eine kleine Katze sein kann. Katzen starren einander so lange an, bis eine der beiden Katzen den Blickkontakt abbricht und ihren Kopf abwendet. Das ist das Zeichen dafür, dass sie sich zurückzieht. Bewegt sie sich zu abrupt, wird sie vom Sieger körperlich angegriffen. Unterlegene Katzen werden in ihr Hinterteil gebissen.

Fauchen drückt die Verärgerung über die Anwesenheit der anderen Katze aus.

Diese Katze zeigt ihre Unterwerfung an, indem sie sich klein macht.

Die Einzelgängerin

- Katzen sind wählerisch in Bezug auf ihre Beute
- Katzen jagen bevorzugt in der Dämmerung
- Jagen ist eine natürliche Aktivität

Alle Katzen jagen. Städtische Katzenhalter und Halter »neuer Rassen« neigen dazu, der Katze ihre Herkunft als das bestausgerüstete kleine Landraubtier abzusprechen. Katzen aber müssen jagen, und das hat wenig mit dem Hunger zu tun.

Selbst die teuerste, bestgenährte und liebenswerteste Hauskatze von untadeliger Abstammung bleibt zumindest eine Hobbyjägerin, getrieben von ihrem Grundinstinkt, sich anzuschleichen, zu springen und Beute zu erlegen.

Katzen können nichts dafür

Das Jagen ist eine »angeborene« natürliche Aktivität, die den wahren Kern katzenartigen Verhaltens ausmacht. Während verwilderte Katzen auf dem Land ihre Jagdmethoden je nach vorhandener Beute anpassen, stöbern Katzen in der Stadt eher unsere Abfälle durch als dass sie jagen. Hauskatzen jagen, weil sie die Erregung des Anschleichens und Beutesprungs reizt und nicht aus Hunger.

Die meisten Katzen bevorzugen Landsäugetiere, aber manche werden Meister der Vogeljagd. Dies kann sich ernstlich

Soll man Katzen jagen lassen?

Werden Katzen in ein isoliertes ökologisches Gebiet eingeführt, kann sich dies katastrophal auf die dortige Tierwelt auswirken. Die Diskussion darüber, ob Katzen ihrem Jagdinstinkt folgen dürfen, wird am heftigsten in Australien geführt, einem Kontinent mit nur wenigen natürlichen Landraubtieren. 1989 wurde in einem kleinen Vorort von Melbourne ein Gesetz verabschiedet, wonach Katzenhalter verpflichtet wurden, ihre Katzen nachts im Haus zu halten.

Wenn Katzen ihrer Beute auflauern, drücken sie sich dicht an den Untergrund. Sobald sie nahe genug an ihrem Opfer sind, erheben sie sich und spannen ihre Hinterbeine.

Jagdmethoden

Auch wenn ihnen ihr Instinkt rät, nur in der Dämmerung und bei Vollmond zu jagen, so gehen Katzen dennoch in warmen Sommernächten oder zur Mittagszeit im Winter auf die Jagd. Diese veränderten Aktivitäten könnten mit den veränderten Gewohnheiten der Beutetiere zu tun haben.

Eine Katze wird von Geruch, beispielsweise von Mäuse-Urin, angezogen. Ihre Strategie besteht darin, sich neben dem gewohnten Pfad eines kleinen Säugetieres auf die Lauer zu legen. Katzen mit vollem Magen sind geduldiger als hungrige Katzen, verwilderte Katzen sind bessere Jäger als Hauskatzen. Die besten Jäger jedoch sind säugende Kätzinnen.

Bei ihrem Beutesprung kann sich eine Katze zur Seite werfen und ihr Opfer mit den Krallen ihrer Hinterbeine traktieren, während sie es mit den Vorderpfoten festhält. Ist die Katze hungrig, tötet sie ihr Opfer mit einem Nackenbiss. Die Eckzähne einer Katze sind so geformt, dass sie zwischen die Nackenwirbel eines kleinen Nagetiers gleiten und es auf der Stelle töten. Ob die Beute sofort verzehrt oder nur getötet wird, hängt von der Katze und den Begleitumständen der Jagd ab.

Das Quälen, Schlagen und Herumwerfen der Beute könnte einem bestimmten Zweck dienen, es könnte aber auch eine Art Folter sein.

Viele Hauskatzen tanzen nach der Jagd buchstäblich vor Vergnügen und vollführen hohe, gebogene Schausprünge. Dieses Verhalten wird bei verwilderten Katzen selten beobachtet.

Das Spielen mit der Beute vor dem Töten ist typisch. Die Ohren dieses Kätzchens sind nach vorne gerichtet in der klassischen Beutesprunghaltung.

Auf Vogeljagd

Bei der Vogeljagd ist eine andere Jagdmethode erforderlich. Beim Anschleichen an die Beute benutzt die Katze hohes Gras als Deckung. Dabei schiebt sie sich langsam vorwärts und erstarrt sofort, wenn sie sich entdeckt fühlt.

Mit nach vorne gestrecktem Kopf stürzt sich die Katze auf ihre Beute, wobei ihre Ohren so aufgerichtet sind, dass sie auch das leiseste Geräusch wahrnehmen.

Auf kurz geschnittenem Rasen oder glatten Böden verwendet die Katze dieselbe Anschleichtaktik.

138 Verhalten

Die Vererbung

- Vererbung wird durch Gene gesteuert
- Gene beeinflussen körperliche und geistige Eigenschaften
- Zufallsfehler kommen vor

Ein Gen speichert Informationen in vier Proteinen ab, die A, T, C und G genannt werden. Zusammen bilden sie die Desoxyribonukleinsäure, kurz DNA.

Die Kombination dieser vier Bauteile ist um ein Vielfaches größer als die zwei Sektionen eines Computerchips. Jeder einzelnen Zelle des Katzenkörpers steht dieser immense Speicher zur Verfügung.

Ein Beispiel soll dies verdeutlichen. Man könnte sämtliche Informationen aus 100 Büchern von der Größe des vorliegenden Buches im genetischen Code nur einer einzigen Katzenzelle unterbringen. Und man könnte sämtliche Informationen dieser 100 Bücher jedes Mal, wenn sich die Zelle teilt und verdoppelt, exakt kopieren.

Warum Katzen keine Klone sind

Wenn aber der Kopiervorgang so präzise ist, dann müssten alle Katzen Klone sein, getreue Kopien ihrer Vorfahren. Bis auf die Ei- und Samenzellen trifft diese Annahme zu. Ein Genstrang wird als Chromosom bezeichnet. Katzen besitzen 19 Chromosomensätze – insgesamt also 38 Chromosomen – in jeder Zelle. Alle Zellen besitzen 38 Chromosomen, mit Ausnahme der Ei- und Samenzellen, die lediglich 19 Chromosomen aufweisen, also

Jede lebende Zelle besitzt einen Zellkern, der 19 Chromosomensätze enthält. Alle Chromosomen sind x-förmig mit Ausnahme des männlichen Geschlechtschromosoms, das y-förmig ist. Jedes Chromosom ist in entfaltetem Zustand eine komplexe Doppelspirale aus vier Proteinen. Diese Doppelspirale wird DNA genannt.

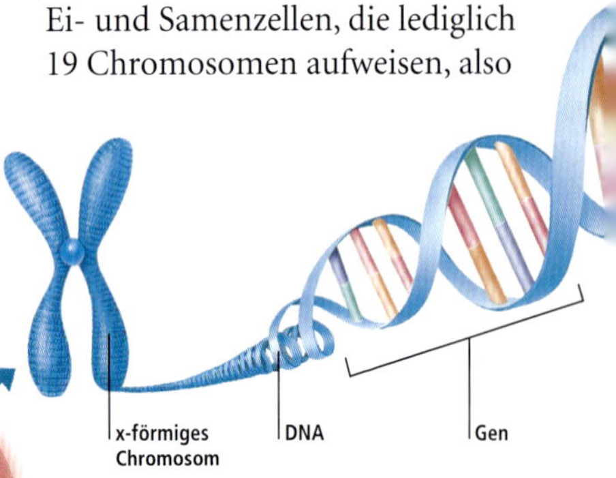

Chromosom

Kern

Kern trägt alle Informationen, die zur Nachbildung der Zelle notwendig sind.

Zelle

x-förmiges Chromosom

DNA

Gen

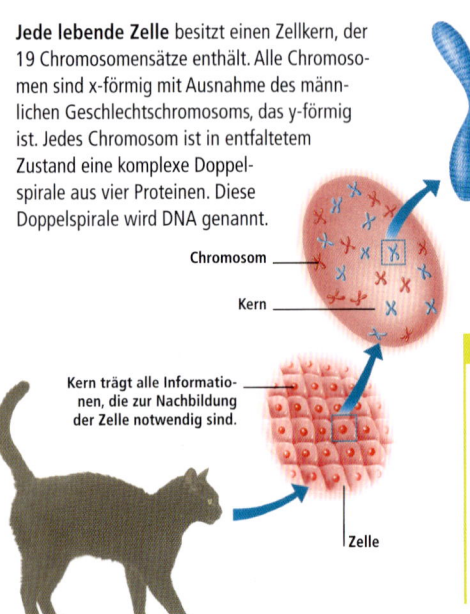

Allele

Informationen über ein Merkmal wie z.B. die Augenfarbe sitzen stets am selben Ort eines jeden Chromosoms. Bei einem Chromosomensatz wird der paarige Ort Allel genannt. Sind die Daten an beiden Orten identisch, sind die Anweisungen reinerbig, sonst ungleicherbig.

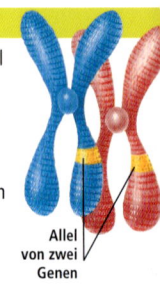

Allel von zwei Genen

Die Vererbung

die Hälfte eines Chromosomensatzes. Bei der Paarung entsteht aus der Kombination der jeweils 19 Chromosomen von Ei- und Samenzelle ein neuer Chromosomensatz mit 38 Chromosomen, der wiederum neue Allelsätze (*siehe unten*) am selben Ort eines jeden Chromosoms bildet.

Dominante und rezessive Merkmale

Eigenschaften wie Haarlänge werden als dominant bezeichnet, wenn nur eine Hälfte eines Allels benötigt wird, um diese Wirkung zu zeigen, und als rezessiv, wenn beide Hälften benötigt werden. Ursprüngliche Merkmale von Wildkatzen sind in der Regel dominant, während neuere Mutationen rezessiv sind.

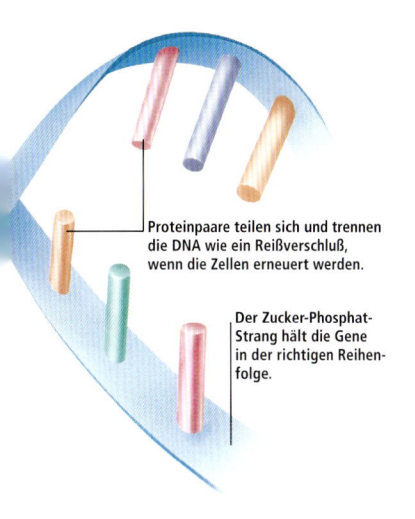

Proteinpaare teilen sich und trennen die DNA wie ein Reißverschluß, wenn die Zellen erneuert werden.

Der Zucker-Phosphat-Strang hält die Gene in der richtigen Reihenfolge.

Vererbung in isolierten Populationen

In großen Population verschwinden genetische Mutationen meist in kurzer Zeit. In kleinen isolierten Populationen haben sie einen weit größeren Einfluß auf die neue Population. Dies ist der Grund dafür, dass schwanzlose Katzen hauptsächlich auf Inseln fortbestanden, auf denen es früher keine Katzen gab.

Mehrzehige Katzen befanden sich unter den ersten Tieren, die nach Amerika gelangten. Aus diesem Grund sind sie an der Ostküste der USA von Halifax bis Boston häufiger verbreitet.

Vererbung der dominanten Merkmale

Nehmen wir eine Katze mit einem Allel, dessen Gene für kurzes Haar stehen. Nennen wir diese KK (Großbuchstaben = dominante Merkmale). Unsere Katze paart sich mit einer Katze mit einem Allel, dessen Gene beide langes Haar tragen. Nennen wir dieses ll (Kleinbuchstaben = rezessive Merkmale). Da das kurze Haar dominant ist, entstehen aus dieser Verpaarung vier Kurzhaarkätzchen mit Kl-Allelen.

$$KK + ll$$
$$Kl \quad Kl \quad Kl \quad Kl$$

Wenn wir nun zwei dieser Nachkommen miteinander verpaaren, erhalten wir drei Kurzhaarkatzen und eine Langhaarkatze.

$$Kl + Kl$$
$$KK \quad Kl \quad Kl \quad ll$$

Äußerlich lässt sich nicht feststellen, welche der drei kurzhaarigen Nachkommen durch entsprechende Verpaarung langhaarige Kätzchen bekommen. Leider funktioniert Vererbung nicht immer so einfach. Die meisten körperlichen und Verhaltensmerkmale sind polygenetisch, d.h. sie werden von einer noch unbekannten Kombination verschiedener Gene gesteuert.

140 Verhalten

Werbung und Paarung

- Die Paarung ist ein dramatisches Schauspiel
- Die Kätzin bestimmt das Geschehen
- Eizellen sind wertvoll

Da so viele Hauskatzen sehr früh kastriert werden, gibt es für städtische Katzenhalter – mit Ausnahme der Züchter – nur wenig Gelegenheit, das Sexualverhalten von Katzen und Katern zu beobachten. In puncto Paarung sind Katzen lautstark und enthusiastisch. Die Kätzin bestimmt den Zeitpunkt der Paarung und lässt den Kater nur dann an sich heran, wenn sie gefühlsmäßig und biologisch dazu bereit ist. Die Paarung wird den ganzen Tag über wiederholt. Dies ist notwendig, damit die Eizellen aus den Eierstöcken freigesetzt werden können. Ohne häufige Paarungen werden keine Eizellen freigesetzt. Der nächste Brunstzyklus beginnt nur wenige Wochen später.

Das Einsetzen der Brunst

Die ersten Anzeichen der bevorstehenden Rolligkeit sind zunehmende Unruhe und ein gesteigertes Bedürfnis, sich genüsslich an Gegenständen oder sogar an anderen Tieren zu reiben. Die Kätzin uriniert häufiger und benutzt ihren Urin als Geruchsmarkierung, um ihren Zustand den Katern aus ihrem Revier anzuzeigen.

Kurz darauf ertönt ihr klagender und unverkennbarer Paarungsruf, der den Katern anzeigt, dass sie empfangsbereit ist. Unerfahrene Katzenbesitzer verwechseln ihren Ruf und ihr Herumschleichen mit Schmerzen. Wird die Kätzin nun an der Schwanzwurzel berührt, kauert sie sich mit angehobenem Hinterteil und zur Seite gelegtem Schwanz hin, ein Zeichen, dass sie paarungsbereit ist. Oftmals schnurrt sie dabei, tretelt mit ihren Vorderpfoten und streckt sich.

Häufig zeigt die Kätzin ihre Paarungsbereitschaft, wenn der Kater sie hinter den Ohren beleckt. Sie streckt sich aus und gestattet dem Kater, sie zu beschnuppern. Dabei nimmt der Kater ihren Geruch auf.

Während der Kater die Kätzin besteigt, packt er sie am Nackenfell, um sie zu unterwerfen. Der Geschlechtsakt selbst dauert nur Sekunden. Der Kater lässt die Katze jedoch nicht los.

Allzeit bereite Kater

Bei der Fortpflanzung vergisst der Kater seine Prinzipien. Ist er nicht kastriert, bewacht er sein Revier, verspritzt seinen Urin und reagiert auf die Duftmarken und Rufe einer paarungsbereiten Kätzin. Häufig ist er jedoch nicht der einzige Kater, der auf die Kätzin reagiert.

Dominante Kater machen ihr Paarungsrecht durch Einschüchterung oder rohe Gewalt geltend. Die Werbung der Katzen geschieht nur pro forma.

Vernünftiges Verhalten

Verglichen mit anderen Säugetieren erscheint die Katze extrem promiskuitiv. Ihrem Verhalten liegt jedoch eine vernünftige biologische Logik zu Grunde. Bei der Kätzin muss der Eisprung erst ausgelöst werden – ihre Eizellen werden erst nach erfolgter Paarung freigestzt.

Bei geselligeren Arten wie dem Hund oder anderen domestizierten Tieren müssen die Weibchen keine Eizellen aufsparen, da die Männchen ständig verfügbar sind.

Wer ist der Vater?

Bei Kätzinnen wird so lange kein Eisprung ausgelöst, bis nicht wiederholte Paarungen stattgefunden haben, die Hormone freisetzen. Diese veranlassen den Eisprung, die Befruchtung erfolgt 24 Stunden danach. Dieses System belohnt entweder den Kater, der die anderen Konkurrenten körperlich besiegt hat, oder den rangniedrigen Kater, der die Aufmerksamkeit der Kätzin durch intelligente Werbung gewinnt, oder den beharrlichen Kater, der dort weitermacht, wo der dominante Kater erschöpft aufgehört hat.

Katzen jedoch sind von Natur aus solitäre Jäger. Wird eine Kätzin rollig, kann es passieren, dass kein Kater in der Nähe ist. Daher ist das Aufsparen der Eizellen bis zur Paarung eine vernünftige Lösung.

Wenn der Kater seinen mit Stacheln besetzten Penis zurückzieht, ritzt er damit die Schleimhaut der Scheide auf und regt den Eisprung an. Die Kätzin schreit auf und faucht.

/ 142 Verhalten

Die Trächtigkeit

- Anfangs ist die Trächtigkeit kaum bemerkbar
- Die Kätzin strahlt heitere Gelassenheit aus
- Die Suche nach einem geeigneten Nest

Die Trächtigkeit einer Katze dauert ungefähr neun Wochen. Während der ersten Zeit merkt man einer Katze ihre Trächtigkeit kaum an. Sie geht auf die Jagd, ruht sich aus und verhält sich auch sonst wie immer.

Unter dem Einfluß von Progesteron, dem Schwangerschaftshormon, und mit dem zunehmenden Gewicht ihres Bauches wird sie gesetzter in ihrem Verhalten. Sie ist nicht mehr so aktiv und ruht sich häufiger aus.

Ist meine Katze trächtig?

Wenn Sie glauben, dass Ihre Katze trächtig ist, untersuchen Sie zunächst ihre Zitzen. Nach drei Wochen der Trächtigkeit sind sie ausgeprägter und rosiger als sonst. Vier bis fünf Wochen nach der Empfängnis kann der Tierarzt Schwellungen von der Größe eines Golfballs in ihrem Unterleib ertasten. Jetzt sind die sich entwickelnden Embryonen leicht zu zählen. Ab diesem Zeitpunkt wird der Bauch der Katze merklich größer.

Mehrere Väter

Zufallspaarungen von reinrassigen Kätzinnen mit reinrassigen und gekreuzten Katern, aus denen gemischte Würfe mit reinrassigen und gekreuzten Kätzchen hervorgehen, bestätigen, was Züchter schon lange vermutet haben: Ein Wurf kann von

Katzen sieht man ihre Trächtigkeit erst ab der fünften Woche an; kurz zuvor kann der Tierarzt bereits die Anzahl der Kätzchen feststellen.

Die Trächtigkeit

mehreren Katern gezeugt werden. Darin könnte ein Überlebensvorteil für die Nachkommen liegen.

Bei Großkatzen wie den Löwen ist es nicht ungewöhnlich, dass ein neuer Rudelführer sämtliche Jungen seines dominanten Vorgängers tötet.

Wie oft unsere Hauskatzen ihre Nachkommen töten, ist unbekannt. Ein weltweit hoch angesehener Zoologe, David MacDonald von der Universität Oxford, hat beobachtet, wie ein fremder Kater in ein gemeinsames Wurfnest zwischen Heuballen eingedrungen ist und sechs Kätzchen von drei verschiedenen Müttern getötet hat, bevor die Schreie der Überlebenden ihre Mütter alarmiert haben.

Schwangerschaftsrisiken

Die größten Gefahren drohen ungeborenen Kätzchen während der ersten drei Schwangerschaftswochen. Medikamente und Infektionen können die gesunde Entwicklung schwer beeinträchtigen. Kommt die Mutter beispielsweise zu diesem Zeitpunkt mit infektiöser Darmentzündung (FIE oder Katzenleukopenie) in Berührung, kommen die überlebenden Kätzchen mit schweren Hirnschäden zur Welt. Selbst der Kontakt mit Lebendimpfstoff gegen Katzenleukopenie ist gefährlich. Katzen sollten vor ihrer Trächtigkeit geimpft sein, damit der passive Schutz, den sie mit ihrer ersten Milch an ihre Jungen weitergeben, wirksam ist.

Trächtigkeit und Hormone

Während der Trächtigkeit steigt die Progesteronbildung deutlich an und erreicht ihren Höhepunkt um den 35. Tag nach der Empfängnis. Dies ruft die gelassene Haltung einer trächtigen

Checkliste

❶ Züchten Sie verantwortungsvoll und nur dann, wenn Sie den Wurf hinterher auch unterbringen können.

❷ Züchten Sie erst dann, wenn Ihre Katze emotional und physisch ausgereift ist.

❸ Achten Sie während der Trächtigkeit und auch danach, während der Milchproduktion, auf gute Ernährung.

❹ Testen Sie Ihre Katze und den potenziellen Vater auf Viruserkrankungen wie FIV oder FeLV. Die Kätzchen können mit starken Schäden zur Welt kommen.

❺ Lassen Sie keine Paarung mit einem verwilderten Kater zu. Letztere geben zwar hervorragende Liebhaber ab, können aber auch lebensbedrohliche Infektionskrankheiten wie FIV, FeLV und FIP übertragen.

Katze hervor. Zur gleichen Zeit rundet sich ihr Bauch merklich.

Die Trächtigkeit kann zwischen 57 und 70 Tage andauern. Einige Tage vor der Geburt wird die Kätzin unruhig und sucht den von ihr gewählten Unterschlupf auf.

Sie räumt ihr Lager immer wieder um und verbringt mehr Zeit in ihrem gewählten Wurfnest. Dadurch nimmt die Umgebung ihren ureigenen Geruch an, was ihren Jungen später die Orientierung erleichtert.

Wenige Tage vor der Geburt schaut sich eine trächtige Katze nach einem guten Nest um, das sie mit ihrem Geruch markiert.

Die Geburt

- Komplikationen sind selten
- Halten Sie sich bei der Geburt zurück
- Beobachten Sie Ihre Katze während der Geburt

Bei Katzen verläuft die Geburt in der Regel ohne Komplikationen. In der von ihr ausgesuchten abgeschiedenen warmen Wurfstätte scharrt die werdende Mutter an ihrem Lager und schnurrt rhythmisch. Bald beschleunigt sich ihr Atem, und die Wehen setzen ein. Sobald die Wehen alle 30 Sekunden auftreten, steht die Geburt unmittelbar bevor.

Säuberung
Eine gute Mutter leckt die Fruchthüllen ab und regt damit die Atmung ihrer Kätzchen an. Tut sie dies nicht, müssen Sie einschreiten.

Die nächsten Wehen stoßen die Nachgeburt aus, die von der Katze nach dem Durchbeißen der Nabelschnur aufgefressen wird. Eine Katzenmutter frisst alle Abfallprodukte der Geburt auf, um zu verhindern, dass Raubtiere ihren hilflosen Nachwuchs aufspüren.

Der Mutterinstinkt
Ein guter Mutterinstinkt hängt von der Vererbung ab, von der emotionalen Reife und den Erfahrungen, die die Katze mit ihrer eigenen Mutter gemacht hat.

Nichts ist Furcht erregender als eine Katzenmutter, die ihren Wurf verteidigt. Sie fackelt nicht lange, sondern verteidigt wild entschlossen ihre Jungen.

Gleich nach der Geburt ist sie instinktiv darauf bedacht, ihren Wurf

Die Katzenmutter nimmt ihr Bein beiseite. Das Kätzchen verlässt den Geburtskanal in einer gleitfähigen Fruchtblase, die die Mutter instinktiv ableckt.

zusammenzuhalten und ihn in Sicherheit zu bringen. Die Familie wird wahrscheinlich etwa vier Tage später erneut umziehen.

Die Tragstarrereaktion
Um ihre Jungen zu transportieren, packt sie die Mutter am Genick und trägt sie nacheinander weg.

Wird ein Katzenjunges am Genick gepackt, hört es instinktiv auf zu zappeln und zieht seine Beine dicht an den Körper, um sich unterwegs nicht zu verletzen. Diese Tragstarrereaktion bleibt ein ganzes Katzenleben lang erhalten.

Die Geburt 145

Säugen

Ein Kätzchen findet eine Zitze mit Hilfe der Wärmerezeptoren in seiner Nase. Es wird die ganze Säugezeit hindurch zur selben Zitze zurückkehren. Der Milchtritt wird angeregt, indem das Kätzchen mit seinen Vorderpfoten die Brust der Mutter tretelt, ein Verhalten, das von manchen Katzen auf weichen Unterlagen wie Wollkleidung bis ins Erwachsenenalter beibehalten wird.

Katzenmilch ist sehr fett- und proteinhaltig. Dadurch wachsen die Kätzchen schnell. Kätzchen, die zuerst an den ergiebigsten Zitzen sind, wachsen am schnellsten, es sei denn, sie werden von dominanteren Wurfgeschwistern verdrängt. Das Säugen zur Nahrungsaufnahme dauert fünf bis sechs Wochen, aus emotionalen Gründen trinken die Kätzchen nochmals genauso lange bei der Mutter.

In Italien hat Eugenia Natoli beobachtet, dass andere Weibchen innerhalb einer Katzengemeinschaft als Hebammen fungieren können.

Nach der Geburt

Während der ersten paar Wochen ist ein Kätzchen ganz auf seine Mutter angewiesen, die seine Körperfunktionen anregt. Ihr Ablecken bewirkt, dass sich Blase und Darm der Kätzchen entleeren.

Fragen Sie Ihren Tierarzt

F: Wie schnell nach einer Geburt tritt der nächste Brunstzyklus ein?
A: Bei der Geburt produziert die Katzenmutter mehr Prolaktin als sonst, um die Milchbildung anzuregen. Das Säugen der Kätzchen sorgt für die Ausschüttung des Prolaktin-Hormons, welches alle anderen hormonellen Aktivitäten unterdrückt. Wenn die Kätzchen nicht mehr gesäugt werden, fällt der Prolaktinspiegel wieder ab. Danach kann es innerhalb von sieben Tagen zu einem Brunstzyklus kommen.

Nachdem die Katzenmutter alles um die Neugeborenen herum gesäubert hat, frisst sie die Fruchtblase auf. Sie leckt die Kätzchen trocken und wärmt sie.

Die Mutter leckt das Kätzchen ab, um den Mund und die Nase von Schleim zu befreien. Das Ablecken ist kräftig, damit das Kätzchen zu atmen beginnt.

Erste Wochen

- Kleine Kätzchen lernen durch Beobachtung
- Sie sind von Natur aus neugierig
- Sie werden früh selbstständig

Bei der Geburt ist ein Kätzchen völlig hilflos – es kann nicht einmal seine eigene Körpertemperatur regulieren –, aber innerhalb von vier Tagen ist es in der Lage, seine Mutter aus einer Entfernung von mehr als einem halben Meter aufzuspüren und zu ihr zu krabbeln. Nach weiteren zehn Tagen ist sein Gehirn so weit ausgebildet, dass es seine Vorderbeine koordinieren kann. Im Alter von drei Wochen kann es auf wackligen Beinen stehen, riechen, hören, sehen und reagieren.

Geteilte Verantwortung

Innerhalb einer Katzengemeinschaft mit anderen nicht kastrierten Kätzinnen wird ein Kätzchen entweder von seiner eigenen Mutter oder von deren Halbschwestern oder Tanten gesäugt. Frühe Aktivitäten sind instinktgesteuert, aber die Lernphase setzt früh ein. Selbst ein zwei Tage altes Kätzchen weiß, welche Zitze am meisten Milch gibt.

Im Alter von einer Woche kennt das Kätzchen den Geruch seines eigenen Nestes und kehrt dorthin zurück, wenn es davon getrennt worden ist. Schon im Alter von 18 Tagen kann das Kätzchen ein Katzenklo benutzen.

Die Mutter sorgt für Nahrung

In den ersten Wochen werden die Kätzchen von der Mutter zum Säugen gedrängt, aber dann fangen sie an, sie wegen einer Mahlzeit zu plagen. Mit drei Wochen beginnt ein Kätzchen, feste Nahrung aufzunehmen. Mit fünf

Laufen lernen

Kleine Kätzchen können von Geburt an krabbeln, und bereits mit zwei Wochen entwickeln sie flüssige Bewegungen. Mit sieben Wochen bewegen sie sich wie ausgewachsene Katzen.

ZEHN TAGE ALT

Bauch rutscht am Boden entlang.

ZWEI WOCHEN ALT

Schwanz erhoben zwecks Gleichgewicht

DREI WOCHEN ALT

Ganze Pfote am Boden zwecks Gleichgewicht

Erste Wochen 147

In den ersten drei Wochen ist die einzige Nahrungsquelle der Kätzchen die Milch ihrer Mutter, die einen doppelt so hohen Nährwert hat wie Kuh- oder Ziegenmilch.

Die Auflösung der Familie

Im dem Maße, wie die Milch der Mutter und der Prolaktinspiegel abnehmen, nimmt auch ihr mütterlicher Instinkt ab. Die nadelscharfen Milchzähne tragen das ihrige dazu bei: Sie tun der Mutter weh, wenn die Kätzchen saugen. Mit sechs Monaten lösen sich große Würfe auf.

Wochen hat es seine kompletten spitzen Milchzähne.

Die ersten Lernerfahrungen

Während ein Kätzchen bei seiner Körperpflege noch weitgehend von der Mutter abhängig ist, kann es sich mit fünf Wochen bereits selbst richtig putzen. Schon zu diesem frühen Zeitpunkt beginnt der Ablösungsprozess, in dem Mütter ihre Jungen unterrichten.

Wilde Spiele

Mit ungefähr sechs Monaten wird das Spiel unter den Wurfgeschwistern immer rauer, zwischen männlichen und weiblichen Jungtieren sogar bösartig. Die Mutter und ihre Töchter sind durch die rauen Spiele der jungen Kater offensichtlich derart aufgebracht, dass die Kater aus dem Nest vertrieben werden.

Die verbleibenden Kätzinnen bilden den Kern der blutsverwandten Kätzinnenkolonie, die die Basis der Sozialgruppe darstellt.

VIER WOCHEN ALT

Schwanz immer noch erhoben zwecks Gleichgewicht

Das Kätzchen ahmt die Haltung einer erwachsenen Katze nach.

FÜNF WOCHEN ALT

Frühe Sozialisierung

- Das Gehirn einer Katze reift schnell
- Häufiger Umgang mit dem Menschen ist notwendig
- Die Persönlichkeit entwickelt sich rasch

Das Gehirn der Katze ist zum Zeitpunkt der Geburt bereits gut entwickelt und entwickelt sich innerhalb der nächsten drei Monate mit erstaunlicher Geschwindigkeit weiter.

Wenn ein Kätzchen zur Welt kommt, beträgt das Gewicht seines Körpers nur drei Prozent seines Erwachsenengewichts, das seines Gehirn bereits 20 Prozent seines späteren Gewichts. Dennoch sind Größe und Gewicht des Gehirns einer erwachsenen Katze ein Drittel geringer als das der Falbkatze. Einer der Gründe für die Verkleinerung des Gehirns liegt darin, dass das Leben der Hauskatze einfacher ist als das der Wildkatze.

Regelmäßiger Umgang mit Menschen sorgt dafür, dass kleine Kätzchen sich sozial anpassen.

Häufiger Umgang mit Menschen

In den frühen 80-er Jahren des 20. Jahrhunderts bewies Eileen Karsh von der Temple Universität in Philadelphia, Pennsylvania, dass Katzen bei frühzeitigem und regelmäßigem Umgang mit Menschen zwischen der dritten und siebten Lebenswoche sich später als Erwachsene an Menschen rieben, zirpten und schnurrten. Durch regelmäßigen Umgang mit Menschen wachsen kleine Kätzchen schneller und werden vermutlich auch größer. Beginnt der Umgang mit Menschen erst nach der siebten Lebenswoche, entwickeln sich Kätzchen eher zu zurückhaltenden Katzen.

Karsh zeigte ebenso auf, dass ruhige Katzenmütter, die sich bei Menschen wohl fühlen, ihren Kätzchen beibringen, sich in Anwesenheit eines solch einschüchternden Raubtiers, wie wir Menschen es sind, ebenfalls wohl zu fühlen.

Wie Kätzchen lernen

Der deutsche Verhaltensforscher Paul Leyhausen hat beschrieben, auf welche unterschiedlichen Arten eine Katzenmutter mit ihren Jungen spricht. Ein Laut bedeutet »Ich bringe eine Maus mit« – die Kätzchen werden daraufhin ganz aufgeregt. Ein anderer Laut bedeutet »Ich bringe eine Ratte mit« – die Kätzchen werden noch aufgeregter oder verstecken sich sogar. Die Kätzchen lernen ihre natürliche

Frühe Sozialisierung

Umgebung durch Versuch und Irrtum kennen – was gut schmeckt, was zurückbeißt, was gefährlich ist und was Spaß macht. In früher Jugend ist die natürliche Wissbegier am größten. Junge Katzen lassen sich gerne abrichten (*siehe Seite 184–189*).

Wichtige Entwicklungsphasen

Im Alter von drei bis sieben Wochen bilden sich bei kleinen Kätzchen die sozialen Umgangsformen heraus. Trifft ein kleines Kätzchen in diesem Zeitraum häufig mit einer anderen Art zusammen – z.B. einem Hund, einer Ratte, einem Pferd oder einem Menschen – entwickelt es ein soziales Verhältnis zu dieser Art und betrachtet sie nicht als Raubtier oder als Beute.

John Bradshaw von der Universität Southampton in England hat bewiesen, dass manche Katzen, selbst wenn sie bereits älter als sieben Wochen sind, immer noch daran gewöhnt werden können, harmonisch und ohne Furcht mit uns Menschen zusammenzuleben, vorausgesetzt, die Rahmenbedingungen stimmen.

Ein regelmäßiger Umgang zwischen sehr jungen Katzen und anderen Tieren trägt dazu bei, dass sie sich später nicht als Beute oder Raubtier betrachten.

Der Mensch als Ersatzmutter

Wenn das kleine Kätzchen früh lernt, vom Menschen Futter, Sicherheit und Geborgenheit anzunehmen, wird es den Menschen für den Rest seines Lebens als Ersatzmutter ansehen. Unabhängigere Katzen werden eine zurückhaltendere Beziehung zum Menschen pflegen. Für sie sind wir lediglich eine nützliche Quelle.

Entwicklungsvorsprung

1. Achten Sie darauf, dass die Katzenmutter in spe emotional ausgereift ist, um ihre Jungen aufzuziehen. Züchten Sie niemals mit jungen Kätzinnen, die ihre emotionale Reife noch nicht erlangt haben.

2. Bieten Sie der Katzenmutter während der Trächtigkeit und der Milchproduktion eine ausgewogene Ernährung an. Hochwertiges Futter ist notwendig für eine gesunde Entwicklung.

3. Lassen Sie die kleinen Kätzchen zwischen zehn und zwölf Wochen lang saugen.

4. Pflegen Sie den regelmäßigen Umgang mit den kleinen Kätzchen, besonders während der ersten sieben Lebenswochen.

5. Machen sie das Kätzchen früh mit anderen Tieren vertraut.

Katzensprache

- Unterschiedliche Stimmlagen
- Die Körpersprache einer Katze ist eindeutig
- Warum und wie Katzen schnurren, ist immer noch ein Rätsel

Katzen verständigen sich erfolgreich untereinander, jedoch weniger gut mit uns Menschen. Soziale Beziehungen sind für sie von geringerer Bedeutung, und deshalb sind die Feinheiten ihrer Mimik und ihrer Körpersprache nicht sonderlich ausgeprägt. Zu den Formen des Informationsaustausches unter Katzen gehören die Stimme, Berührungen, Gerüche und optische Signale bzw. Markierungen.

Katzen verstehen

Es ist leider leicht, das, was eine Katze versucht mitzuteilen oder zu tun, missverstehen. Mit etwas Erfahrung jedoch lernen wir zu verstehen, was Katzen wollen. Die Lautäußerungen der Katze kann man in drei Arten unterteilen.

- **Murmeln:** Dazu gehören das Schnurren und das glückliche, weich klingende »Zirpen« zur Begrüßung. Es klingt wie »brrrp« oder »brrrm« und wird ausschließlich in angenehmen Situationen geäußert.
- **Vokallaute:** Das klassische »Miau« variiert je nach Situation. Katzen sprechen durch Miauen. Bitten, Befehle, Forderungen, Klagen und Verwirrung sind leicht zu verstehen.
- **Durchdringende Laute:** Diese sind in der Regel für Artgenossen reserviert, sind aber dem Halter und Tierärzten dennoch vertraut. Je nach Mundstellung ergibt dies unterschiedliche Laute – ein grollendes, gereiztes Knurren, ein bedrohliches Knurren oder Fauchen, ein abwehrendes Zischen. Angst- oder Schmerzensschreie kommen auf dieselbe Weise zustande, ebenso der hohe klagende Paarungsruf der Kätzinnen.

Lebhafte Körpersprache

Die Körpersprache ist nach wie vor die bevorzugte Methode der Katze, sich mit ihren Artgenossen oder uns Menschen zu verständigen. Hierzu wird der ganze Körper eingesetzt,

Beinahe kann man das fordernde Miauen des abgebildeten Kätzchens hören, wenn man auf seinen Mund schaut!

Katzensprache

Woher kommt das Schnurren?

Der Ursprung des Schnurrens ist immer noch unklar. Die älteste Theorie besagt, dass dieser Laut aus zwei Membranfalten in der Luftröhre hinter dem Kehlkopf kommt. Diese »falschen Stimmbänder« schwingen und rufen dadurch das Schnurren hervor. In jedem Fall kann man das Schnurren unterbinden, indem man leichten Druck genau unterhalb des Kehlkopfes ausübt.

Eine andere Erklärung lautet, dass Katzen willkürliche Skelettmuskelfasern im Gaumensegel steuern können, sodass es flattert. Wie dem auch sei, das Schnurren ist nicht immer ein Zeichen für Wohlbehagen. Gestresste oder traumatisierte Katzen schnurren ebenfalls, ein Phänomen, das jedem Tierarzt vertraut ist, der eine Katze nach einem Verkehrsunfall behandelt.

um Signale auszusenden und um vollständige Entspannung zu signalisieren.

Bei allen Formen der Körpersprache sind die Ohren und der Schwanz die ausdrucksstärksten Körperteile der Katze.

Geh weg!

Am besten übermittelt die Körpersprache der Katze das Signal »Geh weg« – diese Angriffs- und Abwehrhaltung versteht jeder. Zur Angriffshaltung gehört direkter Blickkontakt, häufig sind dabei die Pupillen verengt, und eine Körperhaltung, die einen unmittelbaren Angriff erlaubt. Kopf und Schnurrhaare sind nach vorne gerichtet, die Ohren sind aufgerichtet und nach außen gedreht.

Furcht wird durch Kauern ausgedrückt, der am häufigsten eingenommenen Haltung bei Katzen, die sich unsicher sind.

Fühlt sich eine Katze bedroht, zeigt sie ihre Verteidigungsbereitschaft, indem sie sich auf den Rücken rollt, ihre Krallen ausfährt und ihre Zähne zeigt. Dabei sträubt sich ihr Haar am ganzen Körper. Nervöse Katzen wenden ihre Augen ab und gähnen.

Erhöhte Furcht lässt eine Katze noch tiefer kauern. Ihre Pupillen verengen sich, schließlich werden die Ohren am Kopf zurückgelegt.

Reviermarkierung

- Katzen hinterlassen gerne sichtbare Markierungen
- Geruch ist einprägsam
- Berührungen sind teilweise unmerklich

Katzen hinterlassen in ihrem Revier sichtbare Markierungen, um entweder ihre Anwesenheit oder aber ihren Gebietsanspruch kundzutun.

Kratzen schärft nicht nur die Krallen wirkungsvoll, sondern ist gleichzeitig eine Methode der Katze, ein sichtbares Zeichen ihrer Anwesenheit zu hinterlassen. Deshalb kratzen Hauskatzen gerne etwas gut Sichtbares wie die Armlehne eines Sofas. Aus demselben Grund sollten Kratzbäume mitten im Raum stehen und nicht in einer Ecke.

Kräftige Duftmarken

Dominante Katzen verwenden ihren Kot, um ihr Hoheitsgebiet unübersehbar zu markieren. Daher vergraben sie ihren Kot im eigenen Garten, aber den in Nachbars Garten nicht. Ihr Kot ist sichtbarer Ausdruck dieses Markierungsverhaltens.

Mit jeder Ausscheidung wird gleichzeitig eine wässrige Lösung aus beiden Analdrüsen abgesondert. Französische Forscher haben mindestens zwölf verschiedene chemische Stoffe in den Ausscheidungen gefunden. Das lässt vermuten, dass die Katze auf diese Weise viele Informationen übermittelt. Das gilt auch für den Urin der Katze, der entweder ganz normal ausgeschieden oder aber an aufrecht stehende Gegenstände gespritzt und somit als Duftmarke verwendet wird.

Sowohl männliche als auch weibliche Katzen können Duftmarken setzen, selbst nach einer Kastration.

Mit der Duftmarke kann eine Katze die Grenzen ihres Reviers festsetzen. Diese müssen nicht mit den Grundstücksgrenzen des Halters übereinstimmen!

Unauffällige Verständigung

Geruchsstoffe aus den Schweißdrüsen an den Pfoten hinterlassen ebenfalls überall, wo sich eine Katze aufgehalten hat, Duftspuren.

Weitere Drüsen an Kinn, Lippen und Ohransatz produzieren ebenfalls Substanzen, die Katzen als Geruchsmarkierung verwenden. Auch bei der Begrüßung ihrer menschlichen Familie setzt die Katze Duftmarken.

Katzen stupsen sich gegenseitig mit der Nase an, um Körperkontakt herzustellen.

Berührung ist wichtig

Die Katze teilt sich nicht nur über Duftmarken an Gegenständen oder sogar Menschen mit. Sie kann ihre Bedürfnisse oder Forderungen ausgesprochen kunstvoll über Berührungen mitteilen.

Welcher Katzenhalter kennt nicht die federleichte Berührung, mit der ihn die Pfote seiner Katze frühmorgens im Gesicht antippt – eine sanfte Mahnung, dass ein neuer Tag angebrochen und eine Mahlzeit angesagt ist.

Diejenigen, die so unklug sind und das sanfte Streicheln ignorieren, wissen, dass darauf in Kürze ein etwas stärkerer Klaps folgt. Wird auch dieser ignoriert, holen manche Katzen regelrecht zu einem Schlag aus. Die ganze Zeit über sitzen sie da, unergründlich und völlig unschuldig, wissen aber ganz genau, wie sie eine Forderung mitteilen müssen.

Häufig sieht man, wie Katzen sich mit dem Kopf an Gegenständen reiben. Damit hinterlassen sie eine Duftmarke, die auf dem Rückweg von der Katze wieder aufgenommen wird.

Der Bruch eines Tabus

Die durch Streicheln vermittelte Zuneigung entspricht der durch die Katzenmutter ausgeübten Fellpflege. Körperkontakt vermittelt Sicherheit und Geborgenheit.

Dennoch gibt es gewisse Tabus. Der Unterleib ist der am wenigsten geschützte Körperteil einer Katze. Seine Berührung löst daher oftmals einen echten oder einen Scheinangriff aus.

Übermäßiges Streicheln kann ebenfalls einen Angriff auslösen, da Streicheln ein erworbenes und kein natürliches Verhalten darstellt.

Die Bedeutung des Spiels

- Durch das Spiel etabliert sich die Rangordnung
- Durch Spielen werden Jagdtechniken eingeübt
- Das Geschlecht beeinflusst das Spielen

Wild lebende Katzen machen zunächst eine Spielphase durch und reifen dann heran, um sich ernsthaft mit dem Beutefang zu beschäftigen. Selektive Zucht und unterschiedliche Erfahrungen im frühen Jugendalter haben die natürliche Neigung der Katze zum Spiel noch verstärkt. Gut sozialisierte Katzen sind ihr ganzes Leben lang am Spielen interessiert.

Das Spiel kleiner Kätzchen

Mit ungefähr drei Wochen fangen kleine Kätzchen an zu spielen. Die Aktivität wird eröffnet, indem sie sich aufspielen und scheinbar aggressiv aufeinander stürzen. Mit vier Wochen veranstalten die Kätzchen Ringkämpfe, packen sich gegenseitig mit den Vorderpfoten und strampeln mit den Hinterpfoten. Mit fünf Wochen beherrschen sie den Beutesprung schon perfekt, und mit sechs Wochen machen die kleinen Kätzchen mit außerordentlicher Geschicklichkeit Jagd aufeinander.

Das Spiel mit anderen Katzen

Soziales Spiel zwischen kleinen Kätzchen bedeutet Kabbeleien, Umarmungen, Ablecken und einfach auf dem Rücken liegen und abwarten, was passiert. Im Spiel lernen die Kätzchen die Beißhemmung und das Spiel mit zurückgezogenen Krallen. Wenn ein kleines Kätzchen eines seiner Wurfgeschwister zu stark krallt oder beißt und es dadurch verletzt, beißt das verletzte Kätzchen entweder zurück oder heult auf vor Schmerz und hört auf zu spielen. Sehr bald wissen die Kätzchen, was erlaubt ist und was nicht.

Das Spiel mit anderen kleinen Kätzchen oder ausgewachsenen Katzen nimmt in dem Maße an Intensität zu, in dem die Mutter weniger Nachsicht übt und weniger Zeit mit dem Wurf verbringt. Sie verteilt Tatzenhiebe und knurrt ihren Nachwuchs an, wenn sie durch dessen Spiel verärgert ist. Andere erwachsene Katzen sind selten verärgert, wenn kleine Kätzchen mit ihnen spielen.

Mit 14 Wochen nimmt das soziale Spiel allmählich ab. Die sozialen Beziehungen lösen sich naturgemäß auf, ein notwendiger Schritt zur reibungslosen Auflösung des Wurfs.

Die Bedeutung des Spiels

Kleine Kätzchen spielen oft stundenlang miteinander und betätscheln sich gegenseitig mit ihren Pfoten an ihren Gliedmaßen. Später wird dieses Spiel rau und sogar bösartig.

Das Spiel mit Gegenständen

Manche der im sozialen Spiel angewandten Strategien wie Springen und Beutesprünge werden auch beim Spiel mit Gegenständen ausgelebt. Andere Bewegungen werden ausschließlich beim Spiel mit Gegenständen ausgeführt wie Tätscheln, Schlagen, Stupsen, Herausfischen, Hochwerfen. Kleine Kätzchen packen auch Gegenstände, nehmen sie in den Mund und kauen auf ihnen herum.

Der Rückgang der spielerischen Aktivitäten

Auch wenn das soziale Spiel und das Spiel mit Gegenständen von Natur aus nachlässt, verschwindet es doch nicht gänzlich. Man kann jede Katze, egal welchen Alters, zum Spielen verleiten. Sind keine anderen Katzen vorhanden, betrachtet die Katze uns Menschen als Ersatz. Viele Katzen leben ihre spielerischen Sprünge und ihre Beutesprünge an uns Menschen aus.

Fortführung des Spiels

Das natürliche Nachlassen des Spieltriebs kann aufgehalten werden, indem die Katze vor Eintritt ihrer sexuellen Reife kastriert wird. Unter diesen Umständen ist das Spielverhalten eines kastrierten Katers dem einer kastrierten Kätzin sehr ähnlich. Diese beiden Katzen werden voraussichtlich bis ins Erwachsenenalter hinein miteinander spielen, mit derselben Intensität und Häufigkeit wie zwei erwachsene weibliche Geschwister.

Fellpflege

- Ein notwendiges tägliches Ritual
- Gegenseitige Fellpflege ist sozial
- Fehlende Fellpflege ist ein Alarmzeichen

Die Fellpflege ist ein instinktives oder »angeborenes« Verhalten. Eine Katze verbringt normalerweise 8–15 Prozent ihres Wachzustandes mit der Fellpflege. Sie braucht dazu auch keinen Anschauungsunterricht von ihrer Mutter. Bereits mit sechs Wochen putzen sich kleine Kätzchen genauso gut wie ausgewachsene Katzen und folgen dabei einem festen Ritual. Die Fellpflege verringert die Anzahl von Hautparasiten beträchtlich.

Schmutzige Gesichter

Über 40 Prozent der Fellpflege wird mit der Reinigung der schmutzigsten Körperteile des kleinen Raubtiers verbracht – Kopf, Vorderpfoten und Nacken. Kopf und Nacken können nicht direkt abgeleckt werden, daher erfolgt der Putzvorgang in zwei Stufen. Die Katze leckt sich eine Pfote, fährt damit über ihren Kopf, leckt nochmals die Pfote und fährt nochmals damit über ihren Kopf.

Die Fellpflege wird offenbar von einer biologischen Uhr gesteuert. Jeden Tag ist ein bestimmter Anteil an Fellpflege notwendig. Wenn Katzen sich drei Tage lang nicht putzen können, holen sie diesen Rückstand auf, indem sie sich zwölf Stunden am Stück putzen.

Fellpflege in der Gruppe

In den ersten Lebenswochen der Kätzchen ist die Mutter für die Fellpflege zuständig. Daraus kann auch eine gegenseitige Fellpflege entstehen.

Das Putzritual beginnt am Kopf
Putzen ist wichtig für die Katze; putzt sie sich nicht mehr, stimmt etwas nicht.

Fellpflege

Das Problem mit langem Haar

Langes Haar bleibt an den Widerhaken der Zunge hängen und wird von der Katze verschluckt. Es bildet einen Haarknäuel im Magen. Normalerweise geben Katzen diese Haarknäuel wieder von sich. Manchmal gelangen sie jedoch in den Darm und können nur mit Abführmitteln entfernt werden. Langhaarkatzen brauchen daher unsere Hilfe. Verwenden Sie einen Kamm mit breiten Zinken und eine grobborstige Bürste (*siehe Seite 197*).

Frage an den Tierarzt

F: Warum putzt sich meine Katze nicht?
A: Wenn sich eine Katze nicht mehr putzt, ist dies ein starkes Indiz dafür, dass etwas nicht stimmt. Ihre Katze kann sehr krank sein. Bitte suchen Sie den Tierarzt auf.

Katzen neigen zu übertriebener Fellpflege bei Hautverletzungen, Infektionen oder Parasiten, aber auch, wenn sie Angst haben. Dies kann auch eine Übersprungshandlung sein.

Die Fellpflege verhindert Hitzschlag

Katzen stammen aus heißen Klimazonen, wo die Regulierung der Körpertemperatur über Leben und Tod entscheidet. Bei artgerechter Haltung fängt das Fell eine isolierende Luftschicht ein, die die Katze vor Hitzschlag schützt. An sehr heißen Tagen hat der durch das Ablecken verteilte, verdunstende Speichel eine noch größere kühlende Wirkung auf den Körper.

Dieses Verhalten zeigt sich nahezu ausschließlich zwischen miteinander verwandten Kätzinnen innerhalb einer matriarchalischen Kolonie.

Nicht miteinander verwandte Katzen, die von klein auf im selben Haushalt miteinander aufwachsen und die eine soziale Bindung eingegangen sind, können ebenfalls die gegenseitige Fellpflege bis ins Erwachsenenalter hinein beibehalten.

Manchmal sucht sich eine junge Katze, die neu zum Haushalt hinzukommt, eine ältere Katze als Mutterersatz und gestattet ihr, sie zu putzen. In

Gegenseitige Fellpflege bei erwachsenen Katzen kommt am häufigsten zwischen blutsverwandten weiblichen Katzen vor.

genau diesem Sinne erlaubt die Katze uns Menschen, die Fellpflege zu betreiben oder sie zu streicheln, da wir im Wesentlichen ihre Ersatzmutter sind.

Unter solchen Umständen führen Katzen die Fellpflege sogar an Menschen durch.

Fellpflege an Menschen

Manche Katzen möchten ihren Halter geradezu penetrant ablecken und putzen, indem sie ihn unaufhörlich ablecken. Dieses Verhalten dient nicht der normalen Fellpflege, sondern eher zur Beruhigung. Solche Katzen wurden zumeist vor der zwölften Lebenswoche von ihren Müttern getrennt. In solchen Fällen tretelt die Katze mit ihren Pfoten den Menschen (um den Milchfluss anzuregen) und leckt ihn dann ab.

Schlafen

- Katzen leben länger
- Schlafen ist wohltuend und notwendig
- Haben Katzen einen siebten Sinn?

In freier Wildbahn hängt die Lebenserwartung einer Katze davon ab, dass sie Nahrung findet, Verletzungen und Krankheiten vermeidet und Raubtieren aus dem Weg geht. Zu Hause beim Menschen lauern weniger Gefahren auf sie, daher leben Hauskatzen sehr lange, doppelt so lange wie wild lebende Katzen.

Die biologische Uhr

Der Alterungsprozess wird von der biologischen Uhr gesteuert, die in dem Bereich des Gehirns sitzt, der Hypothalamus oder Zwischenhirn heißt. Mit zunehmendem Alterungsprozess bildet diese chemische Fabrik im Gehirn immer weniger Dopamin, einen neuroendokrinen Stoff. Bei gleich bleibender Produktion von Dopamin verlängert sich vermutlich die Lebensdauer einer Katze.

Altersbedingte Veränderungen

Studien über Verhaltensänderungen bei alternden Katzen zufolge haben ungefähr 20 Prozent der 16 Jahre alten Katzen ihren Urin oder ihre Ausscheidungen sowohl innerhalb als auch außerhalb des Katzenklos abgesetzt, ohne dass hierfür medizinische Gründe oder erworbenes Verhalten vorliegen. 25 Prozent dieser Katzen schliefen tagsüber mehr als nachts. Über 60 Prozent reagierten gegenüber ihrer Familie gereizter und fauchten und spuckten ohne erkennbaren Anlass. Mehr als 70 Prozent der 16 Jahre alten Katzen wurden desorientiert, vergaßen, wie die Katzenklappe funktioniert, saßen in einer Ecke oder starrten einfach vor sich hin. Außerdem nahm das klagende Miauen ohne erkennbaren Anlass zu.

Wir wissen nicht, warum erwachsene Katzen so viele Stunden am Tag schlafen. Bei kleinen Kätzchen jedoch wird nur während des Schlafens das Wachstumshormon freigesetzt.

Altersbedingte Veränderungen hinauszögern

Sie können aktiv dazu beitragen, die altersbedingten Veränderungen hinauszuzögern:

- Füttern Sie häufiger, aber kleinere Mahlzeiten. Achten Sie darauf, dass die Nahrung viel Antioxidantien enthält.
- Stellen Sie in jedem Stockwerk ein kleines, leicht zugängliches Katzenklo bereit.
- Beobachten Sie das Gewicht Ihrer Katze. Halten Sie die Katze in Form.
- Sorgen Sie für eine warme und behagliche Schlafstätte.
- Ändern Sie die Nahrung Ihre Katze entsprechend ihren Bedürfnissen.
- Bieten Sie Ihrer Katze mit Spielzeugen und Beschäftigung geistige Anregung.
- Betreiben Sie oft Fellpflege. Dies unterstützt den Blutkreislauf.

Unterscheiden Sie zwischen Alter und Krankheit

Mit der Zeit sterben Gehirnzellen ab, die nicht wieder ersetzt werden. Die Knochen werden brüchig, die Muskeln erhalten weniger Nährstoffe und bilden sich zurück, das Gewebe ist nicht mehr so elastisch. Die Sinneswahrnehmungen lassen nach. Lungen und Darm funktionieren nicht mehr so gut wie früher. Die Nieren scheiden auch Nährstoffe aus. All dies sind altersbedingte Veränderungen, keine Krankheit.

Jede Veränderung kann jedoch etwas bedeuten. Es ist sinnvoll, mit älteren Katzen ein bis zweimal jährlich zum Tierarzt zu gehen.

Schlafen

Katzen schlafen täglich durchschnittlich 16 Stunden. Es ist noch nicht genau erwiesen, warum sie so viel schlafen, doch man weiß, dass bei kleinen Kätzchen das Wachstumshormon nur während des Schlafens freigesetzt wird.

Der siebte Sinn

Katzen wird oft ein siebter Sinn nachgesagt. Manche dieser Zuschreibungen sind Überbleibsel der Rätselhaftigkeit, die die Katze schon immer umgeben hat.

Zufallstests haben jedoch gezeigt, dass vor bestimmten Erdbeben Katzen häufig ein ungewöhnliches Verhalten zeigen. Andere Studien lassen vermuten, dass besonders ältere Katzen ein Heimfindevermögen besitzen, wenn sie sich in einem Umkreis von 12 km von ihrem Zuhause befinden. Man geht davon aus, dass dies damit zusammenhängt, dass die Katze auf elektromagnetische Felder reagiert. Tatsächlich ist ihr Heimfindevermögen gestört, wenn man am Halsband einen Magneten befestigt.

Katze und Mensch

- Die Katze ist ihr eigener Boss
- Wir Menschen sind gut für die Katze
- Die Katze ist gut für uns Menschen

Wie alle anderen Lebewesen, wir Menschen inbegriffen, strebt eine Katze instinktiv danach, zu überleben und Nachkommen zu hinterlassen. Im Gegensatz zu uns Menschen macht die Katze dies auf eine einmalig selbstständige Art und Weise.

Obwohl wir Menschen dem eigenständigen Wesen der Katze durch selektive Zucht und frühes Lernen entgegenwirken, bleibt die Katze zutiefst distanziert und ist bestens in der Lage, sich um sich selbst zu kümmern. Die Katze verhält sich, als ob sie der Boss wäre, denn ihrer Meinung nach ist sie es auch.

Wir Menschen sind gut für die Katze

Wir Menschen sind auf eine direkte körperliche Weise gut für die Katze. Wir versorgen sie mit einem sicheren Revier und einem beständigen Angebot an Nahrung. Wir kümmern uns um ihre Gesundheit, sowohl durch vorbeugende Impfungen und Absuchen auf Parasiten als auch durch manchmal außergewöhnlich aufwendige ärztliche Behandlungen. Wir liefern auch gefühlsmäßige Unterstützung: Die Katze darf sich an unseren Beinen reiben, sie darf sich an uns herankuscheln, sie lässt sich von uns gern am Kinn kraulen.

Die Katze ist gut für uns Menschen

In den frühen Siebzigerjahren des 20. Jahrhunderts wurde beobachtet, dass der Blutdruck von Katzenbesitzern sank, wenn sie ihre Katzen streichelten. In den frühen Achtzigerjahren des 20. Jahrhunderts berichtete Erika Friedmann vom Brooklyn College in New York, dass Katzenbesitzer das erste Jahr nach einem schweren Herzanfall eher überleben als Menschen ohne ein Haustier.

Katzen kümmern sich um uns

Es hat den Anschein, als ob wir diejenigen sind, die geben. Wir ernähren unsere Katzen und wir bemuttern sie.

Kleine Kätzchen, die frühzeitig mit Menschen umgehen, betrachten uns als Mitglieder ihrer eigenen Familie – und manchmal sogar als Ersatzmutter.

Katze und Mensch

Zeigt eine Katze, die ihren Kopf am Bein ihres Besitzers reibt, echte Zuneigung? Oder manipuliert sie unterschwellig ihren Menschen, das zu tun, was sie will?

Auf ihre Art bemuttert die Katze uns Menschen, was sich sowohl physiologisch als auch emotional positiv auf uns auswirkt. Die amerikanische Kulturanthropologin Constance Perin stellte als erste eine Theorie darüber auf, warum bei Menschen der Blutdruck sinkt, wenn sie ihre Katze streicheln. Danach rührt die physiologische Befriedigung, die wir beim Streicheln unserer Katze erfahren, aus der Befriedigung her, die wir als Kind durch den beruhigenden Körperkontakt zu unserer Mutter erlebten. Das Streicheln unserer Katze setzt dieselben chemischen Prozesse in unserem Körper in Gang wie früher als Kind, wenn wir Körperkontakt zu unserer Mutter hatten.

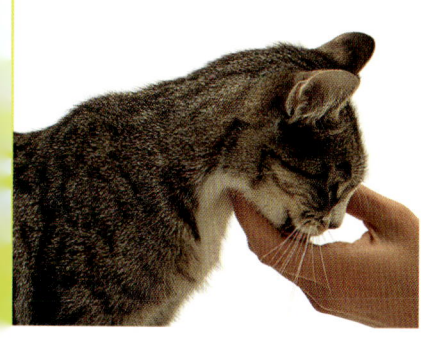

Katzenliebe

Hauskatzen erwecken den Anschein von Abhängigkeit, bei genauerer Betrachtung jedoch stellt sich heraus, dass ihr Verhalten insgeheim dominant ist. Die meisten Katzenbesitzer, die ich kenne, sind äußerst vernünftige Menschen. Dennoch unterwerfen sie sich den Launen ihrer Katze. Sie lassen sich tyrannisieren, weil es Zeit für die Mahlzeit oder das Spielen mit der Katze ist. Anpassungsfähig wie die Katze ist, hat sie mit uns Menschen ein leichtes Spiel, einen reich gedeckten Tisch für einen veränderten und äußerst erfolgreichen Lebensstil. So gesehen werden wir von unseren Katzen über alles geliebt.

Die Denkweise einer Katze ist einzigartig

Es ist schwierig, sich in die Gedankenwelt eines Tieres zu versetzen, besonders wenn dieses Tier emotional ganz andersartig ist. Der ausgesprochen gesellige Hund ist einfacher zu verstehen. Für den Hund sind wir ausgezeichnete Ersatzhunde, da wir viele ähnliche Bedürfnisse haben, z.B. nach Körperkontakt oder einer sozialen Rangordnung.

Katzen denken jedoch ganz anders. Lernt eine Katze aber von klein auf, uns Menschen als Mitglieder ihrer Großfamilie anzusehen, dann hält diese Katze uns Menschen nicht nur für unbedrohlich, sondern sogar für Ersatzmütter

KAPITEL VIER

Mit der Katze leben

Denken Sie hinsichtlich der Beziehung zu Ihrer Katze immer daran, dass Sie beide lediglich ein Zuhause miteinander teilen. Dazu ist es wichtig zu wissen, welche Ausstattung Sie benötigen, ob Ihre Katze sicher ins Freie kann, welches Spielzeug die Katze braucht, was Sie füttern sollten und – ganz wichtig – was die Grundlagen der Erziehung sind. Denken Sie daran: Sie leben mit einem egozentrischen Lebewesen zusammen. Es denkt nach Katzenart und hat die physischen Bedürfnisse einer Katze. Erwarten Sie nicht zu viel. Erwarten Sie vor allem nicht, dass die Katze vernünftig wie ein Mensch reagiert oder fügsam wie ein Hund. Verhält sich Ihre Katze wie eine richtige Katze – indem sie beispielsweise an den Vorhängen hochklettert –, ist das nicht ihr Fehler. Es liegt an Ihnen, Ihre Katze zu erziehen und sich an ihre Bedürfnisse anzupassen.

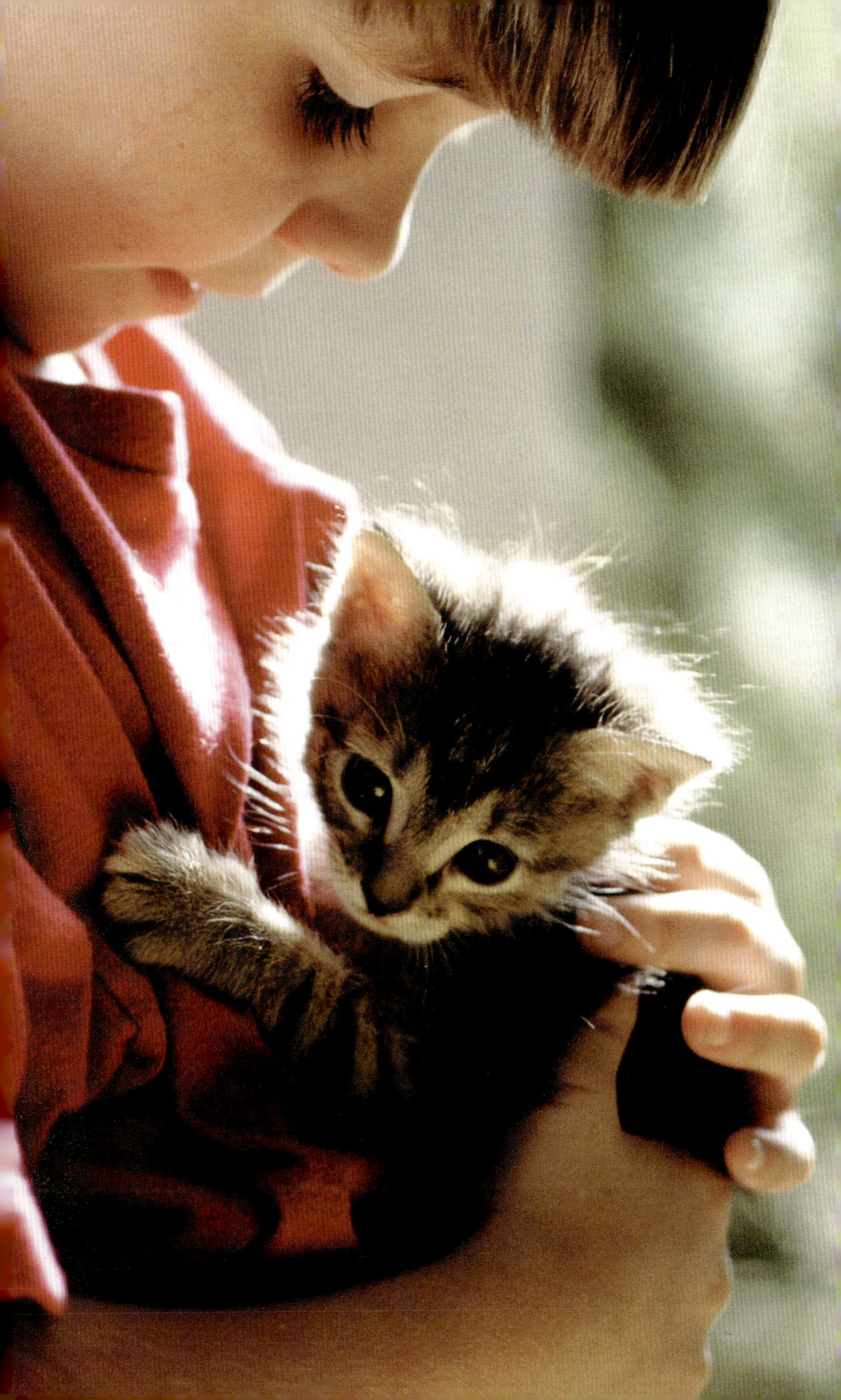

Die richtige Katze

- Keine spontane Entscheidung treffen
- Viel Platz ist wichtig
- Denken Sie an die Zukunft

Katzen mögen zwar selbstständig sein, was aber nicht heißt, dass sie uns nicht brauchen. Alle Katzen brauchen Bewegung und Aktivität sowie geistige Anreize. Da so viele Katzen ihr Leben lang in einer Wohnung verbringen, sind wir sowohl für ihr körperliches als auch ihr emotionales Wohlbefinden verantwortlich.

Katzen kosten Geld

Planen Sie voraus. Es ist nicht schwierig, die Kosten für die Katzenhaltung einzuschätzen. Futter und Ausstattung sind feste Posten, ebenso die Gesundheitsvorsorge – jährliche Tierarztbesuche, Vorbeugung gegen Parasiten – und Unterbringung, falls Sie verreisen.

Denken Sie über den Abschluss einer Krankenversicherung für medizinische Notfälle nach. Alternativ können Sie die monatlichen Kosten einer Police erfragen und dann ein Bankkonto einrichten, auf das Sie monatlich einen festen Betrag einzahlen. In jedem Fall sollten Sie mit Ausgaben über bis zu 15 oder mehr Jahre rechnen.

Katzen können Probleme verursachen

Allergien werden zunehmend zum Problem. Denken Sie vor der Anschaffung daran – es ist herzzerbrechend, eine Katze zu bekommen und sich dann von ihr trennen zu müssen, weil ein Familienmitglied allergisch dagegen ist.

Katzen können auch eine Vielzahl an Parasiten und Keimen beherbergen, die gefährlich sind, wenn Sie an einer Immunschwäche leiden – zum Beispiel, wenn Sie eine Chemotherapie erhalten oder HIV-positiv sind.

Außerdem können Katzen kratzen und beißen.

Zwei oder mehr Katzen können sich gegenseitig Gesellschaft leisten. Dafür brauchen sie ausreichend Platz.

Die richtige Katze

Katzen brauchen Platz

Von sich aus würde eine Freigängerkatze nie ein Revier aussuchen, das so klein ist wie eine typische Wohnung. Bei richtiger Haltung mit gutem Futter, Geborgenheit und Sicherheit können Katzen auch in engen Verhältnissen zufrieden leben.

Geben Sie Ihrer Katze möglichst viel Platz, und sorgen Sie für einen sicheren Kontakt zur Außenwelt.

Kater oder Kätzin?

Folgen Sie Ihrer persönlichen Vorliebe. Denken Sie daran: In beiden Fällen gibt es Vor- und Nachteile. Eine Kastration beseitigt nahezu immer sexuell bedingte Nachteile, ohne die Vorzüge zu beeinträchtigen.

Jüngere oder ältere Katze?

Kätzchen oder erwachsene Katze – eine schwierige Frage. Der Vorteil eines Kätzchens liegt auf der Hand. Es ist bereit, sich an Sie und den Lebensstil Ihrer Familie anzupassen. Ihre Katze wird weniger Verhaltensstörungen haben, wenn Sie sie im Alter von ungefähr zwölf Wochen erwerben und in Ihrer Umgebung aufziehen.

Erwachsene Katzen haben ebenfalls Vorteile. Es entstehen keine Kosten für den Ankauf und die Kastration. Nahezu alle erwachsenen Katzen sind emotional in der Lage, mit Ihnen eine feste Bindung einzugehen.

Reinrassig oder Kreuzung?

Bei einer Rassekatze weiß man schon vorher Bescheid über Fell, Aussehen, Größe und Wesen. Die Zucht auf bestimmte Merkmale hat den Nachteil, dass das Risiko rassebedingter Krankheiten größer ist (*siehe Kasten*). Kreuzungen profitieren von der Kraft und guten Gesundheit, die aus der Kombination unterschiedlicher genetischer Merkmale entstehen.

Sie mögen Langhaarkatzen? Diese brauchen mehr Pflege als Kurzhaarkatzen, da sie täglich gebürstet werden müssen.

Einige rassebedingte Erkrankungen

RASSE	ERKRANKUNG
Abessinier	Patellaluxation (Kniescheibenverrenkung)
Amerikanisch Kurzhaar	Kardiomyopathie (Herzmuskelerkrankung)
Heilige Birma	Katarakte
Burma	Hyperästhesie (angeborene Hautbrüchigkeit)
Devon Rex	Spastik
Himalayan	Asthma
Manx	Spina bifida (Wirbelsäulenspaltung)
Maine Coon	Hüftgelenksdysplasie
Orientalen	Amyloidose (eine Stoffwechselstörung)
Perser	Polyzystische Nierenerkrankung (PKD)
Scottish Fold	Osteodystrophie (Gelenksverdickung)
Siam	Psychogene Alopezie (exzessive Fellpflege)
Somali	Gingivitis (Zahnfleischentzündung)
Sphinx	Hitze- und Kälteempfindlichkeit

Wo Sie die Katze Ihres Lebens finden

Katzenzucht wird von manchen als Hobby betrieben, von anderen als Mittel zum Geldverdienen. Suchen Sie nicht nur irgendeinen Züchter, sondern einen seriösen Züchter. Hält ein Züchter nur eine Rasse, gibt es Katzenhaare auf den Möbeln und glückliche Katzen mit ihren eigenen Schlafplätzen im ganzen Haus, dann sind Sie bei einem echten Katzennarr gelandet, der genauso viel über Sie wissen möchte wie Sie über ihn.

Obwohl manche Züchter Kätzchen über Tierhandlungen verkaufen, kommt dies bei seriösen Züchtern selten vor. Gängige Möglichkeiten, eine Katze zu bekommen, sind das Tierheim sowie private Kleinanzeigen. Von Tierhandlungen ist eher abzuraten.

Zeitungsannoncen

Im Umgang mit »Katzen zu verkaufen«-Annoncen ist Vorsicht geboten. Die meisten dieser so angepriesenen Katzen sind jedoch »übrig« und brauchen ein liebevolles Heim. In vielen Fällen ist ihre Krankengeschichte zwar unbekannt, doch bei sorgfältiger Auswahl können Sie auch über eine Annonce eine großartige Katze bekommen.

Nachbarn und Tierärzte

Die häufigste Bezugsquelle für kleine Kätzchen ist ein unerwarteter Wurf von Nachbars Katze. Der Wurf sollte jedoch untersucht und auf Endoparasiten wie Ohrmilben behandelt sein. Gewissenhafte Nachbarn werden darauf achten, dass die entsprechenden Impfungen der Mutter auf dem letzten Stand sind. Auch das schwarze Brett in Tierarztpraxen ist eine ausgezeichnete Bezugsquelle sowohl für kleine Kätzchen als auch für erwachsene Katzen. Nahezu immer kennt das Personal diese Katzen bzw. deren Eltern.

Fragen an den Züchter

Wenn Sie eine Katze vom Züchter wollen, stellen Sie ihm folgende Fragen:

1. Kann ich die Mutter sehen? (Das sollten Sie immer können.)

2. Kann ich den Vater sehen? (Dieser hat als unkastrierter und daher stark riechender Kater eventuell eine getrennte Unterkunft.)

3. Wo leben die Kätzchen? (Kätzchen, die in der Wohnung aufgezogen und häufig berührt werden und die normalen Haushaltsabläufe kennen, sind besser als im Zwinger aufgezogene Kätzchen.)

4. Wurden sie vom Tierarzt untersucht? (Gute Züchter lassen die Eltern in der Regel vor der Paarung untersuchen und die Kätzchen vor ihrer Abgabe untersuchen und impfen.)

5. Wann werden sie abgegeben? (Unter acht Wochen ist zu früh, über zwölf Wochen ist spät. Zwischen acht und elf Wochen ist ungefähr richtig.)

Gehen Sie zu Ihrem Tierheim vor Ort, wenn Sie eine Katze oder ein Kätzchen suchen. Dort gibt es mehr als genug liebenswerte Tiere, die ein neues Zuhause suchen.

Tierheime

Viele wunderbare Katzen aus Tierheimen suchen ein liebevolles Zuhause. Tierheime kastrieren nahezu ausnahmslos jede noch nicht kastrierte Katze. Oft gibt es mehr ältere als jüngere Katzen. Die Möglichkeit, dass Katzen verhaltensgestört sind, ist bei älteren Katzen größer. Dies kann auch der Grund für ihre Abgabe gewesen sein. Gesunde ältere Katzen sind jedoch meist großartige, dankbare Gefährten.

Das Wesen beurteilen

Je genauer Sie sich über mögliche Probleme im Klaren sind, desto besser wissen Sie, ob die von Ihnen ausgesuchte Katze das richtige Wesen hat.
Achten Sie auf folgende Eigenschaften:
- Geselligkeit mit Menschen
- Geselligkeit mit anderen Katzen
- Geselligkeit mit Hunden
- Wachsamkeit, Bewegungsdrang und Neugier
- Ausgeglichenheit und Gleichmut

Ob die Katze gut zu Ihnen passt, beurteilen Sie am besten durch Beobachtung der Katze in Gegenwart von Erwachsenen, Kindern, Fremden, anderen Katzen, Hunden, bei lauten Geräuschen, wenn sie im Transportkorb ist, in fahrenden Autos oder allein zu Hause. Je unbeeindruckter die Katze, desto schneller wird sie sich an die neue Umgebung gewöhnen.

Fragen an das Tierheim

Möchten Sie eine Katze aus dem Tierheim, stellen Sie folgende Fragen:

1. Ging die Katze verloren oder wurde sie abgegeben?

2. Wenn sie abgegeben wurde, warum? (Viele Katzen werden ausgesetzt, weil sie Verhaltensstörungen zeigen – z. B. schlechtes Sauberkeitsverhalten –, die erst beim Zusammenleben auftreten.)

3. Hat das Tierheim Verhaltenstests durchgeführt? (Fortschrittliche Tierheime analysieren das Verhalten wie Geselligkeit mit anderen Katzen und Hunden und informieren potenzielle Interessenten.)

4. Kann das Tierheim bei künftigen Problemen helfen? (Die besten Tierheime erteilen dauerhaft Ratschläge bei Verhaltensstörungen.)

Ein passendes Zuhause

- Bereiten Sie sich auf die Ankunft vor
- Suchen Sie praktisches Zubehör aus
- Machen Sie Ihr Zuhause katzensicher

Machen Sie Ihr Zuhause katzensicher. In Baumärkten finden Sie Kindersicherungen – diese schützen auch die Katze. Suchen Sie das Zubehör (Schlafplatz, Schüsseln, usw.) nach den Bedürfnissen der Katze, Ihrem Geschmack und Ihrem Geldbeutel aus.

Sicherheit geht vor

Die meisten Katzen sind neugierig. Sichern Sie Ihre Fenster, um Stürze zu vermeiden; Netze helfen hier auch. Entfernen Sie giftige Zimmerpflanzen und verzichten Sie auf Kübelpflanzen wie Poinsettie und Misteln, die giftig sind, wenn sie gekaut werden (*siehe S. 233*).

Achten Sie darauf, welche Chemikalien Sie im Haushalt verwenden. Teppichreiniger und Insektenschutzmittel (*siehe S. 233*) können giftig sein und werden von den Pfoten der Katze aufgenommen.

Eine kleine Einkaufsliste

Hier eine kleine Einkaufsliste, bevor die Katze einzieht:

- Alkoholfreies Spray, um die Katze vom Kauen an Möbeln und Stoffen abzuschrecken
- Klebeband, damit die Katze nicht die Pflanzentöpfe umgräbt
- Acrylglasschutz, damit die Katze nicht auf die Herdplatten springt
- Steckdosenabdeckungen zum Schutz vor Stromschlag
- Einfache Schrankschlösser zum Abschließen

Halten Sie Schnüre von Vorhängen und Jalousien sowie elektrische Kabel von der Katze fern. Katzen haben die Angewohnheit, Fäden und Gummis zu fressen. Bewahren Sie diese außer Reichweite der Katze auf.

Futter- und Wasserschüsseln

Nehmen Sie stabile, breite, nicht zu tiefe Schüsseln, aus denen die Katze fressen und trinken kann, ohne mit den Schnurrhaaren anzustoßen. Spülen Sie die Schüsseln täglich.

Verwenden Sie für das Dosenfutter einen extra Dosenöffner und spülen Sie ihn regelmäßig. Decken Sie angebrochene Futterdosen mit einem Kunststoffdeckel ab und bewahren Sie die Dose höchstens zwei Tage lang im Kühlschrank auf.

Halsband

Ihre Katze sollte ein weiches Halsband mit Erkennungsmarke tragen. Beim

Manche Katzen mögen keine Plastikschüsseln, weil sie den Geruch unangenehm finden.

Ein katzengerechtes Zuhause 169

einen Sicherheits-Schnappverschluss haben.

Identifikation
Die auffälligste und auch für Freunde verständlichste Identifikation ist eine Erkennungsmarke mit eingraviertem Namen. Die zuverlässigte Methode ist jedoch der Mikrochip – ein elektronischer Transponder in der Größe eines Reiskorns, der unter die Haut vor der linken Schulter injiziert wird. Der Transponder sendet ein Signal aus, das als Nummer abgelesen wird.

Schlafplatz
Der Schlafplatz sollte hygienisch, waschbar, schützend und bequem sein. Runde oder ovale, halboffene oder geschlossene Schlafplätze sind gut und können in der Maschine gewaschen werden. Stellen Sie den Schlafplatz so auf, dass Ihre Katze ihn gerne aufsucht.

Geht Ihre Katze ins Freie, sollte sie ein Halsband mit Erkennungsmarke und eingraviertem Namen tragen.

ersten Mal wird sie sich häufig kratzen, sich aber schnell daran gewöhnen, meist innerhalb von wenigen Tagen. Ziehen Sie es nicht zu straff an. Sie sollten zwei Finger darunter schieben können.

Geht Ihre Katze ins Freie, sollte das Halsband einen elastischen Einsatz oder

Katzen schlafen täglich bis zu 18 Stunden. Ihr Schlafplatz sollte daher bequem sein und sich an einer warmen, geschützten Stelle befinden.

Die ersten 24 Stunden

- Den Grundstein für späteres Verhalten legen
- Aufregungen vermeiden – Gewohnheiten schaffen
- Rechnen Sie mit Problemen

Eine Katze braucht Zeit, um ihr neues Heim zu erforschen. Das sollte in Ruhe geschehen, ohne Aufregung. Ihre Familie sollte sich daher zurückhalten. Beschränken Sie die Bewegungsfreiheit des neuen Kätzchens auf ein oder zwei Zimmer. Hat es sich eingewöhnt und weiß, wo es sich verstecken kann und wo sein Katzenklo ist, darf es allmählich sein neues Revier inspizieren.

Die andere Katze

Die erste Begegnung der bereits ansässigen Katze mit einem neuen Kätzchen sollte dann erfolgen, wenn das Kätzchen tief schläft. Lassen Sie die alte Katze den Neuankömmling begutachten und beschnüffeln. Greifen Sie nicht ein, es sei denn, eine der beiden sieht unglücklich aus. Lassen Sie das Kätzchen nicht zu überschwänglich werden. Ältere Katzen mögen dies nicht und könnten daher fauchen oder beißen. Sind Sie der Meinung, Ihre Katze könnte den Neuankömmling angreifen, trennen Sie die beiden während Ihrer Abwesenheit.

Begegnung mit dem Hund

Die meisten Begegnungen zwischen Katze und Hund gehen gut. Die Katze faucht, der Hund versteht. Haben Sie einen Terrier, Windhund oder einen anderen wagemutigen Hund (oder

Es liegt in der Ordnung der Natur, dass die Katze herrscht. Die meisten Hunde (nicht alle) verstehen dies.

Ein angenehmer Schlafplatz sollte die Katze davon abhalten können, Ihr Bett mit Ihnen teilen oder besser – es beanspruchen – zu wollen.

mehrere Hunde), achten Sie darauf, dass er die Katze nicht jagt. Gibt es hierfür Anzeichen, lassen Sie die beiden nicht ohne Beaufsichtigung beieinander.

Wer schläft wo?

Das entscheiden Sie, aber denken Sie daran: Frühe Gewöhnung ist ausschlaggebend. Lassen Sie die Katze jetzt in Ihrem Schlafzimmer schlafen, und in einer Woche wird sie versuchen, mit Ihnen das Bett zu teilen. Gibt es dagegen jedoch Einwände, bereiten Sie der Katze anderswo einen bequemen Schlafplatz und schließen Sie die Tür zum Schlafzimmer.

Hausgemachte Probleme

Lassen Sie ein Kätzchen in Ihr Bett, und es denkt, es gehört ihm. Geben Sie ihm zu fressen, während Sie essen, und es will jedes Mal mit Ihnen essen. Seien Sie konsequent. Vermeiden Sie unnötige Probleme, weil Sie denken, Sie können einmal damit durchkommen. Katzen sind schlauer, als Sie denken.

Ein Name ist wichtig

Katzen reagieren am besten auf kurze, knappe Namen. Namen, die anders als die von Ihnen regelmäßig benutzten Worte klingen, sind ebenfalls empfehlenswert.

Hausregeln

Stellen Sie Hausregeln für die ganze Familie auf. Hängen Sie sie in der Küche auf, z. B.:

1. Für Minka ist hauptsächlich . . . zuständig (Familienmitglied angeben).
2. Minka ist auf . . . beschränkt (Wohnbereich).
3. Minka schläft . . . (Ort angeben).
4. Ohne Miauen oder Herkommen auf Befehl bekommt Minka keine Leckerlis (*siehe S. 181*).
5. Immer zuerst Minkas Namen rufen, wenn sie aufmerken soll.
6. Minka in unsere Pläne oder Überlegungen mit einbeziehen.
7. Fenster und Haustüren geschlossen halten.

: Mit der Katze leben

Das Katzenklo

- Katzen brauchen wenig Übung
- Erfüllen Sie die Erwartungen der Katze
- Jede Katze sollte ihr eigenes Katzenklo haben

Die Katze ist von Natur aus sauber. Ab ungefähr drei Wochen und unter Führung ihrer Mutter sucht ein Kätzchen instinktiv einen Ausscheidungsplatz mit einer zum Scharren geeigneten Oberfläche. Es kehrt jedes Mal dahin zurück, wenn es Urin oder Kot absetzen muss.

Nachdem Sie das Kätzchen erworben haben, braucht es zunächst ein wenig Übung, um ein Katzenklo zu benutzen. Für eine Katze sind das Gefühl der Streu unter ihren Pfoten, der Geruch und der Ort des Katzenklos wichtig. Wie immer bestätigen Ausnahmen die Regel. Nicht kastrierte Kater benutzen ihren Harn und ihren nicht verscharrten Kot absichtlich als Reviermarkierung.

Die Lieblingsstreu der Katze
In Nordafrika, wo die Hauskatze herkommt, eigneten sich Erde und Sand ausgezeichnet zum Verscharren der Ausscheidungen. Das ist immer noch so, besonders bei Erde, die wir bereits umgegraben haben, um das Verscharren zu erleichtern. Aus diesem Grund vergraben Katzen ihren Kot gerne in frisch angelegten Blumenbeeten.

Die Intensität des Scharrens ist bei jeder Katze anders. Manche Katzen fahren vor und nach dem Geschäft nur flüchtig mit der Pfote über die Streu, während andere komplizierte Ingenieurarbeiten ausführen, vor dem Geschäft regelrechte Ausgrabungen vornehmen und danach formschöne Pyramiden gestalten.

Schon als kleines Kätzchen wird der Katze von seiner Mutter beigebracht, wie das kleine und große Geschäft funktioniert und nachher abzudecken ist.

Das Katzenklo

> **Fragen Sie Ihren Tierarzt**
>
> **F:** Was soll ich tun, wenn meine Katze das Katzenklo ablehnt?
>
> **A:** Überlegen Sie, ob vielleicht eine Stresssituation vorliegt. Beseitigen Sie diese und bieten Sie Ihrer Katze mehrere Klos an, eventuell mit unterschiedlicher Streu.

Die Lieblingsstreu des Menschen

Während jede Katze ihre eigene Lieblingsstreu hat, haben wir unsere eigenen Erwartungen daran. Glücklicherweise stimmen unsere Anforderungen meist mit denen der Katzen überein. Wir wollen saugfähiges Material, das geruchshemmend wirkt. Was jedoch für Sie gut riecht, riecht noch lange nicht gut für Ihre Katze. Kommerzielle Katzenstreu ist relativ neu auf dem Markt. Tonstreu klumpt bei Nässe und kann so leicht entfernt werden. Klumpende Streu haftet aber an langem Haar und kann aus dem Katzenklo mitgeschleppt werden.

Die Wahl des Streumaterials bleibt Ihnen überlassen. Denken Sie immer daran – frühe Gewöhnung ist das A und O. Was sich ein kleines Kätzchen angewöhnt, wird es auch als erwachsene Katze beibehalten.

Kloregeln

Kätzchen sind neugierig und werden wahrscheinlich jede neue Katzenstreu fressen. Manche Tierärzte meinen, dass Kätzchen klumpende Streu eher probieren als andere. Beobachten Sie Ihr Kätzchen, wenn Sie eine neue Streu ausprobieren, bis es versteht, wozu die Streu da ist. Denken Sie auch daran, dass ein für Sie angenehmer Geruch für Ihre Katze äußerst unangenehm sein kann.

Stellen Sie möglichst zwei Katzenklos mit unterschiedlicher Streu auf, die Ihnen zusagt. Ihre Katze wird die von ihr bevorzugte Streu benutzen. Stellen Sie das Katzenklo an einem abgeschiedenen, aber leicht zugänglichen Ort auf. Katzen gehen nicht gerne in lebhafter Umgebung aufs Klo.

In der freien Natur suchen verschiedene Katzen selten denselben Ausschei-

> **Arten von Katzenstreu**
>
> **TON**
> Ton, ob grau, rosa oder weiß, ist die beliebteste Katzenstreu, da er Harn und Feuchtigkeit aus dem Kot absorbiert. Klumpen können leicht aus dem Katzenklo entfernt werden. Spülen Sie Ton nicht die Toilette hinunter, selbst wenn es auf der Packung steht.
>
> **STREU AUF HOLZ- UND PFLANZENFASERBASIS**
> Streu in Krokettenform dehnt sich bei Feuchtigkeitsaufnahme aus und ist biologisch abbaubar. Faserprodukte aus Kokosfaser oder getrocknetem Gras sind sehr saugfähig und müssen oft gewechselt werden. Diese Produkte haben oft Duftzusätze, die einer Katze unangenehm sein können.
>
> **NICHT SAUGFÄHIGE STREU**
> Diese Streu ist manchmal aus Maiskörnern hergestellt, die mit Paraffin oder Styropor beschichtet sind. Sie wird in einem speziellen Katzenklo verwendet, das eine Harnauffangschale besitzt. Der Harn läuft durch, der Kot wird entfernt und entsorgt. Das Katzenklo kann für erneuten Gebrauch gewaschen werden.
>
> **ERDE UND SAND**
> Diese natürlichen Stoffe sind die Lieblingsstreu jeder Katze. Da sie voluminös und nicht biologisch abbaubar sind, eignen sie sich nicht für den Gebrauch in der Stadt.

dungsort auf. Stellen Sie bei Gruppenhaltung daher zwei oder mehrere Katzenklos auf.

Katzenklos

Sie können zwischen offenen, geschlossenen, von Hand zu bedienenden oder automatischen Katzenklos wählen. Denken Sie daran, dass Ihr Kätzchen so früh wie möglich an den von Ihnen bevorzugten Behälter gewöhnt werden sollte, um eine spätere Ablehnung zu vermeiden. Katzen, die an offene Klos gewöhnt sind, können z. B. Angst haben, ein geschlossenes Modell zu benutzen.

Geruchsbinder

Geruchsbinder für Katzenklos gibt es als Granulat, Pulver und Spray. Parfümierte Produkte vermeidet man besser – sie könnten Ihre Katze vom Katzenklo abbringen. Die besten Geruchsbinder verwenden Enzyme zur Spaltung der Geruchsmoleküle.

Hat die Katze anderswo Harn abgelassen, sollten der Teppich, die Unterlage und der Boden darunter mit einem geruchsbindenden Mittel behandelt werden. Klarer Essig und Wasser eignen sich gut zur Entfernung von Teppichflecken.

Sauberkeitsverhalten in der Wohnung

Eine Katze kann die Benutzung ihres Katzenklos verweigern, wenn ihr der Ort oder die Beschaffenheit der Streu nicht gefällt. Vielleicht reinigen Sie das Klo nicht regelmäßig genug oder aber so gründlich, dass es nur nach dem Reinigungsmittel riecht. Es kann auch sein,

Eine Schaufel erleichtert das Entfernen von Kot und Harnklumpen. Eine Plastikfolie erleichtert das Auswechseln der Streu.

Es gibt viele Gründe, warum die Katze ihr Katzenklo verweigert, darunter auch der Ort. Es können aber auch medizinische Gründe vorliegen.

Indem sie Urin verspritzt, markiert eine Katze ihr Revier. Obwohl dies meist unkastrierte Kater tun, können alle Katzen dieses Verhalten an den Tag legen, wenn sie sich bedroht fühlen.

dass die Katze es verweigert, weil eine andere Katze es benutzt.

Der Verlust des Sauberkeitsverhaltens kann auch ein Krankheitszeichen sein. Schmerzen beim Kotabsatz – z. B. bei Analbeutelverstopfung – verknüpft die Katze mit ihrem Katzenklo. Sie setzt weiterhin Harn im Katzenklo ab, ihren Kot jedoch außerhalb.

Auch Schmerzen beim Harnablassen können eine Katze dazu bewegen, an anderer Stelle zu urinieren, obwohl sie weiterhin im Katzenklo ihren Kot absetzt. Schmerzhaftes Harnlassen wird durch die Bildung von Harnsäurekristallen im Harn, in der Blase oder durch eine Harnröhreninfektion oder sogar durch Emotionen hervorgerufen. Erkrankte Katzen lassen ihren Harn an ungewöhnlichen Orten ab wie z. B. im Ausguss oder in der Badewanne. Zur Feststellung der Ursache benötigt Ihr Tierarzt eine Urinprobe.

Harn verspritzen

Eine Katze markiert ihr Revier, indem sie Urin verspritzt. Nicht kastrierte Kater markieren häufiger als andere, aber nicht kastrierte Kätzinnen markieren ebenfalls häufig zur Paarungszeit. Alle Katzen, ob kastriert oder nicht, können Urin verspritzen, wenn sie sich durch eine neue Katze in der Familie bedroht fühlen oder sogar wenn ihre Menschen unter starkem Stress stehen.

Die Feststellung der Ursache ist wichtig, um die Störung zu beheben. Entdecken Sie Ihre Katze, wie sie sich mit zitterndem Schwanz an die Wand drückt, schieben Sie ihren Schwanz ruhig nach unten und lenken sie mit Spielen ab.

Eine Urinprobe nehmen

Braucht Ihr Tierarzt eine Urinprobe Ihrer Katze, leeren Sie das Katzenklo und füllen Sie es mit nicht saugfähiger Streu auf. Ist diese nicht schnell verfügbar, verwenden Sie gründlich gewaschenen feinen Kies oder Styroporkugeln. Fangen Sie den Urin sofort in einem sauberen Behälter auf.

Ein Leben in der Wohnung

- Anpassung an die Wohnung
- Spielen ist wichtig
- Natürliche Verhaltensweisen

Für einen solitären Jäger gibt es nichts Unnatürlicheres als dauernd drinnen zu leben, ohne körperliche oder andere Sinnesreize der Außenwelt. Junge Kätzchen, die vorher noch nicht draußen gelebt haben, sind daher leichter an das Leben im Haus zu gewöhnen. Versteht man die natürlichen Bedürfnisse der Katze, ist es ein Leichtes, das Zuhause für ständig drinnen lebende Katzenbewohner zu gestalten.

Obwohl die Katze der perfekte solitäre Jäger und für die Wildnis geschaffen ist, beklagen sich nur wenige über ein Leben in der Wohnung.

Anpassung an die Wohnung

Ausmaß und Art der von einer Wohnungskatze benötigten geistigen und körperlichen Aktivität hängt von ihrer Persönlichkeit und ihren frühen Erfahrungen ab. Kastrierte Wohnungskatzen behalten mehr Verhaltensweisen von Kätzchen bei, darunter auch den Spieltrieb. Überlässt man die Katze ihrem eigenen Einfallsreichtum, erfindet sie zu ihrer Unterhaltung kreative Spiele. Was für Ihre Katze ein aufregendes Unterfangen ist – die Vorhänge hochklettern, Möbel zerkratzen oder Lebensmittel vom Regal stoßen –, kann ärgerlich, teuer und sogar gefährlich sein. Mit etwas Fantasie und Weitsicht können Sie Langeweile und damit einhergehende Probleme vermeiden (*siehe S. 190-95*).

Wie Sie mit Ihrer Katze spielen

Jungen wie erwachsenen Katzen gefallen Packen-und-festhalten-Spiele. In Wirklichkeit wird hier Fangen-und-loslassen praktiziert, was mit geeignetem Spielzeug und nicht mit hilflosen kleinen Tieren ausgeführt wird.

Ein flauschiger, leichter Gegenstand an einer Schnur ist ideal. Lassen Sie den Gegenstand vor Ihrer Katze baumeln, und bewegen Sie ihn.

Diese Art des Spielens bietet dieselbe Anregung, die eine freilaufende Katze durch das Erklettern von Zäunen und das Greifen nach Schmetterlingen erhält.

Spielen ist wichtig

Manche Katzen werden derart leichtsinnig beim Spiel, dass sie Gefahr laufen, sich selbst zu verletzen. Dennoch ist Spielen für Katzen sehr wichtig, für Wohnungskatzen umso mehr. Auf diese Art lernen sie ihre Umgebung kennen und können die aufgestaute Energie ablassen, die Freigängerkatzen brauchen, um erfolgreich ihre Beute zu belauern und zu fangen. Lenken Sie die angeborenen Raubtierinstinkte Ihrer Katze auf konstruktive Spiele.

Energieausbrüche bei Katzen

Das Leben draußen wechselt zwischen ruhigen Zeiten der Einsamkeit und Zeiten des Auflauerns, Jagens oder Gejagtwerdens ab. Wohnungskatzen entwickeln ihre eigenen Varianten dieses Verhaltensmusters.

Eine Variante dieses kreativen Spiels ist die »Wand des Todes«. Ihre Katze rast plötzlich ins Zimmer, rennt mit großer Geschwindigkeit im Kreis darin herum, springt vom Boden weg an die Wand und dann, genauso plötzlich wie zuvor, schießt sie wieder aus dem Zimmer. Wenn Sie ihr folgen, sitzt sie unergründlich da, als ob nichts geschehen wäre, und putzt sich in aller Ruhe. Das ist kreative Selbstunterhaltung, bei einer Wohnungskatze etwas völlig Normales.

Katzenkrallen

Höhepunkte eines Katzenlebens sind Kratzen und Klettern. Die Krallen werden zum Greifen und Festhalten benutzt, aber auch zum Kratzen an Gegenständen, was sichtbare Reviermarkierungen hinterlässt. Diese natürlichen Bedürfnisse können zum Problem werden. Meine persönliche Meinung ist, dass Sie, wenn Sie sich für ein Leben mit einer Katze entscheiden, sich auch für ein Leben mit ihrem naturgemäßen Verhalten entscheiden, einschließlich Kratzen und Klettern. Sobald Sie eine Katze erwerben, geben Sie ihr einen Kratzbaum und einen Kletterbaum. Schneiden Sie die Krallen nur, wenn die Katze damit hängen bleibt; sie sollte aber damit noch klettern können.

Spielzeug und Zubehör

- Nehmen Sie kreatives Spielzeug
- Achten Sie auf die Bedürfnisse Ihrer Katze
- Strapazierbares Zubehör ist wichtig

Katzen schaffen sich ihr Spielzeug aus allem, was klein und leicht ist und worauf sie zufällig stoßen, angefangen von Fadenbällen bis hin zu Schmetterlingsflügeln. Wohnungskatzen haben dieselben Triebe wie Freigängerkatzen. Kreatives Spielzeug, von einfachen baumelnden Gegenständen an »Spielangeln« bis hin zu regelrechten »Spielplätzen« befriedigen diese Triebe.

Spielzeug schafft Ausgeglichenheit

Eine Katze muss ihre natürlichen Triebe ausleben: Krallen wetzen und Kratzmarkierungen in ihrem Revier hinterlassen, auflauern, klettern, ihr Revier von oben betrachten, jagen und Beute fangen, beißen und nach Gegenständen schlagen oder einfach auf jede geringe Bewegung reagieren, als ob sie ihre eigene Beute finge.

- **Kratzbäume:** Stellen Sie einen Kratzbaum auf, solange die Katze noch ganz jung ist, und zwar in der Mitte des Zimmers. Spielen Sie mit Ihrer Katze immer neben dem Baum, und nutzen Sie ihn zum Spielen. Belohnen Sie die Benutzung des Kratzbaums mit Leckerbissen. Mit der Zeit werden Sie den Baum an einen weniger auffälligen Ort stellen können.
- **Wandbefestigtes Zubehör:** Wandbefestigungen geben kratzaktiven Katzen und Kletterkünstlern Sicherheit. Wandbefestigte Kratzbäume aus Sisal mit Teppichrändern sind ideal für die meisten Katzen.
- **Katzenbäume:** Ein Katzenbaum aus verschiedenen Materialien – nacktes Holz, Sisal und Teppich zum Kratzen, mit Teppich bezogene Liegebretter zum Faulenzen und ein abgedeckter Schlupfwinkel für sicheres Entspannen – ist der Katzenhimmel auf Erden.
- **Spielangeln:** Katzen jeder Altersklasse lieben es, nach von Pfosten baumelnden flauschigen und beweglichen Objekten zu schlagen, greifen oder ihnen hinterherzurennen. Spielen Sie für kurze Zeit, und belohnen Sie gutes Verhalten mit Streicheln und Leckerbissen.
- **Beutespiele:** Tischtennisbälle sind billig, leicht, sehr beweglich und eignen

Geeignetes Spielzeug

Mit einer Auswahl an kleinem, leichtem Spielzeug (Federn, Bälle, Filzmäuse) holen Sie ein Stück der aufregenden Außenwelt für Ihre Wohnungskatze nach drinnen.

Spielzeug und Zubehör

Wichtige Produkte für Sie

Diese Produkte erleichtern Ihnen das Leben. Sie sind erhältlich beim Tierarzt, in der Tierhandlung oder über das Internet.

- **Transportbox:** Nehmen Sie eine, die Sie für geeignet halten. Eine leichte Unterlage aus wattiertem Nylon sowie Gitterverkleidung und mehrere Eingänge sind ausgezeichnet.
- **Klebebandroller:** Damit können Sie Haare mühelos von Kleidern und Möbeln entfernen.
- **Gummikitt:** Hält Gegenstände an Ort und Stelle.

Katzen lieben Schlag- und Beutespiele. Ein kleiner, leichter Ball ist genau richtig.

sich hervorragend für Schlag- oder Beutespiele. Wickeln Sie Baumwollfaden oder Wolle um den Ball, damit er, wenn ihn die Katze trifft, in unerwartete Richtungen hüpft. Achten Sie darauf, dass Ihre Katze die Wolle oder den Faden nicht frisst.

- **Katzenspielplätze:** Überlegen Sie, ob Sie sich einen Katzenspielplatz anschaffen, wenn Sie zwei Kätzchen haben und ihnen eine Spielwiese geben wollen, wo sie klettern und springen können. Wenn Sie Leckerbissen auf die Liegebretter legen, regen Sie damit den Klettertrieb an.

Sicherheitszubehör

Sichern Sie Ihre Fenster mit Sicherheitsschlössern, sodass selbst die kleinste Katze nicht durchkommt. Normalerweise sind Stürze aus dem fünften bis achten Stockwerk tödlich. Manchmal überleben leichtgewichtige Katzen Stürze aus noch größerer Höhe, weil sie ausreichend Zeit zur Muskelentspannung haben.

Die Freigängerkatze

- Draußen sein ist natürlich
- Draußen kann es gefährlich sein
- Gute Planung ist wichtig

Sicherheit geht vor, wenn Ihre Katze ins Freie geht. Ist die Katze draußen vor Verkehr sicher? Gibt es Gefahren von oben oder offene Gewässer? Lassen Sie Ihre Katze nur dann ins Freie, wenn Sie von ihrer Sicherheit überzeugt sind.

Zeigen Sie Ihrer Katze den Garten
Sind Sie erst kürzlich umgezogen, geben Sie der Katze etwa vier Wochen Zeit, sich an ihr neues Zuhause zu gewöhnen. Sobald sie sich in Ihrer Wohnung sicher fühlt, können Sie sie – am besten vor dem Fressen – in den Garten lassen. Die Verlockung des Futters wird sie zurückbringen.

Ihr Garten ist vielleicht schon von einer ortsansässigen Katze besetzt. Begleiten Sie Ihre Katze das erste Mal mit einer Wasserpistole – die meisten Räuber hassen Wasserspritzer im Gesicht. Befürchten Sie, dass Ihre Katze entwischt, während sie im Garten ist, gewöhnen Sie sie an ein Geschirr, bevor Sie mit ihr ins Freie gehen (*siehe S. 188-189*).

Katzenklappen
Katzen, die in der Wohnung und im Freien leben, brauchen ihren eigenen

Zeigen Sie Ihrer Katze, wie die Katzenklappe funktioniert, indem Sie sie vorsichtig durchschieben.

Mit einer Katzenklappe kann Ihre Katze kommen und gehen, wie sie will.

Die Freigängerkatze

Sorgen Sie für dichte Ganzjahresbepflanzung.
Ihre Katze weiß grasartige oder großblättrige Pflanzen zu schätzen.

Katzenklos im Freien

Stellen Sie ein Katzenklo dort auf, wo Sie es gerne haben möchten, außerhalb der Reichweite von Kleinkindern, aber so, dass Sie es regelmäßig reinigen können.

Graben Sie eine kleine Sandgrube und »parfümieren« Sie diese mit Streu aus dem Katzenklo in der Wohnung. Sieben Sie die Streu regelmäßig durch, aber entsorgen Sie die Ausscheidungen nicht auf dem Kompost. Darmparasiten können dort überleben.

Der katzenfreundliche Garten

Je katzenfreundlicher Ihr Garten ist, desto mehr Zeit wird Ihre Katze darin verbringen – und nicht beim Nachbarn. Büsche spenden kühlenden Schatten, während glattes Holz und Steine warme Stellen zum Sonnenbaden anbieten. Holzpfosten sind ideale Aussichtspunkte, um das Revier zu überblicken, und ideale Kratzbäume. Vermeiden Sie nackte Erde, da dies zum Ausscheiden einlädt.

Ein- und Ausgang. Die beste Lösung ist eine Katzenklappe.

Zeigen Sie Ihrer Katze, wie eine Klappe funktioniert. Halten Sie sie ganz auf, sodass die Katze leicht durchkommt und zugleich gerade noch der Körper berührt wird.

Halten Sie eine Belohnung bereit. Gehen Sie dazu über, die Klappe teilweise zu öffnen, und motivieren Sie die Katze, ihren eigenen Körper zu benutzen, um die Klappe aufzuhalten.

Vorausschauend planen

Katzen ängstigen sich schnell im Freien, und wenn sie einmal Angst haben, verstecken sie sich eher, als nach Hause zurückzukommen. Verlassen Sie sich nicht ausschließlich auf die Erkennungsmarke oder den Mikrochip. Gewöhnen Sie Ihrer Katze an, dass Sie beim Rufen ihres Namens miaut. Auf diese Weise finden Sie eine verängstigte oder verletzte Katze (*siehe S. 185-186*). Geht Ihre Katze ins Freie, wo auch andere Tiere sind, sollte sie gegen Krankheiten und Parasiten geschützt sein.

Ein Leben im Freien

- Nehmen Sie Rücksicht auf die Nachbarn
- Machen Sie Ihren Garten katzensicher
- Achten Sie auf mögliche Gefahren

Katzen brauchen die Anregungen und Reize, die vom Draußensein kommen. Verantwortungsvolle Halter sehen dies voraus, schätzen die Risiken ein und minimieren sie weitestgehend.

Verkehr ist tödlich
Erwarten Sie nicht, dass Ihre Katze Verkehrssinn entwickelt. Manche tun es, aber nur durch Versuch und Irrtum – eine gefährliche Methode! Geht Ihre Katze ins Freie, hängen Sie Ihr ein Leuchthalsband um. Dadurch können Autofahrer Ihre Katze in der Dunkelheit besser erkennen.

Eine vom Menschen gesetzte Grenze wie ein Zaun ist für eine Katze oft völlig unwichtig. Sie kann sie jedoch als ihre eigene Grenze übernehmen.

Jagen in der Stadt
Hungrige Katzen jagen, um zu fressen, gut genährte Katzen töten um des Jagdreizes willen. Achten Sie darauf, dass Ihre Katze so wenig Schaden wie möglich anrichtet. Hängen Sie ein oder zwei Glöckchen an ihr Halsband. Stellen Sie in Ihrem Garten ein katzensicheres Vogelhaus auf.

Kontrollieren Sie soziale Begegnungen
Katzen haben Grenzstreitigkeiten, die zu Kämpfen führen. Kämpfe bedeuten Bisse, und Bisse bedeuten ein größeres Übertragungsrisiko von Viren wie FIV (Felines Immunschwächevirus) und FeLV (Felines Leukämievirus) (*siehe S. 215*).

Senken Sie das Risiko, indem Sie Ihre Katze kastrieren lassen. Kastrierte Katzen brauchen nicht so ein großes Revier wie unkastrierte. Es kann jedoch schwierig sein zu verhindern, dass unkastrierte verwilderte Kater in Ihren Garten oder sogar durch die Katzenklappe in Ihr Haus eindringen. In einem solchen Fall bauen Sie eine magnetisch gesteuerte Katzenklappe ein, und bewaffnen Sie sich mit einem Lärminstrument oder einer leistungsstarken Wasserpistole, wenn soziale Begegnungen zum Problem werden.

Verhüten Sie Attacken auf Müllbeutel
Selbst die bestgenährteste Katze kann einer Attacke auf Plastikmüllsäcke nicht

Ein Leben im Freien 183

Katzen warnen sich gegenseitig
durch Anstarren, Fauchen und Spucken.
Bleiben diese Warnungen wirkungslos,
kann es zu Kämpfen kommen.

widerstehen. Bewahren Sie Ihren Müll in sicher verschließbaren Behältern auf. Stöbert Ihre Katze im Müll Ihrer Nachbarn, besorgen Sie ihnen katzensichere Müllbehälter.

Vermeiden Sie Gartenchemikalien

Ist Ihre Katze in irgendwelche chemischen Produkte getreten (*siehe S. 232–233*) und hat sie danach ihre Pfoten geleckt, führen Sie kein Erbrechen herbei. Dadurch wird der Schaden noch größer. Gehen Sie sofort zum Tierarzt.

Auf gute Nachbarschaft

Wenn Ihre Nachbarn dagegen sind, dass Ihre Katze sich in ihrem Garten räkelt – respektieren Sie ihre Wünsche.

Machen Sie den Vorschlag, Katzen von ihrem Garten fern zu halten, indem sie Eukalyptus- und Zitrusduft auf Blumen- und Gemüsebeete sprühen und erst abends gießen. Katzen hassen nas-

Starke Sonneneinwirkung verhindern

Ohren und Nase von weißen Katzen und Katzen ohne dichtes schützendes Fell riskieren einen Sonnenbrand, selbst Krebs, wenn sie starker Sonneneinwirkung ausgesetzt sind. Wie manche Menschen sind auch Katzen Sonnenanbeter. Geht Ihre helle Katze nach draußen in die Sonne, verwenden Sie regelmäßig eine Sonnenschutzcreme mit Faktor 30.

Grunderziehung

- Katzen können erzogen werden
- Erwarten Sie nicht zu viel
- Lenken Sie das natürliche Verhalten Ihrer Katze

Entgegen der landläufigen Meinung reagieren Katzen auf Erziehung offen und aufgeschlossen, solange Sie daran denken, dass die Katze kein verkleideter Hund ist. Da sie anders denkt, muss ein anderer Ansatz gewählt werden, damit die Erziehung Erfolg hat. Das Wesentliche bei dieser Arbeit ist, zu verstehen, wie eine Katze denkt. Ihre Welt ist weitaus weniger sozial und dreidimensionaler als die eines Hundes.

Unbewußte Erziehung

Sie merken es vielleicht nicht, aber Ihre Katze reagiert bereits auf Ihre ungeplante Erziehung. Galoppiert sie in die Küche, wenn sie das Geräusch des Dosenöffners hört? Wenn ja, hat sie gelernt, dass auf dieses Geräusch normalerweise eine Belohnung, nämlich Futter, folgt.

Im frühen 20. Jahrhundert hat Ivan Pavlov, ein russischer Physiologe, das Verhalten von Hunden erforscht und herausgefunden, dass er durch die Verbindung einer Glocke mit Futter den Hund darauf dressieren konnte, zu speicheln, sobald die Glocke erklang.

Belohnung und Bestrafung

In den 30er-Jahren hat der amerikanische Psychologe B. F. Skinner erklärt, wie ein Tier mit Belohnung darauf dressiert werden kann, ein gewünschtes Verhalten zu zeigen wie z. B. auf Befehl herzukommen. Er nannte Belohnungen »positive Verstärkung« und milde Bestrafung »negative Verstärkung«.
Ein negativer Verstärker hält die Katze davon ab, ein Vorhaben auszuführen. Ein heftiger Spritzer aus der Wasserpistole oder ein leichter Stups auf den Kopf sind milde Formen der Bestrafung – aber wirklich nur für Extremfälle.

Verbinden Sie eine milde Form der Strafe wie z. B. einen leichten Stups auf den Kopf der Katze mit dem Wort »Nein!«. Mit der Zeit genügt bereits ein scharfes »Nein!« als Strafe.

Eine Katze lernt durch schlechte Erfahrung. Doch setzen Sie Disziplinierungsmaßnahmen nur in Extremfällen ein.

Belohnung und Disziplin

Katzen reagieren auf Belohnungen und Disziplin, weil beide Teil des richtigen Lebens draußen sind. Geduld beim Auflauern einer Beute wird durch Futter belohnt. Ähnlich verhält es sich, wenn morgens auf einen sanften Stups in Ihr Gesicht ein Klaps folgt, dann ein Stoß, und wenn Sie dann immer noch nicht aufstehen, um der Katze zu fressen zu geben, ein regelrechter Schlag. Beharrlichkeit wird belohnt.

Kätzchen lernen früh im Leben, die Bedeutung unterschiedlicher Geräusche zu verstehen. Katzen können sich sehr klar ausdrücken, angefangen beim beruhigenden Schnurren über forderndes Miauen bis hin zu bedrohlichem Fauchen und Spucken. Es fällt ihnen nicht schwer, unsere Geräusche ebenfalls zu erlernen, von unserer gemurmelten Belohnung bis hin zu disziplinierenden Ausrufen. Sie können eine milde Bestrafung wie einen Wasserspritzer mit einem festen »Nein!« verbinden und schließlich nur das Wort benutzen, um Ihre Katze zurechtzuweisen.

Aller Anfang ist schwer

Lebhafte Kurzhaarkatzen lernen meist etwas schneller als die eher zurückhaltenden Langhaarkatzen. Kleinen Kätzchen fehlt die nötige Konzentration, und ältere Katzen sind nicht interessiert. Am aufgeschlossensten sind Katzen ab einem

Grundregeln der Erziehung

Befolgen Sie bei der Erziehung diese Regeln:

- Üben Sie immer vor den Mahlzeiten, wenn Ihre Katze am hungrigsten ist.
- Üben Sie an einem ruhigen Ort, am besten drinnen.
- Verwenden Sie schmackhafte Leckereien. Wechseln Sie ab, wenn es der Katze zu eintönig wird.
- Verbinden Sie die Leckereien mit Worten.
- Üben Sie nur kurze Zeit am Stück.
- Haben Sie Geduld. Ihre Katze lernt nur dann, wenn es ihr auch Spaß macht.

Alter von vier Monaten, aber nur Katzen, die regelmäßigen Umgang mit Menschen haben, werden darauf ansprechen. Eine Lektion von einer oder zwei Minuten reicht für die meisten Katzen völlig aus. Fünf Minuten sind schon zu viel.

Clicker- und Namenstraining

Clickertraining ist eine beliebte Methode der positiven Verstärkung. Das klickende Geräusch wird mit einer Futterbelohnung verbunden und fungiert als Signal, das der Katze sofort mitteilt, welches Verhalten gewünscht wird.

Beim Clickertraining kommt es auf den richtigen Zeitpunkt an. Geben Sie eine Futterbelohnung und klicken Sie dabei mit dem Clicker. Nach mehreren Wiederholungen müssten Sie eigentlich

Der Katze das Sitzen beibringen

Dies ist die Grundübung für nahezu alles andere. Der Katze beibringen, sich hinzusetzen, wenn sie auf das Rufen ihres Namens oder das Clicker-Geräusch hergekommen ist, ist die erste Übung einer Reihe verschiedener Verhaltensübungen.

1. Beginnen Sie kurz vor dem Füttern. Setzen Sie die hungrige Katze auf den Tisch. Setzt sie sich von alleine hin, streicheln Sie ihren Rumpf, um die instinktive Rumpf-in-der-Luft-Reaktion zu erhalten.

2. Halten Sie ihr einen schmackhaften Leckerbissen 2,5–5 cm vor die Nase. (Wenn Sie mit Clicker arbeiten, diesen in der anderen Hand halten.)

3. Bewegen Sie den Happen nach oben und über ihren Kopf, im Abstand von 2,5–5 cm, bis er sich zwischen den Ohren befindet. Die Katze setzt sich hin. Während sie dies tut, sagen Sie ihren Namen und dann »Sitz«.

4. In dem Moment, in dem sich die Katze hinsetzt, sagen Sie »Brav Sitz« und geben ihr die Belohnung. Wenn Sie einen Clicker verwenden, klicken Sie, kurz bevor Sie den Happen geben. Geben Sie ihn mit dem Löffel, lassen Sie die Katze nur ein paar Mal daran lecken.

Hungrige Katzen reagieren meist nach zehn Versuchen auf diese Übung. Beenden Sie die Übung mit »Okay«. So weiß die Katze, dass der Unterricht vorbei ist und es jetzt etwas zum Fressen gibt. Üben Sie wieder kurz vor der nächsten Fütterung.

nur noch klicken, um die Aufmerksamkeit der Katze zu erhalten.

Das können Sie auch mit ihrem Namen versuchen, während die Katze ihre Belohnung erhält. Bald merkt sie auf, sobald Sie nur ihren Namen rufen.

Richtig belohnen

Wenn Sie mit Clicker arbeiten, lesen Sie die Anleitung genau durch. Es kommt auf den richtigen Zeitpunkt an. Klicken Sie zu früh oder zu spät, wird der Unterricht schwieriger.

Halten Sie Futterbelohnungen bereit, und arbeiten Sie mit dem Lieblingsfutter.

Gib Pfötchen

Dies ist eigentlich eine Berührungsübung – einfach und unterhaltsam für die meisten Katzen. Sie brauchen einen Katzenwedel wie z. B. eine kleine Feder, die an einer kurzen Schnur an einem Stock hängt.

Fangen Sie in der Sitz-Position an. Lassen Sie den Katzenwedel knapp über dem Kopf baumeln und sagen Sie, wenn die Katze die Pfote hebt, um ihn zu berühren, »Felix, gib Pfötchen«. Wenn die Katze das Spielzeug berührt,

Gib Küsschen

Versuchen Sie diesen Trick nur, wenn Sie keine hygienischen Vorbehalte haben. Sie brauchen einen freiwilligen Trainingspartner und etwas Klebriges und Schmackhaftes. Fisch oder Fleischpastete und Babynahrung mit viel Fleisch sind gut geeignet.

1. Streichen Sie das klebrige Futter auf die zu küssende Stelle, am besten auf die Nasenspitze.

2. Lassen Sie die hungrige Katze »Sitz« machen, und platzieren Sie den Partner 30–65 cm entfernt vor der Katze.

3. Dieser beuge sich nach vorne und dann nach hinten.

4. Während sich Ihre Katze nach vorne bewegt, um die Nase abzulecken, sagen Sie »Felix, gib Küsschen«.

5. Wenn die Katze Küsschen gibt, bieten Sie ihr einen anderen, noch schmackhafteren Happen an.

6. Vergrößern Sie allmählich den Abstand zwischen Katze und Partner, reduzieren Sie die Menge des »Gesichtsfutters«, aber behalten Sie die Menge des Handfutters bei.

Schließlich wird Ihre Katze, wenn sie das Kommando hört, auch ohne Futter küssen.

Begegnungen mit anderen Katzen erfordern Übung

Wurfgeschwister bauen schon früh eine Beziehung untereinander auf. Für eine erwachsene Katze ist es unnatürlich, freiwillig mit nicht verwandten Katzen zu spielen. Sie hält andere Katzen für potenzielle Eindringlinge. Die Grundlage für eine erfolgreiche soziale Integration mehrerer Katzen in einer Wohnung erfordert, dass Sie ihre Begegnungen kontrollieren und ruhiges Verhalten belohnen.

Vorbereitung auf Tierarztbesuche

Wird der Transportkorb nur für Besuche beim Tierarzt oder in der Katzenpension benutzt, wird Ihre Katze ihn mit Unbehagen in Verbindung bringen. Üben Sie positive Verstärkung, damit Ihrer Katze die Geborgenheit und Abgeschlossenheit ihres Transportkorbs gefällt. Stellen Sie den Transportkorb nicht weg. Lassen Sie ihn offen an einem warmen Ort stehen, und stellen Sie verlockende Leckerbissen hinein. Nutzen Sie ihn zu Hause als sicheren Hafen für Ihre Katze. Sie wird lernen, sich von allein dorthin zurückzuziehen und ihn als persönlichen Unterschlupf zu betrachten.

Kätzchen lernen am leichtesten, an der Leine oder mit Geschirr zu laufen. Der Erfolg hängt jedoch von der einzelnen Katze ab.

sagen Sie »Gib Pfötchen« und geben ihr eine Futterbelohnung. Arbeiten Sie mit Clicker und geben Sie eine Futterbelohnung. Sobald Felix lernt, dass das Heben der Pfote eine Belohnung bringt, wird er es noch bereitwilliger tun, wenn Sie nur »Gib Pfötchen« sagen. Ersetzen Sie allmählich den Katzenwedel durch Ihre Handfläche.

Ihre Katze ist kein Hund

Anders als ein Hund wird Ihre Katze nicht einfach etwas tun, nur um Ihnen zu gefallen. Katzen wollen nur sich selbst gefallen. Ihre Aufgabe ist es, das, was Ihre Katze will, in die von Ihnen gewünschte Verhaltensweise zu lenken. Eine Katze an der Leine braucht Zeit zum Anhalten, Schauen, Hören, Schnüffeln und muss, wenn sie sich vergewissert hat, dorthin gehen können, wohin sie will. Mit einem Hund gehen Sie spazieren. Eine Katze jedoch geht mit Ihnen spazieren!

Ein harmloses Geschirr

Gewöhnen Sie Ihre Katze an ein weiches, leichtes Geschirr, indem Sie es ein paar Tage lang auf dem Boden liegen lassen, wo es beschnüffelt und erforscht werden kann. Hat sich die Katze daran gewöhnt, ziehen Sie es ihr nur einige Sekunden lang über den Kopf, ohne es zu schließen. Belohnen Sie die Katze mit Lob und Leckerbissen. Lehnt die Katze das Geschirr ab, spielen Sie mit ihr und versuchen Sie es später noch einmal. Zwingen Sie die Katze nie dazu, das Geschirr zu tragen.

Grunderziehung

Die Leine
Fühlt sich die Katze mit ihrem Geschirr wohl, befestigen Sie die Leine daran und lassen Sie sie hängen. Hat sich die Katze auch daran gewöhnt, nehmen Sie die Leine auf und folgen ihr im Haus herum. Dies kann Tage oder Wochen dauern.

Hat sich die Katze an ihr Geschirr gewöhnt, befestigen Sie die Leine daran, und lassen Sie die Katze damit herumlaufen.

Jetzt können Sie vor Ihrer Katze mit einer Belohnung hinknien und den Befehl »Komm« geben, während sie herkommt. Arbeiten Sie wie bei jeder Gehorsamsübung nur mit Belohnungen, niemals mit Disziplin (und seien es nur Worte).

Ins Freie gehen
Bleiben Sie vor und an der Seite der Katze, während sie sich aussucht, wohin sie geht. Geht sie irgendwohin, wohin Sie nicht wollen, lassen Sie die Leine anspannen, aber ziehen Sie nicht daran. Geben Sie Wortbefehle wie »Nein!«, wenn sie nicht in die von Ihnen gewünschte Richtung läuft. Verhalten Sie sich ruhig und leise, wenn die Katze ernst wird und sich konzentriert.

Der erste Ausgang mit der Katze an der Leine sollte stressfrei sein. Ein Spaziergang im Garten am frühen Morgen ist ein guter Anfang.

Verhaltensstörungen

- Alle Katzen entwickeln Verhaltensstörungen
- Vorbeugen ist besser als Heilen
- Sehen Sie den Ursachen ins Auge

Selbst in der Behaglichkeit einer Wohnungsumgebung tun Katzen, was sie tun müssen: klettern, Reviere markieren, jagen und ihr eigenes Futter erbeuten. Futter stehlen, an Vorhängen oder unseren Knöcheln hochklettern macht Katzen Spaß, uns Menschen aber nicht.

Für die Katze ist es kein Problem

Aus Ihrer Sicht verursacht Ihre Katze Probleme. Aus Sicht der Katze ist ihr Verhalten vollkommen natürlich.

Katzen leben ein dreidimensionales Leben: Sie klettern, sie schärfen ihre Waffen, sie verwenden dauerhaft vorrätige Stoffe – Harn und Kot –, um ihr Revier zu markieren, sie fressen Pflanzen, sie belauern und verfolgen kleine Dinge, die sich schnell bewegen. All dies sind natürliche Aktivitäten. An Vorhängen hochklettern, Sofas verkratzen, Urin verspritzen, Zimmerpflanzen fressen, Ihren Knöcheln auflauern – für Ihre Katze ist das alles in Ordnung. Leider finden wir Menschen es oft nicht in Ordnung. Zum Glück gibt es aber dagegen ein paar einfache Mittel.

Möbel zerkratzen

Katzen kratzen an Dingen, um ihr Revier zu markieren, ihren Erkennungsduft zu hinterlassen, Krallenhüllen abzustreifen oder Furcht auszudrücken. Um Beschädigungen Ihrer Möbel zu verhindern, geben Sie der Katze ihre eigenen Möbel in Form eines Kratzbaumes. Verstecken Sie ihn nicht in einer Ecke oder einem abgelegenen Zimmer. Eine der Funktionen des Kratzens ist es, ein sichtbares Zeichen der Anwesenheit zu hinterlassen. Stellen Sie den Baum anfangs mitten im Lieblingszimmer der Katze auf. Belohnen Sie sie mit Leckerbissen, wenn sie ihn benutzt. Sobald

Geben Sie Ihrer Katze einen robusten, stabilen, hohen Kratzbaum aus Sisal und kurzem Teppichbelag – zwei Materialien, die Katzen besonders anziehend finden.

> **Verhaltenskorrektur**
>
> Zeigt eine Katze auffällige Verhaltensweisen, so werden zuweilen für den Menschen entwickelte Medikamente eingesetzt. Diese Medikamente werden vorranging zur Behandlung von angstbesetzten Störungen wie Harn- und Kotabsatz außerhalb des Katzenklos verwendet. Medikamente allein werden jedoch eine solche Störung nicht beseitigen und sind letztenendes nur als Notfallmaßnahme akzeptabel. Betreiben Sie stattdessen Ursachenforschung und ziehen Sie einen Tierarzt oder -therapeuten als Berater hinzu.

Ihre Katze den Baum benutzt, schieben Sie ihn langsam jeden Tag ein kleines Stück weiter an eine weniger auffällige Stelle. Stellen Sie den Baum am Ende in der Nähe des bevorzugten Schlafplatzes Ihrer Katze auf.

Am Baum verriebene Katzenminze, lobende Worte und Streicheln sowie Futterbelohnungen, wenn der Baum benutzt wird, fördern den weiteren Gebrauch.

Kratzt Ihre Katze bereits an den Möbeln, decken Sie den beschädigten Bereich mit dickem Plastik oder doppelseitigem Klebeband ab, um die Oberfläche unattraktiv zu machen. Erwischen Sie Ihre Katze beim Kratzen, rufen Sie »Nein!« oder verursachen Sie ein plötzliches Geräusch – z. B. durch Fallenlassen des Schlüsselbunds.

An Vorhängen hochklettern

Befriedigen Sie den angeborenen Klettertrieb Ihrer Katze, indem Sie ihr einen annehmbaren Kletterersatz in der Wohnung dafür bereitstellen. Wenden Sie milde Formen der indirekten Bestrafung an, um Katzen umzuerziehen, die dort klettern, wo Sie es nicht haben wollen. Fängt Ihre Katze an, in einem verbotenen Bereich zu klettern, verursachen Sie ein

Wenn Ihre Katze an unerlaubten Stellen klettert, erziehen Sie sie mit milder indirekter Bestrafung um.

lautes Geräusch, indem Sie etwas fallen lassen oder sie notfalls mit einer Wasserpistole anspritzen. Vernünftige Katzen bringen schnell ihre Handlung mit den unangenehmen Folgen in Verbindung.

Geben Sie der Katze wiederum eine geeignete Belohnung, wenn sie dort klettert, wo es erlaubt ist.

Knöcheljagd

Knöcheljagd kann schmerzhaft sein. Liegt Ihre Katze im Hinterhalt und lauert Ihren Knöcheln auf, ist dies entweder ein übertragenes Spielverhalten oder ein sexueller Angriff (selbst wenn die Katze kastriert ist).

Abhilfe schafft hier zum einen eine andere Katze, mit der Ihre Katze interagieren kann. Sprechen Sie zuvor mit Ihrem Tierarzt darüber.

Eine andere Möglichkeit liegt darin, diesen Beutetrieb mittels geeigneter Beutespielzeuge zu steuern. Es gibt viele batteriebetriebene Spielzeuge, die zum Auflauern, Fangen und Festhalten anregen. Spielangeln, um einen Tischtennisball gewickelte Wolle und Spielzeughandschuhe eignen sich ausgezeichnet

Vorsicht: Einige Zimmerpflanzen sind giftig für Katzen!

zur Kanalisierung der natürlichen Raubtiertriebe.

Lässt Ihre Katze nicht locker, bewaffnen Sie sich mit Ihrer Wasserpistole und spritzen Sie, sobald Sie das Leuchten in den Augen Ihrer Katze sehen! Alternativ können Sie immer ein Beutespielzeug bei sich haben und es vor die Katze werfen, bevor Sie selbst erbeutet werden!

Zimmerpflanzen fressen

Freigängerkatzen fressen Gras zur Unterstützung der Verdauung und aus Freude am Kauen von Pflanzenfasern. Geben Sie Ihrer Wohnungskatze ihr

Lauert die Katze Ihren Knöcheln auf, lenken Sie ihren Beutetrieb auf ein Beutespielzeug.

Verhaltensstörungen

Decken Sie die Erde Ihrer Topfpflanze mit Kies, Murmeln oder etwas anderem ab, was der Katze nicht gefällt.

eigenes Gras zum Kauen. Sie können es aus Samen selbst ziehen oder in Tierhandlungen kaufen. Jedes schnell wachsende dünne Gras ist geeignet.

Achten Sie bei Ihren Zimmerpflanzen darauf, dass keine giftigen wie die Dieffenbachie darunter sind. Mag Ihre Katze die Zimmerpflanzen, stellen Sie sie außer Reichweite oder wickeln Sie vorübergehend doppelseitiges Klebeband herum. Katzen mögen kein klebriges Gefühl an den Pfoten. Sprühen Sie die betroffene Stelle mit ungefährlichem, aber bitter schmeckendem Spray ein, das Sie zuvor ausprobiert haben.

Verbotene Bereiche

Katzen gehen davon aus, dass sie überall Zugang haben. Möchten Sie, dass Ihre Katze bestimmte Bereiche wie z. B. Ihr Schlafzimmer nicht aufsucht, schließen Sie einfach die Tür. Geht das nicht, können Sie in Haushaltswaren- oder Sicherheitsläden Wärme- oder Bewegungsmelder besorgen. Sie sind nicht teuer und eine großartige Erziehungshilfe während Ihrer Abwesenheit. Durchquert die Katze die Schranke des kleinen Sensors, ertönt ein schriller Ton, der die Katze abschreckt.

Wecken im Morgengrauen

Die einfachste Methode, die Landung eines Fellpakets auf Ihrem Brustkorb um 5 Uhr morgens zu verhindern, ist, die Tür zu schließen. Wenn die Katze ständig

Auf Tische oder Ablagen springen

Katzen überblicken ihre Länderein gerne aus großer Höhe. Befriedigen Sie den Trieb Ihrer Katze nach hohen Aussichtspunkten, indem Sie ihr einen Kletterbaum geben.

Wenn Sie eine Katze haben möchten, müssen Sie dieses Verhalten weitgehend in Kauf nehmen. Dennoch gibt es Stellen, wie z. B. einen Babywickeltisch, die die Katze meiden sollte. Doppelseitiges Klebeband als Form der Aversionstherapie ist sowohl in Ihrer An- als auch Abwesenheit sehr wirksam.

Wenn Sie die Katze nicht in Ihrem Essbereich füttern, verhindern Sie das Betteln um Essensreste vom Tisch.

miaut, benutzen Sie eine Woche lang Ohrstöpsel; reagieren Sie auf keinen Fall auf das Gemaunze. Selbst ein verbaler Vorwurf stellt eine Belohnung dar. Was immer Ihre Katze als Erstes nach dem Aufstehen von Ihnen erwartet – Futter geben oder etwas anderes –, tun Sie's nicht!

Mit anderen Katzen zusammenleben

Können sich zwei Freigängerkatzen nicht leiden, drangsaliert eine Katze die andere so lange, bis Letztere geht. Da dies bei Wohnungskatzen unmöglich ist, führt es nicht nur zu Spannungen zwischen den beiden, sondern auch zu Verhaltensauffälligkeiten wie Urinmarkierung und erhöhter Reizbarkeit.

Möchten Sie mehrere Katzen haben, holen Sie sich zwei Kätzchen gleichzeitig

Regeln zur Umerziehung

① Befriedigen Sie die natürlichen Bedürfnisse der Katze, indem Sie Alternativen anbieten.

② Beseitigen Sie die Befriedigung, die Ihre Katze aus ihrem untragbaren Verhalten zieht. Nehmen Sie Tabascosoße oder andere ungefährliche, aber unangenehme Aromen, um unerwünschtes Kauen und Nagen zu unterbinden. Verwenden Sie preisgünstige Bewegungsmelder für Fenster, Betten oder das Sofa, wenn Sie nicht wollen, dass Ihre Katze während Ihrer Abwesenheit daraufspringt. Verwenden Sie doppelseitiges Klebeband oder Gummikitt, um Kratzen zu verhindern. Sind Sie zu Hause und erwischen Ihre Katze bei einer unerwünschten Handlung, wirkt ein dumpfes Geräusch auf dem Boden wahre Wunder.

③ Geben Sie nicht nach. Erwarten Sie keine Wunder.

④ Sind Sie unsicher oder sind Aggressionen mit im Spiel, nehmen Sie professionelle Hilfe in Anspruch.

oder, wenn Ihre Katze Junge hat, behalten Sie eines davon zur Vergrößerung der bestehenden Gruppe, ohne dass Sie schwere Kämpfe befürchten müssen.

Drangsaliert eine Ihrer Katzen alle anderen, gehen Sie zum Tierarzt, um mögliche medizinische Ursachen wie chronische Schmerzen auszuschließen.

Beobachten Sie das Verhalten Ihrer Katze, und schreiten Sie ein, wenn Sie gesenkte Köpfe und gekrümmte Rücken sehen. Stellen Sie die Ordnung wieder her, indem Sie die Streithähne in separaten Zimmern füttern.

Ausgänge

Jede Katze, die auch nur ein bisschen neugierig ist, geht gerne nach draußen und kann an Ihnen vorbeisausen, sobald Sie die Haustür öffnen. Ist dies riskant, bringen Sie die offene Haustür mit etwas Unangenehmem wie einer Wasserpistole in Verbindung. Geben Sie Ihrer Katze einen Leckerbissen oder ihr Lieblingsspielzeug, bevor Sie weggehen, sodass sie von Ihrem Weggang abgelenkt ist.

Streichelagressionen

Ihre Katze liegt träumerisch da, während Sie sie streicheln. Plötzlich beißt sie zu. Streichelaggressionen entstehen, weil Ihre Katze bezüglich Ihres Streichelns gemischte Gefühle hat. Einerseits ist Streicheln beruhigend und erinnert an mütterliches Lecken. Andererseits berühren sich nicht miteinander verwandte erwachsene Katzen niemals, es sei denn bei Kämpfen oder bei der Paarung. Aufgrund dieser gemischten Signale fühlen sich die meisten Katzen mit der Zeit unwohl.

Wo bekomme ich Hilfe?

Zeigt Ihre Katze auffällige Verhaltensstörungen – entweder solche wie auf diesen Seiten beschriebenen oder andere – kann Ihnen ein fähiger Katzentrainer oder Verhaltensforscher für Katzen weiterhelfen. Sprechen Sie mit Ihrem Tierarzt darüber. Er kann Ihnen empfehlenswerte Trainer nennen.

Intelligenztest für Katzen

Es macht Spaß, die Intelligenz von Katzen zu vergleichen, obwohl dies nicht wissenschaftlich exakt ist. Bewerten Sie Ihre Katze nach folgenden Gesichtspunkten:

Meine Katze
- ist wachsam und neugierig
- versucht, mich zu manipulieren
- ist von mir nicht abhängig
- reagiert einfühlsam auf meine Stimmungen
- ist leicht erziehbar
- geht selbstsicher mit Fremden um
- reagiert auf ihren Namen
- ist geschickt.

Wahr?	Punktzahl
Nein	1–2
Eher nein	3–4
Manchmal	5–6
Eher ja	7–8
Völlig zutreffend	9–10

Ergebnisse
0–34 Punkte: Braucht Förderung
35–49: Durchschnitt
50–64: Schlauberger
65–80: Experte

Körperpflege

- Gewöhnen Sie kleine Kätzchen an Körperpflege
- Machen Sie Körperpflege zur Gewohnheit
- Teilen Sie Auffälligkeiten Ihrem Tierarzt mit

Katzen sind wahre Putzteufel. Sie verbringen zwischen acht und 15 Prozent ihres Wachzustands mit Putzen. Dennoch kann die Katze Ihre Hilfe benötigen. Regelmäßiges Bürsten hält Haut und Fell in Form. Dabei entdecken Sie, wenn etwas nicht in Ordnung ist. Katzen jeden Alters profitieren von Ihrer Fürsorge hinsichtlich Krallen, Zähnen, Ohren und Augen.

Putzen ist überlebenswichtig

In der freien Natur ist das Fangen, Töten und Fressen kleiner Säugetiere ein schmutziges Geschäft. Das Fell der Katze wird durch Fremdkörper, Schmutz und Futterreste verunreinigt. Ohne Pflege kann dies zu starkem Geruch führen, was wiederum die unwillkommene Aufmerksamkeit von feindlichen Raubtieren erregt. Gründliches Putzen beseitigt Futterreste und Ähnliches und vor allem den Geruch aus dem Fell.

Aber das ist noch nicht alles. Katzen stammen aus heißen Klimazonen, wo die Regulierung der Körpertemperatur über Leben und Tod entscheidet. Putzen entfernt tote Haare und Knoten aus dem Fell. Bei ordentlicher Pflege fängt das Fell eine isolierende Luftschicht ein, die die Katze vor Hitzschlag schützt.

An heißen Tagen hat der durch das Belecken des Fells verdunstende Speichel eine noch größere kühlende Wirkung auf den Körper.

Eine Katze baden

Auf dem Markt sind Trockenshampoos erhältlich, die natürliche Staubbäder imitieren. In manchen Fällen kann der Tierarzt Sie bitten, die Katze gründlich zu baden. Hier steht, wie's geht:

1. Vor dem Bad die Katze bürsten, um verfilztes und verklettetes Haar zu entfernen.

2. Wenn Sie einen Badesack besitzen, benutzen sie ihn. Alternativ ein Seil über der Badewanne baumeln lassen – die Katze wird während des Badens instinktiv danach greifen. Verwenden Sie eine rutschfeste Badematte.

3. Das Wasser nicht zu heiß einstellen, vorher die richtige Temperatur ausprobieren.

4. Das vom Tierarzt empfohlene Shampoo verwenden. Das Shampoo nicht in die Augen kommen lassen.

5. Die Katze mit einer Handdusche nass machen und abspülen. Haben Sie keine, besorgen Sie sich eine billige aus Plastik, die auf den Hahn passt.

6. Die Katze abtrocknen. Sie dürfen sich jetzt zu Ihrer Leistung beglückwünschen.

Fell bürsten

Ein kurzes, glattes Fell ist am leichtesten zu pflegen. Verwenden Sie einmal wöchentlich eine Gummi-, oder Zupfbürste oder sogar einen Pflegehandschuh bzw. ein Ledertuch.

Ein mittellanges Fell muss häufiger mit einer Babyhaar- oder Zupfbürste bearbeitet werden, am besten mehrmals täglich für kurze Zeit, um die Katze daran zu gewöhnen. Sie brauchen auch einen weitgezahnten Kamm zum Auskämmen von langem Fell.

Eine Langhaarkatze muss täglich gekämmt und mit einer Zupfbürste gebürstet werden, um abgestorbenes Haar zu entfernen, Verfilzungen vorzubeugen und Haarknäuel zu vermeiden (*siehe »Das Problem mit langem Haar«, S. 157*).

Der übrige Körper

Regelmäßige Körperpflege hält Ihre Katze fit und erspart Ihnen unnötige Tierarztkosten. Durch regelmäßiges Untersuchen erkennen Sie Probleme, bevor diese ernst werden. Außerdem machen Sie dem Tierarzt das Leben leichter. Katzen, die an regelmäßige Körperpflege gewöhnt sind, sind leichter zu untersuchen und zu behandeln.

Gewöhnen Sie die Katze von klein auf ans Bürsten. Dadurch können Sie besser mit ihr umgehen und der Tierarzt sie einfacher untersuchen.

Fellverfilzungen

Alle Katzen mit mittellangem oder langem Fell neigen zu Verfilzungen,

Verfilzungen sind bei Katzen mit mittellangem und langem Fell am häufigsten, und zwar an solchen Stellen, die außerhalb ihrer Reichweite liegen.

Fellpflege beim Tierarzt

Manchmal sind Fellverfilzungen so dick und dicht an der Haut, dass die einzige Lösung darin besteht, sie abzurasieren. Dies dauert wesentlich länger, als Sie vielleicht glauben. Im Interesse Ihrer Katze geschieht dies am besten unter Vollnarkose. Im Allgemeinen wird das ganze Fell am Körper entfernt, ausgenommen das Gesicht. Innerhalb eines Monats ist die Katze schon wieder gut behaart.

Krallenschneiden

Verwenden Sie eine Krallenzange mit geraden Schnittkanten. Damit ist ein sauberer Schnitt ohne viel Druck möglich. Während die scharfe Spitze der Kralle lediglich aus Keratin besteht, enthält das Innere der Kralle das so genannte »Leben«, empfindliches durchblutetes Gewebe. Ein Schnitt in das »Leben« verursacht Ihrer Katze Schmerzen.

besonders hinter Ohren und Ellbogen sowie am Bauch und an den Hinterbeinen. Kämmen Sie Verfilzungen aus, wenn Sie sie spüren. Nimmt Ihnen die Katze das Ziehen beim Auskämmen übel, schneiden Sie die verfilzten Stellen ab – aber äußerst vorsichtig. Ganz schnell kann man versehentlich beim Herausschneiden die dünne Haut verletzen.

Kontrolle der Analdrüsen

Beidseitig des Anus Ihrer Katze – entsprechend der Uhrzeigerstellung von 3 und 9 Uhr – befindet sich unter der Haut je eine Analdrüse. Bei älteren Katzen kann die in den Analdrüsen enthaltene Substanz, die normalerweise fast wässrig ist, zäh und teerähnlich werden. Bei Verstopfung führt dies zu Unbehagen und übermäßiger Putztätigkeit der Analregion, des Bauches und der Innenseite der Schenkel. Kontrollieren Sie die Analdrüsen, wenn Sie bemerken, dass Ihre Katze sich übermäßig beleckt. Verwenden Sie Einmalhandschuhe, und drücken Sie die Analbeutel aus, zuerst bei der Uhrzeigerstellung 4 und 8 Uhr, danach bei 3 und 9 Uhr.

Wenn Ihre Katze ihre Analregion übermäßig beleckt und putzt, untersuchen Sie die Analdrüsen, die verstopft sein könnten.

Körperpflege

Dieselbe Zahnpasta?
Teilen Sie Ihre Zahnpasta nicht mit Ihrer Katze. Die meisten Katzen mögen sie nicht. Nehmen Sie eine schmackhafte Katzenzahnpasta, die bedenkenlos geschluckt werden kann.

Vermeidung von Mundgeruch
Mundgeruch bedeutet, dass Ihre Katze ein Problem mit ihren Zähnen und ihrem Zahnfleisch hat. Gewöhnen Sie Ihre Katze von klein auf an das tägliche Zähneputzen. Verwenden Sie eine Kinderzahnbürste. Beginnen Sie, indem Sie die Bürste einige Sekunden lang sanft auf und ab bewegen. Tragen Sie etwas Leckeres wie Pastete auf die Bürste auf. Hält Ihre Katze still, belohnen Sie sie sofort. Wiederholen Sie diese Übung täglich, wobei Sie jeden Tag länger und mehr Zähne putzen.

Ohrkontrolle
Untersuchen Sie in regelmäßigen Abständen die Ohren. Trockenes Sekret deutet meist auf Ohrmilben hin. Sehen Sie feuchtes Sekret, gehen Sie zum Tierarzt!

Es ist wichtig, die Ohren Ihrer Katze regelmäßig auf Ohrenschmalz hin zu kontrollieren. Bei feuchtem Sekret sollte der Tierarzt hinzugezogen werden.

Augenkontrolle
Flachgesichtige Katzen neigen häufig zu Tränenfluss. Weichen Sie die Kruste mit einem in körperwarmem Wasser angefeuchtetem Wattebausch auf. Sehen die Augen und die sie umgebende Haut nicht wie gewohnt aus, gehen Sie zum Tierarzt.

Manche Katzen, besonders flachgesichtige, neigen zu Tränenfluss, der zu einer harten Kruste unterhalb des Auges führen kann.

Checkliste zur Körperpflege

1. Körperpflege entscheidet über ihr Verhältnis.
2. Von klein auf an Körperpflege gewöhnen.
3. Bereits damit anfangen, solange das Kätzchen noch bei seiner Mutter ist.
4. Die Körper-Checks kurz halten.
5. Ist die Katze kurze Checks gewöhnt, können Sie längere Untersuchungen durchführen.
6. Die Geduld der Katze nicht überstrapazieren.
7. Die Katze beobachten. Ein peitschender Schwanz bedeutet, dass sie jetzt genug hat.
8. Gutes Betragen belohnen. Meist hat es sich Ihre Katze wirklich verdient.

Gute Ernährung

- Katzen stellen besondere Anforderungen
- Die Anforderungen ändern sich im Alter
- Fettleibigkeit ist ein häufiges Problem

Die Katze ist von der Evolution zum Fleischfressen bestimmt. Da sie nicht in der Lage ist, Pflanzenfett und Protein in Amino- und Fettsäuren umzuwandeln, stirbt sie ohne Fleisch.

Was Futter wirklich ist

Futter ist Energie, und Energie kommt aus Proteinen, Fett und Kohlenhydraten. Das Protein wird in seine Bestandteile, die Aminosäuren, aufgespalten, die Wachstum und Heilung unterstützen.

Fett wird in seine Grundformen, die Fettsäuren, aufgespalten, die wesentlich für gesunde Zellen und ein funktionierendes Immunsystem sind.

Manche Kohlenhydrate in Faserform sind nicht löslich, während lösliche Kohlenhydrate in Zucker umgewandelt werden, die sofortige Energie bereitstellen. Energie wird in Kilokalorien (kcal) gemessen, oft einfach nur Kalorien genannt. Ist Ihre Katze ausgewachsen, sollte der tägliche Kaloriengehalt den täglich als Energie verbrauchten Kaloriengehalt nicht überschreiten.

Katzen stellen besondere Anforderungen

Katzen können aus dem aufgenommenen Protein die meisten Aminosäuren bilden, jedoch nicht die Aminosäure Taurin, die nur durch das Fressen von Fleisch aufgenommen wird. Ein Taurinmangel führt zu Blindheit und Herzerkrankungen.

Tierisches Fett enthält essenzielle Fettsäuren wie Arachidonsäure und Linolsäure. Erstere ist wichtig zur Blutgerinnung, erfolgreichen Fortpflanzung und für schönes Fell, während Letztere für das Wachstum, die Wundheilung und die Leberfunktion wichtig ist.

Katzen können kein Vitamin A bilden, das für die Gesundheit der Augen wichtig ist. Daher müssen sie tierisches Fleisch mit einem hohen Anteil an Vitamin A wie in Fischöl und Leber fressen.

Der Wert pflanzlicher Fasern

Pflanzliche Fasern sind ein wichtiger und natürlicher Bestandteil der Katzennahrung. Lösliche Fasern verlangsamen die Verdauung, während nicht lösliche Fasern die Darmtätigkeit anregen. Fasern unterstützen auch den Abbau von überschüssigem Fett im Blutstrom und verhindern Darmentzündung sowie Fettleibigkeit.

Gute Ernährung 201

Faser wird von der Katze indirekt über Fell, Federn und innere Organe ihrer Beute aufgenommen. Nicht lösliche Fasern regen die Darmtätigkeit an und sind daher bei der Behandlung von Verstopfungen von unschätzbarem Wert.

Antioxidanzien und Fettsäuren

Die Forschung in der Katzenernährung betont die Wichtigkeit von Spurenelementen und Mineralstoffen in der Ernährung, besonders ihre Rolle als Antioxidanzien. Wenn diese zu pharmazeutischen Normen erhoben und zum therapeutischen Einsatz verkauft werden, bezeichnet man sie oft als funktionelle Nahrungsmittel.

Vitamine sind wichtig

Vitamin D, Kalzium und Phosphor sind notwendig für den Knochenbau, während Vitamin K, das die Katze selbst bildet, für die Blutgerinnung wichtig ist.

Vitamin E trägt zum Fettstoffwechsel bei. Als Antioxidans neutralisiert es die so genannten freien Radikale, die die Zellmembranen beschädigen.

Die wasserlöslichen Vitamine sind Vitamine der Gruppe B und das Vitamin C. Letzteres bildet die Katze selbst. Gehen Sie daher mit Vitamin C-Zusätzen vorsichtig um. Überschüssiges Vitamin C wird über den Harn in Form von Oxalat ausgeschieden.

Ihre Wohnungskatze braucht von Ihnen eine ausgewogene Ernährung.

Gesunde Mikronährstoffe

Kalzium und Phosphor sind wichtig für den Knochenbau sowie für die Funktion von Zellmembranen und Nerven. Fleisch enthält wenig Kalzium. Eine einseitige Ernährung mit Fleisch kann zu ernsthaften Knochen- und Gelenkschäden führen, während ein Zuviel an Kalzium einen Zinkmangel auslösen kann. Eisen ist wichtig für die Bildung von roten Blutzellen.

Selen, ein für gesunde Enzyme wichtiger Mineralstoff, ist ein anderes natürliches Antioxidans. Es ist vermutlich auch für das Immunsystem wichtig. Natrium unterstützt den Transport von Nährstoffen durch die Zellmembranen.

Ihre Katze füttern

Am besten füttern Sie Ihre Katze mit verschiedenen Futtersorten, die auf ihre

Bedürfnisse zugeschnitten sind. Manche Experten sind der Meinung, die Ernährung sollte immer gleich bleiben. Nach meinem Gefühl mögen Katzen Abwechslung. Gehen Sie dabei langsam vor. Die Darmbakterien haben dadurch Zeit, sich auf die neuen Verdauungsanforderungen einzustellen.

Was ist gutes Katzenfutter?

Die besten Hersteller von Katzenfutter verwenden Futterstoffe, die für den menschlichen Verzehr geeignet sind. Ihre besten Produkte werden nach konstanten Rezepturen hergestellt. Die Zutaten sind immer dieselben.

Die etwas günstigeren Futtermittel werden aus einer Vielzahl an Zutaten nach ernährungswissenschaftlichen Normen und Qualitätsnormen hergestellt. Während der Nährwert dieser Futtermittel gleich bleibt, ändern sich die Zutaten. Das ist besonders bei Katzen, die einen empfindlichen Magen oder feste Vorlieben haben, wichtig zu wissen.

Trockenfutter

Vollnahrung ist praktisch, aber nicht immer das Beste für Ihre Katze. Diese Futtermittel werden unter Druck gekocht, danach getrocknet. Für mehr Schmackhaftigkeit wird Fett aufgesprüht, aber da Hitze, Feuchtigkeit, Licht und sogar Sauerstoff Fett verderben können, benötigt Trockenfutter einen Konservierungsstoff. Antioxidanzien sind ausgezeichnete Konservierungsstoffe. Da sie freie Radikale zerstören, sind sie sowohl

---

Das Futteretikett richtig lesen

Futtermittelhersteller führen eine garantierte Analyse auf dem Etikett auf unter Angabe des Gehalts an Protein, Fett, Fasern und Feuchtigkeit. Um überhaupt vergleichen zu können, rechnen Sie die Angaben in Trockenmasse um – d. h. das, was nach dem Entzug von Feuchtigkeit übrigbleibt. Das geht so: Auf einem typischen Etikett steht:

Rohprotein	8%
Rohfett	6%
Rohfaser	1%
Feuchtigkeit	78%

Dieses Futter besteht zu 78 Prozent aus Feuchtigkeit, also besteht es zu 22 Prozent aus Trockenmasse.

Vergleichen Sie den echten Nährstoffgehalt (Protein und Fett) mit dieser Formel:

$$\text{Nährstoffgehalt als Trockenmasse} = \frac{\text{Nährstoffprozentsatz des Etiketts} \times 100}{\text{Prozentsatz des Gehalts in Trockenmasse}}$$

Daher, für Protein:

$$\frac{8 \times 100}{22} = 36{,}4\%$$

Dies ist die einzige genaue Methode, um den Gehalt an Rohprotein und Rohfett unterschiedlicher Futtermittel miteinander zu vergleichen. Zuverlässige Futtermittelhersteller geben Ihnen diese Auskunft über ihren Informationsdienst. Die Qualität bzw. »Verdaulichkeit« des Proteins wird bei älteren Katzen zunehmend wichtiger. Der Kaloriengehalt wird kaum auf einem Etikett erwähnt. Als Richtlinie: Ein 200 g-Beutel oder eine Dose Katzenfutter enthält 150–200 Kalorien.

Gute Ernährung

Das von Ihrer Katze heiß geliebte Nassfutter kann bei ständiger Fütterung zu Zahnerkrankungen führen.

Selbst gekochtes Futter

Dieses Rezept verwendet ein mittelfettes Huhn. Um das Gewicht besser kontrollieren zu können, verwenden Sie ein mageres Huhn.

- Huhn — 140 g
- Leber — 30 g
- Ungekochter Reis — 70 g
- Sterilisiertes Knochenmehl — 10 g
- Jodsalz — 2 g (eine Prise)
- Sonnenblumen- oder Maisöl — 5 ml (1 TL)

Reis, Knochenmehl, Salz und Öl mit der doppelten Menge Wasser 20 Minuten lang kochen. Huhn und Leber hinzugeben, nochmals zehn Minuten lang köcheln lassen. Gut vermischen. Dieses Rezept ergibt rund 800 Kalorien und reicht aus, eine typische Wohnungskatze drei Tage lang zu füttern.

für die Katze als auch zur Konservierung des Futters geeignet. Vitamin C (Ascorbinsäure) und Vitamin E (Tocopherol) sind häufig eingesetzte Antioxidanzien.

Nassfutter

Pasteurisierung und Vakuumversiegelung verhindern das Verderben von Dosenfutter oder vakuumverpacktem Futter, sodass kein Konservierungsstoff benötigt wird. Dosenfutter, obwohl es schmackhaft ist, bietet Zähnen und Zahnfleisch keinerlei Kautätigkeit und verdirbt, wenn es nicht sofort gefressen wird.

Knochen

Wird die Katze von klein auf an Knochen wie in gut gegartem Hühnerklein gewöhnt, ist dies eine ausgezeichnete Nahrungsquelle. Sie können jedoch für solche Katzen, die nie gelernt haben, Knochen zu fressen, und solche, die ihr Futter wie ein Hund verschlingen, gefährlich sein.

Geben Sie Ihrer Katze keine ungekochten Knochen. Sie könnten mit schädlichen Salmonellen verseucht sein.

Selbstgekochtes Futter

Vermeiden Sie rohes Fleisch, das den Parasiten *Toxoplasma gondii* beherbergen kann, für den die Katze ein Zwischenwirt ist und mit dem auch wir Menschen angesteckt werden können.

Vermeiden Sie reine Eiweißkost.
Reine

Trockenfutter ist in vielen Formen und Geschmacksrichtungen für jeden Katzengeschmack erhältlich. Halter finden Trockenfutter am praktischsten.

Thunfischkost kann schwere Leberschäden hervorrufen. Nur Muskelfleisch führt zur Entkalkung der Knochen.

Bedürfnisse ändern sich

Der Energiebedarf Ihrer Katze steigt bei Aktivität und kaltem Wetter und fällt mit zunehmendem Alter. Ältere Katzen profitieren von hochwertigerem, leichter verdaulichem Protein und einem höheren Gehalt an Vitaminen und Mineralstoffen. Ein hoher Gehalt an Antioxidanzien reduziert Gewebeschäden, die bei älteren Katzen häufiger auftreten.

Änderung der Fressgewohnheiten

Der Appetit einer gesunden Katze ist gleich bleibend. Bei Wohnungskatzen mit wenig geistiger oder physischer Betätigung kann vermehrter Appetit einfach ein Zeichen für Langeweile sein. Nimmt die Katze dabei nicht zu, kann dies ein Krankheitssymptom sein – z. B. für Diabetes oder eine Schilddrüsenüberfunktion. Frisst Ihre Katze weniger oder stochert sie im Futter herum, kann dies auf eine Erkrankung des Zahnfleischs oder der Zähne hindeuten sowie auf eingeschränkten Geschmacks- oder Geruchssinn. Frisst Ihre Katze weniger, gehen Sie sofort zum Tierarzt!

Ermuntern Sie Ihre Katze nach einer Krankheit mehr zu fressen, indem Sie das Futter auf etwa 35° C anwärmen. Dies setzt natürliche Aromen frei, der beste Appetitanreger.

Futterfixierung

Abwechslungsreiches Futter schließt die Möglichkeit aus, dass Ihre Katze auf ein Futter mit nur einer Zutat fixiert ist, ein großes Problem, wenn der Nährwert des Futters unvollständig ist.

Fett abbauen

Geschlechtshormone beeinflussen den Stoffwechsel. Nehmen diese Hormone

Katzen können zu wählerischen Fressern werden, die einwandfreies Futter tagelang stehen lassen.

durch Kastration oder fortgeschrittenes Alter ab, legen viele Katzen an Gewicht zu. Das kann man verhindern.

Mehr Bewegung nach einer Kastration erhöht den Energieverbrauch und beugt übermäßiger Gewichtszunahme vor.

Alternativ können Sie die angebotene Futtermenge über drei Wochen lang allmählich um 20 Prozent reduzieren oder auf kalorienarme Nahrung umstellen. Ihre Katze wird wahrscheinlich ihr Gewicht von vor der Operation behalten. Nimmt sie ab, kehren Sie zu ihrem normalen Futter zurück.

Ihre Katze kann nach mehr Futter betteln – geben Sie diesem psychologischen Druck nicht nach! Sprechen Sie notfalls mit Ihrem Tierarzt.

Ernährung und Harnwege

Manche Katzen scheiden eine klebrige Substanz mit dem Harn aus. Das deutet auf Probleme der ableitenden Harnwege hin. Durch Ansammlung von Harnsäurekristallen blockiert diese Substanz die Harnwege teilweise oder vollständig. Betroffene Katzen profitieren in solchen Fällen von Nassfutter, da dies den Harn verdünnt.

Milch und Sahne

Milchprodukte können bei manchen erwachsenen Katzen die Verdauung stören und Durchfall verursachen. Erwachsene Katzen haben nicht genügend Bakterien im Darm, die ein Enzym zur Verdauung von Laktose, dem Milchzucker, bilden. Die Gabe laktosearmer Milch, die in Supermärkten für laktoseempfindliche Kinder und auch als »Katzenmilch« erhältlich ist, behebt dieses Problem bei Katzen.

Haarknäuel

Durch häufige Fellpflege Ihrerseits schluckt die Katze weniger, aber doch noch etwas Haar. Alle großen Futtermittelhersteller bieten spezielle Futtermittel an, die aufgrund von Faserzusätzen wie eine Saugglocke wirken und die Haarknäuel durch den Magen schieben und so verhindern, dass sie sich im Verdauungstrakt ansammeln.

Wasser bedeutet Leben

Manche Hauskatzen, besonders solche, die Nassfutter fressen, trinken vielleicht wenig und machen den Eindruck, als ob sie kein Wasser brauchen. Wasser ist für alle Lebensformen wichtig. Es absorbiert wasserlösliche Vitamine und wird von Fasern aufgenommen und führt so der Katze Ballaststoffe zu.

Neue Erfahrungen

- Planen Sie die Ankunft eines Babys
- Mit der Katze verreisen
- Keine Panik, wenn die Katze weg ist

Während eines Katzenlebens werden Sie vielleicht umziehen, sicherlich auch Urlaub machen oder andere Tiere anschaffen. Wie reagiert Ihre Katze auf diese Veränderungen?

Ein Baby kommt ins Haus

Schaffen Sie sich ein einfaches Netz über der Wiege oder dem Kinderwagen an. Ändern Sie eventuelle Schlafregelungen noch vor der Ankunft des Babys. Wenn das Baby nach Hause kommt, lassen Sie Ihre Katze daran riechen, aber ändern Sie keine ihrer Gewohnheiten. Schenken Sie der Katze weiter Beachtung. Lassen Sie Baby und Katze nie unbeaufsichtigt allein.

Ein neuer Hund, eine neue Katze

Wenn Sie eine neue Katze oder einen neuen Hund nach Hause bringen, beschränken Sie den Platz des neuen Tiers auf ein Zimmer und lassen Sie die alte Katze gehen, wohin sie will.

Ist der Neuankömmling ein Kätzchen oder ein Welpe, lassen Sie Ihre Katze daran schnüffeln und ihn inspizieren, solange er schläft. Wacht der Welpe auf und Ihre Katze faucht und spuckt – wunderbar. Sie wollen, dass Ihr Hund Ihre Katze respektiert. Lassen Sie die alte Katze den ersten Schritt machen. Stellen Sie Ihrer Katze ein neues Haustier nicht vor, indem Sie die beiden gegenüberstellen.

Geben Sie Ihrer Katze und dem neuen Welpen Zeit, sich aneinander zu gewöhnen. Sie werden nicht die besten Freunde, nur weil Sie das so wollen!

Mit Ihrer Katze Auto fahren

Lassen Sie Ihre Katze während der Fahrt niemals frei im Auto umherlaufen.

Ihre Katze sollte sicher in ihrem Transport- oder Katzenkorb reisen. Halten Sie bei längeren Fahrten alle zwei Stunden an, um die Katze für einen kurzen Rundgang im Auto aus dem Korb zu lassen. Nehmen Sie ein Katzenklo mit, obwohl es wenig wahrscheinlich ist, dass die Katze es benutzen wird. Nehmen Sie eine Wasserschüssel und eine Wasserflasche mit. Leidet die Katze an Reisekrankheit, besprechen Sie geeignete Medikamente mit Ihrem Tierarzt.

Lassen Sie Ihre Katze niemals bei warmem Wetter oder direkter Sonneneinstrahlung im Auto.

Ferienbetreuung

Die Betreuung Ihrer Katze ist eine große Verantwortung. Helfen Sie sich unter Freunden und in der Familie gegenseitig aus.

Professionelle Katzensitter sind eine teure Alternative. Möchten Sie eine Katzenpension nutzen: Erst ansehen und Fragen stellen. Die besten Pensionen bieten bequeme Schlafplätze und schmackhaftes Futter an. Die Katze kann entweder drinnen bleiben oder die Zeit draußen verbringen.

Die besten Katzenpensionen bieten ein Zuhause an, wo die Katzen zwischen einem umzäunten Auslauf draußen oder einem Nickerchen drinnen wählen können.

Reisen per Flugzeug, Bahn und Schiff

Die Transportbox Ihrer Katze sollte sicher sein, die richtige Größe haben und den Bestimmungen des Transportunternehmens entsprechen. Die Katze sollte eine sichtbare Erkennungsmarke tragen. Vermeiden Sie Flüge bei warmem Wetter. Schon manche Flugverspätung hatte tödliche Hitzschlagunfälle zur Folge. Buchen Sie möglichst einen Direktflug. Vermeiden Sie Beruhigungsmittel. Dabei fühlen nur Sie sich besser, Sie erhöhen jedoch das Unfallrisiko. Manche Fluggesellschaften erlauben es, die Katze mit in den Passagierraum zu nehmen.

Was tun, wenn die Katze weg ist

1. Nicht in Panik geraten. Konzentriert nachdenken, wohin die Katze gegangen sein könnte.

2. Sofort nach der Katze suchen und Leute fragen, ob sie Ihre Katze gesehen haben.

3. Die Polizei, das Tierheim vor Ort, Ihren Tierarzt und alle örtlichen Tierärzte anrufen und ihnen eine Beschreibung Ihrer Katze sowie ihre Mikrochipnummer durchgeben. Mindestens zwei Kontaktnummern angeben, am besten Ihre Handynummer und die Nummer zu Hause oder die E-Mail-Adresse. Machen Sie sich eine Liste aller angerufenen Leute.

4. Handzettel kopieren und dort aufhängen, wo Ihre Katze verloren ging. Eine Belohnung ist immer ein wirksamer Anreiz. Setzen Sie ein Foto Ihrer Katze auf den Handzettel.

5. Ist die Katze wieder wohlbehalten zurück, immer alle Leute auf Ihrer Telefonliste anrufen, die gute Neuigkeit durchgeben und für ihre Hilfe danken.

KAPTIEL FÜNF

Eine gesunde Katze

Katzen sind von Natur aus neugierig. Diese Neugier kann riskant sein. Durch einfache und praktische Vorsorge- und Unfallverhütungsmaßnahmen können Gefahren für die Gesundheit jedoch vermieden werden. Impfen Sie Ihre Katze gegen ansteckende Krankheiten, und schützen Sie sie vor verbreiteten Parasiten. Lassen Sie Ihre Katze nur dann ins Freie, wenn sie dort auch sicher ist. Bereiten Sie sich auf Unfälle vor. Informieren Sie sich über mögliche Gefahren und über Krankheitssymptome im Allgemeinen. Besteht Ihrer Meinung nach Anlass zur Sorge, konsultieren Sie Ihren Tierarzt, je früher, desto besser.

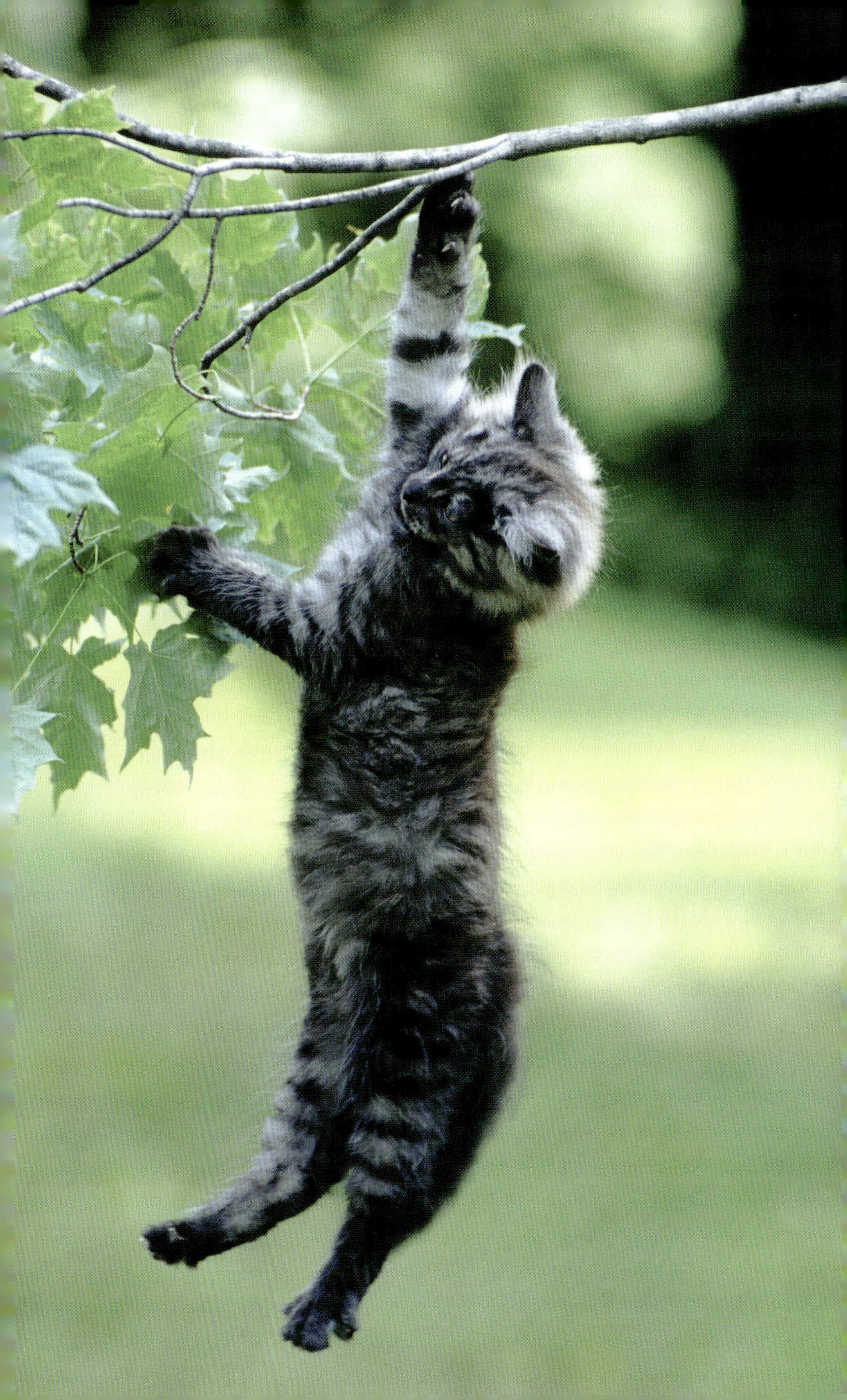

Die Wahl des Tierarztes

- Qualifikation und Erfahrung sind wichtig
- Eine Versicherung zahlt sich aus
- Erkundigen Sie sich, und sehen Sie sich die Praxis an

Tierärzte sind dazu ausgebildet, alle Tiere, ob wild oder zahm, zu betreuen. In Stadtgebieten bekommen Tierärzte meist Heimtiere wie Hunde und Katzen zu Gesicht. Selbst bei einer Praxis auf dem Land, die hauptsächlich Großtiere behandelt, gibt es oft einen Tierarzt, der sich auf Haustiere spezialisiert hat. Manche Heimtierärzte betreiben Kliniken nur für Katzen. Diese Ärzte sind nicht unbedingt »Spezialisten« im medizinischen Wortsinn, sondern Menschen, die am liebsten Katzen um sich haben. Solche Kliniken sind katzenfreundlich und ruhiger als die üblichen Tierkliniken für Hunde und Katzen.

Unterschiedliche Praxen

Alle Tierarztpraxen sollten über das für Notfälle erforderliche Gerät verfügen: Röntgengeräte, Notoperationsmöglichkeiten und Laborgeräte. Wie gut eine Praxis läuft, hängt von der Patientenzahl ab, vom Standort und davon, wie viel Geld ortsansässige Haustierbesitzer für Tierarztkosten aufbringen können.

Standort und Kosten

Standort und Kosten hängen zusammen. Praxen in der Stadt sind teurer als Praxen auf dem Land, da Posten wie Miete, Steuern und Löhne in dicht bevölkerten Gegenden teurer zu Buche schlagen. An den Kosten erkennt man auch, was ein Tierarzt in diagnostische Geräte und Behandlungseinrichtungen investiert. Nicht immer, aber meistens spiegeln die Gebühren eines Tierarztes seine Kosten wieder.

Anschauen und Fragen stellen

Andere Katzenbesitzer sind die beste Quelle für Empfehlungen. Bevor Sie sich auf eine Praxis festlegen, versuchen Sie, den Tierarzt und seine medizinischen Einrichtungen kennen zu lernen. Sind Sie an ganzheitlichen Methoden interessiert, fragen Sie nach, ob ergänzende Behandlungsmethoden überhaupt angewandt werden. Stellen Sie fest, wie viele Veterinäre in der Praxis

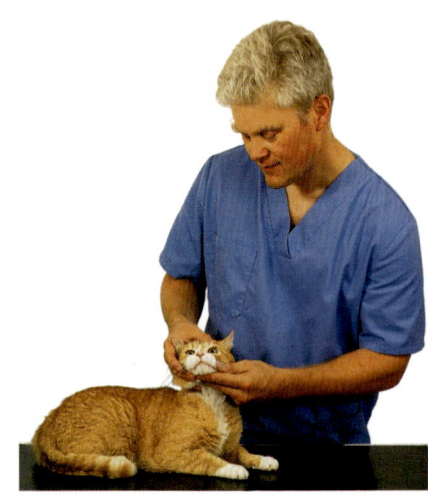

Befreundete Katzenhalter, die ihre eigenen Erfahrungen gemacht haben, sind die beste Quelle für die Suche nach einem Tierarzt.

arbeiten und wie hoch die Wahrscheinlichkeit ist, dass Sie von demselben Arzt betreut werden.

Selbst dort, wo an Platz nicht gespart wird, sollte der Tierarzt bereit sein, Ihnen den Operationsbereich, die diagnostischen Einrichtungen und die Käfigstation für Katzen zeigen. Die Praxis darf etwas chaotisch erscheinen, sie sollte jedoch sauber und gut organisiert sein.

Notfallbetreuung rund um die Uhr
Jeder Tierarzt sollte eine Notfallbetreuung rund um die Uhr anbieten. Fragen Sie danach. Gibt es eine besondere Notrufnummer? Wird die Notfallbetreuung abwechselnd von verschiedenen Praxen übernommen? Gibt es eine Einrichtung für Notfälle und Intensivpflege, die Ihr Tierarzt nutzt? Falls ja, hat man von dort Zugriff auf die medizinischen Daten Ihrer Katze oder kann man bei Bedarf mit Ihrem Tierarzt sprechen?

Versicherung
Bereiten Sie sich auf unerwartete Tierarztrechnungen vor, indem Sie Ihr Haustier krankenversichern. Haustierkrankenversicherungen gibt es seit über 25 Jahren. Ihr Tierarzt kann

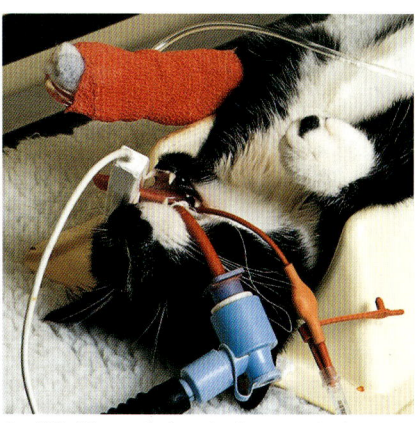

Notfälle können jederzeit eintreten. Suchen Sie sich eine Tierarztpraxis aus, die eine Notfallbetreuung rund um die Uhr anbietet.

Ihnen eine erfahrene Versicherung empfehlen. Die Prämien liegen zwischen 170,- EUR und 240,- EUR pro Jahr, je nach Alter und Rasse der Katze und ob es eine Wohnungs- oder Freigängerkatze ist.

Sie können aber auch Ihr eigener Versicherer für Ihre Katze sein. Legen Sie für jede Ihrer Katzen einen der Versicherungsprämie entsprechenden Betrag sicher an.

Ethische Grundsätze

Haben Sie eine feste Meinung darüber, wie Tiere behandelt werden sollten? Für die meisten von uns trifft das zu. Ich persönlich werde beispielsweise keiner Katze die Krallen entfernen, was in Deutschland nach dem Tierschutzgesetz sowieso verboten ist. Ich bin der Ansicht, dass die Katze das tun können sollte, wozu sie entstanden ist, d.h. mit ihren Krallen Markierungen anbringen. Es liegt an uns, Kratzbäume aufzustellen und unsere Katzen so abzurichten, dass sie anstatt unsere Möbel die Kratzbäume benutzen.

Die Katze untersuchen

- Gewöhnen Sie Ihre Katze an Untersuchungen
- Führen Sie Untersuchungen zu Hause durch
- Wiegen Sie Ihre Katze regelmäßig

Wenn Sie Ihre Katze daran gewöhnen, untersucht zu werden, können Sie manche Diagnosen zu Hause stellen. Regelmäßige Untersuchungen zu Hause decken Störungen früh auf, wenn sie am einfachsten zu behandeln sind. Machen Sie nicht alles auf einmal, sondern eins nach dem anderen, und belohnen Sie Ihre Katze jedes Mal.

Gewicht, Beweglichkeit und Erscheinung

Wiegen Sie Ihre Katze regelmäßig. Eine Veränderung von 225 g mag äußerlich nicht erkennbar sein, jedoch medizinisch bedeutsam; daher sollte Ihre Waage möglichst genau sein.

Die allgemeine Erscheinung Ihrer Katze zeigt, wie gesund sie ist. Stumpfes oder glanzloses Fell ist häufig ein äußerliches Symptom für eine innere Störung.

Jedes der folgenden Symptome rechtfertigt einen sofortigen Tierarztbesuch:
- Plötzliche Schwierigkeiten beim Aufstehen, Hinsetzen oder Hinlegen
- Schwanken, Umfallen oder Im-Kreis-Drehen
- Überreaktion auf Licht, Geräusche oder Berührung
- Schräghaltung des Kopfes
- Unerwartete Ruhelosigkeit
- Aufgedunsener Bauch
- Ungewöhnliche Brustbewegungen
- Muskelkrämpfe
- Akut auftretende Schwellungen
- Schreien, Stöhnen oder Klagen

Fieber messen bei der Katze

Die normale Körpertemperatur der Katze liegt zwischen 38° C und 39° C. Durch nervöse Aufregung oder Furcht kann sie steigen.

Glasthermometer sind weniger empfehlenswert, da sie bei Abwehrbewegungen Ihrer Katze abbrechen und zu Verletzungen führen können. Die Temperatur wird im After gemessen, hierzu geben Sie etwas Vaseline oder Creme auf die Thermometerspitze und führen das Thermometer ca. 2 cm tief in den After der Katze ein.

Digitale Thermometer zeigen das Ende des Messvorgangs durch einen Piepston an. Messen Sie einer Katze niemals im Mund Fieber oder wenn sie sich dagegen wehrt.

Was die Temperatur bedeutet

°C	Ursache und Behandlung
41+	Hitzschlag. Sofort abkühlen und umgehend zum Tierarzt.
40,6	Gefährlich. Gleich zum Tierarzt.
40,0	Hohes Fieber. Gleich zum Tierarzt.
39,4	Erhöhte Temperatur. Telefonischen Rat vom Tierarzt einholen.
38,9	Normal.
38,3	Normal.
37,8	Normal.
37,2	Nicht normal. Gleich zum Tierarzt.
36,7–	Unterkühlung. Die Katze warm halten und sofort zum Tierarzt.

Die Katze untersuchen

Augen, Ohren und Mund

① Die Augen auf Rötungen, Absonderungen, Trübungen oder Verletzungen untersuchen. Erweiterte Pupillen bei hellem Licht bedeuten Schmerz oder Schock.

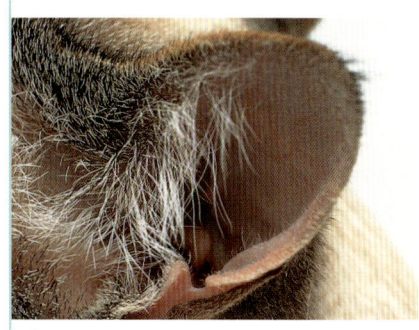

② Die Ohren auf Entzündungen, Absonderungen, Ohrenschmalz oder Verletzungen untersuchen. Die Haut der Ohrmuscheln auf Schwellungen oder Bissverletzungen kontrollieren.

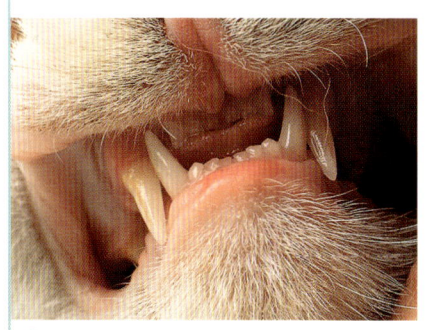

③ Kinn und Lippen auf Schwellungen und Entzündungen untersuchen. Der Mund sollte frei von Mundgeruch sein. Das Zahnfleisch sollte eine gesunde rosige Färbung aufweisen. Untersuchen Sie die Mundhöhle. Knochen können sich leicht in den Backenzähnen verfangen; unter Umständen mit dem flachen Ende eines Löffels entfernen.

Körper, Haut und Fell

① Streichen Sie mit der Hand über Kopf, Wangen, Kiefer und Kehle der Katze, um Erwärmung, Schwellungen oder Anzeichen für Abszesse festzustellen.

② Tasten Sie Hals, Rücken, Flanken und Brust der Katze ab. Klebrige Stellen könnten eine selbst zugefügte Hautverletzung oder eine penetrierende Verletzung wie z. B. von einem Biss bedeuten.

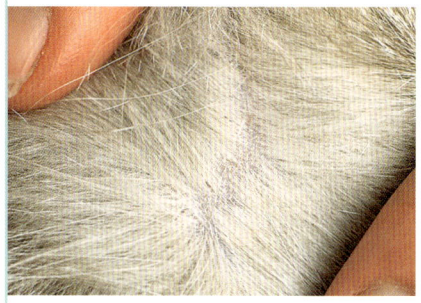

③ Teilen Sie das Fell, um die Haut zu untersuchen. Sie sollte »ruhig« aussehen (nicht entzündet und ohne übermäßige Schuppenbildung). Schwarz glänzender Staub weist auf Flöhe hin.

④ Fahren Sie mit der Hand über die Hüften, die Lende und alle vier Gliedmaßen, um Schwellungen oder übermäßige Erwärmung festzustellen. Beugen Sie die Gelenke, und achten Sie auf Schmerzsignale. Untersuchen Sie immer beide Vorder- oder Hinterbeine zusammen. Untersuchen Sie die Ballen auf Verletzungen, auch zwischen den Zehen, und die Krallen auf ihre Länge. Ältere Katzen leiden häufig unter eingewachsenen Krallen.

⑤ Tasten Sie den Schwanz ab, und heben Sie ihn vorsichtig an, um den After zu untersuchen, der absolut sauber und geruchlos sein sollte. Die Vulva einer Kätzin bzw. Penisvorhaut eines Katers sollte frei von Absonderungen sein.

Stumpfes Fell bedeutet Unwohlsein

Die meisten Kurzhaarkatzen besitzen ein glänzendes, flach am Körper anliegendes Fell. Fühlt sich eine Katze unwohl, ist das Fell meist unmittelbar davon betroffen. Es wird »starrend«, d.h. es sieht stumpfer aus als sonst und steht an manchen Stellen leicht vom Körper ab. Sieht das Fell der Katze plötzlich so aus und haben sich ihre Fressgewohnheiten völlig verändert, gehen Sie zum Tierarzt.

Praktische Vorsorge

- Impfschutz gegen Infektionskrankheiten
- Achten Sie auf Nebenwirkungen
- Wiederholungsimpfungen je nach Risiko vor Ort

Es ist besser und billiger, Probleme zu vermeiden als den Tierarzt aufzusuchen, wenn Probleme auftreten. Mit Problemen meine ich Infektionskrankheiten, Parasiten, Unfälle, ungewollte Trächtigkeit und Krankheiten, die sich von der Katze auf Sie oder umgekehrt übertragen können.

Das Thema der jährlichen Impfungen gegen Infektionskrankheiten ist zu Recht zum Gegenstand heftiger Diskussionen geworden. Meine Empfehlung lautet: Lesen Sie dieses Kapitel, und stellen Sie dann mithilfe Ihres Tierarztes einen Impfkalender auf.

Infektionskrankheiten bei Katzen

Katzen beherbergen die rätselhaftesten und schwersten Infektionskrankheiten. Nicht gegen alle gibt es einen Impfschutz. Vorbeugen und Behandlung dieser Krankheiten ist häufig schwierig und problematisch.

Manche dieser Krankheiten bleiben jahrelang latent, bevor sie ausbrechen. Andere wiederum können scheinbar erfolgreich behandelt werden, nur um wieder aufzuflammen, wenn die Katze älter ist oder körperlich oder emotional unter Stress steht.

Feline Infektiöse Enteritis (FIE)

Trotz hoher Ansteckungsgefahr ist die FIE, auch als Katzenleukopenie oder Katzenparvovirose bekannt, eine vermeidbare Krankheit. Wird sie nicht behandelt, kann sie jedoch tödlich verlaufen.

Anzeichen für eine FIE sind:
- Schweres Erbrechen und Durchfall, eventuell mit Blut
- Lethargie und Lustlosigkeit
- Dehydratation (Wasserverlust)

Infektionen der oberen Atemwege

Nachstehend einige der Ursachen für Infektionen der oberen Atemwege. Alle sind hochgradig ansteckend.

REO-Viren verursachen häufig nur eine leichte Augenentzündung, während Chlamydien, bakterienähnliche Organismen, schwere Entzündungen auslösen, die auf antibiotische Augentropfen ansprechen.

Calici- und Rhinotracheitisviren verursachen die schwersten Infektionen der oberen Atemwege. Eine Katze kann

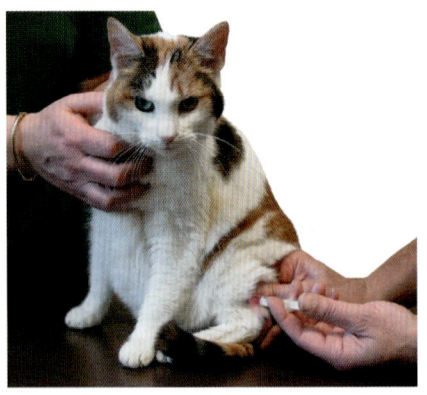

Ihr Tierarzt kann Ihnen dabei helfen, ein an Ihre Region angepasstes Impfprogramm aufzustellen.

zwar von diesen beiden Viruserkrankungen geheilt werden, aber ein stiller Träger werden. Die Katze macht einen gesunden Eindruck, steckt jedoch andere Katzen an.

Rhinotracheitis ist ein Herpesvirus. Wenn Ihre Katze körperlich oder emotional unter Stress steht, kann dieses Virus reaktiviert werden und eine erneute klinische Infektion auslösen.

Anzeichen für das Vorhandensein von Calici- und Rhinotracheitis-Viren sind:
- Häufiges Niesen mit dickflüssigem Sekret aus der Nase
- Verklebte oder tränende Augen
- Geschwüre und offene Wunden im Mund
- Fieber
- Appetitverlust mit gleichzeitigem Geruchsverlust
- Augengeschwüre (durch das Rhinotracheitis-Virus verursacht)
- Lahmen und geschwollene Gelenke bei kleinen Kätzchen (durch das Calicivirus verursacht)

Felines Leukämie-Virus (FeLV)

Das Feline Leukämie-Virus hat eine lange Inkubationszeit – häufig Jahre – und führt meist zu gravierender und schließlich tödlicher Krankheit.

Die Krankheitssymptome sind sehr vielgestaltig:
- Entstehung von weißem Blutzellenkrebs wie Lymphom
- Sekundärinfektionen durch eine Vielzahl von Erregern (aufgrund der Schwächung des Immunsystems)
- Anämie (wird mit Knochenmarksunterdrückung/-schwächung in Verbindung gebracht)

Felines Immunschwäche-Virus (FIV)

Das FIV ist nicht so aggressiv wie das FeLV und geht in der Regel nicht mit Tumoren einher. Wegen ihrer langen Inkubationszeit kann auch diese Krankheit tödlich verlaufen.

Ebenso wie bei dem FeLV sind auch die Symptome für das FIV vielgestaltig:
- Sekundärinfektionen durch eine Viel-

Empfohlene Impfungen

KRANKHEIT	IMPFUNGEN DER KÄTZCHEN	WIEDERHOLUNGSIMPFUNGEN
Feline Infektiöse Enteritis (FIE) oder Feline Panleukopenie	Zwei Impfungen im Alter von 8 Wochen	Jedes Jahr
Katzenschnupfen = Felines Rhinotracheitis-Virus oder Felines Calicivirus	Zwei Impfungen im Alter von 8 Wochen, zusammen mit der o.g. Impfung	Danach jedes Jahr. Impfung verschafft keine Immunität, sondern mildert lediglich die Schwere der Krankheit. Die Impfung ist jedoch nicht gegen alle Stämme des Calicivirus wirksam.
Tollwut	Ab 12 Wochen und darüber	Jedes Jahr

Sonstige Impfungen

Felines Leukämie-Virus (FeLV)	Zwei Impfungen nach der 10. Woche. Katzen, für die kein oder nur ein geringes Ansteckungsrisiko über den Speichel infizierter Katzen besteht, nicht impfen.	Jedes Jahr
Chlamydien	Impfung nur unter besonderen Umständen. Krankheit im akuten Fall mit entsprechenden Antibiotika behandeln.	
FIP	Impfung möglichst ab der 8. Lebenswoche	Nach 3 Wochen wiederholen, danach jährlich

zahl von Erregern (aufgrund der Schwächung des Immunsystems)
- Anämie (geht mit Knochenmarkdepression einher)

Feline Infektiöse Peritonitis (FIP)
Am anfälligsten sind kleine Kätzchen für die Feline Infektiöse Peritonitis, eine Mutation des Coronavirus. Die klinische Krankheit verläuft gewöhnlich tödlich.

Es gibt zwei Formen der FIP, die feuchte und die trockene. Die Krankheitssymptome sind vielgestaltig:
Feuchte FIP:
- Flüssigkeitsansammlungen in der Brusthöhle, dadurch Atemschwierigkeiten
- Flüssigkeitsansammlungen in der Bauchhöhle, dadurch Anschwellen und Aufblähung
- Fieber, Erbrechen, Durchfall und Gewichtsverlust

Trockene FIP:
- Nierenversagen
- Störungen des Magen-Darm-Traktes
- Atemwegserkrankungen
- Krämpfe
- Lebererkrankung
- Lähmungen

Tollwut
Tollwut ist unweigerlich tödlich und für Menschen hochgradig ansteckend. Krankheitssymptome:
- Lähmungen
- Schluckbeschwerden
- Krämpfe
- Gesteigerte Aggression, seltener Sanftmut
- Andere Verhaltensänderungen

Impfkomplikationen
Vernünftiges Impfverhalten enthebt Sie der Sorge um viele Infektionen. Jedoch birgt jede medizinische Behandlung ein Risiko. Fragen Sie daher Ihren Tierarzt, wie hoch das Risiko einer Impfung im Vergleich zum Nicht-Impfen ist.

Eine Risikoanalyse ist die Grundlage für die in den USA und Kanada durch die American Association of Feline Practitioners (AAFP) und die Academy of Feline Medicine (AFM) ausgesprochenen Impfempfehlungen.

Mit Ausnahme der kombinierten Impfungen gegen Katzenschnupfen und Enteritis raten die AAFP und AFM von der Verwendung von Mehrfachimpfstoffen, d.h., von Spritzen, die Impfstoffe gegen mehrere Krankheiten enthalten, ab. Ihrer Meinung nach »können Kombinationsimpfstoffe die Tiermediziner dazu verleiten, Impfantigene zu verabreichen, deren der Patient nicht bedarf«.

In den 90er-Jahren häuften sich in Nordamerika Berichte über Hauttumoren an den Einstichstellen. In Europa war dies nicht der Fall. Nach vorliegenden Erkenntnissen treten diese Tumoren häufiger dort auf, wo Impfstoffe gegen Leukämie gespritzt werden, besonders bei Impfstoffen, die ein Adjuvans enthalten, eine Substanz, die die Wirkung des Impfstoffes unterstützt. Impfassoziierte Fibrosarkome (*siehe S. 273*) treten äußerst selten bei dem Impfstoff gegen Katzenschnupfen und Enteritis auf.

Biologische Impfstoffe
Biologische Impfstoffe enthalten einen Krankheitserreger, der so verändert ist, dass er keine ernsthafte Erkrankung verursacht. Er kann lebend oder tot sein. Ist er lebend, wird er durch

Wachstum in Gewebekulturen so verändert, dass er keinerlei Krankheit mehr auslösen kann. In manchen Fällen können spezifische Teile eines Erregers, die das Immunsystem zur Bildung von Antikörpern anregen, gentechnisch über Bakterien hergestellt werden. In solchen Impfstoffen gibt es überhaupt keine Krankheitserreger, weder lebende noch tote.

Die vom Immunsystem gebildeten Antikörper überleben unterschiedlich lange, je nach Erreger und Qualität des Impfstoffs.

Homöopathie

Die Homöopathie beruht auf dem Grundsatz »Gleiches mit Gleichem« heilen. Eine Hautreizung kann z. B. mit *Rhus tox.* aus reizendem Giftefeu behandelt werden. Je größer die Verdünnung, desto wirksamer die Substanz.

Eine homöopathische Nosode ist ein Heilmittel, das aus krankhaften Geweben, Ausscheidungen oder Sekreten einer Katze mit einer bestimmten Infektion hergestellt wird. Eine Katzenschnupfen-Nosode z. B. wird aus Sekreten einer Katze mit Katzenschnupfen hergestellt.

Homöopathie oder biologische Impfstoffe

Katzen, denen homöopatische Nosoden verabreicht werden, entwickeln keine Antikörper gegen die Infektion, aus der die Nosode zubereitet wurde. Manche Homöopathen meinen, dass Nosoden Schutz bieten, indem sie andere Abwehrformen auslösen.

Biologische Impfstoffe bergen nachweislich Gefahren, die bei einem Impfplan Ihrer Katze berücksichtigt werden sollten.

Alle Indizien sprechen jedoch dafür, dass das Immunsystem einer Katze, die mit einer homöopathischen Nosode behandelt wurde, nicht auf die Abwehr einer Infektion vorbereitet ist.

Zubereitung homöopathischer Heilmittel

Homöopathische Heilmittel werden aus Pflanzen-, Tier- und Mineralauszügen hergestellt. Der Extrakt wird gehackt oder gemahlen und in einer Lösung aus 90% Alkohol und 10% destilliertem Wasser gewässert.

❶ Das Gemisch steht zwei bis vier Wochen, bis es gezogen ist. Es wird in eine dunkle Glasflasche geseiht und stellt die Ausgangstinktur dar.

❷ Ein Tropfen der Tinktur wird in 99 Tropfen Alkohol verdünnt und stark geschüttelt (Sukkussion). Verdünnung und Sukkussion werden wiederholt.

❸ Nachdem Verdünnung und Sukkussion die erforderliche Wirksamkeit ergeben haben, werden einige Tropfen auf Milchzuckertabletten aufgetragen.

Parasitenkontrolle

- Verwenden Sie wirksame, zugelassene Präparate
- Behandeln Sie die häusliche Umgebung der Katze
- Manche Alternativbehandlungen sind wirksam

Viele Parasiten der Katze treten jahreszeitabhängig auf, gehäuft bei warmem Wetter. Durch regelmäßige Untersuchungen Ihrer Katze entdecken Sie Ektoparasiten. Selbst der Bandwurm, der häufigste Endoparasit, hinterläßt seine getrockneten Glieder am After einer betroffenen Katze. Gewöhnlich werden Katzen von den meisten Parasiten nicht belästigt. Juckreiz tritt als allergische Reaktion auf Parasitenspeichel auf. Manche Parasiten wie Zecken, Flöhe und Ohrmilben sind mit bloßem Auge sichtbar, andere wiederum wie Milben, Hefepilze und Pilze sind nicht erkennbar.

Vorbeugung von Ektoparasiten

Katzen sind von einer Reihe von Ektoparasiten befallen. Fortschritte bei der Parasitenkontrolle bedeuten, dass keine Katze mehr darunter leiden muss. Dennoch treten durch Parasiten verursachte Hautveränderungen immer noch häufig auf. Parasiten können der Auslöser für Kopfschütteln und Kratzen, ein stumpfes, schuppiges Fell und Juckreiz mit oder ohne Entzündung oder Haarverlust sein.

Ohrmilbenbefall kommt häufig vor

Viele kleine Kätzchen und Wildkatzen infizieren sich mit Ohrmilben von ihren

Ektoparasiten

PARASIT	WIE KATZEN SICH INFIZIEREN	DIAGNOSE UND BEHANDLUNG
Flöhe	Mit Flöhen kann man sich draußen und bei anderen Tieren infizieren. Schlafende Larven erwachen, reifen zu Flöhen und springen für eine Blutmahlzeit auf die Katze. Den Rest der Zeit verbringen sie mit der Produktion von Babyflöhen.	Flöhe verursachen nicht zwingend Juckreiz. Suchen Sie Ihre Katze nach Flöhen oder Flohkot ab – glänzende schwarze Pünktchen auf der Haut –, besonders am Hinterteil. Verwenden Sie wirksame, sichere Präparate. Behandeln Sie immer die Umgebung sowie alle anderen Haustiere mit.
Milben	Ohrmilben stammen von einer anderen Katze, meistens der Mutter eines Kätzchen. Nachts verursachen sie Juckreiz an Ohren und Haut.	Katzen mit Ohrmilben haben Ohrenschmalz und Schmutz in ihren juckenden Ohren. Behandlung mit Ohrsalben oder Spot-on-Präparaten.
	Cheyletiella-Milben werden von der Mutter weitergegeben.	Diese Milben verursachen juckende, schuppige Beläge im Rückenbereich. Mit Flohmitteln sind sie leicht abzutöten.
	Sarkoptes-Milben (Räude), bei Hunden weit verbreitet, treten bei Katzen selten auf.	Diagnose durch Hautprobe. Behandlung mit Selamectin.
Zecken	Zecken lauern in hohem Gras. Ein Schatten, eine Bewegung, selbst eine geringfügige Temperaturveränderung sagt ihnen, dass eine Mahlzeit angekommen ist. Die Zecke läßt sich auf die Katze fallen, saugt sich an der Haut fest und mit Blut voll und fällt dann ab.	Zecken schwellen ungeheuer an und sind dann leicht erkennbar. Nehmen Sie eine Zeckenzange, um sie am Kopf herauszudrehen. Drücken Sie Zecken nicht aus. Dadurch scheiden sie noch mehr »Gift« aus.
Läuse	Befall bei Katzen selten.	Sind im Fell sichtbar. Behandlung mit Fipronil.
Hautpilz	Genau genommen kein Parasit, tritt jedoch häufig auf und ist übertragbar.	*Siehe Haut- und Fellerkrankungen, S. 234 – 237.*

Endoparasiten

PARASIT	WIE KATZEN SICH INFIZIEREN	DIAGNOSE UND BEHANDLUNG
Spulwürmer (häufig)	Meistens überträgt die Mutter die Würmer noch vor der Geburt an ihre Jungen. Manchmal infizieren sich die Kätzchen durch das Saugen an der Mutter.	Die Kätzchen sind spitzbäuchig und erbrechen Würmer. Die Mutter wird während der Trächtigkeit regelmäßig entwurmt, die kleinen Kätzchen ebenso ab dem 14. Lebenstag, und zwar mit Präparaten wie Fenbendazol.
Bandwürmer (häufig)	Der häufigste Bandwurm (Dipylidium caninum) wird durch Fressen eines infizierten Flohs aufgenommen.	Bandwürmer verursachen selten Krankheitssymptome. Das häufigste Anzeichen sind vertrocknete Bandwurmglieder, die wie Reiskörner im Haar um den After zu sehen sind. Mit Praziquantel entwurmen.
Giardien (zunehmend häufig)	Mikropisch kleiner Einzeller, der über verschmutztes Wasser aufgenommen wird. Eine häufig fehldiagnostizierte Ursache von Durchfall bei Katzen.	Durchfall, oft blutig. Mit Fenbendazol oder einem anderen vom Tierarzt empfohlenen Präparat behandeln.
Herzwürmer (selten)	Die Eier werden durch Insektenstiche auf die Katze übertragen. Diese reifen zu großen Würmern heran, die sich im Herzen ansiedeln.	Erst bei fortgeschrittener Erkrankung treten Husten und Schwäche auf. Frei laufende Katzen sind gefährdeter als Wohnungskatzen. Vorbeugen mit Selamectin oder auf Anweisung des Tierarztes behandeln.
Toxoplasmen	Ansteckung durch Verzehr von infiziertem Wild.	Keine Krankheitssymptome erkennbar, aber eine Gefahr für die öffentliche Gesundheit (siehe unten).

Müttern oder bei anderen Katzen. Die Behandlung ist langwierig. Ohrmilben sind hochgradig ansteckend. Ist eine Katze davon befallen, behandeln Sie alle Ihre Katzen und Hunde. Mit Ohrentropfen oder einem Tropfen Selamectin, den sie auf die Haut am Genick geben, können Ohrmilben leicht behandelt werden. Durch Einträufeln von Mineralöl in das Ohr ersticken die meisten Ohrmilben.

Flohfreie Katze und Wohnung

- **Geburtenkontrolle bei Flöhen:** Die Verwendung von Lufenuron sterilisiert jeden Floh, der davon frisst, tötet aber nicht die erwachsenen Flöhe. Das Präparat eignet sich ausgezeichnet für Katzen, die nicht allergisch mit Juckreiz auf Flohspeichel reagieren.
- **Flohschutzmittel:** Einmal monatlich auf die Haut am Nacken Spot-on-Präparate auftragen. Diese Präparate können in Verbindung mit einem biologischen Haushaltsspray verwendet werden, das das Schlüpfen von Floheiern verhindert.
- **Teppichreinigung:** Flöhe hinterlassen ihre Eier und Larven in den Teppichen. Professionelle Teppichreinigung mit Borax zerstört Floheier und bietet ein Jahr Garantie.

Endoparasiten

Endoparasiten lösen selten Krankzeitssymptome aus. Eine Ausnahme bilden Giardien, eine immer häufiger auftretende Ursache von chronischem Durchfall bei Katzen (*siehe Tabelle oben*).

Gefahr für den Menschen

Toxoplasmen sind Parasiten, die der Katze selten Probleme bereiten. Einige Wochen nach dem ersten Kontakt mit Toxoplasmen scheidet die Katze infektiöse Partikel mit ihrem Kot aus. Durch diesen verunreinigten Kot können Toxoplasmen auf den Menschen übertragen werden. Eine einfache Behandlung gibt es nicht.

Schwangere und immungeschwächte Personen sind am meisten gefährdet. Ein infizierter menschlicher Embryo kann ernsthaft erkranken. Schwangere sollten beim Reinigen des Katzenklos, bei der Gartenarbeit oder beim Umgang mit rohem Fleisch Gummihandschuhe tragen. Essen Sie kein rohes Fleisch – dies ist der häufigste Übertragungsweg einer Toxoplasmose für Menschen.

Verantwortliche Haltung

- Vermeidung unerwünschter Trächtigkeit
- Gegen Zoonosen vorbeugen
- Unfälle verhüten

Unsere Verantwortung erstreckt sich auf unsere Katzen, uns selbst und die Allgemeinheit. Wir können Verkehrsunfälle vermeiden, indem wir unsere Katzen von der Straße fern halten, und wir können unerwünschte Trächtigkeit und durch Geschlechtshormone bedingte Verhaltensprobleme minimieren, indem wir unser Tier kastrieren lassen.

Vermeidung unerwünschter Trächtigkeit

Die Zahl unerwünschter Katzen steigt in dem Maße, wie sich Katzen unkontrolliert fortpflanzen können. Bei einer Wohnungskatze steht die Fortpflanzung nicht zur Debatte, aber fehlende sexuelle Erfüllung kann zu unangenehmem Verhalten wie Duftmarkierungen oder Paarungsrufen führen. Eine Kastration macht das Leben für Wohnungskatzen angenehmer und beseitigt das Risiko unerwünschter Paarungen bei Freigängerkatzen.

Mögliche Probleme

Eine Kastration führt kaum zu Problemen, unabhängig vom Alter der Katze. Manche Katzen nehmen nach der Kastration an Gewicht zu, aber dies kann durch eine Diät kontrolliert werden. Wird Ihre Katze kastriert, gehen Sie davon aus, dass sie zunimmt, und reduzieren Sie ihre Kalorienaufnahme um ungefähr 20 Prozent.

Der richtige Zeitpunkt

Lassen Sie eine Kätzin kurz vor ihrer ersten Rolligkeit kastrieren. Kastrierte Kätzinnen leben im Schnitt über ein Jahr länger als unkastrierte. Kater können beliebig kastriert werden. Eine Kastration nach der Pubertät erlaubt die Entwicklung der sekundären Geschlechtsmerkmale wie kräftige Unterkiefer, es

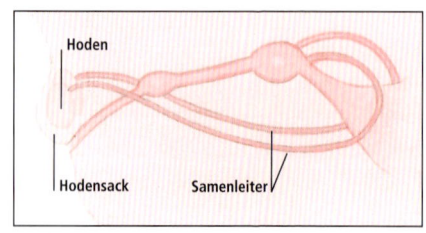

Bei der Kastration eines Katers werden seine Hoden nach einem kleinen Schnitt in das Skrotum entfernt. Danach werden die Samenleiter abgebunden.

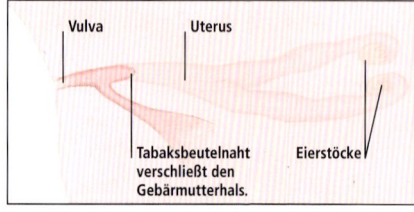

Die Kastration einer Kätzin erfordert eine größere Bauchhöhlenoperation. Dabei werden die Eierstöcke und ein Teil der Gebärmutter entfernt.

Sicher spielen, sicher zurückkommen

Lassen Sie Ihre Katze nur dort ins Freie, wo sie sicher ist. Nur so können Verkehrsunfälle vermieden werden. Ihre Katze sollte identifizierbar sein. Zusätzlich zu einem Halsband mit Schnellverschluss, das sich öffnet, wenn es sich in Zweigen verfängt, sollte Ihre Katze gechippt werden.

Verantwortliche Haltung

bedeutet aber auch, dass Sie sich mit dem stechenden Uringeruch einer erwachsenen Katze auseinander setzen müssen. Ein kastrierter Kater kämpft weniger mit anderen Katern. Dadurch ist das Risiko einer Infektion mit Krankheiten wie FIV und FeLV, die über Speichel übertragen werden, geringer.

Zoonosen

Es gibt eine begrenzte Anzahl von Krankheiten, die Katzen auf Menschen übertragen können. Sie werden als Zoonosen bezeichnet.

- **Toxoplasmose:** Die häufigste Kleintier-Zoonose wird nicht durch den direkten Kontakt mit der Katze übertragen, sondern meistens durch den Verzehr von rohem oder nicht durchgegartem Fleisch. Katzen infizieren sich mit dem kaum erkennbaren Toxoplasma über den Verzehr von Beutetieren (*siehe Kasten S. 219*).
- **Katzenkratzkrankheit:** Katzenkratzkrankheit: Die meisten Katzen in den USA sind mit Bakterien der Gattung *Bartonella* in Berührung gekommen. *Bartonella henselae* kann besonders bei Kindern und Jugendlichen Katzenkratzkrankheit hervorrufen.
- **Hautpilz:** Dies ist eine Pilzinfektion, die Großtiere, Haustiere und Menschen befällt. Katzen, besonders Perser, übertragen sie am häufigsten. Katzen und Menschen werden mit lokalen Antimykotika und oralen Antibiotika behandelt.
- **Tollwut:** In Tollwutgebieten sind wir durch Bisse von Katzen gefährdet, die nicht dagegen geimpft sind. Bricht die Krankheit aus, gibt es kein Mittel dagegen.
- **Magen-Darm-Erkrankungen:** Verschiedene Mikroorganismen aus dem Magen-Darm-Trakt der Katze können auf den Menschen übertragen werden. Sie treten in der Regel selten auf. Die häufigsten sind Giardien, die leichten Durchfall verursachen. Des Weiteren gibt es Campylobacter und Salmonellen, die Fieber, Kopfschmerzen, Unterleibskrämpfe und wässrigen bis blutigen Durchfall verursachen. Diese Erkrankungen werden zumeist durch infiziertes Wasser oder Fleisch hervorgerufen, in wenigen Fällen jedoch auch durch Katzen.

Katzenbisse und Katzenallergie

Unser Kontakt zu Katzen führt am häufigsten zu Katzenbissen und Allergien, die eigentlich keine echten Zoonosen sind. Wir werden in den meisten Fällen im Gesicht, an Händen und Armen gebissen. Da die Bisse kleine, tiefe Wunden verursachen, die schwer zu spülen sind, können sie oft zu Infektionen führen. Für manche Menschen sind Katzenschuppen ein ernstes Problem. Dies wird ausführlich auf S. 271 beschrieben.

Diese Katze ist drauf und dran, zu kratzen und zu beißen. Kleine Wunden können zu Infektionen führen.

/ 222 Gesundheit

Medikamentengabe

- Schnelles und geschicktes Vorgehen
- Arbeiten Sie mit Bestechung!
- Eine Behandlung immer vollständig durchführen

Medikamente lassen sich am besten mit etwas Leckerem eingeben. Doch Katzen riechen und schmecken unsere Bestechungsversuche. Daher haben Sie oft keine andere Wahl, als Ihrer Katze Tabletten zu geben. Nur wenige Katzen schlucken bereitwillig Medikamente. Seien Sie unnachgiebig, aber sanft. Belohnen Sie Ihre Katze immer nach der Einnahme mit beruhigenden Worten und Berührungen.

Verstecken Sie Medikamente im Futter
Verstecken Sie Tabletten möglichst im Futter, z.B. in Fleischkügelchen. Sie können sie auch pulverisieren und unter das Futter mischen, sofern sie geschmacklos sind. Vermischen Sie flüssige Medikamente sorgfältig mit dem Lieblingsfutter Ihrer Katze. Manche Medikamente dürfen nicht zusammen mit bestimmten Futtermitteln verabreicht werden. Fragen Sie hierzu zuerst Ihren Tierarzt.

Tabletteneingabe

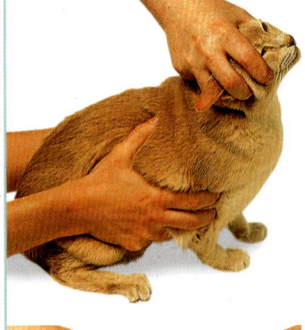

Eine schwierige Aufgabe
Manche Katzen lassen sich keine Medikamente eingeben. Es ist jedoch wichtig, die verschriebenen Medikamente nicht abzusetzen. Konsultieren Sie Ihren Tierarzt bei Schwierigkeiten mit der Verabreichung von Medikamenten.

① Die Katze festhalten, damit sie nicht kratzt oder entwischt, während Sie beruhigend auf sie einsprechen. Bei Bedarf in ein großes Handtuch wickeln.

② Mit Zeigefinger und Daumen einer Hand hinter die oberen Eckzähne greifen und den Kopf nach oben drehen. Mit der anderen Hand den Unterkiefer nach unten ziehen.

③ Leicht nach innen drücken, damit der Mund offen bleibt, und die Tablette auf den Zungengrund hinten in der Mundhöhle legen.

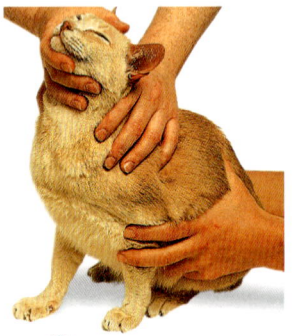

④ Den Mund der Katze sofort schließen und den Hals so lange massieren, bis die Katze schluckt.

⑤ Den Mund öffnen und nachsehen, ob die Tablette geschluckt wurde. Katzen können Tabletten meisterhaft verstecken.

Eingabe von Ohrentropfen und -salben

Am besten wirken Ohrentropfen, wenn sie bis zum Trommelfell gelangen. Die meisten Flaschen und Tuben haben Aufsätze, die lang genug sind, aber nicht so lang, dass sie verletzen könnten.

1. Die Katze auf einen Tisch setzen und beruhigend mit ihr sprechen. Sichtbare Absonderungen aus der Ohröffnung entfernen.

2. Mit einer Hand das Ohr halten und mit der anderen den Aufsatz in die Öffnung des äußeren Gehörgangs einführen.

3. Tropfen oder Salbe in den Gehörgang träufeln.

4. Das Ohr wieder zurücklegen und den Gehörgang massieren.

5. Nach dem Einmassieren schüttelt die Katze meist ihren Kopf. Mit Küchenpapier, Papiertaschentüchern oder Watte verhindern, dass Ohrenschmalz und Salbenreste verspritzen.

6. Gutes Verhalten loben und die Katze belohnen.

Achtung! Niemals Markenwattestäbchen verwenden, wenn die Gefahr besteht, dass das Trommelfell durchbrochen ist.

Eingabe von Flüssigkeiten

1. Den Kopf wie zur Tabletteneingabe halten, nur nicht nach oben, sondern geradeaus.

2. Das Medikament seitlich in den Mund träufeln oder spritzen. Nicht nach hinten in den Rachen spritzen – es könnte in die Luftröhre gelangen.

3. Den Mund schließen und den Hals massieren, bis die Katze schluckt. Gutes Verhalten loben.

Eingabe von Augensalbe und -tropfen

1. Die Katze auf einen Tisch setzen, beruhigen und bei Bedarf in ein Handtuch wickeln.

2. Mit feuchter Watte vorhandenes Augensekret vorsichtig entfernen.

3. Die Hand mit der Salbentube oder dem Aufsatz auf den Kopf der Katze aufsetzen, damit der Behälter nicht das Auge trifft, wenn sich die Katze plötzlich bewegt.

4. Die Salbe direkt auf das Auge geben. Das Auge schließen, damit sich das Medikament durch die Körperwärme verteilt. In den Händen aufgewärmte Salbe läßt sich besser auftragen.

5. Gutes Verhalten loben und die Katze belohnen.

Achtung!
Niemals mit dem Behälter das Auge berühren!

Verabreichung von Spritzen

Diabetes wird häufig mit Insulinspritzen behandelt. Spritzen erhalten Sie auch vom Tierarzt, um lebensrettende Medikamente zu verabreichen, wenn Ihre Katze bei Wespen- oder Insektenstichen bekanntermaßen einen anaphylaktischen Schock bekommt. Spritzen geben hört sich gewagt an, ist aber einfacher als die Eingabe oraler Medikamente.

1. Das Medikament in die Spritze aufziehen.

2. So lange auf die Spritze klopfen, bis Luftblasen aufsteigen, die Sie dann ausstoßen, bis der erste Tropfen des Medikaments aus der Nadel kommt.

3. Die Katze auf einem Tisch festhalten. Ruhig mit ihr sprechen und sie dabei an einer Hautfalte im Genick zwischen den Schulterblättern (die Katze ist an dieser Stelle relativ unempfindlich) fassen.

4. Mit ruhiger Hand die Nadel durch die Haut in das Gewebe unterhalb der Haut und oberhalb des darunter liegenden Muskels führen. Dann den Inhalt der Spritze hineindrücken. Notfalls den Tierarzt fragen.

5. Die Katze loben und belohnen.

Wenn Unfälle geschehen

- Ruhe bewahren
- Schützen Sie zuerst sich, bevor Sie sich der Katze nähern
- Kontrollieren Sie die Vitalfunktionen Ihrer Katze

Die wichtigsten Grundregeln lauten: Schätzen Sie die Gefahren ein, bringen Sie sich selbst nicht in Gefahr, halten Sie Ihre Katze zurück, kontrollieren Sie ihr Herz und ihre Atmung, achten Sie auf Schocksymptome. Ist so weit alles in Ordnung, kümmern Sie sich um die Behandlung der äußerlichen Verletzungen. Ein Schock ist eine verborgene tödliche Gefahr. Eine Katze mag nach einem Unfall einen normalen Eindruck machen, kann jedoch möglicherweise lebensbedrohliche innere Verletzungen aufweisen. *Lassen Sie die Katze immer schnellstmöglich vom Tierarzt untersuchen.*

Die Atmung kontrollieren

Katzen atmen pro Minute rund 30-mal ein und aus. Bei Schmerz, Schock, Lun-

Unfallmaßnahmen

Verhalten Sie sich bei einem Unfall wie folgt:

① Nähern Sie sich ruhig der Katze. Nicht verängstigen, damit sie nicht entwischt. Beruhigend auf sie einreden und Augenkontakt vermeiden.

② Während Sie mit der Katze reden, prüfen Sie, wie viel Angst oder Schmerzen sie hat. Die Katze in ein weiches Tuch einwickeln und aus der Gefahrenzone entfernen.

③ Ist die Katze ruhig, halten Sie ihren Kopf unter dem Kinn mit Ihrer Hand sanft, aber fest. Mit dem Ellbogen Ihres freien Arms leicht gegen ihren Körper drücken, während Sie mit dieser Hand Ihre Untersuchung durchführen.

④ Hat die Katze Angst, wickeln Sie sie in ein Tuch, eine Decke, ein gefaltetes Laken oder ähnliches, damit sie nicht in der Lage ist, um sich zu beißen oder zu kratzen.

⑤ Den Kopf freilegen, während der übrige Körper sicher eingepackt bleibt. Das Handtuch um den Hals der Katze festhalten, damit es nicht aufgeht.

⑥ Untersuchen Sie die Katze nur, wenn sie ruhig ist.

Eine verängstigte Katze ist eine gefährliche Katze. Vorsichtig nähern, selbst wenn Sie der Besitzer sind. Die Katze in sanftem Ton beruhigen.

Wenn Unfälle geschehen

gen- und Herzproblemen erhöht sich die Atemfrequenz. Stellen Sie die Atemfrequenz fest, indem Sie die Brustbewegungen Ihrer Katze 15 Sekunden lang zählen und mit vier multiplizieren. Zwischen Atmen und Keuchen besteht ein Unterschied. Keuchen entsteht bei Angst oder Schmerz oder zur Abfuhr überschüssiger Körperwärme. Ist Ihre Katze bewusstlos und kein Atem vorhanden, ist künstliche Beatmung erforderlich.

Katzenkratzkrankheit

Die Katzenkratzkrankheit (*siehe S. 221*) ist eine von dem Bakterium *Bartonella henselae* ausgelöste seltene Infektion. Die Krankheit wird durch Katzenbisse und -kratzer auf den Menschen übertragen. Flöhe sind der wahrscheinliche Übertragungsweg zwischen Katzen und möglicherweise auch auf uns. Daher ist eine wirksame Vorbeugung gegen Flöhe notwendig.

Obwohl die Katzenkratzkrankheit selten eine klinische Erkrankung bei Katzen hervorruft, kann sie bei empfindlichen Menschen zu Fieber, Kopfschmerzen und schmerzenden geschwollenen Lymphknoten führen. Katzenkratzkrankheit spricht auf Antibiotika an.

Der Katze den Puls messen

Der Ruhepuls einer Katze beträgt rund 120 Schläge pro Minute, bei Angst kann er auf 200 ansteigen. Der Herzschlag eines kleinen Kätzchens kann bei über 200 Schlägen pro Minute liegen.

Bei Fieber, Schmerzen, Herzerkrankungen und den ersten Stufen von Schock kann die Herzfrequenz ansteigen. Zur Kontrolle die Brust an beiden Seiten knapp hinter den Ellbogen fassen und vorsichtig drücken, bis Sie den Herzschlag spüren. Bei sehr dicken Katzen kann dies schwierig werden.

Alternativ den Puls der Katze messen: Die Finger dort auflegen, wo das Hinterbein in die Leiste übergeht. Hier verläuft eine große Arterie, die Oberschenkelarterie, dicht unter der Haut. Mit den Fingern nach dem Pulsschlag tasten. 15 Sekunden lang zählen und mit vier multiplizieren, um die Herzfrequenz auszurechnen. Ist die Katze bewusstlos und hat keinen Herzschlag, ist eine Herzmassage vordringlich.

❶ Zur Kontrolle der Herzfrequenz den Kopf unter dem Kinn sanft, aber fest halten, sodass die Katze nicht beißen kann.

Die Oberschenkelarterie verläuft dort, wo das Hinterbein in die Leiste übergeht.

❷ Die Finger dort auflegen, wo das Hinterbein in die Leiste übergeht. Mit den Fingern nach dem Pulsschlag tasten.

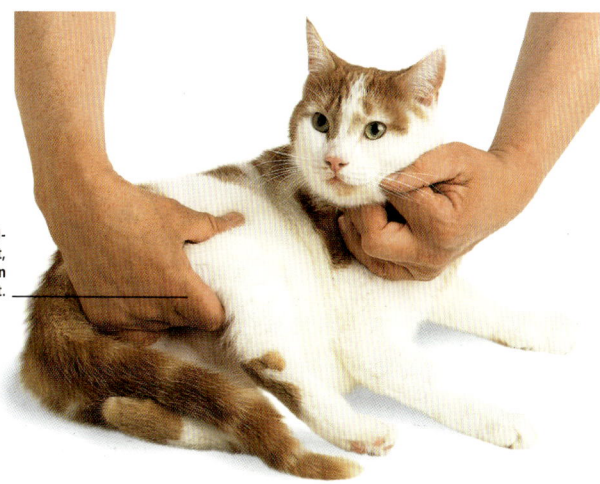

Erste-Hilfe-Maßnahmen

- Niemals Schockzustände unterschätzen
- ABC-Schema: Atemwege – Beatmen – Circulation
- Erste Hilfe leisten, dann zum Tierarzt

Nach einem Unfall kann die Katze einen guten Eindruck machen, aber wenige Stunden später an klinischem Schock sterben. Noch vor erster Hilfe für Verletzungen wie Knochenbrüche steht daher die Kontrolle von Schock.

Die Farbe des Zahnfleischs Ihrer Katze gibt einen eindeutigen Hinweis auf Schock. Die gesunde Farbe ist frischrosa. Bei einem Schock verändert sie sich zu blassrosa oder sogar weiß.

Wenn Sie bei einer gesunden Katze mit dem Finger gegen das Zahnfleisch drücken, wird das Blut weggedrückt – das Zahnfleisch wird weiß –, aber es kommt zurück, sobald Sie loslassen. Je größer der Schock, desto länger dauert es, bis sich die Kapillaren des Zahnfleischs wieder mit Blut füllen.

ABC-Schema

Gehen Sie bei Unfällen nach dem ABC-Schema vor: **A**temwege: Atemwege freimachen. Entfernen Sie Fremdkörper, und ziehen Sie die Zunge nach vorne. **B**eatmen: Wenn die Katze nicht atmet, müssen Sie künstlich beatmen (*siehe gegenüber*). **C**irculation = Kreislauf: Ist kein Herzschlag oder Puls vorhanden, müssen Sie eine Herzmassage durchführen (*siehe S. 228*).

Symptome der ersten Schockphase
- Beschleunigte Atmung, manchmal keuchend
- Beschleunigter, pochender Herzschlag
- Blasses Zahnfleisch
- Angst oder Unruhe
- Lethargie und Schwäche
- Normale bzw. niedrige rektale Temperatur
- Langsamer Blutrückfluss im Zahnfleisch (länger als zwei Sekunden)

Symptome der zweiten Schockphase
- Flache, unregelmäßige Atmung
- Unregelmäßiger Herzschlag
- Sehr blasses oder blaues Zahnfleisch und erweiterte Pupillen
- Große Schwäche oder Bewusstlosigkeit
- Sehr niedrige Körpertemperatur, besonders an den Pfoten, unter 36,7° C
- Sehr langsamer Blutrückfluss im Zahnfleisch (länger als vier Sekunden)

In einem solchen Fall stehen Herzversagen und Tod unmittelbar bevor.

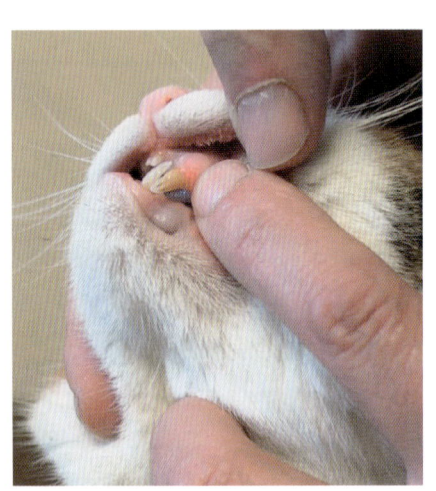

Am Zahnfleisch können Sie Schock feststellen
Drücken Sie einen Finger gegen das Zahnfleisch, und lassen Sie wieder los. Je länger das Blut braucht, um zurückzufließen, desto größer der Schock.

Erste-Hilfe-Maßnahmen 227

Umgang mit Schock

Zeigt Ihre Katze Schocksymptome, lassen Sie sie nicht umherwandern und geben Sie ihr nichts zu Fressen oder Trinken. Stattdessen:

① Alle Blutungen stillen und die Katze beatmen (*s. u.*) oder eine Herzmassage durchführen (*s. S. 228*).

② Die Katze in Seitenlage bringen, den Kopf gestreckt.

③ Die Katze in eine warme Decke einwickeln, um weiteren Wärmeverlust zu verhindern.

④ Den Unterkörper der Katze mit Kissen oder Handtüchern unterpolstern, damit mehr Blut ins Gehirn strömen kann.

⑤ Den Kopf gestreckt lassen **und die Katze sofort zum Tierarzt bringen.**

Künstliche Beatmung – wann und wie

Beatmen Sie Ihre Katze nur dann, wenn sie nicht mehr atmet. Kontrollieren Sie das Zahnfleisch. Ist es rosig, wird der Körper mit Sauerstoff versorgt. Ist es blau oder weiß, kann künstliche Beatmung notwendig sein.

Wenn Sie nicht genau feststellen können, ob die Katze atmet, halten Sie ein Papiertaschentuch vor die Nase, um zu sehen, ob es sich bewegt. Atmet Ihre Katze nicht mehr, dann:

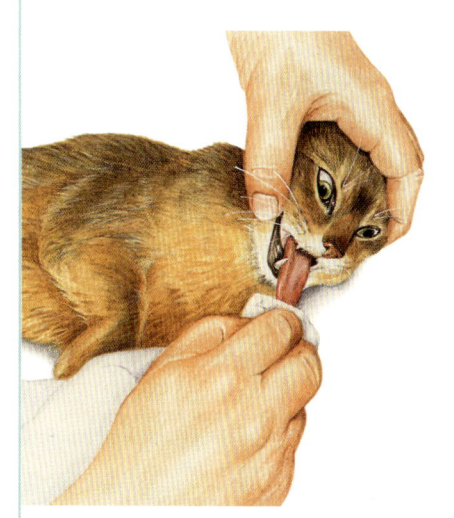

Fragen Sie Ihren Tierarzt

F: Woher weiß ich, ob eine bewusstlose Katze atmet?
A: Eine bewusstlose Katze atmet manchmal so schwach, dass es kaum zu erkennen ist. Sind Sie sich nicht sicher, halten Sie einen Spiegel dicht vor die Nase der Katze und achten Sie darauf, ob er beschlägt oder winzige Wassertröpfchen sichtbar sind. Ist dies der Fall, so atmet Ihre Katze. Alternativ können Sie ein Papiertaschentuch (oder Watte) vor die Nasenlöcher halten. Atmet die Katze, wird das Tuch durch die Luft aus der Nase bewegt.

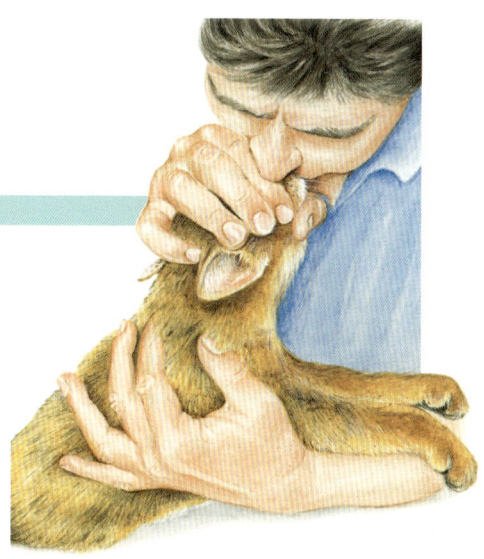

② Den Mund schließen, das Genick in der Körperachse halten, mit dem Mund die Nase der Katze verschließen und Luft hineinblasen, bis Sie sehen, dass sich ihre Brust ausdehnt. Ist Ihnen dies unangenehm, bilden Sie mit Ihrer Hand einen luftdichten Zylinder zwischen Ihrem Mund und der Nase Ihrer Katze.

③ Den Vorgang 10- bis 20-mal pro Minute wiederholen, bis die Katze selbstständig atmet.

④ Den Puls alle 15 Sekunden kontrollieren, um sicherzugehen, dass das Herz noch schlägt. Bei Stillstand KPR durchführen, eine Kombination aus Herzmassage (*siehe S. 228*) und künstlicher Beatmung.

① Katze in Seitenlage bringen, Fremdkörper aus Nase und Mund entfernen, Zunge nach vorne ziehen.

⑤ **Sofort den tierärztlichen Notdienst aufsuchen.**

228 Gesundheit

Herzmassage – wann und wie

Führen Sie eine Herzmassage nur durch, wenn das Herz nicht mehr schlägt. Bei Herzstillstand sind die Pupillen erweitert. Suchen Sie den Herzschlag oder Puls. Kontrollieren Sie das Zahnfleisch. Wenn Sie mit dem Finger gegen rosiges Zahnfleisch drücken und es strömt kein Blut ins Zahnfleisch zurück, hat das Herz zu schlagen aufgehört.

Herzmassage für sehr fettleibige Katzen

Ist Ihre Katze sehr rundlich, legen Sie sie auf den Rücken anstatt auf die Seite, den Kopf tiefer als den Körper. Legen Sie Ihren Handballen auf das Brustbein und drücken Sie gleichzeitig nach unten und nach vorne, um Blut ins Gehirn zu bringen. Fahren Sie fort mit KPR (*siehe unten*).

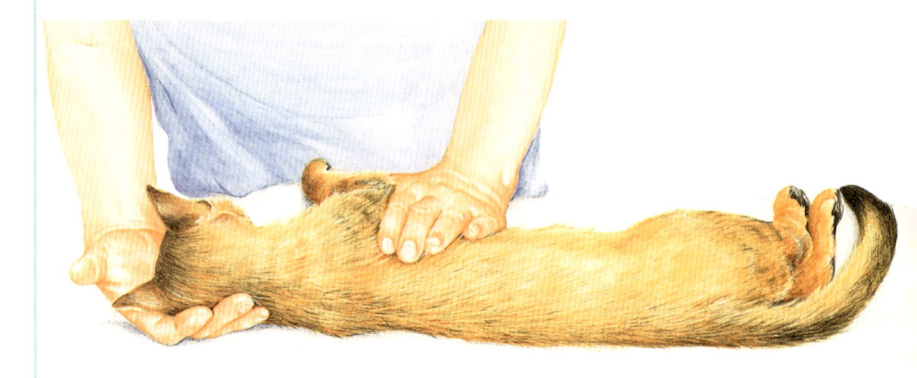

❶ Die Katze in Seitenlage bringen, der Kopf sollte tiefer als der übrige Körper liegen.

❷ Die Brust hinter den Ellbogen zwischen Finger und Daumen nehmen. Mit der anderen Hand den Rücken stützen.

❸ Fest auf den Brustkorb und aufwärts in Richtung Genick pressen. Die Kompressionen sollten mit einer Frequenz von 120/Minute erfolgen.

❹ Nach 15 Sekunden Herzmassage die Katze 10 Sekunden lang beatmen.

❺ Herzmassage und Beatmung abwechseln, bis der Puls zurückkehrt.

❻ *Sofort den tierärztlichen Notdienst aufsuchen.*

Anwesenheit mehrerer Personen

Eine Person sollte fünf Sekunden lang Herzmassage durchführen, danach eine andere Person einmal beatmen, so lange, bis eine Person (meist diejenige, die die Herzmassage durchführt) den Transport zum Tierarzt organisieren kann.

Kardiopulmonäre Reanimation (KPR)

Gehirnzellen brauchen ungeheuer viel Sauerstoff. Deshalb werden 20 Prozent des Blutes vom Herzen zu diesem relativ kleinen Organ gepumpt.

Erhalten die Gehirnzellen keinen Sauerstoff, selbst nur wenige Minuten lang, werden sie beschädigt oder sterben ab.

Bei Notfällen kann eine Herzmassage ein stillstehendes Herz wieder beleben, während die künstliche Beatmung Ihren ausgeatmeten Sauerstoff in die Lungen der Katze bringt.

Die Kombination aus Herzmassage und künstlicher Beatmung nennt man Kardiopulmonäre Reanimation.

Wann ist KPR notwendig?

Bei:
- Blutverlust
- Ersticken
- Gehirnerschütterung
- Diabetischem Koma
- Stromschlag
- Herzversagen
- Beinah-Ertrinken
- Vergiftung
- Schock
- Einatmen von Rauch
- Schweren allergischen Reaktionen

Erste-Hilfe-Maßnahmen 229

Blutungen

Schwere ebenso wie leichtere, langsame, anhaltende Blutungen führen zu gefährlichem klinischem Schock. Äußere Blutungen können oft durch Druck gestillt werden. Spritzendes Blut bedeutet, dass eine Arterie verletzt wurde. Diese Blutung ist nicht so einfach zu stillen, da der Blutdruck in den Arterien (Blut vom Herzen) höher ist als in den Venen (Blut zum Herzen).

Achten Sie auf Schocksymptome wie blasses oder weißes Zahnfleisch, beschleunigte Atmung, schwacher, fliegender Puls, kalte Extremitäten und allgemeine Schwäche.

Eine Blutung stillen

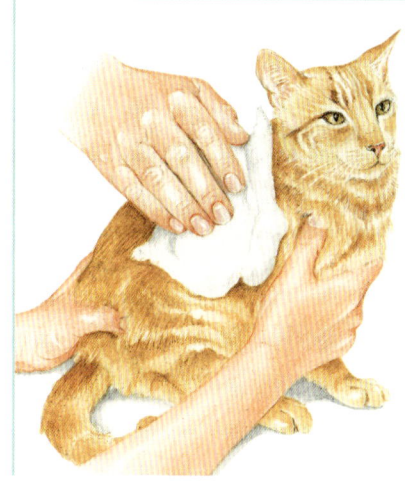

① Haben Sie einen Erste-Hilfe-Kasten, mit einer Mullkompresse auf die Wunde drücken. Ist dies nicht vorhanden, verwenden Sie sauberes, saugfähiges Material wie Küchentuch, Toilettenpapier oder ein sauberes Geschirrtuch.

② Mindestens zwei Minuten lang gedrückt halten. Falls nötig, zusätzliches Material verwenden.

③ Die blutende Partie möglichst oberhalb des Herzens halten. Das Bein nicht anheben, wenn es gebrochen sein könnte.

④ Blutgetränktes Material nicht entfernen – es hilft bei der Blutgerinnung. Überlassen Sie dies Ihrem Tierarzt.

⑤ *Sofort zum Tierarzt.*

Anaphylaktischer Schock

Ein Insektenstich, Medikamente, sogar Futter (selten) können bei der Katze einen anaphylaktischen Schock auslösen.

Erste Symptome sind schwere Atmung, Pfeifen, Würgen, Erbrechen, Taumeln sowie plötzlicher Durchfall.

Spätere Symptome sind blaues Zahnfleisch, gurgelnde Lungengeräusche und Atemnot.

Bei gurgelnden Lungengeräuschen die Katze zehn Sekunden lang an den Hinterbeinen nach unten halten, um die Atemwege freizumachen, und **sofort zum Tierarzt gehen**.

Es mag ungewöhnlich, sogar unangenehm erscheinen, Ihre Katze an den Hinterbeinen zu schwingen, aber bei einem anaphylaktischen Schock könnte es ihr Leben retten. Halten Sie sie knapp oberhalb der Knie und schwingen Sie sie leicht hin und her.

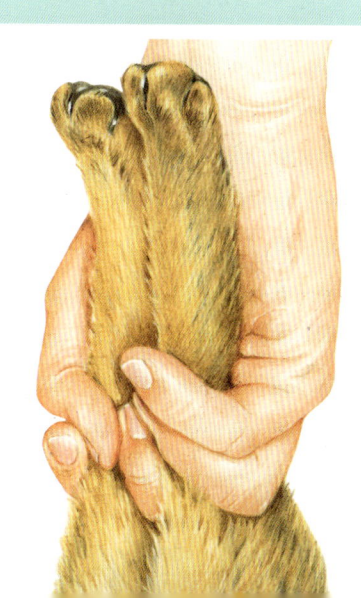

Verletzungen

- Versteckte Verletzungen niemals unterschätzen
- Verbände können schützen, aber auch schaden
- Eine verletzte Katze vorsichtig bewegen

Verletzungen können bei Katzen äußerst trügerisch sein. Eine Katze versucht, sich trotz ihrer Verletzung normal zu verhalten, um ihre Verletzlichkeit zu verbergen. Die zwei häufigsten Wundtypen sind geschlossene Wunden, bei denen die Haut nicht verletzt ist, und offene Wunden, bei denen die Haut verletzt ist. Bei offenen Wunden besteht erhöhte Infektionsgefahr. Ebenso gibt es geschlossene und offene Brüche.

Geschlossene Wunden

Unterschätzen Sie niemals eine geschlossene Wunde. Es mag den Anschein haben, dass nur eine geringe Verletzung vorliegt, es könnten jedoch schwere innere Verletzungen bestehen, deren volles Ausmaß erst nach Tagen zum Vorschein kommt.
Auch wenn die Wunde harmlos aussieht, ziehen Sie Ihren Tierarzt hinzu.
Symptome für eine geschlossene Wunde sind:
- Schwellungen
- Schmerzen
- Verfärbungen (durch Prellungen unter der Haut verursacht)
- Erwärmung an einer bestimmten Stelle
- Oberflächliche Verletzungen wie Hautkratzer

Behandlung: Wickeln Sie ein Handtuch mehrfach um den betreffenden verletzten Körperteil. Dadurch wird die verletzte Partie fixiert.

Erste Hilfe bei geschlossenen Wunden

Legen Sie eine kalte Kompresse auf und ziehen Sie Ihren Tierarzt hinzu. Ein Beutel gefrorener Erbsen in einem Geschirrtuch ist eine ideale Kompresse, da sie schneller auftaut als Eis und sich an die Konturen der verletzten Körperpartie anpasst.

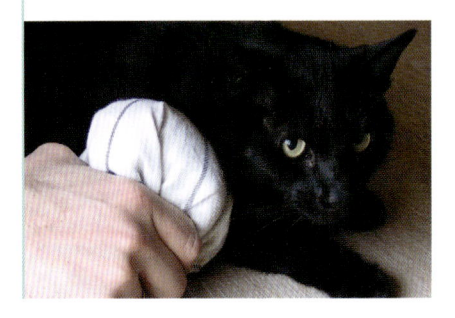

Punktförmige Wunden und andere offene Wunden

Punktförmige Wunden, die von Kämpfen, Luftgewehren oder Schrotflinten herrühren, sind nicht auf Anhieb sichtbar, da sie meist wenig oder gar nicht bluten. Schmutz und Bakterien erhöhen das Infektionsrisiko.

Wenn Sie folgende Symptome an Ihrer Katze bemerken, suchen Sie nach einer punktförmigen Wunde:
- Vermehrtes Belecken einer bestimmten Stelle
- Ein neuer Schorf auf der Haut
- Ein Loch in der Haut
- Eine Blutspur oder feuchtes Haar auf der Haut
- Lahmen

Entdecken Sie eine punktförmige Wunde, fragen Sie Ihren Tierarzt um

Erste Hilfe bei kleineren offenen Wunden

① Kleinere Wunden mit 3-prozentigem Wasserstoffperoxid, lauwarmem Salzwasser oder sauberem Trink- oder Leitungswasser spülen.

② Mit Pinzette oder Fingern Schmutz und Fremdkörper aus der Wunde entfernen.

③ Niemals feststeckende Gegenstände wie Pfeile, Holz- oder Metallstücke aus einer Wunde herausziehen. Dies könnte zu Blutungen führen.

④ Bei Haar in der Wunde wasserlösliches Gel (keine Vaseline) auf eine Schere auftragen, dann das Haar abschneiden, das am Gel hängen bleibt.

Verbände

① Eine saugfähige Teflonkompresse auf die gereinigte, trockene und desinfizierte Wunde legen.

② Mit Verbandsmull umwickeln. Den Mull beim Verbinden nicht zu fest anziehen, da sonst die Blutversorgung abgeschnürt wird.

③ Zuletzt mit elastischer Binde oder Klebeband umwickeln. Es müssen zwei Finger darunter passen; Wunden schwellen oft an. Ein scheinbar gut angebrachter Verband kann der Blutzufuhr nur wenige Stunden später abschnüren. Ein Verband darf niemals nass werden und sollte spätestens alle 24 Stunden erneuert werden.

Rat. Müssen Sie solange eine Blutung stillen, siehe Erste-Hilfe-Maßnahmen auf S. 226–229.

Provisorische Schiene

Es ist sehr schwierig, einen Beinbruch bei einer Katze zu schienen. Versuchen Sie nicht, Beinbrüche zu begradigen. Schienen Sie sie so, wie sie sind, und wickeln Sie das Bein in viel Watte (mit der Rolle um das Bein wickeln) oder Streifen aus Decken oder Leintüchern ein.

Wickeln Sie eine zusammengerollte Zeitung mit hinein – das verstärkt die Schiene, mindert den Schmerz und weitere Verletzungen auf dem Weg zum Tierarzt.

Verbände anlegen

Verbände halten Wunden trocken. Ein Verband übt einen beständigen leichten Druck aus, lindert so Schmerzen oder Blutungen und verhindert, dass sich Flüssigkeit unter der Haut ansammelt.

Druckverbände sind gefährlich

Blutungen von Gliedmaßen können häufig durch Druck mit der Hand gestillt werden. Aderpressen können gefährlich sein. Wurde Ihre Katze z. B. von einer Giftschlange gebissen, erhöht eine Aderpresse noch die Entzündung. Fixieren Sie stattdessen die betroffene Stelle, und legen Sie eine Eispackung auf, um die lokalen Blutgefäße zu verkleinern.

Eine verletzte Katze bewegen

Beim Hochheben und Transport einer verletzten Katze sollten Sie Verdrehungen vermeiden, da sie zu weiteren Verletzungen führen könnten. Wickeln Sie die Katze in eine voluminöse Decke, und transportieren Sie sie in einer Schachtel zum Tierarzt.

Bekanntlich ist eine Katze bei Bewusstsein schwer zu verbinden. Überlassen Sie dies am besten Ihrem Tierarzt.

Vergiftungen

- Niemals Instektenschutzmittel für Hunde auch für Katzen nehmen
- Schmerzmittel nur auf Anweisung des Arztes geben
- Giftige Pflanzen meiden

Allzu oft vergiften Menschen unabsichtlich ihre Katzen, indem sie ihnen für den Menschen bestimmte Medikamente wie Aspirin oder Paracetamol oder nur für Hunde bestimmte Insektenschutzmittel verabreichen. Das Kauen an Zimmerpflanzen oder Blumen wie Lilienblättern kann genauso tödlich sein wie das Fressen eines durch Köder gestorbenen Nagetiers.

Reinigung des Fells

Katzen können sich durch Ablecken giftiger Substanzen von ihrem Fell den Mund verbrennen. Verwenden Sie niemals Präparate, die zwar für Menschen unschädlich, aber nicht ausdrücklich für Katzen bestimmt sind. Verwenden Sie niemals konzentrierte biologische Reinigungsmittel, Lösungsmittel, Methylalkohol oder ähnliche Produkte zur Fellreinigung.
- **Weiche Stoffe:** Viel Pflanzenöl in das Fell Ihrer Katze einreiben und mit frischem Seifenwasser auswaschen. Babyshampoo ist ungefährlich.
- **Harte Stoffe:** Eingetrocknete Substanzen aus dem Fell schneiden.
- **Großflächige Verschmutzung:** Stärkepulver oder Mehl zusammen mit Pflanzenöl verreiben, die Mixtur zum Aufnehmen des Giftes auftragen und später mit einem grobzinkigen Kamm entfernen.

Katzen schlucken gewöhnlich kein Gift. Es kann jedoch unabsichtlich passieren, wenn sie z. B. giftige oder brennende Substanzen von ihrem Fell ablecken.

Ist das Fell nicht durch Farbe, Teer, Produkte aus Erdöl oder Motorenöl verunreinigt, spülen Sie die betroffene Stelle mindestens fünf Minuten lang mit sauberem Wasser. Achten Sie dabei auf die Augen, Achselhöhlen und Leisten.

Antiflohmittel für Hunde

Spot-on-Flohpräparate für Hunde können für Katzen giftig sein. Verwenden Sie nur für Katzen bestimmte Antifloh- oder Antizeckenmittel. Antiflohmittel

Essenzielle Öle können tödlich sein

Lassen Sie niemals auch nur einen Tropfen eines essenziellen Öls an das Fell Ihrer Katze. Ein einziger Tropfen eines konzentrierten Produkts, selbst eines wie Teebaumöl, kann tödlich für Ihre Katze sein.

Vergiftungen

Säuren, Laugen und Erdöl

Hat Ihre Katze säure-, laugen- oder erdölhaltige Stoffe geschluckt, führen Sie kein Erbrechen herbei.

1. Bei Säuren der Katze Eiweiß, Sodabikarbonat, Kohlepulver oder Pflanzenöl in den Mund geben, bei Laugen Eiweiß oder kleine Mengen Zitrusfruchtsaft, Milch oder Essig, bei Erdöl viel Wasser.

2. Bei Verbrennungen im Mund Sodabikarbonatpaste verwenden.

3. Durch Säure verbrannte Hautpartien mindestens 15 Minuten lang mit frischem Wasser spülen. Bei Haut- und Mundverbrennungen durch Laugen vorsichtig verdünnten Essig auftragen und **sofort zum Tierarzt gehen.**

Säurehaltige Produkte:
- Rostentferner
- Entkalker
- Backofen-, WC- und Haushaltsreiniger

Laugenhaltige Produkte:
- Abbeizmittel (Ätznatron)

Erdölhaltige Produkte:
- Holzreinigungs- und -konservierungsmittel
- Marmor-, Messing- und Pinselreiniger
- Paraffin
- Benzin
- Imprägniermittel

Atmung

Hat Ihre Katze Rauch oder Reizstoffe wie Tränengas eingeatmet, gehen Sie davon aus, dass die Luftwege entzündet sind. Gefährden Sie sich nicht selbst, indem Sie sich diesen Dämpfen aussetzen.

1. Wurde Gift eingeatmet, achten Sie auf Schocksymptome, halten Sie die Atemwege frei, unterstützen Sie die Atmung, und führen Sie KPR durch.

2. Hat die Katze Krämpfe, wickeln Sie sie in eine Decke und **gehen Sie sofort zum Tierarzt.**

3. Unterschätzen Sie niemals die Verletzungen, die durch das Einatmen von Reizstoffen entstehen können. Ernsthafte und möglicherweise tödliche Schwellungen der Atemwege können selbst noch nach Stunden auftreten. **Gehen Sie zum Tierarzt.**

für Hunde sind eine der häufigsten Ursachen für unabsichtliche Vergiftungen bei Katzen. Manche Mittel wie z.B. konzentrierte Insektenschutzmittel für Hunde können bei Katzen neurologische Symptome wie Zuckungen und Speicheln auslösen.

Sonstige Gifte

1. Hat Ihre Katze in den letzten zwei Stunden ein Gift geschluckt, das *nicht* säure-, laugen- oder erdölhaltig ist, bringen Sie die Katze – bei Bewusstsein – zum Erbrechen, indem Sie ihr Salz oder 3-prozentiges Wasserstoffperoxid verabreichen. Geben Sie ihr einen Teelöffel alle 15 Minuten, bis es zum Erbrechen kommt (*siehe S. 222 – 223*).

2. Fragen Sie Ihren Tierarzt. Hat die Katze erbrochen, bringen Sie eine Probe davon Ihrem Tierarzt.

3. *Gehen Sie sofort zum Tierarzt.*

4. *Ist das Gift unbekannt, gehen Sie schnellstmöglich zum Tierarzt.*

Achten Sie auf Schocksymptome

Symptome sind: blasses oder weißes Zahnfleisch, beschleunigte Atmung, schwacher, fliegender Puls, kalte Extremitäten, allgemeine Schwäche.

Giftige Pflanzen

Obwohl Katzen sehr genau prüfen, was sie fressen, kann ihre Leidenschaft für Gras tödlich sein. Die folgenden Pflanzen sind äußerst gefährlich:
- Rizinuspflanze
- Dieffenbachie
- Fingerhut
- Maiglöckchen
- Mistel
- Rhabarber
- Gewöhnlicher Stechapfel
- Alle Blumenzwiebeln

Ebenso gefährlich sind Blätter und Rinde der folgenden Bäume bzw. Sträucher:
- Azalee
- Kirschlorbeer
- Schierlingstanne
- Efeu
- Oleander
- Rhododendron
- Wisteria
- Eibe

Efeu kann für Katzen giftig sein.

Haut und Fell

- Flöhe und Ohrmilben führen am häufigsten zu Erkrankungen
- Oft ist das Immunsystem beteiligt
- Lecken und Kauen verursachen starken Haarausfall

Haut- und Fellerkrankungen machen rund 40 Prozent aller Tierarztbesuche aus. Wenn Sie Veränderungen an Haut und Fell Ihrer Katze bemerken, ist die Ursache hierfür meist sichtbar: Parasiten, besonders Flöhe und Ohrmilben, sind für die meisten lästigen Hautprobleme verantwortlich.

Sie bekommen ihn vielleicht nie zu Gesicht, aber ein einziger Floh kann zu Entzündungen, Kratzen, Lecken, Schuppenbildung, Blutungen und Verkrustungen, Hautdefekten, Geschwüren, Beulen und Haarausfall führen.

Diagnosestellung

Eine genaue Diagnose erhält man am einfachsten, wenn eine Behandlung anschlägt. Alternativ will der Tierarzt vielleicht die Haut der Katze mit UV-Licht auf Hautpilz untersuchen, einen Abstrich machen oder eine Bakterien- oder Hefepilzkultur anlegen, ein Hautgeschabsel für Parasiten oder eine Biopsie wegen Zellveränderungen vornehmen. Haut- und Bluttests, Diät und Veränderungen der Wohnumgebung sind bei der Diagnose von allergischen Hauterkrankungen hilfreich.

Kratzt sich Ihre Katze, kontrollieren Sie sie auf Flohbefall, schwarz glänzende Staubkrümel im Fell. Allergien können auch Kratzen auslösen.

Symptome für eine Hauterkrankung

Eine Hauterkrankung bei der Katze erkennt man an Kratzen, Haarausfall, Pigmentveränderungen, sichtbaren Beulen, Entzündung, schorfartigen trockenen Schuppen und Krusten oder nassen Hautdefekten und Geschwüren. Die meisten Erkrankungen lösen eine Vielzahl dieser klinischen Symptome aus.

Diät und Juckreiz

Eine Futterallergie kann juckende Hauterkrankungen hervorrufen. Durch eine Ausschlussdiät mit einem Futter, das die Katze noch nie hatte, über mindestens sechs Wochen, kann man, wenn der Juckreiz verschwindet, eine Allergie gegen das vorherige Futter nachweisen. Fragen Sie den Tierarzt.

Haut und Fell

Häufige Ursachen für Juckreiz

Parasiten	Flöhe, Ohr- und Hautmilben, Herbstgrasmilben, Insektenstiche, Läuse, Zecken, Maden, *Cheyletiella*-Milben.
Infektionen	Bakterien, Pilze, besonders Hautpilz, Pockenvirus.
Allergien	Flohallergiedermatitis, Futterallergiedermatitis, atopische Dermatitis, Miliarekzem bzw. eosinophiles Granulom, Kontaktdermatitis, Nesselsucht, durch Medikamente verursachte Ausschläge.

Fragen Sie Ihren Tierarzt

F: Befallen Katzenparasiten auch Menschen?
A: Ja, Flöhe und Zecken fühlen sich auch bei uns Menschen wohl, nicht nur bei der Katze. Der Hautpilz einer Katze ist für Menschen hochgradig ansteckend und umgekehrt. Besonders Langhaarkatzen haben oft einen Hautpilz, ohne klinische Symptome zu zeigen. Das häufigste Hautproblem, das wir von der Katze bekommen, wird verursacht durch eine Allergie.

Wenn die Haut juckt

Es gibt immer einen guten Grund, wenn sich die Katze kratzt. Da die Ursache oft schwer feststellbar ist, wird manchmal der Juckreiz (Pruritus) behandelt anstatt die Ursache. Parasiten und Allergien sind die häufigsten Auslöser für Kratzen. Dies wiederum kann zu Sekundärinfektionen führen. Auf Hautjucken reagiert die Katze mit Kratzen sowie mit übermäßigem Belecken und Fellpflege. Dies kann zu Haarausfall und blutenden offenen Wunden führen.

Pickel, Schuppen und Schorf

Eine Pustel ist ein kleiner erhabener, eitergefüllter Pickel. Eine Papel ist ein kleiner erhabener Pickel, der vollständig mit entzündeten Zellen gefüllt ist. Die häufigste Ursache für Pusteln und Papeln ist eine Allergie und keine primäre bakterielle Hauterkrankung.

Hautschuppen sind Teile der oberen Hautschicht, die sich als Flöckchen von der Haut abschälen. Schuppenbildung geht manchmal mit Seborrhö einher, einer vermehrten Talgabsonderung.

Eine Folge von Hautschädigungen ist Schorf, der aus Serum, Blut und entzündlichen Zellen besteht.

Krankheiten mit Schuppenbildung, Verkrustungen und Vereiterungen sind:

Die Gefahr von Flohbissen

Die häufigste Ursache für Kratzen und Haarausfall ist ein einfacher Flohbiss. Manche Katzen reizt schon eine winzige Menge an gerinnungshemmendem Speichel, den ein Floh bei seiner Mahlzeit hinterlässt.

Übermäßiges Belecken, besonders am Rücken, verursacht Haarausfall und lokalen roten, krustigen Schorf. Die Haut kann einreißen und eitern.

Geht Ihre Katze bei warmem Wetter ins Freie, wo sich auch andere Tiere aufhalten, gehen Sie davon aus, dass sie Kontakt mit Flöhen hat. Suchen Sie die Flöhe, indem Sie das Fell auf Flohkot untersuchen: Er sieht aus wie schwarzer, glänzender Staub und verfärbt sich bei Feuchtigkeit rotbraun.

Behandlung: Ist eines Ihrer Tiere von Flöhen, Milben oder Zecken befallen, untersuchen und behandeln Sie alle Ihre Katzen und Hunde mit einem vom Tierarzt empfohlenen Insektenschutzmittel. Behandeln Sie auch Ihre Wohnung mit einem zugelassenen Präparat.

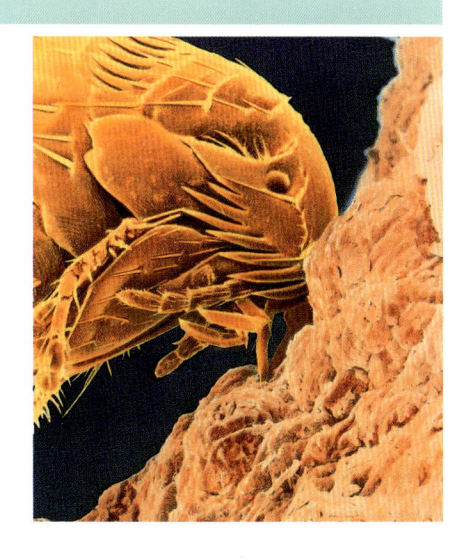

236 Gesundheit

- Hautpilz
- Katzenakne
- Ohrmilbenbefall
- Bakterille Hautinfektion (Pyodermie)
- *Cheyletiella*-Räude
- Leishmaniose
- Hitze-, Chemikalien- oder Sonnenbrandschäden
- Krebs
- Immunvermittelte Störungen wie *Pemphigus foliaceus*
- Pockenvirus
- Eosinophiles Granulom (schmerzloses oder fressendes Geschwür)

Hautpilz

Hautpilz ist äußerst ansteckend, besonders für Kinder. Isolieren Sie betroffene Katzen in einem extra Zimmer, bis sie geheilt sind.

Behandlung: Baden Sie die Katze mit einem antimykotischen Shampoo. Kleine betroffene Stellen kann man manchmal erfolgreich behandeln, wenn man sie rasiert und ein Antimykotikum äußerlich aufgeträgt. Häufiger jedoch ist die Gabe eines oralen Antimykotikums für die Dauer von mindestens einem Monat notwendig sowie eine Totalrasur. Die Behandlung muss mindestens noch zwei Wochen lang fortgesetzt werden, nachdem die Symptome abgeklungen sind bzw. zwei Wochen, nachdem die Pilzkultur negativ ausgefallen ist.

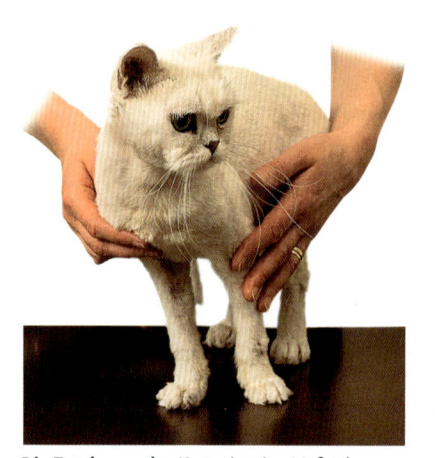

Die Totalrasur der Katze ist eine Maßnahme gegen die Ausbreitung von Hautpilz. Antimykotika sind ebenfalls notwendig.

Hautpilz tritt bei Katzen häufig auf

Der Hautpilz ist eine Pilzinfektion des Fells und der Haarfollikel am ganzen Körper. Sie tritt häufiger bei Langhaarkatzen auf. Katzen können symptomfreie Träger sein, die die Krankheit übertragen, jedoch keine klinischen Anzeichen einer Infektion zeigen. Hautpilz verursacht meist keinen Juckreiz, aber Verkrustungen, was Lecken und Kratzen zur Folge hat.

Haarausfall

Die häufigste Ursache von Haarausfall bei Katzen ist exzessives Lecken und Kratzen, das durch Juckreiz ausgelöst wird. Andere Ursachen sind:
- Parasiten- und Pilzinfektionen
- Verschiedene Räudearten
- Hautpilz
- Umwelt- oder verhaltensbedingte Ursachen
- Verbrennungen
- Reaktion auf Arzneimittel
- Spritzenassoziierte Reaktion auf Kortikosteroide oder Progesteron
- Vererbte oder hormonelle Störungen
- Zwanghafte Fellpflege, exzessives Lecken
- Schilddrüsenüberfunktion
- Schablonenkahlheit bei der Sphinx

Hautgeschwülste und -erhebungen

Die verwendeten Begriffe bezeichnen die Schwere der Erkrankung (*siehe Tabelle oben rechts*).

Bisswunden

Ein Katzenbiss ist die häufigste Ursache von Hautschwellungen, meist im Gesicht, am Hals oder am Schwanz.

Haut und Fell

Die wichtigsten Hautgeschwülste

GESCHWULST	BESCHREIBUNG	WAS IST ZU TUN?
Zyste	Eine einfache sackartige Höhlung innerhalb der Haut.	Tierarzt anrufen.
Abszess	Eine tiefe Infektion, durch einen Biss oder tiefen Kratzer verursacht. Meist in einem Gewebehohlraum unter der Haut.	Innerhalb von 24 Stunden zum Tierarzt.
Hämatom	Eine Blutansammlung unter der Haut, besonders an der Ohrmuschel. Manchmal rot und heiß, selten schmerzhaft.	Innerhalb von 24 Stunden zum Tierarzt.
Granulom	Eine Bindegewebsreaktion auf einen durch die äußeren Hautschichten eindringenden Fremdkörper.	Innerhalb von 24 Stunden zum Tierarzt.
Impfass. Fibrosarkom	Eine Schwellung an einer Einstichstelle, z. B. bei einer Impfung.	Sofort zum Tierarzt.
Eosinophiles Granulom (schmerzloser Ulcus)	Allergische Hautverdickung an Lippen oder Kinn, oft zu Vereiterung führend.	Heute noch zum Tierarzt.
Lipom	Fettgewebsgeschwulst. Kann überall am Körper bei älteren Katzen auftreten.	Innerhalb von 24 Stunden zum Tierarzt.
Melanom	Pigment bildender Hauttumor (es gibt auch unpigmentierte Melanome). Fast immer bösartig.	Sofort zum Tierarzt.
Histiozytom	Knopfähnliche erhabene Geschwulst. Kann überall auftreten.	Heute noch zum Tierarzt.
Papillom oder Warze	Blumenkohlförmige Wucherung auf der Haut.	Tierarzt anrufen.
Mast-, Basal- oder Schuppenzellentumor	Erhabene Umfangsvermehrungen der Haut, oft ohne definierte Ränder.	Sofort zum Tierarzt.

Kater kämpfen häufiger als Kätzinnen. Schwere durch Katzenbisse verursachte Abszesse müssen operativ geöffnet und gereinigt werden. Sie sprechen nahezu immer gut auf Antibiotika an.

Schmerzloser Ulcus oder Lippengranulom

Die genaue Ursache dieses nichtjuckenden Ulcus auf einer oder beiden Lippen oder am Kinn (Lippengranulom) ist unbekannt. Das Immunsystem scheint dabei eine Rolle zu spielen. Die Erkrankung spricht gewöhnlich auf Kortikosteroide an.

Geschwollene Pfotenballen

Plasmazellenpododermatitis, eine Vereiterung der Pfotenballen, verursacht Schwellungen, Lahmheit und verstärktes Lecken. Das Immunsystem ist daran beteiligt und spricht auf Kortikosteroide an.

Nicht kastrierte Kater kämpfen häufiger als kastrierte Kater oder Kätzinnen. Kratzer heilen meist von alleine, aber Katzenbisse können zu Infektionen und Abszessen führen, die operative Öffnung erfordern.

Ausfall von Schnurrhaaren

Die Katze verliert von Natur aus ihre langen Schnurrhaare, die wieder nachwachsen. Es ist normal, wenn Sie ausgefallene Schnurrhaare finden. Ausgefranste Schnurrhaare bedeuten, dass Ihre Katze sich zu nahe an eine Wärmequelle wie Feuer herangewagt hat.

238 Gesundheit

Atemwegserkrankungen

- Schweres Atmen immer ernst nehmen
- Achten Sie auf Schocksymptome
- Ursache müssen nicht die Atemwege sein

Störungen können überall in den Atemwegen auftauchen, angefangen beim Nasenkitzeln und Niesen bis hin zum Trauma der Brust, das schweres Atmen und Schock hervorruft. Infektionen sind meist entweder auf die oberen oder auf die unteren Atemwege beschränkt. Eine Katzengrippeinfektion mit dem Calicivirus kann jedoch zu sekundärer Lungenentzündung führen, besonders bei kleinen Kätzchen.

Niesen

Die häufigste Ursache für Niesen – mit oder ohne Nasensekret – ist einer von vielen Katzenschnupfenviren. Von Katzenschnupfen sind rund 13 bis 20 Prozent aller Katzen betroffen. Allergien und Umweltreize sind weitere häufige Ursachen.

Obwohl Tumoren der Atemwege selten sind, werden rund 75 Prozent davon in der Nase lokalisiert und verursachen Niesen. Bei Katzen mit weißer Haut und Weißanteil im Fell ist die Wahrscheinlichkeit von Nasentumoren 13-mal größer als bei anderen Katzen.

Heftiges Niesen kann zu Nasenbluten führen. *Wird das Niesen von Sekret begleitet, gehen Sie innerhalb von 24 Stunden zum Tierarzt.*

• **Katzenschnupfen:** Er wird durch eines von drei verschiedenen Viren bzw. ein Mycobacterium hervorgerufen.

Katzen können vor einer schweren Erkrankung geschützt werden, aber der Impfstoff kann eine leichte Infektion nicht verhindern.

Eine Katze kann von einer solchen Infektion genesen, dabei jedoch zu

Ein durch Pollen ausgelöstes Kitzeln in der Nase kann ein harmloses Niesen verursachen. Fragen Sie Ihren Tierarzt, wenn dabei Nasensekret austritt.

Behandlung von Nasenbluten

❶ Die Katze ruhig und isoliert halten.

❷ Fünf Minuten lang eine kalte Kompresse auf der Nasenoberseite auflegen (ein paar gefrorene Erbsen in Frischhaltefolie), zwischen Augen und Nasenlöchern (kann unter Umständen schwierig sein).

❸ Das blutende Nasenloch leicht mit einem saugfähigen Material abdecken.

❹ Den Kopf der Katze nicht nach hinten beugen oder das blutende Nasenloch zudrücken. Dies ruft nur Niesen hervor.

einem stillen Träger werden. Sie sieht gesund aus, infiziert aber andere Katzen.
• **Sinusitis:** Sekundäre bakterielle Infektion oder Pilzinfektion der Nebenhöhlen kann auf eine unbehandelte Virusinfektion mit Katzenschnupfen folgen. Das Sekret löst Niesanfälle sowie starke grünlich gelbe Absonderungen aus. Ebenso kann eine Augenentzündung (Konjuktivitis) auftreten.

Husten

Feuchter, produktiver Husten tritt bei Katzen selten auf. Der Husten ist meist trocken und unproduktiv. Er kann durch Allergien, Umweltverschmutzung, Infektionen oder Fremdkörper in den Atemwegen ausgelöst werden, aber auch durch Flüssigkeit in der Brusthöhle oder den Atemwegen, Lungenerkrankungen oder -verletzungen, Tumore oder Parasiten. *Hält der Husten länger als einen Tag an bzw. tritt er wieder auf, fragen Sie den Tierarzt um Rat.*

Atembeschwerden

Atembeschwerden können durch Lungenentzündung, Brustverletzung, Tumoren, Traumata, Herzversagen, Vergiftungen, allergische Reaktionen, Schmerz, Einatmen von Rauch, Hitzschlag, kollabierte Lunge oder Zwerchfellriss ausgelöst werden. Änderungen der normalen Atmung bei Ihrer Katze können auch durch Furcht, Schmerz und Schock hervorgerufen werden.

Atembeschwerden, die mit einer Flüssigkeitsansammlung in Brust oder Bauch einhergehen, können sich unbemerkt entwickeln. Flüssigkeitsansammlungen entstehen aufgrund von Verletzungen, Herz- oder Lebererkrankungen oder potenziell tödlichen Virusinfektionen.
• **Beschleunigte, flache Atmung:** Nach körperlicher Anstrengung atmen Katzen meist schnell, ebenso aber bei Schock, Vergiftungen, Hitzschlag oder Schmerzen. *Gehen Sie sofort zum Tierarzt, wenn die Atemfrequenz Ihrer Katze ohne jede körperliche Anstrengung schlagartig ansteigt.*
• **Schwere Atmung:** Schwere Atmung ist immer ein wichtiges Symptom und wird meist von beschleunigter Atmung begleitet. Die Ursachen hierfür können Herz- oder Atemwegserkrankungen sein, Flüssigkeit in der Brusthöhle, Lungenerkrankung (einschließlich einer kollabierten Lunge), Traumata wie Zwerchfellriss und Tumoren.

Keuchen

Erhitzte, nervöse, aufgeregte oder erschöpfte Katzen keuchen manchmal. Schmerzen – z. B. in Harnröhre oder Blase, wenn die Katze an einer Erkrankung der unteren Harnwege leidet – können ebenfalls Keuchen hervorrufen sowie Arzneimittel wie Kortikosteroide.
Keuchen deutet auch auf Hitzschlag hin.
Auch Katzen mit einer Herzerkrankung haben Keuchanfälle.

Erschwerte Atmung erkennt man daran, dass die Katze sich unnatürlich krümmt und versucht, mehr Luft einzuatmen.

Gehen Sie noch am selben Tag zum Tierarzt.
- **Geräuschvolle Atmung:** Bei einer Katze ist geräuschvolles Atmen immer ein Anlass zur Sorge.

Die Ursachen hierfür sind Flüssigkeit in den Lungen und Verlegungen der oberen Atemwege, z. B. durch Fremdkörper oder Tumore. *Gehen Sie noch am selben Tag zum Tierarzt.*
- **Pfeifende Atmung und Asthma:** Pfeifende Atmung ist ein Anzeichen für eine Lungenerkrankung, eine Entzündung der Atemwege (Bronchitis), meist mit Asthma einhergehend.

Asthma kann schwachen Husten, Atmen mit offenem Mund und pfeifende Atmung verursachen. Manchmal entwickelt sich Asthma schnell und verursacht akute Atemnot.

Asthma kann durch Infektionen oder das Einatmen von Reizstoffen ausgelöst werden. Es entsteht auch als immunvermittelte allergische Reaktion. Siamesen sind anfälliger als andere Katzen.
Behandlung: Die Krankheit spricht auf Kortikosteroide an. Es werden auch Bronchospasmolytika eingesetzt. *Gehen Sie sofort zum Tierarzt.*
- **Hitzschlag:** Katzen mögen warme Plätze. Sehen Sie immer im Wäschetrockner nach, bevor Sie ihn einschalten.

Lassen Sie Ihre Katze niemals bei warmem Wetter oder selbst bei kaltem sonnigen Wetter allein im Auto, wenn die Heizung läuft.
Behandlung: Zeigt Ihre Katze Atemnot aufgrund eines Hitzschlags, setzen Sie sie ins Waschbecken oder in die Badewanne und lassen Sie Wasser über die Katze laufen, besonders über ihren Kopf. Lassen Sie das Waschbecken voll laufen. Alternativ können Sie die Katze in einen Wasserteich setzen oder sie mit einem Schlauch gründlich abspritzen. Eine Packung tiefgefrorener Erbsen auf dem Kopf reduziert die Wärmeentwicklung im Gehirn. *Gehen Sie sofort zum Tierarzt.*

Ersticken

Würgen wird durch eine Reizung der Kehle ausgelöst. Ersticken tritt ein, wenn aus irgendeinem Grund die Luftröhre blockiert ist. Dies ist ein absoluter Notfall.

Behandlung: Ist die Katze bei Bewusstsein, sollten Sie als Erstes äußerst vorsichtig mit den Fingern die Ursache für das Ersticken aus dem Hals entfernen. Bedenken Sie, dass eine erstickende Katze in höchster Not ist und das Risiko, gebissen oder gekratzt zu werden, groß ist. *Gehen Sie sofort zum Tierarzt.*

Atemwegserkrankungen

Andere Begriffe für die Atemwegserkrankungen Ihrer Katze:

Rhinitis	Entzündung der Nasenwege. Obwohl meist von Allergien oder Reizungen hervorgerufen, ist *Bordetella bronchiseptica* ein häufiger Auslöser der primären bakteriellen Rhinitis bei Katzen.
Bronchitis	Entzündung der Bronchien, der Hauptatemwege in die Lungen.
Pleuritis	Entzündung des Rippenfells.
Lungenödem	Flüssigkeitsansammlung in den Lungen.
Pleuraerguss	Flüssigkeit außerhalb der Lungen.
Pyothorax	Eiter in der Brusthöhle. Diese Infektion kommt entweder durch punktförmige Wunden oder über das Blut zustande.
Pneumothorax	Luft in der Brusthöhle um eine oder beide kollabierten Lungen. Meist durch Traumata von Bissen, Kugeln, Pfeilen, Stürzen aus großer Höhe oder Verkehrsunfällen verursacht.
Chylothorax	Milchsaft in der Brusthöhle, der die Lungen zusammendrückt. Chylothorax kann viele Ursachen haben.

Atemwegserkrankungen

Andere Ursachen: Eine allergische Reaktion auf einen Insektenstich im Mund kann die Zunge anschwellen lassen. Verletzungen an Genick oder Kehle können zu Schwellungen und Ersticken führen. Eine Katze kann am eigenen Erbrochenen ersticken. *Gehen Sie in diesen Fällen sofort zum Tierarzt.*

Ersticken verhindern

Viele Gegenstände, von Nadeln über Fäden bis hin zu Knochen, können zum Ersticken führen.

Knochen werden möglicherweise problematisch, wenn sie sich hinten im Mund in den Zähnen verfangen. Verhindern Sie dies, indem Sie Ihren Müll drinnen oder draußen in abgedeckten Behältern aufbewahren.

Katzen lieben Spiele mit Fäden. Sehen Sie einen Faden aus dem Mund Ihrer Katze hängen, ziehen Sie vorsichtig daran. Wenn er nicht herauskommt, nicht fester daran ziehen und nicht abschneiden. Das andere Ende kann noch in der Speiseröhre, im Magen oder sogar im Darm der Katze sein. *Gehen Sie noch am selben Tag zum Tierarzt.*

Behandlung bei Ersticken oder Würgen

Gibt eine Katze Erstickungsgeräusche von sich, hat sie eine blaue Zunge und starre, erweiterte Pupillen und ist äußerst unruhig, behandeln Sie sie sofort.

BEI BEWUSSTSEIN UND ERSTICKUNGSGEFAHR

① Katze in Seitenlage bringen, mit der Handfläche knapp hinter dem Brustkorb fest nach oben und nach vorne Druck ausüben. Dies ist die Abwandlung des Heimlich-Handgriffs für Katzen.

② Alternativ Hände auf eine Seite des Bauches legen und fest nach oben und nach vorne pressen.

BEWUSSTLOS UND ERSTICKUNGSGEFAHR

① Bei der Katze in Seitenlage den Handballen genau hinter den hinteren Rippen auflegen.

② Heftig pressen, um die Blockierung zu beseitigen.

③ Vorsichtig mit dem Finger Fremdkörper aus dem Mund der Katze entfernen.

④ KPR anwenden, falls nötig (*siehe S. 228*).

⑤ *Ist KPR notwendig, umgehend den Tierarzt aufsuchen.*

GEGENSTAND IM MUND EINER KATZE

Hat die Katze Mundgeruch, führt sie ständig die Pfote zum Mund oder reibt ihr Gesicht am Boden, so kann ein Gegenstand im Mund die Ursache sein.

① Die Katze in ein dickes Tuch wickeln.

② Mit einer Hand ihren Mund öffnen, indem Sie den Oberkiefer umgreifen und die Oberlippe über die Zähne des Oberkiefers drücken.

③ Mit der anderen Hand den Unterkiefer nach unten ziehen. Mit der ersten Hand die Wangen der Katze zwischen die Zähne schieben.

④ Mit einem Löffelstiel den auf den Zähnen oder in der Mundhöhle festsitzenden Gegenstand aus dem Mund entfernen.

Passen Sie auf, woran Ihre Katze kaut.

Blut und Kreislauf

- Frühe Behandlung verlängert Lebenserwartung
- Manche Rassen sind gefährdeter als andere
- Symptome können wie Alterserscheinungen aussehen

Die häufigste Form der Herzerkrankung verursacht eine Verdickung (Hypertrophie) der Herzkammern.

Hauptursache für eine Blutgerinnungsstörung ist der Verzehr eines Nagetiers, das zuvor an gerinnungshemmendem Rattengift gestorben ist.

Infektionen mit FIV und FeLV sind die häufigsten Ursachen der nicht regenerativen Anämie (*siehe Blutkrankheiten, S. 39*).

Hypertrophe Cardiomyopathie (HCM)

HCM ist die häufigste Herzerkrankung, die Katzen in jungen bis mittleren Jahren betrifft. Sie bleibt oft unentdeckt.

Eine Herzerkrankung wird meist während der jährlichen Routineuntersuchung entdeckt. Der Tierarzt hört eine schnellere Herzfrequenz und vielleicht Stauungsgeräusche in den Lungen und stellt einen schwachen Puls fest.

Die häufigsten Symptome für HCM sind Schmerzen, die mit der Bildung von Blutgerinnseln in der Aorta einhergehen (*siehe unten*).

Behandlung: Herzversagen wird mit Harn treibenden Mitteln behandelt. ACE-Hemmer, die bei Herzerkrankungen von Hunden und Menschen eingesetzt werden, können von Vorteil sein. Fragen Sie Ihren Tierarzt.

Blutgerinnsel

Thromboembolie, ein Blutpfropf in der Aorta an der Stelle, wo diese sich in die Oberschenkelarterien verzweigt, die das Blut zu den Hinterbeinen transportieren, ist ein schmerzhaftes Zeichen für Herzversagen. Die Katze schreit und kann ihre hinteren Gliedmaßen, die sich kühl anfühlen, nicht bewegen. Die Heilungsaussichten sind schlecht.

Eine andere Krankheit, Disseminierte Intravasale Koagulation genannt (DIC), ruft kleine Blutgerinnsel im Körper hervor. Höchstwahrscheinlich wird sie durch eine Krankheit wie FIP (*siehe S. 216*) ausgelöst. DIC kommt häufiger vor, als man denkt.

Diagnoseverfahren

Neue Diagnoseverfahren haben die Erkennung von Herzkrankheiten bei Katzen deutlich verbessert. Röntgenaufnahmen und EKG sind nützlich, die wirksamste Methode ist jedoch die Ultraschalldiagnostik oder die Echokardiographie.

Die Doppler-Sonographie macht den Blutfluss sichtbar.

Blutdruckmessung bzw. Blutkulturen und andere Bluttests können ebenso angebracht sein.

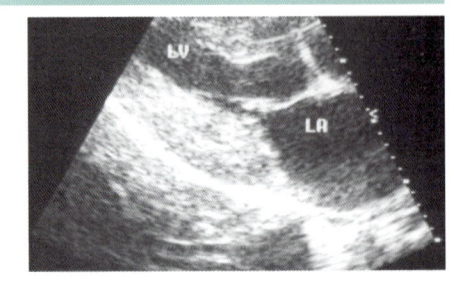

Fragen Sie Ihren Tierarzt

F: Warum ist Taurin wichtig für die Herzfunktion?
A: Katzen bilden von Natur aus nicht genügend dieser kristallinen Verbindung, um den Bedarf zu decken. Ein niedriger Taurinspiegel kann zu dilatativer Kardiomyopathie (DCM) führen, einer Herzerkrankung, und wird auch für Netzhauterkrankungen verantwortlich gemacht. Füttern Sie nur qualitativ hochwertiges Futter, das mit Taurin ergänzt ist

Schilddrüsen- und Herzerkrankung

Eine überaktive Schilddrüse (*siehe Hyperthyreose, S. 246–247*) erhöht die Herzfrequenz und Herzleistung. Schließlich weiten sich die Herzkammern und der Blutdruck steigt. Hinter jeder überaktiven Schilddrüse kann eine Herzerkrankung stecken.

Starker Gewichtsverlust könnte auf eine überaktive Schilddrüse hinweisen.

Anämie

Anämie ist ein Mangel an roten Blutzellen, der durch unzureichende Bildung von Blutzellen bzw. deren Zerstörung hervorgerufen wird. Sie verursacht Lethargie und Schwäche.

Anämie ist die Folge äußerer Blutungen, aber auch innerer Blutungen infolge von Geschwüren, Tumoren, Parasiten oder Darmerkrankungen.

Die häufigste Ursache einer Anämie ist eine Infektion mit FIV oder FeLV. Manche Medikamente wie Paracetamol und Nagetierköder sind ebenso ursächlich. Bei kleinen Kätzchen kann schwerer Flohbefall eine Anämie auslösen.
Behandlung: Die Ursache des Blutverlusts wird ermittelt, weiterer Blutverlust gestoppt. Bei Bedarf gibt man eine Bluttransfusion.

Rattenvergiftungserscheinungen werden mit Vitamin K-Spritzen behandelt.

Feline infektiöse Anämie (FIA)

FIA oder hämolytische Anämie wird durch den Organismus *Haemobartonella* verursacht. Symptome sind Appetit- und Gewichtsverlust, Fieber und Depression. FIA, am häufigsten bei FeLV- und FIV-positiven Katzen, wird vermutlich durch Blut saugende Parasiten verbreitet.
Behandlung: Antibiotika beseitigt FIA, aber die Katze bleibt ein Träger und kann unter Umständen rückfällig werden.

Die Bedeutung von Herzerkrankungen

Als Herzerkrankung bezeichnet man jede krankhafte Herzveränderung. Katzen können herzkrank sein, ohne Symptome zu zeigen. Manche herzkranke Katzen brauchen nie ärztliche Behandlung. Herzerkrankungen können jedoch zu Herzversagen führen. Die Behandlung ist am wirksamsten, wenn sie vor Anzeichen eines Herzversagens beginnt.

Seltene Formen von Herzerkrankungen

Genetische Herzdefekte sind bei Katzen selten. Myokarditis, eine Entzündung des Herzmuskels, ist ebenso ungewöhnlich. Obwohl Katzen sehr widerstandsfähig gegen Infektionen mit dem Herzwurm sind, ziehen Sie eine vorbeugende Behandlung in Betracht, wenn Ihre Katze viel Zeit im Freien verbringt.

Gehirnerkrankungen

- Anfälle variieren zwischen leicht und schwer
- Ein Anfall kann wie eine Herzerkrankung aussehen
- Gehirnszintigraphie kann Gehirntumoren entdecken

Durch seine Verbindung mit der Wirbelsäule und den peripheren Nerven koordiniert das Gehirn alle Aktivitäten, Gedanken, Sinne, Gefühle, Emotionen, Bewegungen und Körperfunktionen der Katze. Gehirnschäden können zu Verhaltensänderungen, Anfällen, Koordinationsverlust, Lähmungen oder Koma führen.

Anfälle

Ein generalisierter Anfall (auch Krampfanfall genannt) geht mit Bewusstseinsverlust sowie unwillkürlichen Muskelzuckungen, rudernden Gliedmaßen, Zittern und Gesichtszuckungen einher. Während eines Anfalls speicheln, urinieren und defäkieren Katzen häufig. Die Pupillen sind erweitert. Bei einem partiellen Anfall treten nur einige dieser Veränderungen auf. Dabei muss es nicht unbedingt zu einem Bewusstseinsverlust kommen.

Die Ursachen von Anfällen sind vielfältig: Gehirnverletzungen, Narbengewebe am Gehirn, Gehirntumoren, niedriger Kalziumspiegel im Blut, niedriger Blutzucker, Hydrozephalus (übermäßige Flüssigkeit im Gehirn), wandernde Darmwurmlarven oder Phosphorsäureester und andere Gifte.

Epilepsie, die häufigste Ursache für Anfälle bei Katzen wie bei Menschen, wird durch eine abnormale Entladung elektrischer Aktivität im Gehirn ausgelöst.

Anfälle bei Katzen

Ein Anfall kann äußerst dramatisch verlaufen oder aber so unterschwellig, dass er schnell als vorübergehende Konzentrationsstörung durchgeht.

Dramatische Anfälle, oft Grand-mal-Epilepsie genannt, laufen in folgenden drei Stufen ab:

- **Verhaltensänderungen:** Ruhelosigkeit, Angst und Verstecken.
- **Der Anfall selbst:** Kollaps und Verlust des Bewusstseins, Körpersteifigkeit, gefolgt von rhythmischen Zuckungen oder Rudern aller Gliedmaßen, Urinieren, Defäkieren und Speicheln.
- **Wiedererlangung des Bewusstseins:** Zu diesem Zeitpunkt ist die Katze benommen, verwirrt und vorübergehend nicht in der Lage zu stehen.

Was tun bei einem Anfall

1. Sich selber schützen. Die Katze könnte beißen.
2. Die Katze schützen. Am Nackenfell vom Gefahrenherd wegziehen. Den Kopf der Katze weich lagern, auf Kissen o. ä.
3. Bei kurzen Anfällen die Katze mit beruhigenden Worten und sanftem Streicheln trösten.
4. Bei über sechs Minuten andauernden Anfällen noch *am selben Tag zum Tierarzt gehen*.
5. Die Katze nach einem Anfall trinken lassen.
6. Die Katze nach einem Anfall in einem Zimmer isolieren und bei ihr bleiben.
7. Berührung und beruhigende Worte sind für manche Katzen lebenswichtig.

Gehirnerkrankungen 245

Krampf-, Herz- oder Schlaganfall?

Hat Ihre Katze einen Kollaps, kann es schwierig sein, zu ermitteln, ob er durch einen Krampfanfall, einen Schlaganfall oder Herzversagen ausgelöst wurde. Schlaganfälle treten bei Katzen selten auf. Herzversagen verursacht sichtbare Blässe des Zahnfleischs. **Unabhängig von der Ursache sollten Sie schnellstmöglich den Tierarzt aufsuchen.**

Hepatische Enzephalitis

Wenn die Leber das Blut nicht richtig reinigt, verbleiben Giftstoffe im Blut. Diese können Enzephalitis auslösen, eine Entzündung des Gehirns. Die Behandlung der primären Lebererkrankung heilt die sekundäre Gehirnerkrankung.

Der Blutreinigungsmechanismus der Leber ist lebenswichtig, damit keine das Gehirn gefährdenden Giftstoffe im Körper zurückbleiben.

Koma

Ein Koma beginnt mit Verwirrung, steigert sich zu einem Zustand der Regungslosigkeit und führt zu Bewusstseinsverlust. Es kann durch körperliche Verletzungen wie Gehirnerschütterung, Herz-, Nieren- oder Lungenversagen, Hitzschlag oder sehr hohes Fieber, hohen oder niedrigen Blutzucker, Sauerstoffmangel im Gehirn, Infektionen, Gifte und anderes ausgelöst werden.

Hirnverletzungen

Häufig durch Verkehrsunfälle verursacht, können Hirnverletzungen wie Gehirnerschütterung oder -quetschung ebenso von Giften, entweder natürlichen – wie Schlangengift – oder künstlichen – wie Insektengift – ausgelöst werden. Meningitis (eine Entzündung der Hirnhaut) und Enzephalitis (eine Entzündung des Hirngewebes)

Halten Sie Ihre Katze von der Straße fern, damit sie nicht Opfer eines Unfalls wird. Ist dies nicht möglich, lassen Sie sie nur zu gewissen Zeiten ins Freie.

rufen ebenfalls Hirnverletzungen hervor. Katzen mit einer Hirnverletzung verhalten und bewegen sich anders. Es können Anfälle, Regungslosigkeit, Koma oder Lähmungen auftreten.

Gehirntumoren

Ein Gehirntumor tritt selten auf. Nur eine von 20 000 Katzen ist davon betroffen. Die wirkliche Zahl kann jedoch höher liegen.

Klinische Symptome sind Verhaltens- und Wesensänderungen, Anfälle, Im-Kreis-Drehen, Änderungen in Bewegung und Gang, veränderte geistige Fähigkeiten und Sinne, Blindheit sowie Kontrollverlust der Gesichtsmuskeln.

Mit Zunahme von Hirnszintigrammen steigt die Erfolgsquote bei der Diagnose von Tumoren.

Behandlung: Ein Tierarzt hat die Kontrolle der Symptome und die Verbesserung der Lebensqualität des Tieres als Ziel. Häufig werden krampflösende Mittel und Kortikosteroide eingesetzt.

Hormonstörungen

- Schilddrüsenüberfunktion ist eine Alterserscheinung
- Eine Schilddrüsenerkrankung kann anfänglich für die Nieren gut sein
- Herz- und Schilddrüsenerkrankungen hängen oft zusammen

Noch vor rund 20 Jahren war Diabetes die einzige häufig auftretende Hormonstörung bei Katzen. Seither ist die bislang unbekannte Schilddrüsenüberfunktion weltweit die häufigste Hormonstörung.

Hyperthyreose

Eine Überproduktion an Schilddrüsenhormonen ist heutzutage bei älteren Katzen weit verbreitet. Es ist immer noch nicht bekannt, was die Schilddrüse zu dem erhöhten Hormonausstoß veranlasst. Die Spekulationen reichen von Futterkonservierungsstoffen oder -zusätzen, Kontakt mit Umweltschadstoffen, Giftstoffen, Bestandteilen von Katzenstreu, einer noch nicht entdeckten Virusinfektion bis hin zur Genmutation.

Was eine Überfunktion bewirkt

Hyperthyreose wird als Alterserkrankung bei Katzen eingestuft. Die Erkrankung kann bei jeder Katze auftreten, unabhängig von Rasse und Geschlecht, ob Wohnungs- oder freilebende Katze, bei jeder Art von Ernährung, unabhängig von Behandlung gegen Parasiten oder Impfungen gegen ansteckende Krankheiten. Nur bei der Siam und der Himalayan ist sie selten. Sie wird aufgrund der klinischen Symptome, einer körperlichen Untersuchung und eines Bluttests hinsichtlich des Schilddrüsenhormonspiegels diagnostiziert. Die häufigsten Symptome sind:

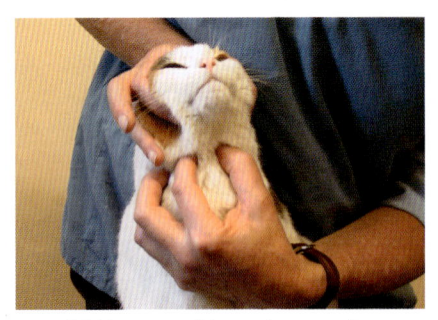

Die Schilddrüsen. Sie können sie untersuchen, indem Sie den Kopf der Katze fest, aber sanft in einer Hand halten und mit Daumen und Zeigefinger der anderen Hand den Hals abtasten.

Klinisches Symptom	Häufigkeit
Gewichtsverlust	90%
Vergrößerte Schilddrüsenlappen	90%
Verhaltensänderung	80%
Gesteigerter Appetit	50%
Erhöhte Herzfrequenz	40%
Erbrechen	40%
Gesteigerter Durst	35%
Gesteigerte Aktivität	35%

Heutzutage ist eine überaktive Schilddrüse die häufigste Ursache für Herzerkrankungen bei Katzen. Hyperthyreose kann hörbare Herzgeräusche verursachen sowie eine offensichtlich erhöhte Herzfrequenz. Außerdem kann sie eine schwieriger festzustellende Verdickung des Herzmuskels (*Hypertrophe Kardiomyopathie, S. 242*) oder Bluthochdruck (Hypertonie) verursachen.

Behandlung: Je nach Katze kann man

Hormonstörungen

eine oder – häufiger – beide Schilddrüsen operativ entfernen. Alternativ werden Medikamente zur Unterdrückung übermäßiger Hormonausschüttung eingesetzt. Ebenso wirksam ist der Einsatz von radioaktivem Jod. Dies erfordert allerdings einen längeren Klinikaufenthalt.

> **Erkrankungen der Nebenschilddrüse**
>
> Die winzigen neben jeder der beiden Schilddrüsen sitzenden Nebenschilddrüsen geben das Parathormon ab, wodurch der Kalziumspiegel im Blut ansteigt. Ein von der Schilddrüse abgegebenes Hormon, Calcitonin, hemmt die Ausschüttung von Parathormon. Ein Ungleichgewicht bewirkt eine Erkrankung.

Hyperthyreose und Nierenerkrankung

Im Anfangsstadium der Krankheit verbessert die höhere Herzleistung einer Katze mit Hyperthyreose die Nierenfunktion. Dies kann jedoch eine altersbedingte chronische Nierenerkrankung verdecken. Durch den durch die Hyperthyreose verursachten Bluthochdruck wird der Verlauf der Nierenerkrankung beschleunigt. Eine erfolgreiche, rechtzeitige Behandlung der Hyperthyreose kann bei dafür anfälligen Katzen ein Nierenversagen beschleunigen. Kontrollieren Sie zuerst die Nierenfunktionen der Katze, bevor Sie die weitere Vorgehensweise festlegen.

Schilddrüsenunterfunktion

Diese Erkrankung tritt bei Katzen so selten auf, dass sie nicht einmal in den Lehrbüchern erwähnt wird.

Störungen der Nebennieren

Die neben jeder Niere befindlichen Nebennieren produzieren Kortisol und sind für die lebenserhaltenden Stoffwechselaktivitäten lebensnotwendig.

• **Überfunktion der Nebennieren:** Diese Erkrankung, auch Cushing-Syndrom genannt, tritt bei Katzen selten auf. Eine betroffene Katze trinkt und uriniert übermäßig und ist ständig hungrig. Sie verliert an Gewicht und wird lethargisch. Ihre Haut wird brüchig.
Behandlung: Katzen mit hypophysenassoziiertem Cushing-Syndrom werden mit Mitotane oder alternativ mit Ketoconazol behandelt.

• **Unterfunktion der Nebennieren:** Die so genannte Addison-Krankheit ist ebenfalls selten. Eine erkrankte Katze hat keinen Appetit, verliert an Gewicht und erbricht. Sie ist schwach und dehydriert.
Behandlung: Man behandelt die Krankheit mit zwei Arten von Kortison.

Bedenken hinsichtlich Kortison

Viele Tierhalter haben Bedenken hinsichtlich der Behandlung ihrer Katze mit Kortison bei einer Nebennierenunterfunktion. Bei Überdosierung verursacht Kortison alle Symptome einer Nebennierenüberfunktion. Solche Bedenken sind jedoch unbegründet, wenn die Medikamente ordnungsgemäß eingesetzt werden. Im Gegensatz zu den meisten anderen Präparaten kommen Kortikosteroide dem natürlich gebildeten Kortisol so nahe, wie es der Stand der Medizin erlaubt. Darin liegt ihre hohe Wirksamkeit. Am wirksamsten sind sie in zwei Situationen: wenn das Immunsystem rot sieht und unterdrückt werden muss (*siehe S. 271*) und bei klinischem Schock. In beiden Fällen können sie lebensrettend sein.

Zuckerkrankheit

Ein Insulinmangel führt zu erhöhtem Blutzucker. Die daraus resultierende Erkrankung ist die häufigste endokrine Erkrankung bei Katzen. Etwa jede 200. Katze ist hiervon betroffen.

Muskeln und Skelett

- Verletzungen sind häufig
- Katzen kompensieren und verbergen ihr Unwohlsein
- Ein Verlust an Muskelmasse ist ein Symptom

An Muskeln treten häufiger Verletzungen als Erkrankungen auf. Sie besitzen enorme Selbstheilungskräfte. Knochen mögen statisch erscheinen, sie sind jedoch lebendes Gewebe und genauso anfällig für Krankheiten wie jeder andere Körperteil. Bei körperlichen Schäden, z. B. Brüchen, kann sich der Knochen selbst heilen. Gelenke leiden unter Verschleiß, selbst bei Katzen.

Lahmen und Hinken

Die meisten Knochen-, Muskel- und Gelenkserkrankungen sind schmerzhaft und führen dadurch zu Lahmheit. Durch unmerkliche Gewichtsverlagerung verbirgt die Katze ihre Lahmheit so lange, bis sie sie nicht länger ausgleichen kann. Dies führt dazu, dass diese Erkrankungen meist schon chronisch sind, bevor sie vom Tierarzt festgestellt werden. Zu Ursachen von Lahmheit siehe Tabelle unten.

Behandlung: Frei laufende Katzen bis zum Tierarztbesuch im Haus isolieren, damit sie nicht herumspringen können.

Diagnoseverfahren

Zur Diagnose dienen Röngtenaufnahmen, Bluttests, Synovia-Analyse, NMRI-Aufnahmen und Biopsien.

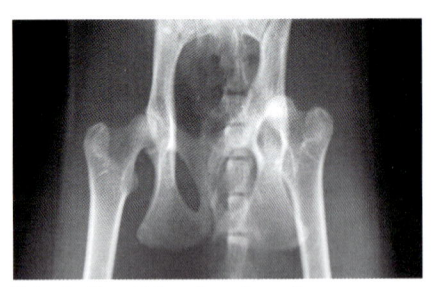

Bei sofortiger Behandlung kann dieser ausgerenkte Oberschenkelkopf wieder eingerenkt werden.

Ursachen von Lahmheit

KRANKHEIT	KLINISCHE SYMPTOME
Zerschnittene Pfotenballen	Belecken
Bisswunden und Sekundärinfektionen	Wundenlecken, Schwellung. Lahmheit verschlechtert sich mit zunehmender Schwellung und Lahmheit.
Verstauchungen und Zerrungen	Plötzliches Auftreten von Lahmheit, manchmal begleitet von Schwellungen oder Blutergüssen. Kann Tage oder Wochen andauern.
Osteoarthrose (Arthritis)	Bei älteren Katzen. Besonders beim Aufwachen. Häufig in Schultern und Ellbogen.
Erbliche Gelenkserkrankungen	Am häufigsten bei Maine Coon und Himalayan. Selten. Gehen selten mit Schwellungen einher. Verschlechtern sich im Laufe der Zeit.
Bänderrisse	Ursache ist ein Trauma. Lahmheit tritt plötzlich auf.
Luxationen und Brüche	Lahmheit tritt plötzlich auf. Starke Schmerzen. Schwellungen, eine Belastung ist nicht möglich.
Knochentumore	Selten. Durch die Muskeln hindurch spürbare schmerzhafte Schwellung. Wird mit der Zeit schlechter. Spricht nicht auf Ruhigstellung an.
Wirbelsäulenverletzungen	Plötzlich und fast immer von Traumata ausgelöst. Lahmheit oder Lähmung.

Muskeln und Skelett 249

Futtermittelzusätze und Osteoarthrose
Es gibt viele Präparate, die als Gelenkknorpelschutz (Chondroprotektiva) vermarktet werden. Die häufigsten sind Glukosamin und Chondroitin. Sie sind sicher und können vorteilhaft sein.

Fragen Sie den Tierarzt
F: Wirkt Akupunktur bei Katzen?
A: Akupunktur kann auch bei Katzen Gefühle des Unbehagens vermindern. Sie sollten eine solche Behandlung aber nur dann ins Auge fassen, wenn Sie sicher sind, dass die Katze durch die Fahrten zum Akupunkteur und durch die Behandlung selbst nicht gestresst wird.

Arthrose
Osteoarthrose, auch einfach als Arthritis bekannt, entsteht, weil der Gelenkknorpel beschädigt ist. Sie entwickelt sich schleichend.

Behandlung: Ihr Tierarzt stellt die genaue Ursache der Osteoarthrose fest. Dicke Katzen sollten abnehmen. Alle Spiele und Fütterungsrituale, bei denen die Katze auf- und abspringt, sollten vermieden werden.

Schmerztherapie ist wichtig, aber schwierig. Die meisten bei Hunden eingesetzten hervorragenden Medikamente sind für Katzen gesundheitsschädigend. Denken Sie immer daran, dass Aspirin und Paracetamol für Katzen gefährlich sind. Viele der neueren Entzündungshemmer sind ungefährlich, aber nur kurzfristig wirksam. Befolgen Sie genauestens die Hinweise des Tierarztes.

Entzündung mehrerer Gelenke
Polyarthritis (Entzündung mehrerer Gelenke) tritt bei Katzen selten auf. Manchmal verursacht eine Infektion mit dem Calicivirus (Katzenschnupfen) eine kurzfristige Polyarthritis bei kleinen

Rassebedingte Anfälligkeit
Die Maine Coon und die Himalayan sind für Hüftgelenksdysplasie, eine durch eine Fehlentwicklung des Hüftgelenks bedingte erbliche Lahmheit, anfälliger als andere Rassen. Bei manchen Scottish Fold wird eine schmerzhafte Gelenkstörung vererbt, die einen kriechenden Gang verursacht. Bei der Manx kommt eine angeborene Wirbelsäulenerkrankung vor, die Lahmheit verursacht.

Kätzchen. Gelenkrheumatismus ist bei Katzen äußerst selten.

Gelenkverletzungen
Luxationen oder Gelenkverletzungen sind meist das Ergebnis eines körperlichen Traumas wie eines Verkehrsunfalls oder Sturzes.
Behandlung: Kurz nach einer Verletzung können ausgerenkte Knochen unter Vollnarkose von Hand wieder eingerenkt werden. Vergeht zu viel Zeit, ist ein operativer Eingriff notwendig.

Knochenbrüche
Ein offener Bruch ist augenfällig. Bei einem geschlossenen Bruch ist die Bruchstelle nicht sichtbar, verursacht jedoch Schmerzen und Schwellungen. Ist ein langer Knochen betroffen, kann die Katze dieses Bein nicht belasteten. Bei Stürzen aus großer Höhe kann die Katze mit dem Kinn auf dem Boden aufkommen und den Kieferknochen in der Mitte brechen.
Notfallbehandlung: Zuerst den Schock behandeln, dann den Knochenbruch. Die Katze aus der Gefahrenzone bringen, offene Wunden abdecken, möglichst mit sterilem Verbandsmaterial, im Zweifelsfall mit einem sauberen Handtuch.

Bewegungen der Bruchstelle vermeiden. Einwickeln in ein dickes Handtuch reicht häufig für den Transport zum Tierarzt aus.

Ist Schienen erforderlich, den Bruch nicht begradigen (*siehe S. 231*).

Schnellstmöglich den Tierarzt aufsuchen.

Knochentumore
Knochentumore sind fast immer bösartig, obwohl sie bei Katzen selten sind. Bis der Tumor diagnostiziert wird, hat

Katzen lieben die Höhe – ein Sturz vom Fensterbrett im ersten Stock kann dennoch Gelenksluxationen verursachen.

er sich wahrscheinlich schon verbreitet.
Behandlung: Bei Primärtumoren der langen Knochen ist eine Amputation das Mittel der Wahl.

Alternativ zur Amputation können auch andere Methoden zur Schmerztherapie angewandt werden.

Muskeln
Zerrungen, Prellungen und Risse sind die häufigsten Muskelprobleme. Sie sind schwer zu entdecken, besonders bei dichtem Fell. Verursacht werden sie durch Stürze, Autounfälle, Hundeangriffe oder Misshandlungen durch Menschen. Kleinere Verletzungen verursachen lokale Empfindlichkeit, größere verursachen Schwellungen und größere Schmerzen.

Muskeln und Skelett 251

Behandlung: Wenn Sie das Fell teilen, entdecken Sie vielleicht eine Rötung, die von dem darunter liegenden Muskel stammt. Die Behandlung besteht aus Kühlung und Ruhe. Am wichtigsten ist die Ruhigstellung (mindestens drei Wochen bei schweren Verletzungen).

Natürlicher Verschleiß

Mit der Zeit verlieren die Muskeln von Natur aus an Masse und Kraft. Stoffwechselstörungen, besonders Nierenversagen, können durch die Bildung von Giftstoffen, die die Muskelfasern beschädigen, oder durch den Verbrauch von Nährstoffen, die eigentlich von den Muskeln benötigt werden, die Muskelmasse beeinträchtigen.

Bei Hyperthyreose steigt der Stoffwechselumsatz, was zu einem Verlust an Muskelmasse führt.

Verliert Ihre Katze grundlos an Muskelmasse, steckt vermutlich eine Erkrankung dahinter.

Rückenmarksverletzungen

Rückenmarksverletzungen treten meist nach Unfällen auf und können zu Verlust der willkürlichen Muskelbewegungen, Änderungen der Rückenmarksreflexe und des Muskeltonus, Muskelschwund sowie Verlust von Berührungs- und Schmerzempfinden führen. Der Schaden ist häufig irreparabel.

Lähmung

Eine vollständige Lähmung des Hinterteils ist nach schweren Rückenverletzungen durch Unfälle, Stürze und Schusswunden nicht ungewöhnlich.
Behandlung: Traumatische Lähmung wird intravenös behandelt. Operieren kann von Vorteil sein.

Was tun bei einer Rückenverletzung?

Katzen mit Rückenverletzungen können andere lebensbedrohliche Verletzungen haben. Sehen Sie nach und achten Sie auf Schocksymptome:

1. Den Rücken so gerade wie möglich halten, während Sie mit der Katze umgehen.

2. Eine harte, flache Oberfläche, z. B. ein Stück Sperrholz, als Trage verwenden. Es sollte klein genug sein, um in ein Fahrzeug zu passen. Das Holz an den Rücken der verletzten Katze legen.

3. Mithilfe Dritter, sofern vorhanden, beruhigend auf die Katze einsprechen und sie am Fell über den Hüften und den Schulterblättern vorsichtig auf die provisorische Trage ziehen.

4. Die Katze auf der Trage mit einer elastischen Binde o. ä. über Hüften und Schultern sichern. Bewegungen des Nackens vermeiden, wenn Genickverletzungen vorliegen.

Steht kein hartes Material für eine provisorische Trage zur Verfügung, eine große Decke so oft falten, bis sie dick und fest ist, dann die Katze darauf ziehen. Die Katze mit einer elastischen Binde sichern und die Decke gleichzeitig an beiden Enden anheben.

Ursachen der Lahmheit

Ursachen der Lahmheit

Zerrung	Beschädigung der Muskelfasern und Sehnen. Zerrungen gehen oft einher mit leichten Blutungen und Blutergüssen.
Verstauchung	Eine durch Bänderüberdehnung hervorgerufene Verletzung. Ähnliche Lahmheit wie bei einer Muskelzerrung.
Krampf	Tritt ein, wenn Muskelfilamente, die Bestandteile der Muskelfasern, sich dauerhaft zusammenziehen.
Riss	Bänder, Sehnen und Muskeln können – ganz oder teilweise – reißen.
Bruch	Bei den häufigsten Brüchen trennen sich zwei oder mehrere Bruchstücke. Man nennt dies einen vollständigen Bruch. Bei weniger häufigen Brüchen wird der Knochen gebrochen oder gestaucht, ohne sich zu trennen.
Luxation	Verschiebung zweier gelenkbildender Knochen. Oft mit Bänderrissen einhergehend. Eine teilweise Verschiebung ist eine Subluxation.

Mund und Zähne

- Viele Katzen haben Zahnfleischentzündung
- Erkrankungen durch Kauen vorbeugen
- Nierenversagen kann Zahnfleischentzündung verursachen

Mund und Zähne sind anfällig für eine Vielzahl von Erkrankungen.

Mundentzündung oder -infektion

Virusinfektionen, ein zwischen den Zähnen oder im Zahnfleisch steckender Knochen, zu wenig Kauen auf natürlichem Futter, schlechte Mundhygiene und Stoffwechselerkrankungen wie Nierenversagen verursachen eine schmerzhafte Mundschleimhautentzündung, die zu Mundgeruch und vorsichtigem Fressen führt.

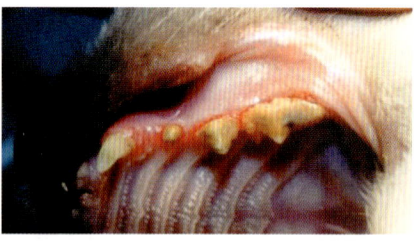

Das Kauen auf Haut und Knochen massiert das Zahnfleisch und reinigt die Zähne. In Ermangelung dieses natürlichen Vorgangs bildet sich Zahnstein an den Zähnen, der zu Infektionen führt.

Behandlung: Fremdkörper wie Fischgräten werden entfernt und Zahnprobleme behandelt. Bakterielle Sekundärinfektionen treten häufig auf, daher wird der Tierarzt meist Antibiotika verschreiben.

Fremdkörper

Katzen spielen gerne mit einem Faden, der sich jedoch um ihre Zunge wickeln kann. Fremdkörper wie z. B. eine Nadel am Fadenende können hinten in der Mundhöhle oder im Magen hängen bleiben. Hat die Katze etwas im Mund, würgt sie, fährt mit den Pfoten zum Mund und kann speicheln oder erbrechen.

Behandlung: Wenn Sie nicht sehen, wo ein Faden endet, ziehen Sie nicht daran. *Gehen Sie sofort zum Tierarzt.* Leisten Sie erste Hilfe, wenn Ihre Katze zu ersticken droht (*siehe Ersticken, S. 240–241*).

Übermäßiges Speicheln

Übermäßiges Speicheln

Katzen sind Meister im Speicheln. Alles, was unangenehm schmeckt – Medikamente, manche Futtersorten oder Haushaltprodukte – können ebenso wie Reisekrankheit Speichel auslösen. Auch Gifte, die das Nervensystem beeinträchtigen, Munderkrankungen, Magen-Darm-Erkrankungen und Stoffwechselstörungen wie Nierenversagen können übermäßiges Speicheln auslösen. ***Wenn Sie nicht wissen, warum Ihre Katze übermäßig speichelt, gehen Sie sofort zum Tierarzt.***

Mund und Zähne 253

Mundtumoren

Tumoren im Mund sind bei älteren Katzen nicht ungewöhnlich. Sie können am Kiefer, auf der Zunge oder dem Gaumendach auftreten. Man muss zwischen Kiefertumoren und Kieferinfektionen unterscheiden, da Letztere als Ergebnis einer unbehandelten Zahnwurzelinfektion auftreten. *Bei Schwellungen im Mund und Mundgeruch sollten Sie sofort zum Tierarzt gehen.*

Zahnfleischentzündung

Irgendwann entsteht bei den meisten Katzen durch schlechte Zahnhygiene und Virusinfektionen eine Gingivitis. Häufige Symptome sind Mundgeruch und eine schmale Rötung entlang der Zähne. Frühe Behandlung verhindert das Entstehen einer ernsthafteren Parodontopathie.

Schwere Mundgeschwüre und Zahnfleischentzündungen können auch durch Nierenversagen entstehen. Bei älteren Katzen kontrolliert man vor Beginn einer Zahnbehandlung am besten zuerst die Nierenfunktionen.
Behandlung: Ziel ist es, Schmerz und Infektion zu beseitigen, den Zahnhalteapparat zu festigen und die Einsatzfähigkeit der Zähne zu verlängern.

Kauen ist gesund

Eine Katze kann ihre Zähne und ihr Zahnfleisch am besten gesund erhalten, wenn sie reißen, nagen und kauen kann. Für junge Katzen mit Zahnfleischentzündung und Virusinfektionen ist dies lebenswichtig.

Bei Katzenknochen zum Kauen scheiden sich die Geister. Nach meiner Erfahrung sind die meisten Katzen vernünftig und kauen die Knochen gründlich. Die Katze, die Knochen wie ein Hund verschlingt, ist ein Einzelfall und riskiert eine Verstopfung.

Gespaltener harter Gaumen

Bei einem Sturz kommt die Katze oft auf dem Kinn auf. Auch wenn ihr nichts anzumerken ist, schauen Sie sich dennoch das Gaumendach an. Die Wucht des Aufpralls spaltet oft den harten Gaumen bis zur Mitte. Meist muss operiert werden.

Man entfernt den Zahnstein und poliert die Zähne. Zähne mit »Zahnhalsläsionen« werden am besten gezogen.

Zahnwurzelabszess

Die oberen Backenzähne sind am anfälligsten für Abszesse. Im Anfangsstadium verursacht ein Abszess eine Schwellung unterhalb des Auges. Im weiteren Verlauf bricht der Abszess durch die Haut. Eiter und Blut fließen ab, dadurch lässt der Schmerz oft nach.
Behandlung: Meistens wird der Zahn gezogen.

Mund- und Zahnprobleme erkennen

PROBLEM	MÖGLICHE URSACHEN	TIERARZT AUFSUCHEN
Langsames Fressen	Jede Munderkrankung, die Schmerzen verursacht.	Innerhalb von 24 Stunden
Fressen mit geneigtem Kopf, Futter fallen lassen und dann fressen	Schmerzen an einer Seite des Mundes.	Innerhalb von 24 Stunden
Beschwerden beim Öffnen des Mundes	Kopf-, Kiefer- oder Halsverletzung, Tumor, Biss, Abszess oder feststeckende Fremdkörper.	Am selben Tag
Speicheln	Die meisten Mund- und Zahnfleischerkrankungen, Fremdkörper im Mund, Tollwut, überschüssige Wärme, Tumor, Speichelzyste, Verbrennung.	Am selben Tag
Würgen	Fremdkörper, Tumor.	Sofort
Mundgeruch	Parodontopathie, Fremdkörper, Virus- oder Stoffwechselerkrankung.	Innerhalb von 24 Stunden

Magenerkrankungen

- Erbrechen kann innere oder äußere Ursachen haben
- Erbrechenden Katzen kein Futter oder Wasser geben
- Haarballen sind die häufigste Ursache für Erbrechen

Die häufigste Ursache von Magenbeschwerden bei Katzen hängen mit der Fellpflege zusammen. Dabei werden Haare und potenzielle Schadstoffe aus dem Fell mit aufgenommen. Beides kann Erbrechen auslösen.

Durch das Spiel mit Wolle, Nadeln und Faden können diese Fremdkörper im Rachen stecken bleiben und Würgen oder Erbrechen verursachen.

Ist der Darm mit betroffen, kommt zum Erbrechen auch noch Durchfall hinzu.

Häufig erbrechen Katzen, weil sie Gras fressen. Das tun sie, damit die Haarballen herausgebracht werden.

Erbrechen

Einfaches Erbrechen ist meist unbedeutend, anhaltendes Erbrechen ist problematischer (*siehe Tabelle rechts*).

Manche Katzen sind sehr laut beim Erbrechen, sie heulen oder kreischen sogar. Dies ist ein Merkmal der Katzenartigen und hat nicht unbedingt etwas mit der Schwere des Problems zu tun.

- **Akutes Erbrechen:** Von Natur aus erbrechen Katzen Stoffe, die nicht im Magen sein sollten, wie Haarballen und manchmal Würmer.
- **Periodisch auftretendes Erbrechen:** Eine Futterallergie oder Stoffwechselerkrankungen, Geschwüre oder Tumore können hierfür ursächlich sein. *Gehen Sie zum Tierarzt, wenn das Erbrechen mehrere Tage lang andauert.*
- **Anhaltendes Erbrechen:** Wiederholtes

Hauptursachen von Erbrechen

AUSLÖSER	URSACHEN
Ernährungsursachen	Fressen von Gras, Futterunverträglichkeit, echte Allergie.
Magenerkrankungen	Entzündung (Gastritis), Parasiten, Geschwüre, Fremdkörper, Tumore.
Darmerkrankungen	Entzündung (Dickdarmentzündung, Kolitis), Parasiten, Fremdkörper, Tumore, Infektionen (FIE), Einstülpung des Darms (Invagination), Verstopfung.
Andere Unterleibserkrankungen	Bauchspeicheldrüsenentzündung (Pankreatitis), Bauchfellentzündung (Peritonitis), Leberentzündung (Hepatitis), Unterleibstumoren.
Stoffwechsel- und Hormonstörungen	Nierenversagen, Lebererkrankungen, Diabetes, Unterfunktion der Nebenniere, Schilddrüsenüberfunktion (Hyperthyreose), Blutvergiftung (Septikämie, Endotoxämie), elektrolyt- und säurebedingte Störungen, Angst und Phobien.
Giftstoffe und Medikamente	Aspirin, Frostschutzmittel, Herzmedikamente, Medikamente aus der Chemotherapie, manche Antibiotika.

Probleme durch Medikamente

Das Antibiotikum Doxycyclin kann bei Katzen unter Umständen eine Verengung der Speiseröhre verursachen, wodurch die Katze das Futter wieder hochbringt.

Erbrechen kann an einer einfachen Magenreizung oder einer lebensbedrohlichen Verstopfung liegen. *Der sofortige Gang zum Tierarzt ist angebracht.*

- **Schwallartiges Erbrechen:** Wird oft durch eine Verstopfung verursacht, wodurch das Futter nicht den Magen verlassen kann. *Suchen Sie den Tierarzt am selben Tag auf.*
- **Bluterbrechen:** Bluterbrechen deutet auf Geschwürbildung im Magen oder Dünndarm hin, auf Vergiftung, Fremdkörper, Tumore oder eine ernsthafte Infektion. *Gehen Sie noch am selben Tag zum Tierarzt.*
- **Erbrechen von Schaum oder Galle:** Dies kann eine schwache Form der allergischen Gastritis sein. Erkrankte Katzen erbrechen oft jeden Tag zur selben Zeit Schaum oder Galle, sind aber ansonsten gesund.

Behandlung: Es werden solange Kortikosteroide verabreicht, bis eine Ernährungsumstellung erfolgreich ist.

Erbrechen behandeln

Geben Sie der Katze nach dem Erbrechen vier bis 24 Stunden lang kein Futter, je nach Ursache und Schwere des Erbrechens und nach Alter und Gesundheitszustand. Bieten Sie häufig kleine Mengen an Wasser an. Elektrolytgetränke in Pulverform, in Wasser aufgelöst, sind ebenfalls vorteilhaft.

Geben Sie der Katze zahlreiche, aber kleine Portionen wohlschmeckendes, fett- und proteinarmes weiches Futter. Dadurch verlässt das Futter leichter den Magen und geht in den Darm.

Nach häufigem Erbrechen verweigern manche Katzen das Fressen oder Trinken. Unterstützen Sie sie durch Gabe einer schmackhaften Flüssigkeit.

Fragen Sie Ihren Tierarzt

F: Helicobakter verursacht Magengeschwüre beim Menschen. Ist das bei Katzen auch so?
A: Der Helicobacter tritt sicherlich bei vielen gesunden und kranken Katzen auf. Die Gattung, die beim Menschen Magengeschwüre verursacht, *Helicobacter pylori*, kommt bei der Hauskatze vor, jedoch nie bei Wildkatzen. Wahrscheinlich stecken sich die Haustiere bei uns an und nicht umgekehrt. Es gibt bis heute keinen Beweis dafür, dass Helicobacter bei Katzen ein Magengeschwür verursacht.

Regurgitation

Im Unterschied zum Erbrechen erfolgt eine Regurgitation dann, wenn Futter aus der Speiseröhre nahezu mühelos durch den Mund zurückkommt. Dies wird oft mit Erbrechen verwechselt. Probleme mit der Speiseröhre sind selten bei Katzen.

Behandlung: Katzen erhalten mehrere kleine Portionen kalorienreiches Futter von einer erhöhten Plattform aus, sodass die Schwerkraft mithilft, dass das Futter durch die Speiseröhre gleitet. Manchmal werden Medikamente eingesetzt, um die normale Aktivität der Speiseröhre anzuregen.

Darmerkrankungen

- Durchfall kann banal oder lebensbedrohlich sein
- Darmprobleme können viele Ursachen haben
- Leber und Pankreas sind lebenswichtig für die Verdauung

Der Darm ist ein wichtiger Teil des Immunsystems, und manche Dickdarmentzündungen und Futterallergien sind in Wirklichkeit Symptome einer Immunstörung.

Durchfall

Störungen des Verdauungssystems können zu Durchfall führen. Dieser kann schmerzhaft sein, mit Erbrechen, Blut oder Schleim einhergehen, ebenso wie mit gesteigertem oder verringertem Appetit, mit normalem Verhalten oder schwerer Lethargie. Ursachen:
- Fressen von Gras
- Futtermittelallergie bzw. -überempfindlichkeit
- Futtervergiftung
- Parasiten (wie Giardien)
- Viren (FIE, FeLV, FIV, FCoV)
- Bakterien (wie Kampylobacter)
- Medikamente
- Hyperthyreose

Behandlung: Durchfall wird symptomatisch behandelt. Die bekannte Ursache wird beseitigt. Geben Sie der Katze einige Stunden lang nichts zu fressen, aber lassen Sie sie trinken. Eine Flüssigkeitstherapie ist entscheidend, wenn akuter Durchfall durch eine FIE-Infektion (*Feline Infektiöse Enteritis, siehe S. 214*) verursacht wird.

Viele Experten empfehlen, der Katze ihr normales Futter zu geben, um die

Diagnose von Darmkrankungen mittels Stuhlanalyse

SYMPTOM	URSACHE
Konsistenz:	
Wässrig	Schneller Durchfluss durch Eingeweide
Schleimig	Dickdarmentzündung (Kolitis)
Ölig, fettig	Malabsorption (Fettstuhl)
Blasig	Gas bildende Bakterien im Darm
Farbe:	
Pechschwarz	Blutung des oberen Verdauungstraktes
Wie geronnenes Blut oder hellrot	Blutung des unteren Verdauungstraktes oder Afters
Blässlich, hell	Gallenmangel der Leber
Gelbgrün	Schneller Durchfluss durch Eingeweide
Häufigkeit und Menge:	
Wenig, sehr oft	Reizung des Grimmdarms
Viel, 3- bis 4-mal täglich	Maldigestion/Malabsorption im Dünndarm
Geruch:	
Normal	Schneller Durchfluss/Malabsorption
Unangenehm	Bakterien (Gärung), Blut
Sonstige Symptome:	
Erbrechen	Gastroenteritis
Gewichtsverlust	Malabsorption, erhöhter Stoffwechselumsatz
Kein Gewichtsverlust, guter Appetit	Dickdarmentzündung

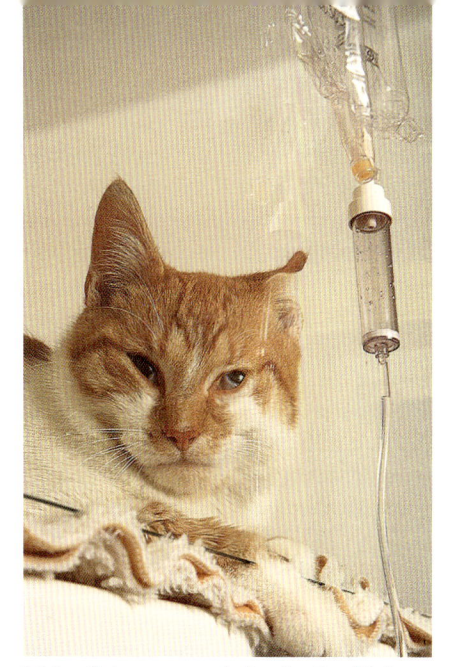

Ist Ihre Katze wegen anhaltenden Durchfalls oder Erbrechens sehr dehydriert, erhält sie vorübergehend eine intravenöse Tropfinfusion.

Darmflora mit bekannter Nahrung zu versorgen. Antibiotika werden nicht eingesetzt, es sei denn, eine bakterielle Infektion liegt vor.

Gehen Sie sofort zum Tierarzt, wenn Ihre Katze lethargisch ist, Fieber hat oder Blut ausscheidet.

Fragen Sie Ihren Tierarzt

F: Verursacht Milch Durchfall?
A: Jeder Futterwechsel kann Durchfall auslösen. Bei Katzen, die nicht mehr ausreichend das Laktase-Enzym bilden wie kleine Kätzchen, kann Milch Durchfall verursachen. Hat Ihre Katze Durchfall, weil sie Milch trinkt, geben Sie ihr laktosefreie Milch für Katzen, die in Supermärkten erhältlich ist.

Dickdarmentzündung

Darunter fallen immer häufiger Krankheiten, die mit dem Immunsystem zusammenhängen. Bei kranken Katzen, meist mittleren Alters, tritt chronisches Erbrechen und Durchfall, häufiger Kotabsatz und Gewichtsverlust auf. Sie zeigen kein Sauberkeitsverhalten mehr und sehen unterernährt aus.

Behandlung: Der Tierarzt wird Ihrer Katze eine hypoallergene Diät und Immunsuppressiva wie Kortikosteroide verschreiben.

Erkrankte Katzen sprechen auf Futtermittelzusätze an. Antioxidanzien wie Zink, Selenium und die Vitamine A und E können das Immunsystem stärken. Bioflavonoide wie Proanthocyanidin können in Verbindung mit Vitamin C die Immunfunktionen unterstützen und freie Radikale einfangen. N-Acetyl-Glucosamine können Entzündungen reduzieren. Die Vitamine B12 und K sowie Folat sind ebenfalls vorteilhaft.

Darmverschluss

Die häufigste Ursache hierfür ist ein Tumor im Magen-Darm-Trakt. Die Katze kann erbrechen, Durchfall haben und an Gewicht verlieren. Der Tierarzt wird vermutlich einen Knoten im Unterleib tasten können. Solange sich der Tumor noch nicht verbreitet hat, ist die operative Entfernung der Geschwulst und des umliegenden Gewebes erfolgreich.

Verstopfung

Verstopfung ist bei Katzen nichts Ungewöhnliches, kann aber gefährlich

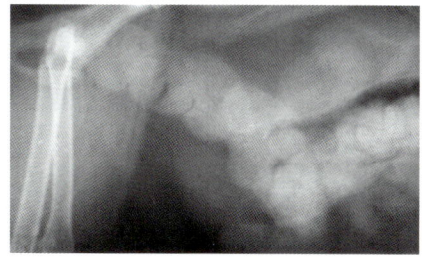

Bei älteren Katzen treten relativ häufig Verstopfungen auf. Diese Röntgenaufnahme zeigt nicht ausgeschiedenen Kot im Grimmdarm.

Behandlung von Verstopfungen

① Leichte Fälle werden mit Einläufen behandelt. Bitte nicht selbst einen Einlauf legen. Bei falscher Anwendung können schwere Schäden auftreten.

② Trockenes Futter in Wasser einweichen und erst füttern, wenn das Wasser vollständig aufgesogen ist. Dies erhöht die Flüssigkeitsaufnahme.

③ Bei mehreren Katzen sollte jede Katze ihr eigenes Katzenklo haben. Reinigen Sie es regelmäßig.

④ Etwas Kuhmilch oder Kleiefaser als Futterzusatz können als Abführmittel dienen bzw. häufigeren Kotabsatz fördern.

⑤ Verwenden Sie ein leichtes Abführmittel wie Lactulose, nach Anweisung des Tierarztes.

⑥ Im schlimmsten Fall ist die operative Entfernung des Grimmdarms eine Möglichkeit. Nach Aussage von Katzenhaltern hat sich das Sauberkeitsverhalten danach wieder normalisiert.

werden, wenn der Grimmdarm sich zu einem Megakolon erweitert und seine Funktion verliert. In den meisten Fällen ist die Ursache des Megakolons unbekannt, es kann jedoch durch Futter, Traumata und neuromuskuläre Erkrankungen ausgelöst werden. Kranke Katzen erbrechen, scheinen deprimiert, sind appetitlos und setzen ihren Kot nur unter Anstrengung ab.

Analbeutelreizung

Analbeutelverstopfung oder -infektion veranlasst die Katze, ihr Hinterteil übermäßig zu belecken, sodass sie das Fell von Hinterbeinen und Bauch wegleckt. Eine durch Bandwürmer verursachte Reizung löst ähnliches, aber nicht so intensives Lecken aus. Eine Infektion verursacht eine Schwellung rechts- oder linksseitig des Afters.
Behandlung: Einfach verstopfte Analbeutel drückt der Tierarzt aus; hinterlassen sie einen offenen Abszess, verschreibt er Antibiotika.

Bauchdehnung

Fettleibigkeit ist die häufigste Ursache eines gedehnten Unterleibs. Andere Ursachen sind Tumore, Flüssigkeitsansammlungen, die meist das Ergebnis der Felinen Infektiösen Peritonitis oder einer Lebererkrankung sind, allgemeine Organvergrößerungen z. B. infolge von Gebärmutterentzündung, Immunstörungen (vergrößerte Milz) oder eine Nebennierenüberfunktion (vergrößerte Leber). *Gehen Sie zum Tierarzt, wenn der Bauch der Katze gedehnt ist und Sie den Grund hierfür nicht wissen.*

Felines Coronavirus (FCoV) und Feline Infektiöse Peritonitis (FIP)

Manche Stämme des FCoV lösen leichten Durchfall aus. Andere verursachen eine ernsthafte, oft tödliche Infektion, die Feline Infektiöse Peritonitis (FIP). Bei Gruppenhaltung sind gemeinsame Katzenklos und gegenseitige Fellpflege die Übertragungswege. FIP tritt in zwei Formen auf: trockene FIP, die meist die Lunge befällt, und feuchte FIP, die zu Flüssigkeitsansammlung im Bauchraum führt (Aszites).
Vorbeugung und Behandlung: Leben in einem Haushalt nur eine oder zwei Katzen, ist das Risiko gering. Bei Gruppenhaltung sollte ein Bluttest auf FCoV gemacht werden. Begrenzen Sie die Ansteckung über Kot, indem Sie das Katzenklo täglich reinigen und Futter vom Katzenklo fernhalten. Der Einsatz des Nasenimpfstoffs kann in manchen Fällen hilfreich sein. Immunsuppressiva wie Kortikosteroide sind zentrales Behandlungsmoment. Bei Ausbruch von Aszites ist jedoch jede Form der Behandlung leider erfolglos.

Besonders bei Kätzinnen kann Fettleibigkeit zur lebensbedrohlichen hepatischen Lipidose führen.

Anorexie

Appetitlosigkeit (Anorexie) kann viele Ursachen innerhalb und außerhalb des Verdauungstrakts haben: Schmerzen, Verletzungen, Krankheiten, Furcht, Stress, unverdauliches Futter und Verlust des Geruchssinns. **Suchen Sie immer den Tierarzt auf, wenn Ihre Katze appetitlos ist.**

Leber- und Pankreaserkrankungen

- **Hepatische Lipidose (HL):** HL tritt doppelt so häufig bei Kätzinnen, besonders fettleibigen, auf wie bei Katern. Ausgelöst wird sie durch schlechte Ernährung, Fettleibigkeit, andere Krankheiten oder einfach durch Nichtfressen. In der Leber sammeln sich Fettzellen an, die Katze verliert den Appetit und Gewicht und verweigert das Futter.
Behandlung: HL ist lebensbedrohlich. Katzen müssen fressen. Für eine gute Wasser- und Nahrungsaufnahme ist die Anbringung einer Magensonde (Gastrostomie) am wirksamsten.
- **Leber-Shunt:** Durch die Schädigungen aufgrund chronischer Lebererkrankung können Blutgefäße aus dem Darm die Leber umgehen. Das Blut wird nicht mehr von Stoffen wie Ammoniak, die aus dem Darm kommen, gereinigt. Diese Stoffe im Blut verursachen eine Gehirnentzündung. Betroffene Katzen speicheln und taumeln, sind lethargisch, haben Anfälle oder Zuckungen.
Behandlung: Diese Erkrankung kann durch eine Diät oder operativ behandelt werden.
- **Durch Medikamente ausgelöste Lebererkrankung:** Manche für Menschen und Hunde ungefährliche Medikamente sind für Katzen giftig und verursachen Hepatitis: Paracetamol, Aspirin, Valium, Eisen, Glipizid (gegen Diabetes), Ketoconazol (gegen Hautpilz), Methimazol (gegen Hyperthyreose).

Pankreaserkrankungen

Chronische Entzündung ist die häufigste Pankreaserkrankung bei Katzen. Betroffene Katzen zeigen unspezifische Symptome wie Erbrechen, Durchfall, Lethargie und Gewichtsverlust. Diagnostische Bluttests sind bei Katzen nicht zuverlässig. Zur genauen Diagnose muss eine Biopsie vorgenommen werden. Chronische Pankreatitis ist eine Begleiterscheinung anderer Leber- und Darmerkrankungen.
- *Diabetes mellitus:* Das im Pankreas gebildete Insulin hilft den Körperzellen bei der Aufnahme von Glucose. Ein Insulinmangel führt zu Blutzuckeranstieg und zu *Diabetes mellitus* (Zuckerkrankheit), die ungefähr eine unter 200 bis 400 Katzen befällt. Diabetes verursacht meist vermehrtes Trinken und Harnlassen sowie Gewichtsverlust.
Behandlung: Diabetes wird oft mit Insulinspritzen und einer eiweißreichen, fettarmen Diät behandelt. Orale Medikamente zur Senkung des Blutzuckers können wirksam sein. Durch Diabetes ausgelöste Katarakte sind irreversibel.

Harnwegserkrankungen

- Vermehrter Durst ist immer ein Symptom
- Viele Blasenerkrankungen sind schmerzhaft
- Chronische Nierenerkrankung ist gefährlich

Ein Nierenversagen tritt ein, wenn über drei Viertel der Nierenfunktion (*siehe S. 40–41*) ausfällt. Dies kann plötzlich geschehen, häufiger jedoch ist der Prozess chronisch. Ursachen eines Nierenversagens können Verletzungen, Krankheiten oder Immunstörungen sein, es ist aber auch eine unvermeidliche Folge fortgeschrittenen Alters.

Die Erkrankung der ableitenden Harnwege, Blase und Harnröhre kommt bei einer unter 100 Katzen vor und kann durch Stressmanagement, Futterumstellung und Änderung des Harnsäuregehalts kontrolliert werden.

Harnbeschaffenheit ist wichtig

Menge und Qualität des Harns lassen Schlüsse auf Erkrankungen der Nieren und ableitenden Harnwege zu. Verstärktes Harnlassen kann die Folge eines Nierenversagens sein, aber auch von:
- *Diabetes mellitus* (*siehe S. 259*)
- Leberentzündung (Hepatitis, *siehe S. 259*)
- Gebärmutterentzündung (Pyometra, *siehe S. 264*)
- Nebennierenüberfunktion (*siehe S. 247*)
- Nebennierenunterfunktion (*siehe S. 247*)
- Medikamente oder Ernährung
- Schmerzen, Fieber, Verhaltensänderungen
- Hypophysen- bzw. ADH-Insuffizienz, Diabetes – bei Katzen sehr selten

Blut im Urin

Gehen Sie bei Blut im Urin Ihrer Katze (Hämaturie) noch am selben Tag zum Tierarzt. Medizinische Gründe für Hämaturie sind:
- Traumata
- Schwere Harnwegserkrankungen
- Blasen- oder Nierensteine
- Vergiftungen durch Rattengift auf Kumarinbasis

Akutes Nierenversagen

Die Ursache dieses lebensbedrohlichen Zustandes liegt gewöhnlich außerhalb der Harnwege: Herzversagen, Schock, schwere Infektion oder systemische Krankheiten wie fortgeschrittene Tumore. Bestimmte Gifte wie Ethylenglycol in Frostschutzmitteln verursachen plötzliches Nierenversagen. Eine betroffene Katze kann ihren Appetit verlieren, schwach und lethargisch

Frostschutzmittel mit Ethylenglycol schmeckt manchen Katzen – und vergiftet ihre Nieren. Kontrollieren Sie, was Ihre Katze unternimmt.

werden und kollabieren. Erbrechen und Durchfall können ebenfalls auftreten. Da akutes Nierenversagen so plötzlich eintritt, gibt es keine Anzeichen für vermehrten Durst und Urinabsatz.
Behandlung: Sofortige intravenöse Flüssigkeitstherapie ist lebenswichtig.
Bei den beschriebenen Symptomen sollten Sie umgehend zum Tierarzt gehen.

Chronisches Nierenversagen

Dies ist eine langsame, schleichende Krankheit, meist bei älteren Katzen.

Anfängliche Symptome sind vermehrter Durst und Urinabsatz, Apathie und Gewichtsverlust, schlechtes Fell. Verstärkte Lustlosigkeit und leichtes Würgen folgen, ebenso Erbrechen von Schaum oder Futter. Mundgeschwüre

Ein anfängliches Symptom für chronisches Nierenversagen ist vermehrter Durst. Wenn Sie dies bemerken, achten Sie auf weitere Symptome und gehen Sie ggf. zum Tierarzt.

Fragen Sie Ihren Tierarzt

F: Was ist Urämie?
A: Urämie ist die Ansammlung von Urin im Blut. Sie tritt im späten Stadium eines Nierenversagens auf. Je fortgeschrittener die Urämie, desto schlechter die Aussichten. Typische Symptome einer Urämie sind:
- Übermäßiger Durst und Trinken
- Appetit- und Gewichtsverlust
- Lethargie und/oder Apathie
- Ammoniakgeruch im Atem
- Blasses Zahnfleisch und Mundgeschwüre
- Erbrechen und/oder Durchfall

Nierenversagen und Anämie

Die Nieren bilden ein Hormon, Erythropoetin genannt, das das Knochenmark zur Bildung roter Blutzellen anregt. Chronisches Nierenversagen verringert die Bildung von Erythropoetin, was zu einem Abfall roter Blutzellen und dann zu Anämie führt.

können entstehen. Zittern am Körper oder Gleichgewichtsverlust und leichte Anfälle setzen ein.
Behandlung: Eine Diät ist Kern der Behandlung bei chronischem Nierenversagen. Außerdem wird manchmal Flüssigkeit verabreicht, meist unter die Haut. Da viele Medikamente vom Körper durch die Nieren ausgeschieden werden, sollte die Dosis öfter überprüft werden.

Ernährung und Nierenerkrankung

Ernährungswissenschaftlern zufolge wirkt sich eine eiweißarme Kost kaum auf Nierenversagen aus.

Urämie wird in Schach gehalten durch die Aufrechterhaltung des Nitrogengleichgewichts. Dies geschieht durch Reduktion des Phosphors im Futter. Da Protein die Hauptquelle von Phosphor ist, wird eine phosphorarme Kost unter mäßiger Gabe von hochwertigem Protein empfohlen.

Eine Ergänzung der Nahrung mit mehrfach ungesättigten Omega-6-Fettsäuren scheint den Nieren zu schaden, während eine Ergänzung mit Omega-3-Fettsäuren die Nieren zu schützen scheint und möglicherweise zu niedrigerem Blutdruck führt. Omega-3-Fettsäuren als Futterzusätze oder bereits im Futter enthalten können eine wirksame Therapie für Katzen mit Nierenversagen sein.

Freie Radikale beschädigen die Membranen der Nierenzellen. Antioxidanzien

Vorbeugung von Nierenerkrankungen

Das Risiko minimieren und eine Nierenerkrankung frühzeitig entdecken:

1. Die ausgewachsene Katze alle drei Monate genau wiegen.
2. Durch Zahnfleischentzündungen könnten für die Nieren schädliche Bakterien ins Blut gelangen.
3. Den Tierarzt routinemäßige Bluttests zur Überprüfung der Nierenfunktion durchführen lassen.
4. Zur Zucht eingesetzte Perserkatzen und Perserkreuzungen durch Ultraschall auf Polyzystische Nierenerkrankung (PKD) untersuchen lassen.

Angestrengtes Harnlassen auf dem Katzenklo ist häufig ein Symptom dafür, dass die Katze an einer Erkrankung der ableitenden Harnwege leitet.

als Zusatz in Spezialfuttermitteln fangen freie Radikale ein und vermindern eine Schädigung der Nieren.

Gewöhnen Sie Ihre Katze allmählich an das neue Futter, indem Sie altes und neues Futter vermischen. Machen Sie es schmackhafter, indem Sie einen Tropfen heißes Wasser oder etwas Wasser aus einer Dose mit ungesalzenem Thunfisch darüber geben. Füttern Sie die Katze mit der Hand.

Erkrankung der ableitenden Harnwege

Unter Erkrankung der ableitenden Harnwege bei der Katze (FLUTD = feline lower urinary tract disease) versteht man eine Reihe von Erkrankungen, die Blase und Harnröhre befallen.

Schmerzen beim Harnlassen

Eine Katze, die an Dysurie – so der Fachbegriff für Schmerzen oder Schwierigkeiten beim Harnlassen – leidet,
- strengt sich an beim Harnlassen
- sitzt öfter/länger auf dem Katzenklo
- gräbt stärker in der Katzenstreu
- leckt sich häufiger an Penis oder Vulva
- schreit
- will sich nicht anfassen lassen
- scheidet Blut, Harnsediment oder Schleim aus.

Nicht obstruierende FLUTD

Rund 65 Prozent aller Katzen, die an Cystitis leiden, haben Beschwerden, die als idiopathische Cystitis bezeichnet werden, wobei sich die Harnblasenschleimhaut verändert. Die Blasenschleimhaut ist ein dünner Film aus schützendem Schleim (Glykosaminoglykan oder GAG), der verhindert, dass sich Mikroben oder Kristalle an der Blasenwand festsetzen.

Die Interaktion zwischen den Nervenenden zur Blasenschleimhaut und potenziellen Schadstoffen im Urin (wie Kristalle) führen zu einer Blasenwandentzündung und entweder zu stärkerem Harndrang oder Schwerharnen.

Obstruierende FLUTD

Grieß (Kristalle) oder Steine (Urolithen) in der Blase machen rund 10 Prozent der Harnwegsobstruktionen aus. Bei 60 Prozent aller Katzen schilfern Zellen der entzündeten Blasenwand ab und bilden eine Substanz, die sich in der Harnröhre absetzt und einen Stopfen bilden kann.

Bilden sich bei der Katze auch Harnkristalle, vergrößern diese den Stopfen, was sehr wahrscheinlich einen vollständigen Verschluss zur Folge hat.

Harnwegserkrankungen

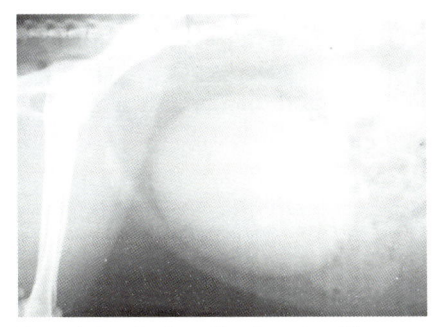

Harngrieß in der Harnröhre kann dazu führen, dass kein Harn mehr aus der Blase kommt. Die daraus folgende Blasendehnung schmerzt.

An sich ist das Vorkommen einiger Kristalle im Harn unbedeutend, es sei denn, sie deuten auf eine Krankheit hin oder es geht aus der Krankengeschichte hervor. Umgekehrt schließt das Nichtvorhandensein von Kristallen Blasensteine nicht aus. Manche Steine geben keine Kristalle ab.

Behandlung: Hier muss die eigentliche Ursache beseitigt werden – bei manchen Katzen kann es Stress sein (*siehe unten rechts*), bei anderen Harnsteinbildung.

Da Infektionen selten ursächlich sind, sind Antibiotika kaum notwendig, obwohl manche Präparate eine schmerzlindernde, krampflösende Wirkung haben.

Eine Katze mit einer Harnwegsobstruktion hat unsägliche Schmerzen. Angestrengtes Harnlassen kann mit Verstopfung und angestrengtem Kotabsatz verwechselt werden. Mit einem Katheter versucht der Tierarzt, die Verstopfung in die Blase zurückzustoßen. Ist dies nicht möglich, wird der verhaltende Harn aus der gedehnten Blase mittels einer durch die Bauchwand eingeführten Nadel abgeleitet.

Der pH-Wert des Harns wird durch Diät und sorgfältige Überwachung eingestellt. Dies kann man täglich zu Hause mit pH-Harnsticks tun. (Der pH-Wert steigt von Natur aus ein paar Stunden nach jeder Mahlzeit an).

Es ist wichtig, die Schleimhaut, die die Blasenwand auskleidet, zu schützen.

Steinarten bei FLUTD

Struvit (Tripelphosphat) ist der häufigste Stein, der rund 50 Prozent aller Beschwerden ausmacht. Manche tiermedizinische Diäten lösen kleine Struvit-Harnsteine auf. Große Steine sollten operativ entfernt werden. Calciumoxalatsteine machen rund 40 Prozent aller Harnsteine aus. Sie können durch Diät nicht aufgelöst werden und müssen, wenn sie aufgrund ihrer Größe nicht durch die Harnröhre passen, operativ entfernt werden.

Diätfutter und FLUTD

Führende Futtermittelhersteller stellen spezielles Futter für Katzen mit Harnsteinen her. Unabhängig von der Erkrankung erfordert die Behandlung erhöhte Wasseraufnahme. Katzen, die bislang Trockenfutter erhielten, können leicht auf Nassfutter umgestellt werden, das meist rund 80 Prozent Feuchtigkeit enthält.

Fragen Sie Ihren Tierarzt

F: Spielt Stress eine Rolle?
A: Wahrscheinlich ja. In einer Studie konnten mehrere Stressfaktoren wie Futterumstellungen und neue Haustiere mit idiopathischer Cystitis in Verbindung gebracht werden. Der auffälligste Stressfaktor war das Zusammenleben mit einer anderen Katze, mit der ein Konflikt bestand. Reduzieren Sie Stress, indem Sie bekannte Ursachen vermeiden oder beseitigen.

Fortpflanzungsorgane

- Bei Kätzinnen sind viele Beschwerden lebensbedrohlich
- Infektionen treten am häufigsten nach dem Eisprung auf
- Hodenhochstand kommt bei Persern häufig vor

Eine Gebärmutterentzündung ist bei gesunden Kätzinnen die häufigste Erkrankunge der Fortpflanzungsorgane. Eine Fehlgeburt bei zur Zucht eingesetzten Katzen kann durch fast alle häufigen Katzenviren ausgelöst werden.

Krebs der Fortpflanzungsorgane bei Kätzinnen oder Katern kommt im Vergleich zu Menschen selten vor.

Erkrankungen bei Kätzinnen

Die häufigsten Erkrankungen der Fortpflanzungsorgane bei Kätzinnen – Gebärmutterentzündung und Gesäugekrebs – sind beide lebensbedrohlich. Eine frühe Kastration beseitigt das Risiko.

- **Gebärmutterentzündung (Pyometra):**
Eine Gebärmutterinfektion tritt oft innerhalb von vier Wochen nach den Paarungsrufen auf, ob eine Paarung erfolgt ist oder nicht, obwohl die Wahrscheinlichkeit nach der Ovulation größer ist.

Das ersten Symptom ist ein Schleimsekret (Mucometra). Klinisch gesehen geht es der Katze gut, aber in der Gebärmutter haben sich Schleim bildende Zellen vermehrt, was zu zystischer Endometriumhyperplasie führt. Dies ruft keine klinische Erkrankung hervor, aber Schleim ist ein idealer Nährboden für die Vermehrung von Bakterien. Die Bakterien vermehren sich weiter, entweder noch in diesem oder aber im nächsten Brunstzyklus und verwandeln den Schleim in Eiter.

Bleibt der Muttermund offen, wie in rund 60 Prozent aller Fälle, kann der Eiter aus der Gebärmutter durch die Vagina und aus der Vulva ablaufen. Dies nennt man eine offene Pyometra. Hat sich der Muttermund geschlossen, nimmt die Eiterbildung in der Gebärmutter zu. Dies ist eine geschlossene Pyometra mit schneller auftretenden klinischen Symptomen. Die Katze
- hat vermehrten Durst
- lässt häufiger Harn ab
- hat weniger Appetit
- ruht sich öfter aus
- hat einen prallen Unterleib
- hat meist kein Fieber
- scheidet ein hellgrünes, cremiges bis blutiges Sekret aus, sofern der Muttermund geöffnet ist.

Erfolgt keine Behandlung, tritt Schock ein. Symptome hierfür sind:
- Erbrechen
- Beschleunigte Atmung

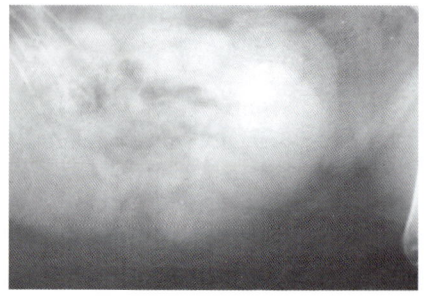

Das Röntgenbild zeigt die Gebärmutter. Da keine Knochen sichtbar sind, ist der Grund ihrer Vergrößerung Flüssigkeitsansammlung und keine Trächtigkeit.

- Fliegender Puls
- Fieber
- Kollaps

Behandlung: In allen Fällen einer geschlossenen Pyometra und auch einer offenen ist eine Not-Ovariohysterektomie nötig.

- **Fehlgeburt:** Viruserreger wie das Feline Herpesvirus (Rhinotracheitis), Feline Infektiöse Enteritis (FIE), Feline Infektiöse Peritonitis (FIP), FIV und FeLV sind die häufigsten Ursachen.

Auch die *Rickettsie Coxiella burnetti*, die durch Zeckenbisse übertragen wird, kann eine Fehlgeburt auslösen. Rund 20 Prozent aller frei laufenden Katzen haben Kontakt mit diesem Erreger. *Coxiella burnetti* kann auf den Menschen übertragen werden und löst das Q-Fieber aus, das zu einer Infektion des Herzens führen kann.

Tragen Sie bei Freigängerkatzen mit Zeckenkontakt immer Handschuhe und möglichst eine Gesichtsmaske, wenn Sie einer Fehlgeburt oder Totgeburten beiwohnen, trotz des geringen Risikos.

- **Gesäugetumoren:** Während viele Gesäugetumoren als harte bewegliche Masse unter der Haut in Zitzennähe im Brustgewebe auftreten, verursachen die aggressiveren eine schnelle, schmerzhafte Schwellung. Äußerlich kann diese Tumorart nicht von Mastitis unterschieden werden, und aufgrund häufiger Sekundärinfektionen mit Bakterien bewirken Antibiotika einen anfänglichen Rückgang der Schwellung und der Schmerzen.

Vorbeugung: Bei Katzen, die vor der ersten Brunst kastriert werden, ist das Risiko von Gesäugetumoren unerheblich. Eine Kastration nach der ersten Brunst senkt das Risiko immer noch enorm. Weitere Brunstzyklen erhöhen das Risiko. Eine Kastration nach ungefähr sechs Ovulationszyklen senkt das Risiko nicht mehr.

Behandlung: Entfernung und Gewebsanalyse ist die einzige Garantie, Gesäugetumoren zu diagnostizieren. Die meisten Gesäugetumoren sind bösartig.

Erkrankungen bei Katern

Wenige Erkrankungen der männlichen Fortpflanzungsorgane sind lebensbedrohlich. Deshalb erhöht auch eine frühe Kastration ihre Lebenserwartung nicht. Die häufigste Erkrankung bei Katern ist Hodenhochstand.

- **Hodenhochstand:** Beim Embryo entwickeln sich die Hoden im Unterleib bei den Nieren. Während der embryonalen Entwicklung wandern sie hinunter in den Hodensack. Die Wanderung erfolgt zum Geburtszeitpunkt oder ein paar Tage danach. Es kommt jedoch vor, dass nur ein Hoden oder gar keiner nach unten wandert.

Behandlung: Teilweise heruntergekommene oder im Unterleib befindliche Hoden werden entfernt.

Bei männlichen Perserkatzen ist die Häufigkeit des Hodenhochstands ungewöhnlich hoch.

Augenerkrankungen

Augenprobleme können ein Symptom für schwere Krankheiten sein
Augengeschwüre können durch Atemwegserkrankungen entstehen
Blindheit kann durch Diabetes oder Bluthochdruck verursacht werden

Augeninfektionen durch Viren und Chlamydien sowie Kampfwunden sind die häufigsten Augenerkrankungen. Eine Entzündungen, der Iris (Uveitis) ist häufig ein Symptom für eine systemische Krankheit wie eine generalisierte Virusinfektion oder Krebs.

Die Symptome verstehen

Augenerkrankungen sind leicht zu erkennen: Entzündungen der Bindehaut sind häufig. Suchen Sie bei folgenden Symptomen den Tierarzt auf:
- Schielen
- Sekretbildung
- Trübung
- Rötung oder Entzündung
- Sichtbare Nickhaut
- Tränenträufeln
- Hervorstehende oder eingefallene Augen
- Schorf oder Entzündung um das Auge
- Verschlechterung oder Verlust der Sicht
- Erhöhte Reizbarkeit und Schmerzen

Hornhautverletzungen

Beschädigungen der Hornhaut können entweder durch Infektion oder Kämpfe

Ursachen der Sekretbildung

Farbe und Konsistenz des Augensekrets weisen auf die Ursache hin.

Wässrig	Klares, farbloses Sekret deutet meist auf eine körperliche oder allergische Reizung hin.
Gelartiger Schleim	Eine Reizung oder Infektion löst vermehrte Bildung von Schutzschleim aus.
Gelbgrün	Eiter. Eine bakterielle Infektion, die behandelt werden muss.
Verflecktes Fell unterhalb des Auges	Tränen laufen über, wenn der Tränenabfluss verstopft ist, auch Epiphora genannt; tritt am häufigsten bei Persern auf.

Fragen Sie Ihren Tierarzt

F: Was bedeutet es, wenn die Nickhaut sichtbar ist?
A: Es kann ein Augenproblem vorliegen, wahrscheinlicher jedoch ist eine generalisierte Erkrankung, die häufig den Magen-Darm-Trakt betrifft. Bestimmte chemische Stoffe und Medikamente bewirken, dass die Nickhaut sichtbar wird.

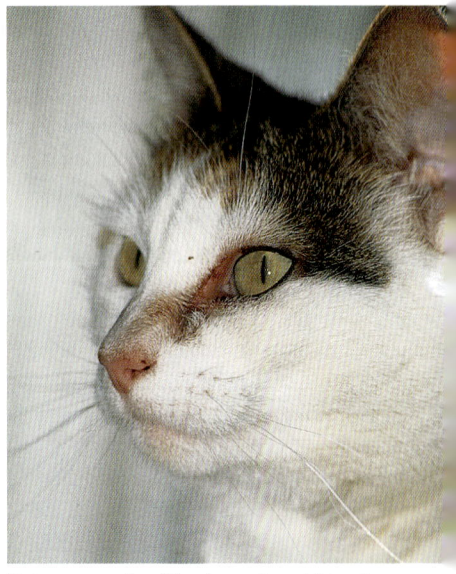

Katzen tragen ihre Kämpfe von Angesicht zu Angesicht aus. Dabei sind Verletzungen, besonders der Bindehaut und der Nickhaut, nicht ungewöhnlich.

entstehen. Lokale Schwellungen treten auf und verursachen Trübung. Abschürfungen können sich zu Geschwüren entwickeln. Virusinfekte der Hornhaut werden oft von klebriger Konjunktivitis begleitet, wodurch die Augenlider zusammenkleben.
Behandlung: Der Tierarzt wird die Augen reinigen und entsprechende Antibiotika einsetzen. Eine Notoperation kann erforderlich werden.

Katarakte (Linsentrübung)

Ein Katarakt ist der Durchsichtigkeitsverlust der Linse im Ganzen oder in Teilen. Ein vollständiger Katarakt ruft eine kristalline weiße Linse mit einer leichten Gelbfärbung hervor. Eine körperliche Verletzung ist die häufigste Ursache eines einseitigen Katarakts, während Zuckerkrankheit beidseitig Katarakte hervorruft.

Katarakte werden nur entfernt, wenn sie völlige Blindheit verursachen.

Linsenverlagerung

Bekannte Ursachen einer teilweisen oder vollständigen Linsenverlagerung sind: Traumata aufgrund von Kämpfen bis zu Verkehrsunfällen, Entzündungen der vorderen Augenkammer, Glaukome oder einfach nur Altern. Gewöhnlich ist eine Operation notwendig.

Iris und vordere Augenkammer

Verschiedene Erkrankungen können diese Augenpartie befallen, auch Krebs oder andere Infektionen im Körper. Die Iris scheint entzündet, und die Pupillen können sich verengen. Symptome sind rote Augen, Schielen, Lichtscheu und übermäßige Tränenbildung.
Behandlung: Man kann diese Erkrankung mit Antibiotika und Kortison

---

Altern verändert die Linsen

Die Linsen reflektieren Licht auf die Oberfläche der Netzhaut. In jungen Jahren sind sie flexibel und kristallklar. Im Alter verhärten sie, werden trübe und blaugrau. Diese natürliche Veränderung, Sklerose genannt, ist bei über neun Jahre alten Katzen zu beobachten. Sie bedarf keiner Behandlung.

---

behandeln, aber ihre Hauptursache muss ebenfalls behoben werden.

Glaukom

Bei einer gesunden Katze besteht ein konstanter, langsamer Austausch von Flüssigkeit zwischen Innenauge und Körperkreislauf. Ein Glaukom entsteht, wenn diese Flüssigkeit schneller gebildet als abgegeben wird und verursacht so einen erhöhten Augeninnendruck. Symptome sind Schielen, Tränenfluss, Lichtscheu und Schwellung des Auges.
Behandlung: Die operative Entfernung des Auges kann erforderlich sein.

Blindheit

Blindheit kann durch Diabetes, Bluthochdruck in Verbindung mit Nieren-, Herz- oder anderen systemischen Erkrankungen oder durch Augenverletzungen hervorgerufen werden.

Wie eine Katze mit ihrer Blindheit umgeht, hängt von ihrer Persönlichkeit und von ihrem Halter ab. Nur Sie, Ihre Katze und Ihr Tierarzt können entscheiden, wie Sie mit Ihrer blinden Katze umgehen.

Fremdkörper im Auge

Hat die Katze einen Fremdkörper im Auge, ziehen Sie mit dem Daumen das Lid zurück und spülen Sie lose Fremdkörper mit lauwarmem Wasser weg. Alternativ können Sie den Eindringling mit einem feuchten Wattebausch entfernen. Gelingt auch dies nicht, legen Sie zum Schutz des Auges einen Verband an *und gehen Sie sofort zum Tierarzt.*

Ohrenerkrankungen

■ Ohrmilben treten bei jungen frei laufenden Katzen häufig auf
■ Bei chronischen Ohrentzündungen steigt das Risiko von Ohrtumoren
■ Taubheit ist bei manchen blauäugigen weißen Katzen vererbbar

Die meisten Tierarztbesuche finden aufgrund von Ohrenerkrankungen statt. Eine betroffene Katze kratzt sich und schüttelt unbehaglich ihren Kopf. Die Form des Gehörgangs fördert die Ansammlung von Ohrenschmalz und Fremdkörpern, die nicht so einfach ausgeschüttelt werden können. Bleibt eine einfache Außenohrerkrankung unbehandelt, kann sie zu einer weitaus schlimmeren Innenohrinfektion führen.

Es ist ganz normal, wenn sich eine Katze manchmal am Ohr kratzt. Gehen Sie zum Tierarzt, wenn es zur Angewohnheit wird.

Symptome für Ohrenerkrankungen
• Kopf- und Ohrschütteln
• Kratzen an einem oder beiden Ohren
• Unangenehmer Geruch
• Gelbes, braunes oder rotbraunes Ohrensekret
• Entzündung der Ohrmuschel bzw. der Gehörgangöffnung
• Aggressives Verhalten bei Berührung
• Schräge Kopfhaltung
• Scheinbarer Gehörverlust
• Schwellung der Ohrmuschel

Ohrmilben und Ohreninfektionen
Bei jungen Katzen wird Otitis (Ohrenzwang), eine Entzündung der Haut im Ohr, häufig durch Ohrmilben verursacht, die stecknadelkopfgroß und weiß sind und sich bei Licht schnell fortbewegen. Manche Milben leben außerhalb der Ohren und sind die Quelle häufigen erneuten Befalls.

Eine unbehandelte äußere Gehörgangsinfektion kann zu einem Durchbruch des Trommelfells und einer Mittel- oder Innenohrinfektion führen mit einhergehender schräger Kopfhaltung oder Gleichgewichtsverlust.

Behandlung: Ohrmilben sollten mindestens drei Wochen lang mit einem wirksamen Präparat behandelt werden. Behandeln Sie immer alle Katzen (und Hunde, Hasen und Frettchen, sofern vorhanden). Milben breiten sich leicht aus. Der Tierarzt wird Medikamente für

Ohrsekrete

Ohrmilben bilden gewöhnlich eine trockene, körnige Substanz im Ohr. Eine feuchte, gelbliche, fruchtig riechende Masse weist auf eine bakterielle Infektion hin. Juckreiz und Rötung der Ohrmuschel ohne Sekret ist häufig ein Zeichen für eine allergische Otitis.

andere Ursachen einer Ohreninfektion verschreiben. Achten Sie bei der Verwendung von Standardpräparaten darauf, ob das Trommelfell beschädigt ist.

Ohrtumoren

Ausgewachsene Katzen entwickeln oft graublaue, blasenartige Tumoren im Gehörgang, die Ceruminome genannt werden. Diese können nach einer chronischen Entzündung entstehen und werden oft infiziert.

Behandlung: Eine chronische Ohrenerkrankung kann am besten durch eine operative Veränderung des Gehörgangs behandelt werden, um eine bessere Belüftung zu erzielen.

Ist das Trommelfell geplatzt und besteht eine chronische Mittelohrentzündung, kann es vorteilhaft sein, den gesamten Gehörgang zu entfernen und eine Mittelohrdrainage zu legen.

Mittelohr- bzw. Innenohrinfektion

Entzündung des Mittel- bzw. Innenohres haben Fieber, Gleichgewichtsverlust, schlechte Koordination, Appetitverlust oder Erbrechen zur Folge. Es kann zum vestibulären Syndrom führen, das ähnliche Symptome aufweist, nur ohne Fieber. Diese Symptome – manchmal mit einem Schlaganfall verwechselt – gehen oft innerhalb einer Woche zurück und verschwinden nach einem Monat. Eine leichte Kopfneigung bleibt häufig bestehen.

Behandlung: Sie erfolgt symptomatisch gegen Brechreiz und versehentliche Verletzungen.

Innenohrinfektionen werden mit Antibiotika und manchmal operativ behandelt.

Taubheit

Rund 20 Prozent aller weißen Katzen, besonders blauäugige Katzen, kommen taub zur Welt. Taubheit kann auch bei älteren Katzen auftreten. Zur genauen Diagnose kann ein Facharzt einen BAER-Test durchführen.

Umgang mit Taubheit: Lassen Sie eine taube Katze nicht ins Freie. Seien Sie geduldig. Erschrecken Sie die Katze nicht beim Näherkommen oder Aufwecken.

Erkrankungen der Ohrmuschel

ERKRANKUNG	BEHEBUNG
Hämatom (Blutblase)	Heiße, weiche, variable Schwellung der Ohrmuschel. Entsteht durch Platzen eines Blutgefäßes. Blut sammelt sich zwischen Haut und Ohrknorpel an. Das Hämatom wird geöffnet und genäht, damit sich das Ohr nicht wieder mit Blut füllt. Es können auch Kortikosteroide eingesetzt werden.
Erfrierung	Die Ohrspitzen sind durch Erfrierungen am meisten gefährdet. War die Katze längere Zeit der Kälte ausgesetzt, tupfen Sie die Ohren mit lauwarmem Wasser ab. Nicht reiben.
Sonnenbrand	Weißfellige Katzen sind anfälliger für Verbrennungen, besonders in sonnigen Regionen, und auch für Hautkrebs an den Ohrenspitzen. Bevor die Katze längere Zeit direktem Sonnenlicht ausgesetzt ist, Sonnenschutzcreme mit Faktor 30 oder höher auftragen.

Blauäugige weiße Katzen sind am häufigsten von angeborener Taubheit betroffen.

Das Immunsystem

- Allergien scheinen auf dem Vormarsch zu sein
- FIV und FeLV unterdrücken das Immunsystem
- Der Tierarzt kann das Immunsystem manipulieren

Das Immunsystem, bestehend aus weißen Blutkörperchen, erkennt und zerstört angreifende Mikroben und alle abtrünnigen Körperzellen, die krebsbefallen sind. Manche Viren wie das FIV und FeL unterdrücken die Antwort des Immunsystems auf Angriffe. Ist das Immunsystem überempfindlich oder schaltet nicht richtig ab, entstehen daraus Allergien oder Autoimmunerkrankungen.

Manipulation des Immunsystems

Der Tierarzt kann das Immunsystem durch Stimulierung oder Unterdrückung manipulieren:
- Impfungen mit toten oder veränderten Keimen regen das Immunsystem an, natürliche Antikörper herzustellen und sich gegen die gefährliche Varietät dieses spezifischen Keims zu wappnen.
- Der Tierarzt kann das Immunsystem im Falle einer Überfunktion wie allergischen Reaktionen oder Autoimmunerkrankungen auch unterdrücken, gewöhnlich mit Kortikosteroiden.

Was sind Antikörper?

Antikörper sind Proteine, die durch spezialisierte weiße Blutzellen gebildet werden. Sie fungieren als Marker oder Etiketten. Sie identifizieren die Zellen, mit denen die anderen Zellen des Immunsystems fertig werden sollen. Als vorübergehenden Schutz erhalten neugeborene Kätzchen mit der Vormilch Antikörper von ihrer Mutter. Im Alter von ungefähr zwölf Wochen fällt der Spiegel der mütterlichen Antikörper ab. Dann braucht das Kätzchen seine letzte Impfung. Zu frühe Impfungen werden durch die mütterlichen Antikörper unwirksam gemacht.

Schlechte Immunreaktion

Die Fähigkeit des Immunsystems zu reagieren wird durch folgende Faktoren verringert:
- Schädigung durch FIV- oder FeLV-Infektion

Neugeborene Kätzchen werden vor Krankheiten durch das Kolostrum (Vormilch), das sie von ihrer Mutter erhalten, geschützt.

- Hochgradige Virulenz des Infektionserregers
- Hohe Dosis des Infektionserregers
- Vorhandensein einer anderen Erkrankung
- Schlechte Ernährung
- Schädliche Umweltbedingungen

Allergie

Allergene provozieren das Immunsystem zu einer – versehentlichen – Reaktion wie bei einer Krankheit. Bei einer Katze können allergische Reaktionen auf der Oberlippe und am Kinn auftreten und Juckreiz auslösen, auf der Schleimhaut der Luftwege und Niesen, Husten, Pfeifen oder erschwertes Atmen verursachen oder auf der Schleimhaut des Magen-Darm-Trakts und Erbrechen und Durchfall hervorrufen.

Chemische Substanzen in Insektenbissen (wie in Flohspeichel), bestimmte Futtermittel, Medikamente, Pflanzen und Kräuter, Staubmilben, Pflanzenpollen, Pilzsporen und selbst die Hautschuppen des Menschen können bei der Katze eine allergische Reaktion auslösen.

Behandlung: Die Ermittlung der genauen Ursache(n) ist äußerst schwierig. Zur sofortigen Linderung der Allergie setzt der Tierarzt Medikamente wie Antihistaminika und Shampoos ein. Oft werden Kortikosteroide notwendig, um eine unmittelbare körperliche Linderung des Asthmas zu erreichen. Zunehmend empfehlen Tierärzte hochdosierte Futterzusätze mit essenziellen Fettsäuren (*siehe S. 200–201*).

Ist Ihre Katze allergisch?

Lautet die Antwort auf alle folgenden Fragen ja, kann Ihre Katze allergisch sein. Sprechen Sie mit Ihrem Tierarzt über mögliche Lösungen.
- Sind die Beschwerden schon einmal aufgetreten?
- Treten sie zu bestimmten Zeiten auf?
- Treten sie an bestimmten Stellen auf?
- Sind Oberlippe, Kinn oder Ohren betroffen?
- Tauchen sie zu den Mahlzeiten auf?
- Gibt es Allergien in der engen Familie der Katze?

Fragen Sie Ihren Tierarzt

F: Erkranken Katzen an Autoimmunstörungen?
A: Obwohl Berichte über die Erkrankung von Katzen an Pemphigus und Systemischer Lupuserythematodes (SLE) vorliegen, sind sie äußerst selten und nicht Teil einer routinemäßigen Differentialdiagnose durch den Tierarzt.

Allergische Erkrankungen

Hauterkrankungen	Kontaktdermatitis, Atopie, Futtermittelallergie, Nesselsucht (Urtikaria).
Atemwegserkrankungen	Heuschnupfen (allergische Rhinitis), allergische Bronchitis, allergische Pneumonie, Asthma.
Magen-Darm-Erkrankungen	Allergische Gastritis, allergische Enteritis, eosinophile Enteritis, allergische Kolitis.

Sind Sie gegen Katzen allergisch?

Alle Katzen tragen in ihren Hautschuppen und besonders im Speichel ein Fel C-1 genanntes Protein. Dieses Protein löst bei allergischen Personen Niesen aus. Bei jeder Fellpflege »badet« sich die Katze sozusagen in diesem Allergen.

Wir reagieren weniger allergisch auf Katzen, die zweimal täglich mit einem feuchten Schwamm abgerieben werden. Dies mindert die Konzentration des von der Katze verbreiteten Fel C-1. Trockene, schuppige oder ölige Haut, bei älteren Katzen häufiger auftritt, erhöht die Menge des produzierten Fel C-1.

Krebs

■ Die Genetik spielt bei Krebs eine große Rolle
■ Manche Viren sind Krebs erregend
■ Die Therapien werden besser

Krebs ist eine häufig verwendete Bezeichnung für eine Vielzahl nicht verwandter Krankheiten mit unterschiedlichen Auswirkungen, aber ähnlichem und gefährlichem Potenzial. Krebszellen werden von den schützenden DNA-Polizeienyzmen des Körpers nicht entdeckt. Sie können die natürlichen Killerzellen des Immunsystems auch überlisten, sie nicht anzugreifen und zu vernichten. Nachdem die natürliche Abwehr des Körpers umgangen wurde, verbringen Krebszellen ihr Leben mit der immer währenden Produktion unzähliger Generationen nachwachsender Krebszellen.

Namen stehen für den Ursprung

Krebsformen sind gefährliche, bösartige Tumoren, die nach ihrem Ursprung eingeordnet werden.

Karzinome entstehen aus Geweben, die die inneren und äußeren Oberflächen der Haut und Organe auskleiden. Sarkome entstehen innerhalb von Geweben unter der Haut wie Muskeln, Blutgefäße und Knochen. Lymphome entstehen aus Lymphgewebe. Ein gutartiger Tumor ist meistens, aber nicht immer harmlos, je nachdem, wo er angesiedelt ist oder ob er Hormone bildet.

Gene sind eine Ursache von Krebs

Manche Katzen haben spezifische Krebs erzeugende Gene. Bei anderen ist die genetische Verbindung etwas komplizierter. Eine Katze kann sowohl ein Krebs erregendes als auch ein Krebs unterdrückendes Gen erben. Manche Katzen können auch ein Gen erben, das das Krebs unterdrückende Gen unterdrückt! Unabhängig davon, welche Gene vererbt werden, sie werden durch Umweltfaktoren wie UV-Licht, Strahlung, chemische Stoffe und Virusinfektion wie FeLV aktiviert bzw. deaktiviert.

Häufige Symptome bei Krebs

1. Abnormale Schwellung, die eventuell wächst
2. Nicht heilende Wunden
3. Gewichtsverlust
4. Appetitverlust
5. Blutung oder Sekretabsonderung aus einer Körperöffnung
6. Unangenehmer Geruch
7. Schwierigkeiten beim Essen oder Schlucken
8. Bewegungsunlust bzw. mangelndes Durchhaltevermögen
9. Anhaltende Lahmheit oder Starre
10. Schwierigkeiten beim Atmen, Harnlassen oder Kotabsatz

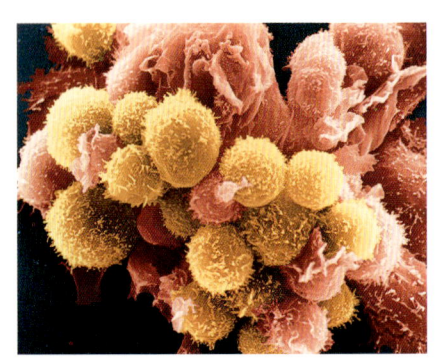

Diese Abbildung zeigt weiße Blutzellen, die eine abtrünnige Krebszelle identifiziert, angegriffen und zerstört haben.

Fragen Sie Ihren Tierarzt

F: Kann Stress Krebs erregen?
A: Ja, besonders durch Viren verursachte Krebsformen. Stress scheint die Anzahl und Wirksamkeit der natürlichen Killerzellen – die Zellen, die normalerweise Krebszellen entdecken und deren Zerstörung koordinieren – zu hemmen. Geschieht dies, hat der Körper keine Abwehr gegen Krebs.

Krebsdiagnose

Zur genauen Krebsdiagnose ist eine Probe des verdächtigen Gewebes notwendig. Kleine Tumore sollten vollständig entfernt werden. Bei größeren Tumoren kann der Tierarzt entweder eine kleine Gewebsprobe entnehmen oder mit einer Feinnadelaspiration eine Zellprobe des Gewebes zur Untersuchung durch einen Pathologen entnehmen.

Krebs entsteht im Alter

Krebs ist ein potenzielles Problem für über sieben Jahre alte Katzen, kann aber auch – wie die impfassoziierten Fibrosarkome – bei jüngeren Katzen auftreten. Je früher er diagnostiziert wird, desto besser die Aussichten.

Krebsbehandlung

- **Operation:** Meist die wirksamste Krebsbehandlung.
- **Strahlentherapie:** Wird bei lokalen, strahlenempfindlichen Tumoren eingesetzt, wenn die Umfangsvermehrung nicht vollständig entfernt werden konnte oder wenn sie inoperabel ist.
- **Chemotherapie:** Tötet sich schnell vermehrende Zellen ab, besonders wenn sie im ganzen Körper verbreitet sind.
- **Neue Behandlungsformen:** Neue Chemotherapien setzen Präparate ein, die die Blutzufuhr zu den Krebszellen gezielt unterbrechen (Angiogenese-Hemmer).

Immuntherapie regt das Immunsystem an, einen Tumor anzugreifen. Bei der Gentherapie wird ein Gen von Viruspartikeln »huckepack« zu den Krebszellen transportiert.

- **Andere Formen:** Zwei häufige Formen sind nicht zu vergessen – Schmerztherapie und Euthanasie. Die meisten Tierärzte möchten nicht, dass die Katze unter der Behandlung leidet. Manchmal ist die beste Therapie die, einfach eine gute Lebensqualität wiederzuerlangen, selbst wenn dies eine kürzere Lebensdauer bedeutet. Dies ist ein emotionsgeladenes Thema voller ethischer Konflikte. Sie und Ihr Tierarzt müssen entscheiden, was das Beste für Ihre Katze ist.

Krebsvorbeugung

Das Krebsrisiko mindern durch:
- Schutz gegen FeLV bei Risiko
- Kätzinnen frühzeitig kastrieren
- Kontakt mit bekannten Karzinogenen meiden
- Ausgewogene Ernährung
- Keine übermäßige Gewichtszunahme
- Kein direktes Sonnenlicht bei weißen Katzen
- Routinemäßige Untersuchungen auf Knoten und Beulen
- Routinemäßige jährliche Tierarztuntersuchungen

Impfassoziierte Fibrosarkome

Bei manchen genetisch vorbelasteten Katzen kann die Entzündungsreaktion auf eine Spritze in einen lokal invasiven und sehr aggressiven Tumor, Sarkom genannt, entarten. Ein Sarkom kann nach jeder Hautpenetration auftreten, die Entzündungen auslöst. Am häufigsten tritt es jedoch nach einer Impfung mit adjuvantem Leukämieimpfstoff auf. In Nordamerika treten Impfsarkome bei ein bis zwei von 10 000 geimpften Katzen auf. Aus der Sicht eines Epidemiologen ist dies eine hohe Häufigkeit. Nicht adjuvanter Impfstoff ist erhältlich und senkt das Risiko eines impfassoziierten Fibrosarkoms.

Emotionale Störungen

- Emotionen sind chemisch gesteuert
- Viele Tierärzte sind sich in der Diagnose unsicher
- Medikamente allein genügen nicht

Gefühle wie Angst oder Besorgnis schützen die Katze vor Bedrohungen und Gefahren. Angst wirkt wie ein chemischer Erste-Hilfe-Kasten. Wenn die Hirnrinde der Katze glaubt, es liegt Stress vor, verständigt sie sich über das limbische System mit dem Rest des Gehirns und löst eine Reihe von chemischen Veränderungen aus, die den ganzen Körper betreffen. Geschieht dies zu leicht oder zu lang, können emotionale Störungen entstehen.

Stress kann gut oder schlecht sein

Kurze Stressattacken schaden einer Katze nicht. Anhaltender Stress oder permanente und grundlose Stressreaktion führt aber zu chronischem Stress und der nachhaltigen Ausschüttung von schädlichen Stresschemikalien.

Die Rolle des limbischen Systems

Geist und Körper treffen im limbischen System zusammen. Dieses primitive Spinnennetz an Verbindungen dirigiert Instinkte und Emotionen.

Durch die Bildung von chemischen Botenstoffen (Neurotransmitter) steuert das limbische System sowohl das Nerven- als auch das Hormonsystem (*siehe S. 30–33*). Die Neurotransmitter spielen eine wichtige Rolle. Serotonin z. B. ist wichtig für die Stimmung; ein niedriger Serotoninspiegel kann zu Depressionen führen. Forschungen an Hunden deuten darauf hin, dass selbstsichere Hunde einen guten Serotoninspiegel aufweisen. Bei Katzen steht eine solche Forschungsstudie noch aus.

Stimmungsverändernde Medikamente greifen in die chemischen Vorgänge im Gehirn ein. Bei Katzen wirken sich spielerische Interaktionen mit Menschen, neue Aktivitäten und Bewegung auf den Neurotransmitterspiegel, das Verhalten und die Emotionen aus.

Allgemeine Verhaltensstörungen

Eine Phobie ist eine irrationale Angst. Katzen entwickeln rationale Ängste z. B.

Stress bei Wohnungskatzen

Nach Aussage von Professor Tony Buffington von der Ohio State Universität sollten wir ständig überprüfen, ob wir unbewusst chronischen Stress bei manchen Katzen auslösen, einfach dadurch, dass wir sie in der Wohnung halten. Dies kann chronischen und gefährlichen Stress auslösen.

Fragen Sie Ihren Tierarzt

F: Kann man emotionale Störungen bei Katzen feststellen?
A: Erst seit kurzem sind Phobien, Ängste, Depressionen und Trauer bei einer Katze Bestandteil der herkömmlichen Tiermedizin. Infolgedessen sind viele Tierärzte beim Gebrauch dieser Begriffe verunsichert. Wir fühlen uns sicherer, wenn eine Diagnose durch Labortests oder Technik bestätigt wird. Ärzte mit Fachausbildung in Verhaltensmedizin gibt es aber auch im tierärztlichen Bereich.

vor Tierkliniken, aber auch irrationale Ängste vor unbedrohlichen Anblicken, Geräuschen oder Situationen.

Angst, Teil der natürlichen Kampf- oder-Flucht-Reaktion, ist in vielen Fällen normal, kann jedoch irrational werden – wenn z. B. eine Besitz ergreifende Katze Angst bekommt, wenn ihr Besitzer das Zimmer verlässt.

Einschränkungen oder Langeweile führen zu zwanghaftem Verhalten, bei dem eine Katze eine bestimmte Aktivität rituell ausübt, wie z. B. zwanghaftes Auf- und Ablaufen oder übertriebene Fellpflege. Die Unfähigkeit, sich entspannen oder schlafen zu können, stellt eine Extremform feliner Angstzustände dar.

Es ist schwierig, eine Depression bei Katzen zu diagnostizieren. Sie kann sich in nachlassendem oder – weniger häufig – zunehmendem Appetit bemerkbar machen sowie in klammerndem oder distanzierendem Verhalten, Reizbarkeit oder Lethargie. Trauer, eine Mischung aus Depression und Traurigkeit, tritt bei einer Katze auf, wenn ein wichtiges Mitglied ihrer Familie stirbt oder fortgeht.

Behandlung: Sedativa werden häufig eingesetzt, um ängstliche Katzen zu beruhigen. Emotionale Störungen bei der Katze werden zunehmend mit einer Kombinationsbehandlung, bestehend aus neuen Umgebungsreizen, Abrichten und neuen stimmungsverändernden Medikamenten behandelt. Beachten Sie, dass Verhaltenstherapie und neue Umgebungsreize genauso wichtig sind. Medikamente allein beheben emotionale Störungen nicht.

Altersbedingte Verhaltensprobleme

Katzen weisen dieselben Symptome der Altersdemenz auf wie wir Menschen. Eine typische altersbedingte Veränderung bei Katzen ist, dass sie an der falschen Stelle stehen, wenn sie hinein- oder hinausgehen wollen. Manche Katzen vergessen anscheinend, warum sie da sind, wo sie sind, während andere heulen und kläglich miauen. Dies kann mit dem Verlust des Sauberkeitsverhaltens einhergehen.

Behandlung: Regelmäßige, tägliche geistige Anregungen sind von Vorteil. Spielen Sie mit Ihrer Katze mit neuem Spielzeug. Füttern Sie eine ältere Katze mit der Hand. Berühren Sie die Katze, wenn sie berührt werden will.

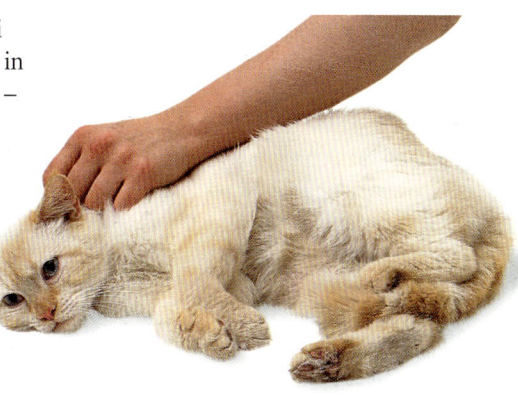

Wie bei vielen Menschen ist auch bei Katzen Berührung wichtig, um mit emotionalen Störungen fertig zu werden.

Alterserkrankungen

- Jede Körperzelle hat eine eigene Lebenserwartung
- Altern ist natürlich und keine Krankheit
- Altersbedingte Veränderungen verzögern bzw. aufhalten

Eine von drei Katzen ist alt und daher anfällig für altersbedingte Erkrankungen. Gesundheitsvorsorge, gute Ernährung und erfolgreiche tierärztliche Behandlung bedeuten, dass immer mehr Katzen bis ins hohe Alter leben. Die höhere Lebenserwartung und folglich die zunehmende Häufigkeit an schwächenden geriatrischen Erkrankungen werfen schwierige ethische Fragen auf. Wie weit sollten wir bei der Behandlung einer unvermeidlichen altersbedingten Erkrankung gehen?

Das Immunsystem
Altern ist keine Krankheit. Mit zunehmendem Alter arbeitet der Körper der Katze einfach nicht mehr so gut wie früher. Wie die scharfe Sicht oder das gute Gehör nachlässt, so lässt auch die Leistung des Immunsystems nach. Daher sind Tumoren, bösartige wie gutartige, oft altersbedingt.

Die biologische Uhr tickt
Jede Zelle im Körper der Katze hat eine eingebaute biologische Uhr, die ihre Lebensdauer bestimmt. Manche Zellen, z. B. diejenigen, die den Darm auskleiden, werden mindestens einmal pro Woche erneuert. Aber diese Fähigkeit zur Zellerneuerung lässt allmählich nach.

Andere Zellen, z. B. Gehirnzellen, erneuern sich nicht. Eine Katze besitzt am meisten davon, solange sie jung ist. Wenn diese Zellen absterben, werden sie nicht mehr erneuert.

Unzureichende Zellerneuerung bzw. gar keine Zellerneuerung verursachen die meisten Erkrankungen, die mit dem Altern einhergehen.

Die Bedeutung von Vorsorgeuntersuchungen
Je früher eine altersbedingte Krankheit erkannt wird, desto einfacher und billiger ist ihre Behandlung. Jährliche Gesundheitsvorsorge durch den Tierarzt ist lebenswichtig. Gehen Sie mit Ihrer Katze ab dem zehnten Lebensjahr einmal jährlich zu einer vollständigen Vorsorgeuntersuchung für ältere Katzen.

Schlechte Sicht und schlechtes Gehör
Bei jeder Katze über zehn Jahre tritt eine Sklerose der Linse auf (*siehe S. 267*). Dies führt schließlich dazu, dass die Katze Schwierigkeiten hat, eine Maus

Altersumrechnungstabelle

MENSCHENJAHRE	KATZENJAHRE
1	12
2	20
3	28
4	36
5	40
6	44

usw., immer vier Katzenjahre pro Menschenjahr.

Alterserkrankungen

direkt vor ihrer Nase zu erkennen. Sie kann jedoch Bewegungen, besonders in der Ferne, erkennen. Alte Katzen hören auch schlechter, und Taubheit kann innerhalb kürzester Zeit eintreten.

Verhaltensänderungen

Ältere Katzen schlafen mehr und brauchen länger, um sich zu orientieren, wenn sie aufwachen. Daher überrascht es nicht, dass sie Änderungen ihrer Gewohnheiten hassen. Sie können den Verfall ihres Gehirns verlangsamen, indem Sie ansprechende geistige Beschäftigungen erfinden.

Trockenes, schuppiges Fell

Älteren Katzen fällt es schwerer bzw. ihnen fehlt die Begeisterung, ihr Fell zu pflegen wie in ihrer Jugend.

Ältere Katzen schlafen länger und sind beim Aufwachen leicht verwirrt. Ein beständiges Umfeld ist jetzt besonders wichtig.

Pflegen Sie das Fell Ihrer Katze häufiger.

Mundgeruch

Zahnfleischinfektionen und damit einhergehender Mundgeruch sind die häufigsten Probleme älterer Katzen. Vorbeugend kann der Tierarzt empfehlen, der Katze Hähnchenhälse oder -flügel zum Kauen zu geben und die Zahnhygiene durch Bürsten der Zähne und des Zahnfleischs zu verbessern.

Schlechte Nierenfiltration

Niereninsuffizienz ist die häufigste Stoffwechselerkrankung bei älteren Katzen, die vermehrt trinken und Harn ablassen. Eine phosphorarme Kost (fragen Sie den Tierarzt) erhöht die durchschnittliche Lebenserwartung um ein Jahr.

Verstopfung und Blähungen

Ältere Katzen neigen zu Verstopfungen und Blähungen. Füttern Sie feuchtes, ausgewogenes, mit Fasern angereichertes Futter, das das Wachstum von nicht gasbildenden Bakterien fördert und so die Beschwerden behebt. Die Katze sollte sich bewegen und viel Wasser trinken. *Gehen Sie bei den ersten Symptomen einer Verstopfung zum Tierarzt.*

Schmerzende Gelenke

Medikamente allein können schmerzhafte degenerative Gelenkserkrankungen nicht heilen. Genauso wichtig ist Abnehmen. Versuchen Sie, Ihre Katze nicht springen zu lassen und dem Futter essenzielle Fettsäure zuzusetzen.

Nachlassende Kraft

Viele natürliche Veränderungen im Alter führen dazu, dass weniger Nährstoffe zu den Muskeln gelangen. Eine leicht verdauliche Kost mit Vitamin- und Antioxidanzienzusätzen ist wichtig. Sprechen Sie den Tierarzt auf Medikamente an, die den Sauerstoffgehalt im Blut erhöhen.

Verlust des Sauberkeitsverhaltens

Ältere Katzen meiden das Katzenklo häufiger als jüngere. Das Katzenklo sollte immer leicht zugänglich, sauber und mit der Lieblingsstreu Ihrer Katze gefüllt sein.

Gesundheit

Das Ende eines Lebens

- Wir treffen Entscheidungen in ihrem Interesse
- Trauern ist normal
- Eine neue Katze wird mit Freuden die emotionale Leere füllen

Die Jugend hat ihren Reiz, aber es ist unmöglich, keinen tiefen Respekt vor einer alternden Katze zu haben. Mit ihrer natürlichen Würde und Haltung ist sie ein großartiges Rollenmodell für uns, wie wir an unsere eigenen fortgeschrittenen Jahre herangehen sollten. Misslingt einer älteren Katze ein Sprung, steht sie einfach auf, und das Leben geht weiter. Ältere Katzen tun, was Sie und ich tun sollten, was uns aber so schwer fällt, dass es uns manchmal unmöglich ist: Sie schauen nicht zurück auf das, was sie einmal konnten, sondern konzentrieren sich auf das, was sie jetzt können.

Die würdevolle ältere Katze verschwendet keine Zeit, auf ihr altes Lieblingssofa zu gelangen, wenn sie nicht mehr springen kann.

Eine schwere Entscheidung

Viele Katzenhalter werden schließlich mithilfe des Tierarztes entscheiden, was im besten Interesse der älteren Katze ist. Folgende Fragen helfen bei der Entscheidung:

- Ist die Krankheit anhaltend, wiederkehrend oder verschlechtert sie sich?
- Spricht die Krankheit nicht mehr auf die Behandlung an?
- Hat Ihre Katze körperliche oder seelische Schmerzen?
- Ist es nicht mehr möglich, diese Schmerzen oder das Leiden zu lindern?
- Wenn die Katze krank ist, wird sie vermutlich chronisch krank oder behindert sein oder nicht mehr für sich selbst sorgen können?
- Wenn die Katze gesundet, wird sich ihre Persönlichkeit gravierend verändert haben?

Lautet die Antwort auf alle Fragen ja, dann ist Euthanasie die ehrliche, einfache und humane Entscheidung. Wenn Sie jedoch einige der Fragen mit nein beantwortet haben, fragen Sie sich:

- Kann ich die notwendige Betreuung bieten?
- Wird diese Betreuung mir und meiner Familie ernstlich zu schaffen machen bzw. ernste Probleme bereiten?
- Werden die Behandlungskosten unerträglich hoch sein?

Ihre Katze ist ein Mitglied Ihrer Familie, daher sollte jede Entscheidung eine Entscheidung der Familie sein.

Erlösung vom Leid

Berechtigte Gründe für eine Euthanasie:
- Überwältigende körperliche Verletzungen

Euthanasie

Euthanasie bedeutet die freiwillige Beendigung des Lebens eines Individuums, das an einer unheilbaren Krankheit leidet. Das Wort setzt sich aus dem Griechischen *eu* (gut) und *thanatos* (Tod) zusammen – »ein guter Tod«.

- Irreversible Krankheit, die so weit fortgeschritten ist, dass Not oder Unbehagen nicht mehr gelindert werden können
- Altersbedingte Verschleißerscheinungen, die die Lebensqualität dauerhaft beeinträchtigen
- Körperliche Verletzungen, Krankheit oder Verschleiß, die den dauerhaften Verlust der Körperfunktionen zur Folge haben
- Übertragung einer nicht behandelbaren, für Menschen gefährlichen Krankheit.

Der Vorgang der Euthanasie

Das Narkosemittel Phenobarbital ist das am häufigsten eingesetzte Euthanasiemittel. Es wird in höherer Konzentration als für eine Narkose gegeben. Innerhalb von kurzer Zeit verliert die Katze das Bewusstsein, innerhalb weiterer Sekunden hört das Herz auf zu schlagen. Je nach den Umständen kann vor dem Schlafmittel ein Beruhigungsmittel gegeben werden.

Danach: Während der Hirntod innerhalb von Sekunden eintritt, besteht die elektrische Aktivität in den Muskeln weiterhin einige Minuten lang. Dies kann zu Muskelzuckungen führen. Sind die Atemmuskeln davon betroffen, kann ein Atemreflex auftreten, als ob die Katze noch leben würde. Muskelreflexe können bis zu zehn Minuten nach Eintritt des Todes auftreten.

Trauern ist normal

Wer kein Tierhalter ist, kann schwer nachvollziehen, wie furchtbar es sein kann, wenn eine Katze, mit der man sein Zuhause geteilt haben, stirbt. Es mag uns peinlich sein, dass der Tod einer Katze solche ursprünglichen Gefühle auslöst, aber das Gefühl eines schmerzlichen Verlusts beim Tod einer Katze ist normal. Ärger, Verweigerung, Angst ... all die Gefühle, die wir erleben, wenn wir einen menschlichen Freund verlieren, sind Teil der Trauerarbeit.

Die Stadien von Trauer, Ungläubigkeit bis hin zu Entschlossenheit können fast ein Jahr lang andauern. Die meisten Tierärzte haben diese Gefühle selbst erlebt, wenn ihre eigenen Haustiere starben.

Soll ich mir eine neue Katze anschaffen?

Katzenhalter sagen oft, dass der Verlust eines Katzengefährten unerträglich ist. Dennoch entscheiden sich die meisten innerhalb von einem Jahr, dass das Leben ohne eine Katze einfach nicht vollständig ist. Der universelle Wert von Katzen ist, dass die guten Eigenschaften unser vorherigen Katze in allen anderen Katzen vorhanden sind: Würde, Schönheit, Unabhängigkeit, Selbstbeherrschung, Beständigkeit und Geselligkeit.

Jede Katze ist einzigartig, aber wenn in Ihrem Zuhause eine Lücke entsteht, gibt es zahllose, oft bedürftige Katzen, die fähig, bereit und glücklich sind, diese zu füllen.

Es ist ganz normal, eine neue Katze haben zu wollen, wenn ein geliebtes Tier verstorben ist.

Glossar

Abszess Örtlich begrenzter Infektionsherd im Körpergewebe.
Anämie Verminderung der roten Blutkörperchen bzw. des Sauerstoff transportierenden Blutfarbstoffs (Hämoglobin), die mit Blutverlust, Knochenmarksschädigung, Parasiten oder immunvermittelten Erkrankungen, die rote Blutkörperchen zerstören, einhergeht.
Anaphylaktischer Schock Übermäßige, lebensbedrohliche allergische Reaktion auf körperfremdes Protein oder andere Substanzen.
Anfall Abnormale elektrische Aktivität im Gehirn, die ungewöhnliche Nervenreaktionen auslöst; auch als Krampfanfall bezeichnet.
Antikörper Von spezifischen weißen Blutkörperchen als Reaktion auf bestimmte Antigene produzierte Eiweißkörper. Der Antikörper bindet das Antigen, eine grundlegende Immunreaktion.
Antigen Jede Substanz, die eine bestimmte Immunantwort auslösen kann.
Aszites (Bauchwassersucht) Die Ansammlung oder Ausschwitzung von Flüssigkeit in der Bauchhöhle. *Siehe auch* Exsudat.
Ataxie Muskelkoordinationsstörung.
Atopie Allergie gegen äußerliche Allergene wie Pollen.
Atrophie Gewebsschwund.
Aurikula Die Ohrmuschel.
Ausschlussdiät Eine Diät, die alle Bestandteile der bisherigen Ernährung ausschließt, meist bestehend aus neuen Eiweiß-, Fett- und Kohlenhydratquellen.

Autoimmunerkrankung Jeder Zustand, bei dem das Immunsystem des Körpers versehentlich den eigenen Körper angreift.
Aversionstherapie Behandlung einer Verhaltensstörung durch Erzeugung leichten körperlichen bzw. geistigen Unbehagens.

Bösartiger Tumor Ein Tumor, der das ihn umgebende Gewebe zu infiltrieren vermag oder der sich über den Blut- oder Lymphkreislauf auf andere Körperteile ausbreitet.
Brunstzyklus Weiblicher Fortpflanzungszyklus.

CT-Untersuchung Computertomographie.

Dehydratation Flüssigkeitsmangel.
Diabetes insipidus (Wasserharnruhr) Mangel eines Schilddrüsenhormons (Antidiuretisches Hormon oder ADH), das die Harnkonzentration in den Nieren steuert.
Diabetes mellitus (Zuckerkrankheit) Erhöhter Blutzucker infolge Insulinmangels oder weil das Körpergewebe das vorhandene Insulin nicht aufnehmen kann.
Dyspnoe Atemnot, Lufthungergefühl.
Dystokie Schwergeburt.
Dysurie Gestörtes Harnlassen.

Echokardiographie Ultraschalldiagnostik des Herzens.
Elektrokardiogramm (EKG) Aufzeichnung der elektrischen Aktivität des Herzens.
ELISA-Enzymtest Immunologische Bestimmung von Antigenen oder Antikörpern.
Emphysem Krankhafte Ansammlung von Luft im Körpergewebe.
Endokrine Drüse Eine Drüse, die Hormone bildet.
Endorphin Körpereigene chemische Substanz im Gehirn, die die Schmerzwahrnehmung dämpft.
Endoskop Ein zur Untersuchung einer inneren Körperregion verwendetes Instrument.
Eosinophile Granulozyten Weiße Blutzellen, deren Anteil bei Vorhandensein innerer Parasiten und bei allergischer Reaktion steigt.
Epilepsie Eine Störung der elektrischen Aktivität des Gehirns, die zu Anfällen führt.
Essenzielle Fettsäuren Fettsäuren, die vom Körper nicht synthetisiert werden und daher aus der Nahrung aufgenommen werden müssen.
Euthanasie Die schmerzlose Beendigung des Lebens; kann aktiv erfolgen (durch Verabreichen einer todbringenden Substanz) oder passiv (durch Abbrechen der lebenserhaltenden Maßnahmen).
Exsudat Aus den Blutgefäßen ausgetretene Flüssigkeit, die sich in oder auf Geweben absetzt.

Felines Immunschwächevirus (FIV) Verwandt mit dem HIV-Virus. Schwächt das Immunsystem. Hochgradig ansteckend für Katzen, nicht jedoch für Menschen und andere Tiere.
Feline infektiöse Peritonitis (FIP) Eine meist tödlich verlaufende Viruserkrankung. Symptome sind Flüssigkeits-

ansammlung im Bauchraum, Gelbsucht und Anämie.
Freie Radikale Natürlich vorkommende Atomgruppen, die Zellen zerstören.

Gehirnerschütterung Zustand der Bewusstlosigkeit, der sekunden- bis minutenlang andauern kann und Gehirnzellen abtötet.
Gelbsucht Gelbliche Verfärbung der Haut und Schleimhäute, meist in Verbindung mit einer Lebererkrankung.
Genetische Krankheit Von den Genen der Eltern an ihre Nachkommen weitervererbte Erkrankung.
Gingivitis Zahnfleischentzündung.
Glaukom Erhöhter Augeninnendruck.
Gutartiger Tumor Ein örtlich begrenzter Tumor, der sich nicht weiterverbreitet.

Hämatom Bluterguss.
Hämaturie Blut im Urin.
Hypersensibilität Überempfindliche Immunreaktion auf einen Fremdkörper.
Hypoglykämie Absinken des Blutzuckers (unter Normalwert).
Hypophyse, Hirnanhangsdrüse. Die »Oberdrüse« am Boden des Zwischenhirns, die alle anderen hormonbildenden Drüsen steuert und selbst vom Hypothalamus (einem Teil des Zwischenhirns) gesteuert wird.

Idiopathische Erkrankung Ohne erkennbare Ursache entstandene Erkrankung.
Immunvermittelte Erkrankung Eine durch Überreaktion des Immunsystems verursachte Erkrankung.
Inkubationszeit Zeitspanne zwischen der Ansteckung und dem Auftreten von Krankheitszeichen.
-itis Bedeutet »Entzündung«; z.B. Nephritis ist eine Entzündung der Nieren.

Jacobsonsches Organ Siehe Vomeronasales Organ.

Kaiserschnitt Operative Öffnung der Gebärmutter zur Entbindung von Kätzchen nach der vollen Trächtigkeitszeit.
Kastration Operative Entfernung der Hoden bei männlichen Tieren, Entfernung der Eierstöcke bei weiblichen.
Katzenleukämievirus (FeLV) Ein Virus, das sich auf das Lymphsystem auswirkt und die Immunität gegenüber Krankheitserregern unterdrückt.
Keratoconjunctivitis Entzündung der Horn- und Bindehaut des Auges.
Kernspinresonanztomographie (MRI) Bildgebendes Diagnoseverfahren, das detaillierte Querschnitte der inneren Beschaffenheit von Gelenken oder dem Gehirn erlaubt. Besonders hilfreich zur Untersuchung des Gehirns.
Ketoazidose, Acetonämie Erhöhter Gehalt an Ketonkörpern im Blut infolge Nierenversagens.
Krankheitszeichen Ihre Beobachtungen bei Ihrer Katze.
Kolostrum Die unmittelbar nach der Geburt gebildete Vormilch, die gegen verschiedene Infektionskrankheiten passiven Schutz bietet.
Kongenital Ein bei der Geburt bereits vorhandener Zustand, der auch erblich bedingt sein kann.
Kortikosteroid Eines der von der Nebennierenrinde (äußere Schicht der Nebenniere) produzierten Hormone.
Krepitation Trockenes, knirschendes Geräusch beim Strecken oder Beugen eines Gelenks.
Kryochirurgie Zerstörung von Zellen durch extreme Kälte.

Laparatomie Operative Öffnung der Bauchhöhle.
Laser Verstärkung elektromagnetischer Schwingungen durch induzierte Emission. Ein Lichtstrahl von hoher Intensität, der in der Chirurgie genutzt wird.
Läsion Durch Krankheit oder Trauma hervorgerufene Störung von Körpergewebe.
Limbisches System Gehirnsystem, das das Nerven- und Hormonsystem steuert.
Lipom(a) Gutartige Fettgeschwulst, besonders häufig bei großen Rassen sowie älteren, übergewichtigen Katzen.
Luxation Verschiebung zweier gelenkbildender Knochenenden aus ihrer Stellung, häufig von Bänderrissen begleitet. Entweder vollkommen (Luxation) oder unvollkommen (Subluxation).

Makrophagen Große weiße Blutzellen zur Aufnahme von Fremdkörpern und Zelltrümmern.
Malabsorption Ungenügende Aufnahme von Nahrungsbestandteilen aus dem Dünndarm.
Melaena Schwarzer Teerstuhl mit Beimengungen von altem Blut.
Meningen Hirnhäute.
Metastasen Absiedelung von Krebszellen vom primären Krankheitsherd an andere Körperteile.
Mukosa Ein anderer Begriff für die Schleimhäute, die die Hohlorgane wie Mund und Dünndarm auskleiden.
Mukus Von Zellen in den

Schleimhäuten erzeugte klare, gleitfähige Absonderung.
Myelogramm Röntgenkontrastdarstellung des Rückenmarks nach Einbringen eines Kontrastmittels (einer für Röntgenstrahlen undurchdringlichen Substanz).
Myokarditis Entzündung des Herzmuskels.

Nekrose Gewebstod.
Neoplasie Krebszellenwachstum, das gut- und bösartig sein kann.
Nephritis Entzündung der Nieren.
Nickhaut Drittes Augenlid.
Nicht bestimmungsgemäßer Medikamentengebrauch Therapeutischer Einsatz von Medikamenten entgegen der Zulassung des Präparats.
NSAID Nicht-steroidale Antiphlogistika. Diese Präparatgruppe umfasst die Wirkstoffe Carprofen und Meloxicam.

Ödem Massive Ansammlung von Flüssigkeit im Körpergewebe; Schwellung.
Ovariohysterektomie Entfernung beider Eierstöcke und der Gebärmutter.
Oxalat Ablagerung von in der Blase gebildetem Harnstein, wie in Calciumoxalat(stein).
Palliativbehandlung Therapie, die die Symptome lindert, jedoch nicht die Ursache behebt.

Parese Unvollständige Form der Lähmung.
Parodontal Den Zahnhalteapparat betreffend.
Perianal In Umgebung des Afters.
Perineal Den Damm(Gewebe um den After) betreffend.
Peritonitis Entzündung des Bauchfells.
Pikazismus Abnorme Essgelüste nach unnatürlichen und potenziell gefährlichen Substanzen.
Pneumothorax Verlust von negativem Druck in der Brusthöhle, was einen Lungenkollaps zur Folge hat.
Polydaktylie Mehrzehigkeit; mehr als 5 Zehen an jeder Pfote.
Polydipsie Krankhaft gesteigertes Durstgefühl.
Polyphagie Krankhaft gesteigerte Nahrungsaufnahme.
Polyurie Übermäßige Harnausscheidung.
Prostaglandine Natürlich vorkommende Fettsäuren mit vielfältigen Funktionen wie der Regulierung der Magensäureausschüttung und der Entzündungshemmung.
Pyo- Bedeutet »Eiter«. Pyometra (Eiteransammlung in der Gebärmutterhöhle) oder Pyodermie (Pustelausschlag).

Regurgitation Rückströmen. Rückströmende Speise kommt z. B. aus der Speiseröhre (im Unterschied zum Erbrochenen, das aus dem Magen kommt). Rückströmendes Blut fließt aus den Herzkammern in die Vorhöfe.
Rex Begriff für eine Mutation, die ein lockiges Fell hervorruft. Auch Rexing genannt.

Schilddrüse Die größte endokrine Drüse bei der Katze, die die für das Wachstum und den Stoffwechsel lebensnotwendigen Hormone bildet.
Schock Lebensbedrohliche Notlage mit Herz-Kreislauf-Versagen, die zu Kollaps, erhöhter Pulsfrequenz und blassen Schleimhäuten führt.
Seborrhö Erhöhte Tätigkeit der Talg produzierenden Hautdrüsen.
Septikämie Bakterielle Infektion des Blutkreislaufs.
Stenose Einengung eines Kanals, wie z.B. Einengung der Luftröhre.
Stomatitis Entzündung der Mundschleimhaut.
Struvit Ein Mineralstoff oder Sediment, als Tripelphosphat oder Magnesium-Ammonium-Phosphat bezeichnet, das in der Blase auftritt.
Subluxation Siehe Luxation.
Synovia Gelenkflüssigkeit (Gelenkschmiere).

Talgdrüse Talg produzierende Hautdrüse, die das Fell Wasser abweisend macht.
Testosteron Männliches Sexualhormon.
Thrombus Blutpfropf.
Torsion Drehung.
Transsudat Durch eine Gewebemembran abgegebene bzw. aus Gewebe ausgeschleuste Flüssigkeit.
Tumor Auch Neoplasie genannt. Durch übermäßiges Zellwachstum verursachte Zellhaufen oder -unebenheiten, die gut- oder bösartig sein können.

Ulcus, Geschwür Eine Läsion mit Substanzverlust der Haut, verursacht durch Verletzung oder Krankheit.
Urämie Anstieg von Harnstoff im Blut infolge Nierenversagens.
Urolith Harnstein in der Blase.

Vomeronasales Organ Ein Sinnesorgan in der Nasenhöhle, das Geruch und Geschmack analysiert. Auch als Jacobsonsches Organ bekannt.

Zoonosen Krankheiten, die vom Tier auf den Menschen und umgekehrt übertragen werden.
Zyanose (Blausucht) Bläuliche Verfärbung der Schleimhäute.

Internationale Zuchtverbände

Fédération Internationale Féline (FIFé)
Internationaler Dachverband mit derzeit
40 Zuchtverbänden als Mitglieder
www.fifeweb.org

Governing Council of the Cat Fancy (GCCF)
Britischer Dachverband
www.gccf.cats.org

Cat Fanciers' Association (CFA)
Nordamerikanischer Verband
www.cfainc.org

The International Cat Association (TICA)
Nordamerikanischer Verband
www.tica.org

Traditional Cat Association, Inc. (TCA)
Nordamerikanischer Verband
www.traditionalcats.com

Zuchtverbände im deutschsprachigen Raum

1. Deutscher Edelkatzen Züchterverband e.V.
(Ältester Katzenzuchtverein Deutschlands,
gegründet 1922, einziges deutsches Mitglied
der FIFé)
www.dekzv.de

Fédération Féline Helvétique
(Schweizer Katzenverband, Mitglied der FIFé)
www.ffh.ch

**Österreichischer Verband für die Zucht und
Haltung von Edelkatzen**
(Mitglied der FIFé)
www.oevek.at

Web-Seiten mit Informationen über Katzen

www.meintier.de
Informationen über Gesundheit, Verhalten,
Beschäftigung usw. der Katze

www.welt-der-katzen.de
Wissenswertes über Wild- und Rassekatzen,
Katzenhaltung usw.

www.katzenzuechter.de
Site für Katzenzüchter mit Informationen über
Rassen, Ausstellungen, Zuchtkatern usw.

Tierärzte

www.tieraerzteverband.de
Online-Verzeichnis der Tierärzte des Bundes-
verbands Praktischer Tierärzte e.V., nach Tierarten
geordnet. Gibt auch Untersuchungsstellen für
PKD bei Katzen an.

www.tierarzt.org
Online-Verzeichnis von Tierärzten in
Deutschland, Österreich und der Schweiz, auch
von Spezialisten.

Mikrochip zur Tieridentifizierung

www.tieraerztekammer-wl.de
Ausführliche Information über den Mikrochip bei
Katzen und Hunden zur Identifizierung.

Tierschutz

www.tiernotruf.org.
Eine Vielzahl an Hilfsorganisationen und
-vereinen.

Betreuung und Unterbringung, Ferien

www.katzenpensionen.de
Verzeichnis von Tierpensionen und Katzenhotels
im deutschsprachigen Raum. Suche nach Postleit-
zahlen, Karten, Reiseziel usw.

www.tiersitterboerse.de
Über diese Site kann man Tiersitter, Tierpensionen, Katzenpensionen usw. finden und sich auch
selbst als Tiersitter zur Verfügung stellen.

www.onlineholidays.de
Eine Site über den Urlaub mit Vierpfötern –
Feriendomizile, Grenzformalitäten, Adressen,
Flugreisen usw.

Register

A
Abszesse 253
Abessinier 51, 56, 57, 71, 165
Abzeichen 55
Ägyptische Mau 80
Akupunktur 249
Ältere Katzen 158–59, 204, 275, 276–79
Altern 158–59, 275, 276–79
Allergien 44, 45, 47, 164, 221, 234, 270, 271
American Bobtail 84
American Curl 87, 112
American Wirehair 65
Analbeutel
Analdrüsen 152, 198, 258
Anämie 39, 243
Anaphylaktischer Schock 229
Anfälle 244
Angora 102, 124; *siehe auch* Türkisch Angora
Anorexie 258
Antikörper 270–71
Antioxidanzien 201, 202, 204
Arterien 38, 39
Arthritis
  Arthrose 249–50
Asian Self 90
Asian Shaded *siehe* Burmilla
Asian Smoke 91
Asian Tabby 92
Asthma 44, 45, 240
Atemwege 38, 214–15, 238–41
Atmung 38, 225, 227, 233, 238–41
Aufrichtreflex 29
Augen 4–5, 34–35, 58, 213
  Erkrankungen 199, 223, 266–67
  Farbe 58
Außersinnliche Wahrnehmung 159
Australian Mist 72
Auswahlzucht 46–47, 50–51

Autofahren 206–207

B
Babys
  Sicherheit 206
Baden 196
Balinese 52, 123
Bänder 27
Bandwürmer 218, 219
Beinverletzungen 231, 248, 250
Belohnungen 184–86
Bengal 60, 82
Betteln um Futter 194
Beutesprung 8–9, 29, 137, 178
Bewusstlosigkeit 227, 241, 245
Bisse 195, 221, 237
Blase 201, 262–63
Blindheit 267
Blut 38–39, 44–45, 243, 270
Blutgerinnsel 39, 242
Blutkreislauf 38–39
Blutung 229, 238
Bobtails *siehe*
  American Bobtail
  Japanese Bobtail
  Kurilen-Bobtail
Bombay 74
Brüche 231, 250
Brunstzyklus 43, 140, 141, 145
Burma 53, 165
  Amerikanische 93
  Burmilla 89
  Europäische 94
Bürsten 197

C
California Spangled 79
Chantilly/Tiffany 120
Chartreux 58, 68
Chausie 60, 83
Chemische Gifte 183, 232–33

Chlamydien 215
Chromosomen 138
Clicker-Training 185–87
Colourpoint Langhaar 104
Cornish Rex 57, 60, 75
Cymric 117
Cystitis *siehe* Harnwegserkrankungen

D
Darm 40, 41, 46, 256–59
Dehydration 39
Devon Rex 57, 76, 165
Diabetes 247, 259
Disziplin 184–85
DNA 138
Domestizierung 22–23, 46–47, 132
Dosenfutter 203
Drangsalieren 194–95
Druckverbände 231
Duftmarken 140–41, 152–53, 175, 183
Durchfall 256–57

E
Eier 43, 138, 140, 141
Eierstöcke 43, 140, 141
Eingabe 222–23
Emotionale Störungen 274–5
Erbrechen 254–55
Erste Hilfe 226–29, 231
Ersticken 240–41
Erziehung 184–89
Euthanasie 278–79
Evolution 22–23, 57
Exotisch Kurzhaar 61
Exotisch Langhaar 110

F
Farbabzeichen 55
Farbe
Fell 52–55, 132
  Augen 58
Farbenblindheit 34
Fasern, in der Nahrung 200

Register 285

Fehlgeburt 265
Felines Coronavirus 258
Felines Immunschwäche-
  virus (FIV) 215
Feline Infektiöse Anämie
  (FIA) 243
Feline Infektiöse Enteritis
  (FIE) 143, 214, 215
Feline Infektiöse Peritonitis
  (FIP) 216, 258
Felines Leukämievirus
  (FeLV) 215
Fell 24–25, 213
  Farbe 52–55, 132
  Fellverfilzung 197–98
  Haarausfall 236
  Kurzhaarkatzen 60
  Langhaarkatzen 51, 102
  Mutationen 60
  Pflege 156–57, 196–98,
    277
  Probleme 25
  Verschmutzung 232
Fellpflege 10–11, 156–57,
  196–98, 277
Ferienbetreuung 207
Flehmen 37
Fleisch 200, 203
Flöhe 25, 218, 219, 232,
  234, 235
Fortpflanzung 142–47,
  220–21
Fortpflanzungsorgane
  42–43, 264–65
Freigängerkatzen 180–83
Fremdkörper 252, 267
Futter 40–41, 168, 187, 194,
  200–205

G

Gang 29
Gärten 180, 181, 183
Gebärmutter 264–65
Gehirn 30, 31, 32, 46, 244-
  45
Gehör 36, 269, 277
Gelenke 26–27, 248–50, 277

Genetik 23, 47, 51, 52–53,
  57, 102, 138–39, 249, 272
Geruchsbinder 174
Geruchssinn 37
Geschirr 188–89
Geschmackssinn 37
Geschwüre 237, 253
Gesichtsform 56–57
Gewichtszunahme
  204–205, 212, 220
Giardien 219, 221
Gifte 183, 232–33
Gleichgewicht 36, 146

H

Haar *siehe* Fell
Haarknäuel 157, 205
Halbschlanke Rassen 56–57
Halsbänder 168–69, 182,
  220
Harn *siehe* Urin
Harnwegserkrankungen
  260–63
  Spezialkost 205
  Sauberkeitsverhalten 175
Haut 24, 25, 183, 213,
  234–37
Hautpilz 218, 221, 236
Havana Brown 70
Heilige Birma 50, 58, 105,
  165
Heimfindevermögen 159
Herkunft der Katze 22–23
Herzerkrankungen 39, 242,
  243, 246
Herzmassage 228
Herzwürmer 219
Himalayan 165, 249
Hirnanhangdrüse 33, 41,
  42, 43
Hitzschlag 240
Hoden 265
Homöopathie 217
Hormone 30–31, 41–43, 46,
  141, 143, 145, 204,
  246–47
Hunde 170, 206

Husten 239
Hypothalamus 33, 37

I

Identifikation, Mikrochips
  169, 220
Immunsystem 44–45,
  216–17, 270–71, 276
Impfungen 143, 214, 215,
  216–17, 270
Insulin 41, 247, 259
Intelligenz 31, 195

J

Jacobsonsches Organ 37
Jagen 8–9, 136–37, 182
Japanese Bobtail 51, 98, 127
Juckreiz 234, 235

K

Kaltwetterkatzen 56
Kämpfe 135, 182
Kardiopulmonäre
  Reanimation (KPR) 228
Kastration 42, 132, 134, 140,
  155, 165, 182, 204–205,
  220–21
  Fortpflanzungsorgane 42,
    43, 140–41, 145, 264-265
  Duftmarkierung 152, 175,
    183
Katarakte 267
Kater
  Verhalten 132, 134
Kätzchen 142–43
  Auswahl 165, 166
  Die ersten Wochen
    146–47, 170–71, 180
  Erziehung 185
  Fellpflege 157
  Füttern 144–45, 146
  Geburt 43, 144–45
  Katzenklos 173–74
  Sozialisierung 148–49
  Spielen 147, 154–55
Katzengerechtes Zuhause
  168–69

Katzenklappen 180–81, 182
Katzenklos 146, 158, 172–75, 181, 277
Katzenkratzkrankheit 221, 225
Katzenpensionen 207
Katzenschnupfen 215, 238–89
Kätzinnen
  Verhalten 132, 135
Kauen 253
Keuchen 225, 239
Klettern 177, 191
Knöcheljagd 192
Knochen 26–27, 231, 248, 250
  im Futter 203, 253
Körperbau 56–57
Körpersprache 151
Koma 245
Kommunikation 150–51
Korat 73
Kortison 247
Kot 152, 172–75, 183
KPR *siehe* Kardiopulmonäre Reanimation
Krallen 27, 177, 198, 211
Krankheiten 214–17, 221
Kratzen 152, 235
Kratzbäume 152, 177, 178, 190–91
Krebs 45, 272–73
Kryptokokkus 239
Künstliche Beatmung 227
Kurilen-Bobtail 126
Kurzhaar
  Amerikanisch 56, 60, 64, 165
  Britisch 56, 56, 60, 62
  Europäisch 53, 67
  Orientalisch 50, 57, 97
Kurzhaarkatzen 60–101

L

Lahmheit 248, 250
Lähmung 250
Langhaarkatzen 51, 56, 102–29, 165
  Fellpflege 157, 197

Haarverfilzung 197–98
LaPerm 78, 102, 115
Laufen 29, 146–47
Läuse 218
Lebenserwartung 158–59
Leber 40–41, 245, 259
Leckerbissen 187
Leine 188–89
Limbisches System 274
Linsen, Augen 34, 35, 267, 277
Lippengeschwüre 237, 253
Lungen 38

M

Magen 40, 254–55
Maine Coon 51, 53, 102, 107, 165, 249
Manx 51, 57, 63, 165, 249
Maul 213, 252–53
Medikamente 191
Mikrochips 169, 220
Milben 218–19, 234, 268
Milch 144–45, 147, 205, 257
Mineralstoffe 201
Munchkin 46, 51, 57, 88, 111
Mundgeruch 198, 277
Muskeln 28–29, 248, 251, 277
Mutationen 51, 52, 60, 102, 139

N

Nachtsicht 35
Nägel *siehe* Krallen
Namen 171, 186
Nasenbluten 238
Nebelung 102, 118
Nebennieren 30, 31, 33, 41, 247
Nebenschilddrüsen 41, 247
Nervensystem 32–33
Nickhaut 266
Nieren 41, 247, 260–62, 277
Niesen 238–39
Norwegische Waldkatze 51, 53, 108
Notfälle 211, 224–29

O

Ocicat 81
Ohren 36, 213
  Probleme 50, 58, 199, 223, 268–69
Ohrmilben 199, 218–19, 234, 268
Orientalische Rassen 57, 58, 60, 165
Orientalisch Langhaar 125

P

Paarung 43, 140–41, 145
Pankreas 41, 259
Panleukopenie 143, 214, 215
Parasiten 156, 218–19, 234, 235
Penis 43
Perser 53, 55, 56, 102, 103, 165
Pflanzen 192, 193, 233
Pheromone 25
Pixiebob 85
Pubertät 42, 43
Puls, messen 225
Putzen 156–57, 196

R

Ragdoll 51, 106
Rassekatzen 50–51, 59, 142, 165
Rasselose Katzen 165
  kurzhaarig 101
  langhaarig 128–29
Reflexe 29
Regurgitation 255
Reisen 206–207
Revier 7, 134, 152–53, 164–65, 175, 183
Reviermarkierung 152–53, 175, 183
Rex-Rassen 60, 102
Rückenmark 32, 251
Rückgrat 26, 29
Russisch Blau 69

S

Säugen 144–45, 146, 147
Samenzelle 138

Sauberkeitsverhalten 172–75, 181
Schienen 231
Schilddrüsen 41, 243, 246–47
Schildpattkatzen 53, 55
Schlaf 12–13, 158, 159, 171, 277
Schlafplatz 169
Schmerz 44
Schnurren 151
Schnurrhaare 24, 37, 237
Schock 224, 226–27, 229, 233
Schüsseln 168
Schwanz 213
Schwebende Schulter 3
Scottish Fold 86, 113, 165, 249
Sehvermögen 34–35
Selkirk Rex 77, 102, 114
Siam 50, 55, 57, 58, 96, 158, 165
Sibirische Katze 109
Sicherheit 168, 179, 180
Sicht 34–35
Singapura 99
Sinne 34–37
Sinusitis 239
Skelett 26–27
Snowshoe 66
Somali 122, 165
Sonneneinwirkung 183
Sozialverhalten 134–35, 148–49
Speicheln 252
Spermien 42
Sphinx 25, 46, 51, 60, 100, 165
Spielen 147, 154–55, 176–79
Spielzeug 178–79, 192
Springen 29, 193
Spritzen 223
Spulwürmer 219
Steine *siehe* Harnwegserkrankungen
Stimme 47, 150
Streichelagression 195

Streicheln 153, 160, 161
Stress 44, 263, 273, 274
Stürze 29, 179, 253

T
Tabbymuster 54–55, 133
Tapetum lucidum 35
Tastsinn 37
Taubheit 50, 58, 269
Taurin 200, 243
Temperatur 157, 196, 212
Testosteron 42
Thermometer 212
Tierärzte 210–11
Tiffanie 102, 121
Tod 278–79
Tollwut 215, 216, 221
Tonkanese 95
Toxoplasmose 219, 221
Trächtigkeit 43, 142–43, 220–21
Tragstarre 144
Transportkörbe 188, 207
Treteln 144–45, 157
Trockenfutter 202
Tumoren 238, 245, 250, 253, 265, 269, 272–73
Türkisch Angora 56, 57, 119
Türkisch Van 116

U
Unfälle 224–29
Untersuchung der Katze 212–13
Urin
  Duftmarke 152, 175, 183
  Katzenklos 172–75
  verspritzen 175

V
Vanmuster 54
  Türkisch Van 116
Venen 38, 39
Verantwortliche Haltung 220–21
Verbände 231
Verdauungssystem 40–41, 254–59
Vergiftung 232, 259

Verhaltensstörungen 190–95, 274–75
Verkehrsunfälle 182, 220, 245
Verletzungen 230–31
Vermisste Katzen 207, 220
Versicherung 164, 211
Verstopfung 257–58, 277
Verwilderte Katzen 135, 136, 137
Vitamine 200–201
Vögel, Jagd auf 136, 137, 182
Vomeronasales Organ 37

W
Wahl der Katze 164–67
Wasser, Trink- 205
Weiße Katzen 54, 58
Werbung 140–41
Wildkatzen 22, 23, 46, 58, 60, 132, 148
Wohnungskatzen 176–77, 178, 180–81, 190–95
Wunden 229, 230–31, 237
Würmer 219

Z
Zähne 40, 41, 198–99, 213, 253
Zahnfleisch
  Untersuchung 213
  Probleme 253, 277
  Schocksymptome 226
Zecken 218
Zoonosen
Zucht 46–47, 50–51
Züchter 166
Zuchtverbände 50, 59
Zunge, Geschmacksknospen 37
Zweifarbige Katzen 54, 55

Dank

Dank des Autors
Der Wissensstand in der Tiermedizin hat sich rapide gewandelt. Nicht nur die Behandlungsmethoden, sondern auch die Krankheiten selbst ändern sich. Diese rasanten Veränderungen bedeuten, dass die Tiermediziner sich gegenseitig auf dem Laufenden halten müssen, um mit neuen Krankheiten, Diagnoseverfahren, Behandlungen, Ernährungsweisen und Erziehungsmethoden Schritt zu halten. Viele Vereinigungen sind hierbei sehr hilfreich. Insbesondere drei Vereinigungen – das Feline Advisory Bureau (FAB) in Großbritannien, das American College of Veterinary Internal Medicine (ACVIM) und die American Association of Feline Practitioners (AAFP) in Nordamerika – liefern uns Tiermedizinern praktische Informationen, die wir benötigen. Mein besonderer Dank gilt den Veterinären, die entsprechende Vorträge halten und ihr Wissen veröffentlichen.

Es war mir auch deshalb ein besonderes Vergnügen, dieses Buch zu schreiben, weil das Team von Sands Publishing Solutions einfach großartig war. Simon Murrell ist ein erstklassiger Gestalter, und David und Sylvia Tombesi-Walton sind traumhafte Lektoren und kenntnisreiche Katzenbesitzer – eine bessere Kombination für ein solches Buch wie das vorliegende gibt es nicht. Danke Euch allen.

Dank des Redaktionsbüros
Sands Publishing Solutions möchte sich bei den nachfolgend aufgeführten Personen für ihre Mitarbeit an diesem Buch bedanken: Hilary Bird für das Register, Samantha J. Elmhurst, Debbie Maizels für die Bildredaktion, John und Fiona Martin für das Recht, Gromit, die Katze, zu fotografieren. Besonderer Dank gilt Bruce Fogle, der jederzeit gerne zur Verfügung stand, trotz der vielen Arbeit in seiner Praxis, und der unsere Besprechungen mit Anekdoten über seine vierbeinigen Freunde würzte.

Bildnachweis
Der Verlag ist den nachfolgend aufgeführten Personen für ihre freundliche Abdruckgenehmigung zu Dank verpflichtet: (Abkürzungen: o = oben, u = unten, r = rechts, l = links, M = Mitte)

1 Getty Images/Martin Rogers; 2-3 Bruce Coleman Ltd/Kim Taylor; 3 Corbis/Julie Habel (ul); 4-5 Getty Images/Desmond Burdon; 6-7 Getty Images/Arthur Tilley; 7 Corbis/Peter Johnson (ul); 8-9 Getty Images/G.K. & Vikki Hart; 10-11 Getty Images; 12 Getty Images/Bill Ling (ol); 12-13 Getty Images/Malcolm Piers; 14 Corbis Stock Market/Lester Lefkowitz; 21 Getty Images/Alan & Sandy Carey; 22 The Art Archive/Eileen Tweedy; 23 Bruce Coleman Ltd/Rita Meyer (o); 39 Science Photo Library/National Cancer Institute; 44 Bruce Coleman Ltd/Jane Burton; 45 Science Photo Library/NIBSC (ol); 49 Getty Images/GK & Vikki Hart; 53 Tetsu Yamazaki (o); 64 Chanan Photography (Ml), (Mr), (ul); 65 Chanan Photography (ur), Tetsu Yamazaki (ul); 70 Chanan Photography (M); 74 Tetsu Yamazaki (u); 78 Tetsu Yamazaki (Mr), (ul); 80 Tetsu Yamazaki (Mr), (ul); 83 Chanan Photography (Mr), (ul); 84 Tetsu Yamazaki (M), (ul); 85 Tetsu Yamazaki (M), (ul); 87 Chanan Photography (Mr), Tetsu Yamazaki (ul); 88 Tetsu Yamazaki (M), (ul); 93 Chanan Photography (Mr), (ul); 98 Tetsu Yamazaki (Mr), (ul); 111 Tetsu Yamazaki (Ml), (Mr), (ul); 112 Tetsu Yamazaki (Mr), (ul); 114 Chanan Photography (Mr), (ul); 115 Tetsu Yamazaki (Mr), (ul); 118 Tetsu Yamazaki (Mr), (ul); 125 Chanan Photography (Mr), (ul); 127 Chanan Photography (ul), Tetsu Yamazaki (Mr); 131 Getty Images/Steven W. Jones; 132 FLPA/Gerard Lacz; 134 FLPA/Martin Withers; 137 Bruce Coleman Ltd/Robert Maier (o), Barrie Watts (u); 152 Ardea London Ltd/John Daniels (u); 157 Ardea London Ltd/John Daniels (o); 161 Warren Photographic (o); 163 Corbis Stock Market/David Woods; 166 Ardea London Ltd/John Daniels; 167 NHPA/Jane Knight; 171 Ardea London Ltd/John Daniels; 176 Getty Images/Stacey Green (or); 182 Animal Photography/Sally Anne Thompson; 183 Bruce Coleman Ltd/Hans Reinhard (ur); 191 Ardea London Ltd/John Daniels; 193 Ardea London Ltd/Johan de Meester (ur); 209 Corbis Stock Market/Roy Morsch; 211 RSPCA/Angela Hampton; 230 Sands Publishing Solutions/Simon Murrell; 235 Science Photo Library/KH Kjeldsen; 237 Sylvia Cordaiy Photo Library Ltd/Mary Heys; 238 RSPCA; 239 RSPCA; 245 FLPA/Panda Photo (ul); 230 Sands Publishing Solutions/Simon Murrell; 250 Sylvia Cordaiy Photo Library Ltd; 252 www.ThePetCentre.com (Ml); 257 www.ThePetCentre.com (ur); 257 RSPCA/Angela Hampton (ol); 259 Bruce Coleman Ltd/Hans Reinhard; 260 Sylvia Cordaiy Photo Library Ltd/James de Bounevialle; 262 Bruce Coleman Ltd/Harald Lange; 263 www.ThePetCentre.com (ol), (or); 265 Bruce Coleman Ltd/Jane Burton; 266 RSPCA/Andrew Forsyth; 272 Science Photo Library/JC Revy; 274 Oxford Scientific Films/Sydney Thompson/AA; 277 RSPCA/Angela Hampton; 278 Sylvia Cordaiy Photo Library Ltd/Monika Smith.
Cover-Abbildung: Corbis Stock Market/ Roy Morsch
Alle anderen Bilder © Dorling Kindersley. Weitere Informationen unter www.dkimages.com